マクロ経済学と地域経済分析

野崎道哉 著

三恵社

目 次

序　文

本書は、ケインジアンのマクロ経済学と産業連関分析により、マクロ経済学と地域経済の課題を分析することを意図している。

本書を執筆する目的および意義について述べる。

第1に、マクロ経済学の理論分析と地域産業連関分析がマクロ経済学の地域的展開という視点で分析されている点である。

第2に、小地域の産業連関表を用いた経済分析および産業間の経済的距離の測度の計測が行われている点である。

第3に、マクロ経済とミクロ経済を繋ぐメゾの視点が産業連関分析により展開されている点である。

以上の点から、本書を執筆する目的は、マクロ経済学の理論的分析と地域経済の産業連関の分析を統合することである。本書執筆の意義は、理論分析と実証分析の両者を架橋するものであることから、新規性と重要性を持っていると考えられる点である。

第I部は、マクロ経済モデルによる分析を行い、開放経済、財政政策、金融政策の効果に分析を拡張する。

第1章では、ケインズとカレツキの乗数分析をレオンチェフのモデルに統合した宮澤モデルをサーベイし、その構造的側面を考察し、拡張されたモデルにより実証分析を行う。

第2章では、Lorentz(1987)によって展開された開放マクロモデルによる動学的経済システムを応用し、2国間の国際貿易を考慮した動学的マクロモデルを4次元のHopf分岐定理を適用することによって拡張する。

第3章では、ポスト・ケインズ派経済学の立場からインフレ目標を検討した。

第4章では、開放経済におけるマクロ経済モデルにより、開放経済における財政政策と金融政策の相互性について分析する。

第5章では、主流派マクロモデルであるニューコンセンサス・マクロ経済モデルに銀行、金融仲介機関を導入したフィナンシャル・アクセラレーター・モデルに関して分析を行い、主流派マクロ経済学のニューコンセンサス・マクロ経済モデルについてポスト・ケインズ派経済学の立場から批判的に検討する。

第Ⅱ部は、小地域産業連関表の作成および地域産業構造の分析を行い、平均波及長(Average Propagation Lengths)の計測・分析、日本の地域間産業連関表を用いた地域経済の分析を展開する。

第6章では、平成 27 年大垣市産業連関表の作成方法と結果を示し、地域経済構造の分析を行い、地域経済の分析的含意を示す。

第7章では、平成23年大垣市産業連関表を用いて平均波及長(Average Propagation Lengths)を計測し、大垣市におけるサプライチェーンを構成する産業間の「経済的」距離の近接性を示す指標として位置づけ、平均波及長の平均値、大垣市の特化係数を計測し、平均波及長を地域産業集積の指標として評価する。

第 8 章では、2005 年地域間産業連関表を用いて、自然災害一般に関する生産ショックとインフラショックの経済インパクトを研究する。本章の基本的着想は、仮説的抽出法により大規模災害後に生じる短期的経済変動パターンを把握することである。仮説的抽出法は、仮に当該経済からある産業（あるいは地域）が「抽出」されたとした場合に、当該経済の総産出が仮説的にどれほど減少するであろうかということを評価する方法である。

本書の目的と意義は以下の通りである。

第1に、マクロ経済学の理論分析と地域産業連関分析がマクロ経済学の地域的展開という視点で分析されている点である。

第2に、小地域の産業連関表を用いた経済分析および産業間の経済的距離の測度の計測が行われている点である。

第３に、マクロ経済とミクロ経済を繋ぐメゾの視点が産業連関分析により展開されている点である。

以上の点から、本書の目的は、マクロ経済学の理論的分析と地域経済の産業連関の分析を統合することである。

第 I 部

マクロ経済と
開放経済、財政・金融政策

第1章

ケインズ、カレツキ、レオンチェフによる乗数分析の一般化

1．はじめに

標準的な産業連関分析において、消費需要は外生変数として扱われる。宮澤(1976)は、レオンチェフの波及過程をレオンチェフの逆行列の形式で、ケインズの波及過程と結びつける行列乗数を定式化した。宮澤(1976)は、所得分配と支出のプロセスを投入産出システムに統合しようとした。

宮澤(1976)において、宮澤健一氏は、所得連関乗数をモデル化し、単純なケインズ乗数の非集計的な定式化を行った。Keynes(1936)において、ケインズは、以下のように述べている：

「一定の環境のもとでは、乗数(multiplier)と呼ばれる一定の比率を、所得と投資との間、および若干の単純化によって、全雇用量と投資に直接使用される雇用量（これを第一次雇用量と呼ぶ）との間に確立することができる」（Keynes(1936),p.113,訳書112頁）

ケインズがカーンの乗数分析について要約した後で、彼は、投資乗数についての自分自身の考えを以下のように説明した。

「社会の実質所得が増減するとき、その消費も増減するけれども、後者は前者ほど速やかには増減しないという我々の正常な心理法則は、ΔC_wとΔY_w は同じ符号をもつけれども、$\Delta Y_w > \Delta C_w$ であるという命題に翻訳することができる。$\frac{dC_w}{dY_w}$を限界消費性向と定義しよう。

この大きさはきわめて重要である。なぜなら、それは産出量の次の増分が消費と

投資の間にどのように分割されなければならないかを示しているからである。すなわち、　ΔC_w と $\Delta \mathrm{I_w}$　とがそれぞれ消費と投資の増分であるとすれば、$\Delta Y_w = \Delta C_w + \Delta \mathrm{I_w}$　と書くことができる。したがって、$\Delta Y_w = \mathrm{k}\,\Delta \mathrm{I_w}$　と書くことができる。ここで、$1 - \frac{1}{\mathrm{k}}$　は限界消費性向に等しい。

k を投資乗数(investment multiplier)と呼ぶことにしよう。それは、総投資が増加した場合、所得は投資の増加の k 倍の大きさだけ増加するということを示している」(Keynes(1936),pp.114-115,訳書 113-114 頁)

"Outline of a theory of the Business Cycle"（Kalecki (1971)) において，カレツキは、閉鎖経済を想定し、次のように書いている。

「国民所得は、一方では利潤と賃金の合計に等しく、他方では、(1)固定資本の再生産と拡大、および在庫の増加　A、(2) 資本家の消費 C、および(3) 労働者の消費の合計に等しい。労働者の消費は賃金に等しく、利潤は C +A に等しい (Kalecki (1971), p.1)。」

$$\mathrm{P} = \mathrm{C} + \mathrm{A}$$

従って, C は資本家によって消費されるすべての財、そして A は在庫の増加と同様に、固定資本の再生産と拡大を意味する。

さらに、資本家の個人消費は比較的に非弾力的である。C を、定数 $\mathrm{B_0}$ と利潤に対する比例的な部分から構成されると仮定しよう。その場合には、次式のようになる。(Kalecki (1971), p.1)

$$\mathrm{C} = \mathrm{B_0} + \lambda\mathrm{P}\ ,$$

かくして、利潤は以下の様式で得られる:

$$\mathrm{P} = \mathrm{B_0} + \lambda\mathrm{P} + \mathrm{A}$$

$$\mathrm{P} = \frac{\mathrm{B_0} + \mathrm{A}}{1 - \lambda}$$

従って、利潤と投資の間の関係を所与とすれば、投資における任意の変化は、所得における定義された変化を引き起こす。投資の増分 ΔI は粗利潤の増加を引き起こす:

$$\Delta P = \frac{\Delta I}{1-\lambda}$$

さらに、利潤の増加ΔP は、粗所得あるいは生産の増加ΔYを引き起こす。

$$\Delta Y = \frac{\Delta P}{1-\alpha}$$

もしくは、

$$\Delta Y = \frac{\Delta I}{(1-\alpha)(1-\lambda)}.$$

λ は、利潤の増分ΔPのうち消費に割り当てられる割合を示す係数であり、α は所得の増分ΔY のうち消費に支出される割合であるということが思い起こされる (Kalecki (1971), p.96)。

レオンチェフの需要牽引型のモデルにおける産業連関分析は以下のような方程式に基づいている。

$$X = AX + F,$$
$$X = (I-A)^{-1}F,$$

ここで、X は部門ごとの産出額ベクトルを意味し、F は最終需要ベクトルであり、$(I-A)^{-1}$ はレオンチェフの逆行列、そしてAは 投入係数行列である。

例えば、乗数を確定するための簡便法において、べき乗の適用が以下のような方法で適用される:1)

$$(I-A)^{-1} = (I + A + A^2 + A^3 + \cdots + A^t + \cdots)\ .$$

上のべき乗の適用の結果として、我々は以下のようなレオンチェフの乗数モデルを得る。

$$\Delta X = (I - A)^{-1}\Delta F$$

$$\Delta X = (I + A + A^2 + A^3 + \cdots + A^t + \cdots)\Delta F$$

本章の目的は、ケインズとカレツキの乗数分析をレオンチェフのモデルに統合した宮澤モデルをサーベイし、その動学的・構造的側面を考察することである。第2節では、所得分配乗数に焦点を絞った宮澤モデルを検討する。第3節では、所得分配乗数の拡張を行い、産業連関モデルによる実証分析を行う。第4節では、モデル分析、実証分析の結果を踏まえて、まとめを行う。

2．宮澤の所得連関乗数

宮澤(1976) は、レオンチェフとカレツキの乗数を非集計的な一般的形式で統合した(Hewings, Sonis, M. Madden, and Kimura (1999) summarized Miyazawa's work [2]). Hewings et al. (1999)によれば、宮澤(1976)において与えられたマクロ経済的取引勘定は図１において示されている。

図 1.1 単純なマクロ的会計システム

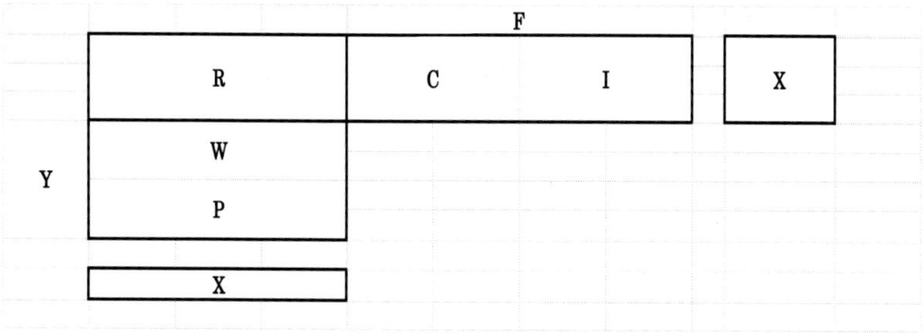

出所: Hewings et al. (1999), p.6, Figure 1.1

ここで、R = 中間投入, C = 消費, I = 投資, F = 最終需要, Y =所得, W = 賃金, P = 利潤, X = 総産出、総投入

従って、

$$X = \frac{1}{1-\left(\frac{R}{X}\right)} F \tag{1-1}$$

$$C = cY,$$

ここでcは単純な消費係数である場合に、ケインズ乗数は以下のようになる。

$$Y = \frac{1}{1-c} \cdot I \tag{1-2}$$

上の式は以下のような形式に書き直される。

$$X = \frac{1}{1-\left(\frac{R}{X}\right)} \cdot \frac{1}{1-c} \cdot I$$

限界消費性向 c を労働者と資本家の消費性向に分割する (Kalecki, 1971)。その結果、

$$c_w = {}^{C_w}/_{W} \text{and,} \quad c_p = {}^{C_P}/_{P}, \quad \omega = {}^{W}/_{Y}, \text{and } \pi = {}^{P}/_{Y},$$

ここで、ω と π は総所得における賃金と利潤の相対的シェアである。宮澤氏は以下の形式を表現した。

$$X = \frac{1}{1-(R/X)} \cdot \frac{1}{1-(c_w\omega + c_p\pi)} \cdot I \tag{1-3}$$

この表現は労働者と資本家の付加価値率を設定することによって次のように分解される。

$$v = v_w + v_p = \frac{W}{X} + \frac{P}{X} = 1 - \left({}^{R}/_{X}\right); \tag{1-4}$$

$$X = \frac{1}{1-\left(\frac{R}{X}\right)} \cdot \frac{1}{1-\left\{\frac{c_w v_w + c_p v_p}{1-\left(\frac{R}{X}\right)}\right\}} \cdot I; \tag{1-5}$$

$$X = LX + f_c + f$$

宮澤氏は、標準的な投入産出モデルを以下のように修正した。

$$f_c = CVX,$$

ここで、C and V はそれぞれ、消費行列と付加価値行列である(図２参照)。

$$X = LX + CVX + f \qquad (1\text{-}6)$$

図 1.2 所得－消費関係

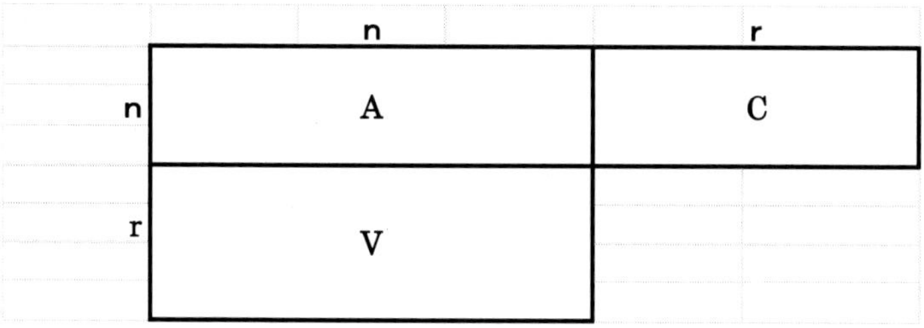

出所: Hewings et al. (1999), p.8, Figure 1.2

X の解についての３つの代替的表現が存在する。

$$X = (I - A - CV)^{-1} f$$

$$= B(I - CVB)^{-1} f$$

$$= B(I + CVBK)^{-1} f\ , \qquad (1\text{-}7)$$

ここで $B = (I - A)^{-1}$

上述した代替的表現はマクロ乗数の非集計化された表現である。

さらに、宮澤氏は K を所得連関乗数として確定した。

$$K = (I - VBC)^{-1},$$

$$Y = VX,$$

$$Y = VB(I + CKVB)f$$

$$= (I + VBCK)VBf \tag{1-8}$$

$$K = (I - VBC)^{-1}$$

$$(I - VBC)K = I,$$

$$K = I + VBCK,$$

$$Y = KVB\,f, \tag{1-9}$$

ここで、KVB は「行列形式での多部門所得乗数」である(Hewings, Sonis, M. Madden, and Kimura(1999), pp.6–9)。

3. ケインズ－カレツキの所得分配的展望

Trigg (1999) は、出発点として宮澤氏の乗数枠組みを通じてマルクスをケインズと統合することを試みた。我々は、Trigg (1999)のモデルを以下のようなケインズモデルで拡張した。

政府支出 G, 輸出 E, そして輸入 M とする。

$$Y = cY + I + G + (E - M) \tag{1-10}$$

均衡において、Y は純所得であり、I は総投資であり、c は限界消費性向であり、m は限界輸入性向である。ケインズ乗数は以下のように与えられる。

$$Y = \frac{1}{1-c+m} \cdot (I \quad + G + E). \tag{1-11}$$

カレツキによってなされたように、c は労働者と資本家の限界消費性向に分割された (Kalecki, 1971)。その結果、

$$c_w = {}^{C_w}\!/_{W}, \text{and } c_p = {}^{C_P}\!/_{P},\ \ \omega = {}^{W}\!/_{Y},\ \ \text{and } \pi = {}^{P}\!/_{Y},$$

ここで ω と π は それぞれ総所得における賃金と利潤の相対的シェアである。かくして、ケインズ乗数は次式のようになる。

$$Y=\frac{1}{1-(c_w\omega+c_p\pi)+m}\cdot(I\ \ +G+E). \quad (1\text{-}12)$$

(4.2.3)におけるケインズ体系に対する産業連関の対応するモデルは、以下の形式をとる。

$$X=AX+c_w wl_dX+c_pX+I+G+(E-M), \quad (1\text{-}13)$$

ここでXは総産出の列ベクトルである。Aは産業間の技術係数の正方行列である。c_wは労働者の限界消費性向の列ベクトルである。l_d　は労働需要係数の行ベクトルである。wは賃金率を表すスカラーである。c_pは資本家の消費係数の正方行列である。そしてIは民間投資需要を表す列ベクトルである。Gは政府消費と政府投資に対である。

もし、我々が、最終需要が投資と資本家の消費から構成される列ベクトルに等しいと仮定するならば(c_pX +I+G+E=F^*)、ケインズ体系は以下の形式をとる。

$$X=AX+c_w wl_dX+F^*-M. \quad (1\text{-}14)$$

計算により、我々は次式を得る。

$$X=(I-A-c_w wl_d)^{-1}(F^*-M). \quad (1\text{-}15)$$

もし、最終需要の増分が存在するならば、総産出の増分は以下のようになる。

$$\Delta X=(I-A-c_w wl_d)^{-1}\Delta F^* \quad (1\text{-}16)$$

４．最終需要の変化のインパクトの実証分析

4.1　リゾート産業の消費自粛のインパクト

実証分析の事例として、我々は、総務省統計局『平成 17 年産業連関表』を用いて、宮澤モデルにおける消費内生化モデルを用いることにより、東日本大震災後のリゾート産業の消費自粛の経済的インパクトを分析する。

細江(2011)は、東日本大震災後のリゾート産業の消費自粛による消費需要減少の経

済的ダメージを、総務省統計局『平成 17 年産業連関表』の 108 部門表を用いて分析を行った。細江氏は、3 つのリゾート産業の民間消費需要の 10%の外生的減少を仮定した (Hosoe, 2011, p.15)。

表 1.1 平成 17 年産業連関表におけるリゾート産業の民間消費需要の減少分

単位：百万円

部門	民間消費需要(A)	(A)のうち外生的家計消費需要(B)
娯楽サービス	-846488.8	-685619.0204
飲食店	-1433573.9	-1149250.513
宿泊業	-530473.5	-416025.7371
合計	-2810536.2	-2250895.271

出所：筆者作成

表 1.2　リゾート産業の外生的家計消費需要の減少額

単位：百万円

リゾート産業	外生的家計消費需要の減少額
合計額	－2250895. 271

出所：筆者作成

従って、我々は、『平成17年産業連関表』を用いて、以下のような産業連関・消費内生化モデルを用いることによって、東日本大震災後のリゾート産業の消費自粛の経済的インパクトを分析する。X：産出列ベクトル，A：投入係数行列，C：家計消費係数対角行列，V：労働報酬係数対角行列，I：単位行列，F：外生的最終需要

$$X = (I - A - CV)^{-1}F$$

$$\Delta X = (I - A - CV))^{-1}\Delta F$$

家計消費需要の外生的変化は、－2.25 兆円である。経済波及効果は－6.02 兆円である。

表 1.3 リゾート産業の消費自粛による経済インパクト

単位：百万円

	外生的家計消費需要	消費内生化生産誘発額
耕種農業	0	-107999.7833
畜産	0	-48765.23022
農業サービス	0	-12092.01918
林業	0	-6107.411392
漁業	0	-39884.90386
金属鉱物	0	-3286.334277
非金属鉱物	0	-981.0787283
石炭・原油・天然ガス	0	-71259.79631
食料品	0	-374453.2781
飲料	0	-137478.8471
飼料・有機質肥料（除別掲）	0	-21261.97824
たばこ	0	-1.376431643
繊維工業製品	0	-14308.2517
衣服・その他の繊維既製品	0	-23560.20511
製材・木製品	0	-10018.67127
家具・装備品	0	-17006.50316
パルプ・紙・板紙・加工紙	0	-30029.41916
紙加工品	0	-24905.40589
印刷・製版・製本	0	-42416.36583
化学肥料	0	-5583.422922
無機化学工業製品	0	-8911.295293
石油化学基礎製品	0	-8551.151683
有機化学工業製品(除石油化学基礎製品)	0	-17958.7631
合成樹脂	0	-8921.222667
化学繊維	0	-2925.820136
医薬品	0	-1651.731571
化学最終製品（除医薬品）	0	-26410.93381
石油製品	0	-71984.07165
石炭製品	0	-3453.113613
プラスチック製品	0	-43276.30784
ゴム製品	0	-7413.375494
なめし革・毛皮・同製品	0	-2396.684205
ガラス・ガラス製品	0	-6656.044544
セメント・セメント製品	0	-1574.356728
陶磁器	0	-4909.222487
その他の窯業・土石製品	0	-3354.714046
銑鉄・粗鋼	0	-8362.385457
鋼材	0	-14097.91296
鋳鍛造品	0	-1461.08462
その他の鉄鋼製品	0	-3639.048032
非鉄金属製錬・精製	0	-5454.158943
非鉄金属加工製品	0	-6690.270696
建設・建築用金属製品	0	-4403.596037
その他の金属製品	0	-29523.39647

出所：筆者作成

表 1.3 リゾート産業の消費自粛による経済インパクト(続き)

一般産業機械	0	-4785.22665
特殊産業機械	0	-3987.976045
その他の一般機械器具及び部品	0	-2554.283534
事務用・サービス用機器	0	-6766.949866
産業用電気機器	0	-2646.184739
電子応用装置・電気計測器	0	-224.3621943
その他の電気機器	0	-2416.238366
民生用電気機器	0	-775.7557489
通信機械・同関連機器	0	-1282.87357
電子計算機・同付属装置	0	-176.3810272
半導体素子・集積回路	0	-2659.533426
その他の電子部品	0	-8462.467182
乗用車	0	-3.36592E-12
その他の自動車	0	-6.60482393
自動車部品・同付属品	0	-16078.24297
船舶・同修理	0	-2234.476897
その他の輸送機械・同修理	0	-3055.562598
精密機械	0	-1992.907248
その他の製造工業製品	0	-17455.03133
再生資源回収・加工処理	0	-2484.398742
建築	0	0
建設補修	0	-40285.28815
公共事業	0	0
その他の土木建設	0	0
電力	0	-102234.4766
ガス・熱供給	0	-28364.41153
水道	0	-43784.96107
廃棄物処理	0	-42385.07833
商業	0	-431016.7892
金融・保険	0	-184350.3319
不動産仲介及び賃貸	0	-67723.60422
住宅賃貸料	0	0
住宅賃貸料(帰属家賃)	0	0
鉄道輸送	0	-16402.23069
道路輸送(除自家輸送)	0	-75158.41771
自家輸送	0	-98190.00754
水運	0	-10800.31434
航空輸送	0	-8884.301254
貨物利用運送	0	-2907.689763
倉庫	0	-10479.53048
運輸付帯サービス	0	-42424.58456
通信	0	-66534.45264
放送	0	-28352.59978
情報サービス	0	-49350.15182
インターネット附随サービス	0	-6164.575624
映像・文字情報制作	0	-53195.24783
公務	0	-7731.014234
教育	0	-28201.83067
研究	0	-23204.94353
医療・保健	0	-210.2844673
社会保障	0	0
介護	0	0
その他の公共サービス	0	-31418.51423
広告	0	-69292.4864
物品賃貸サービス	0	-48770.10759
自動車・機械修理	0	-65936.37253
その他の対事業所サービス	0	-126788.3281
娯楽サービス	-665419.0204	-670479.7523
飲食店	-1149250.513	-1433573.9
宿泊業	-416025.7321	-530473.4939
洗濯・理容・美容・浴場業	0	-15322.06541
その他の対個人サービス	0	-8764.479445
事務用品	0	-8975.541587
分類不明	0	-27408.11234
合計	-2250695.266	-5018185.175

出所:筆者作成

5．おわりに

本章では、ケインズとカレツキの乗数分析をレオンチェフのモデルに統合した宮澤モデルをサーベイし、その動学的・構造的側面を考察した。さらに、実証分析の事例として、総務省統計局 (2005)『平成 17 年産業連関表』を用いて、リゾート産業の消費需要減少による経済的インパクトについて分析を行った。

宮澤モデルの主要な貢献のうちの１つは、かなり単純化されたケインジアンのモデルから所得連関乗数を創出したことである。

本章では、実証分析の事例として、総務省統計局『平成 17 年産業連関表』を用い、産業連関・消費内生化モデルを適用することにより、東日本大震災後のリゾート産業の消費自粛の経済的インパクトを分析した。リゾート産業の家計消費需要の外生的変化は、2.25 兆円の減少である。経済波及効果は 6.02 兆円の減少である。

構造的ケインズ政策は、マクロ経済インパクトが重要である場合に、民間消費需要および公共投資において重要な役割を演じるであろう。

[注]

1) Miller and Blair (2009), p.244, note1.

2) Hewings, Sonis, M. Madden, and Kimura (1999), pp.6–9.

第２章

２国間の国際貿易を伴う景気循環モデル

１．はじめに

Lorentz (1987) は、開放マクロモデルに添った動学的経済システムを検討する単純な IS-LM モデルを展開した。本章では 2 国間の国際貿易を考慮した動学的マクロモデルを、4 次元の Hopf 分岐定理を適用することによって拡張する。第 2 節では、国際貿易を伴う Kaldor-Lorentz 型景気循環モデルについて解析的に分析する。第3節では、簡易な数値シミュレーションを行う。第4節では、本章から得られた結論と残された課題を示す。

図 2.1　2 国間の国際貿易モデル

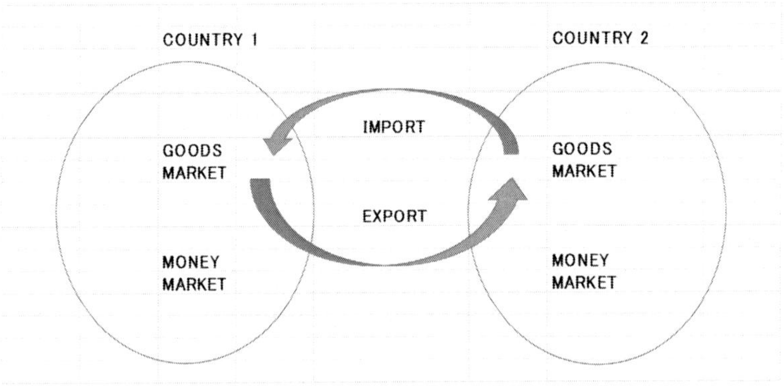

出所：筆者作成

２．２国間の国際貿易を伴う景気循環モデル：解析的アプローチ

第 2 節では、Lorentz(1987;1993)によって展開された 3 国間の国際貿易モデルを 2 国モデルに集約し、4 次元の Hopf 分岐定理を用いて均衡の小域的安定性について解析的に展開する。

記号法：y_i=i 国(i=1,2)における実質国民所得,I_i= i 国 (i=1,2)における実質投資,S_i= i 国 (i=1,2)における実質貯蓄,M_i= i 国(i=1,2)における名目貨幣供給(外生変数),p_i= i 国(i=1,2)における物価水準 (外生変数),L_i=i 国(i=1,2)における貨幣需要,r_i= i 国(i=1,2)における名目利子率,π_i^e =i 国(i=1,2)における期待インフレ率 (外生変数),EX_i= i 国における実質輸出,M_i=i 国における実質輸入.

$$\frac{dy_1}{dt} = \alpha_1\big(I_1(y_1, r_1 - \pi_1^e) - S_1(y_1) + EX_1(y_2) - IM_1(y_1)\big), \alpha_1 > 0$$
$$I_{1_{y_1}} > 0, I_{1_{r_1}} < 0, 0 < S_{1_{y_1}} < 1, EX_{1_{y_2}} > 0, IM_{y_1} > 0 \qquad (2\text{-}1)$$
$$\frac{dy_2}{dt} = \alpha_2\big(I_2(y_2, r_2 - \pi_2^e) - S_2(y_2) + EX_2(y_1) - IM_2(y_2)\big), \alpha_2 > 0 \quad I_{2_{y_2}} >$$
$$0, I_{2_{r_2}} < 0, 0 < S_{2_{y_2}} < 1, EX_{2_{y_1}} > 0, IM_{2_{y_2}} > 0 \qquad (2\text{-}2)$$

$$\frac{dr_1}{dt} = \beta_1(L_1(y_1, r_1) - \overline{M_1/p_1}), \beta_1 > 0, \quad \frac{\partial L_1}{\partial y_1} > 0, \frac{\partial L_1}{\partial r_1} < 0 \qquad (2\text{-}3)$$

$$\frac{dr_2}{dt} = \beta_2(L_2(y_2, r_2) - \overline{M_2/p_2}), \beta_2 > 0, \quad \frac{\partial L_2}{\partial y_2} > 0, \frac{\partial L_2}{\partial r_2} < 0 \qquad (2\text{-}4)$$

(2-1)式 は第 1 国の財・サービス市場の超過需要を表す動学方程式である。(2-2)式は第 2 国の財・サービス市場の超過需要を表す動学方程式である。 (2-3)式は第 1 国の貨幣市場の超過需要を表す動学方程式である。 (2-4)式は第 2 国の貨幣市場の超過需要を表す動学方程式である。

(仮定１) 偏微係数の符号は以下のとおりである:

$$I_{1_{y_1}} > 0, I_{1_{r_1}} < 0, 0 < S_{1_{y_1}}, EX_{1_{y_2}} > 0, IM_{1_{y_1}} > 0$$

$I_{2_{y_2}} > 0, I_{2_{r_2}} < 0, 0 < S_{2_{y_2}}, EX_{2_{y_1}} > 0, IM_{2_{y_2}} > 0$

$L_{1_{y1}} > 0,\ L_{1_{r_1}} < 0,\ L_{2_{y2}} > 0, L_{2_{r_2}} < 0$

(仮定2) システムにおけるすべての関数は微分可能であり、投資関数以外のすべての関数は線形で定義されている。投資関数はカルドア型の非線形性を有する関数として定義されている。

$I_{1_{y_1 y_1}} < 0\ for\ y_1 > y_1^*$, and $I_{1_{y_1 y_1}} > 0\ for\ y_1 < y_1^*$

$I_{2_{y_2 y_2}} < 0\ for\ y_2 > y_2^*$, and $I_{2_{y_2 y_2}} > 0\ for\ y_2 < y_2^*$

(仮定3) 空間$\{(y_1,\ y_2,\ r_1, r_2)\ \mid y_1 > 0, y_2 > 0, r_1 > 0, r_2 > 0\}$ における均衡(y_1*, y_2*, r_1*, r_2*)が存在する：

$$J^* = \begin{pmatrix} J_{11} & J_{12} & J_{13} & 0 \\ J_{21} & J_{22} & 0 & J_{24} \\ J_{31} & 0 & J_{33} & 0 \\ 0 & J_{42} & 0 & J_{44} \end{pmatrix} \tag{2-5}$$

$J_{11} = \alpha_1(I_{1_{y_1}} - S_{1y1} - IM_{1_{y_1}}), J_{12} = \alpha_1 EX_{1_{y_2}} > 0, J_{13} = \alpha_1 I_{1_{r_1}} < 0,$

$J_{21} = \alpha_2 EX_{2_{y_1}} > 0, J_{22} = \alpha_2(I_{2_{y_2}} - S_{2y2} - IM_{2_{y_2}}), J_{24} = \alpha_2\ I_{2_{r_2}} < 0,$

$J_{31} = \beta_1\ L_{1_{y1}} > 0, J_{33} = \beta_1\ L_{1_{r_1}} < 0,\ J_{42} = \beta_2\ L_{1_{y2}} > 0, J_{44} = \beta_2\ L_{2_{r_2}} < 0.$

(仮定4) 均衡において，すべての$a_1, a_3 > 0$ について、$\left(I_{1_{y_1}} - S_{1y1} - IM_{1_{y_1}}\right)$ と $(I_{2_{y_2}} - S_{2y2} - IM_{2_{y_2}})$ は正であるが、十分に小さくなければならない。

Hopf 分岐定理(存在部分)

以下の一般的なシステムを考える。

$$\frac{dy}{dt} = \varphi(y, \alpha) \tag{H}$$

そして妥当な間隔において各々αについて、一般的なシステムは分離された均衡点$y_e = y_e(\alpha)$を有するとしよう。$(y_e(\alpha), \alpha)$ において評価されたyに関するφ のヤコビ行列が以下のような特性を持つと仮定する。

(H1) それはパラメータのクリティカルな値α_0において純虚数になるとき、すなわち$\theta(\alpha_0)$=0 のとき、一組の共役複素固有値$\theta(\alpha) \pm i\omega(\alpha)$を持つ。それに対して、$(y_e(\alpha_0), \alpha_0)$においてゼロの実部を持つ固有値がそれ以外に存在しない場合には、$\omega(\alpha) \neq 0$である。

(H2) $\frac{d\theta(\alpha)}{d\alpha}|_{\alpha=\alpha_0} \neq 0$

その場合には、(H)は周期解を有する。[1)]

Hopf 分岐定理の存在部分が循環の性質について示しているので、本質的に様々な可能性が存在する。一方は、$\alpha > \alpha_0$ のとき$y_e(\alpha)$ から安定的なリミット・サイクルに向かってスパイラルな軌道が存在することである。これは、超臨界 Hopf 分岐(supercritical Hopf bifurcation)と呼ばれている。他方は、$\alpha < \alpha_0$のときに、すべての軌道が$y_e(\alpha)$に向かってスパイラルな不安定なサイクルが存在するということである。これは、劣臨界 Hopf 分岐(subcritical Hopf bifurcation)と呼ばれている。他の可能性も存在する。

全ての偏微係数が均衡点において評価されているとする。我々はパラメータβを固定する。ヤコビ行列の特性方程式は、4 次元のシステムである。4 次元のシステムにおいて、我々はAsada and Yoshida (2003)による有用な定理を用いることができる。[2)]

浅田＝吉田の定理(Asada and Yoshida ,2003)

(i) 以下のような多項方程式

$$\lambda^4 + a_1\lambda^3 + a_2\lambda^2 + a_3\lambda + a_4 = 0 \tag{2-6}$$

は、もし以下の条件（A）あるいは（B）のいずれか一方が満たされている場合にのみ、1組の純虚根および非ゼロ実部を持つ2根を有する：

(A) $a_{1,}a_3>0, a_4 \neq 0$, and $\Phi \equiv a_1 a_2 a_3 - a_1{}^2 a_4 - a_3{}^2 = 0$

(B) $a_1 = 0, a_3 = 0$, and $a_4 < 0$.

(ii)多項方程式(2-6)は、以下の条件の組合せ(c)が満たされている場合にのみ、1組の純虚根および負の実部を持つ2根を有する：

(C) $a_1 > 0, a_3 > 0, a_4 > 0$ and $\Phi \equiv a_1 a_2 a_3 - a_1{}^2 a_4 - a_3{}^2 = 0$

ここで、

$a_1 = -\text{trace J}^* = -J_{11} - J_{22} - J_{33} - J_{44} = -\alpha_1(I_{1_{y_1}} - S_{1y1} - IM_{1_{y_1}}) - \alpha_2(I_{2_{y_2}} S_{2y2} - IM_{2_{y_2}}) - \beta_1 L_{1_{r_1}} - \beta_2 L_{2_{r_2}} > 0$ （**仮定4**より）

$a_2 = F_{12}{}^* + F_{13}{}^* + F_{14}{}^* + F_{23}{}^* + F_{24}{}^* + F_{34}{}^*$

$= J_{11}J_{22} - J_{12}J_{21} - J_{13}J_{21} + J_{11}J_{24} + J_{11}J_{32} - J_{12}J_{31} + J_{11}J_{33} - J_{13}J_{31} + J_{11}J_{42} - J_{12}J_{41} - J_{13}J_{41} + J_{21}J_{32} - J_{22}J_{31} - J_{24}J_{31} + J_{21}J_{42} - J_{22}J_{41} + J_{21}J_{44} - J_{24}J_{41} + J_{31}J_{42} - J_{32}J_{41} - J_{33}J_{41} + J_{31}J_{44}$

$= \alpha_1(I_{1_{y_1}} - S_{1y1} - IM_{1_{y_1}})\alpha_2(I_{2_{y_2}} - S_{2y2} - IM_{2_{y_2}}) - \alpha_1 EX_{1_{y_2}}\alpha_2 EX_{2_{y_1}} - \alpha_1 I_{1_{r_1}}\alpha_2 EX_{2_{y_1}} + \alpha_1(I_{1_{y_1}} - S_{1y1} - IM_{1_{y_1}})\alpha_2 I_{2_{r_2}} - \alpha_1 EX_{1_{y_2}}\beta_1 L_{1_{y1}} + \alpha_1(I_{1_{y_1}} - S_{1y1} - IM_{1_{y_1}})\beta_1 L_{1_{r_1}} - \alpha_1 I_{1_{r_1}}\beta_1 L_{1_{y1}} + \alpha_1\beta_2 L_{1_{y2}}(I_{1_{y_1}} - S_{1y1} - IM_{1_{y_1}}) - \alpha_2\beta_1 L_{1_{y1}}(I_{2_{y_2}} - S_{2y2} - IM_{2_{y_2}}) - \alpha_2 I_{2_{r_2}}\beta_1 L_{1_{y1}} + \alpha_2 EX_{2_{y_1}}\beta_2 L_{2_{r_2}} + \beta_1 L_{1_{y1}}\beta_2 L_{1_{y2}} + \beta_1 L_{1_{y1}}\beta_2 L_{2_{r_2}}$

$$a_3 = -\begin{vmatrix} J_{22} & 0 & J_{24} \\ 0 & J_{33} & 0 \\ J_{42} & 0 & J_{44} \end{vmatrix} - \begin{vmatrix} J_{11} & J_{13} & 0 \\ J_{31} & J_{33} & 0 \\ 0 & 0 & J_{44} \end{vmatrix} - \begin{vmatrix} J_{11} & J_{12} & 0 \\ 0 & J_{22} & J_{24} \\ 0 & J_{42} & J_{44} \end{vmatrix} - \begin{vmatrix} J_{11} & J_{12} & J_{13} \\ 0 & J_{22} & 0 \\ J_{31} & 0 & J_{33} \end{vmatrix}$$

$= -\{J_{22}J_{33}J_{44} - J_{24}J_{33}J_{42}\} - \{J_{11}J_{33}J_{44} - J_{13}J_{31}J_{44}\} - \{J_{11}J_{22}J_{44} - J_{11}J_{24}J_{42}\}$

$-\{J_{11}J_{22}J_{33} - J_{13}J_{22}J_{31}\}$

$= -\{\alpha_2(I_{2_{y_2}} - S_{2y2} - IM_{2_{y_2}})\beta_1 L_{1_{r_1}}\beta_2 L_{2_{r_2}} - \alpha_2 I_{2_{r_2}}\beta_1 L_{1_{r_1}}\beta_2 L_{1y2}\}$

$-\{\alpha_1\left(I_{1_{y_1}} - S_{1y1} - IM_{1_{y_1}}\right)\beta_1 L_{1_{r_1}}\beta_2 L_{2_{r_2}} - \alpha_1 I_{1_{r_1}}\beta_1 L_{1y1}\beta_2 L_{2_{r_2}}\}$

$-\{\alpha_1(I_{1_{y_1}} - S_{1y1} - IM_{1_{y_1}})\alpha_2(I_{2_{y_2}} - S_{2y2} - IM_{2_{y_2}})\beta_2 L_{2_{r_2}} - \alpha_1(I_{1_{y_1}} - S_{1y1} - IM_{1_{y_1}})\alpha_2 I_{2_{r_2}}\beta_2 L_{1y2}\} - \{\alpha_1\left(I_{1_{y_1}} - S_{1y1} - IM_{1_{y_1}}\right)\alpha_2(I_{2_{y_2}} - S_{2y2} - IM_{2_{y_2}})$

$\beta_1 L_{1_{r_1}} - \alpha_1 I_{1_{r_1}}\alpha_2(I_{2_{y_2}} - S_{2y2} - IM_{2_{y_2}})\beta_1 L_{1y1}\} \quad > 0$

(**仮定４**より)

$a_4 = \det \mathrm{J}^* = J_{11}J_{22}J_{33}J_{44} - J_{11}J_{24}J_{33}J_{42} - J_{12}J_{21}J_{33}J_{44}$

$-J_{13}J_{21}J_{32}J_{44} - J_{13}J_{22}J_{31}J_{44} + J_{13}J_{24}J_{31}J_{42} + J_{12}J_{24}J_{33}J_{41} - J_{13}J_{24}J_{32}J_{41}$

$= \alpha_1(I_{1_{y_1}} - S_{1y1} - IM_{1_{y_1}})\alpha_2(I_{2_{y_2}}S_{2y2} - IM_{2_{y_2}})\beta_1 L_{1_{r_1}}\beta_2 L_{2_{r_2}} - \alpha_1(I_{1_{y_1}} - S_{1y1} - IM_{1_{y_1}})\alpha_2 I_{2_{r_2}}\beta_1 L_{1_{r_1}}\beta_2 L_{1y2} - \alpha_1 EX_{1_{y_2}}\alpha_2 EX_{2_{y_1}}\beta_1 L_{1_{r_1}}\beta_2 L_{2_{r_2}} - \alpha_1 I_{1_{r_1}}\alpha_2(I_{2_{y_2}}S_{2y2} - IM_{2_{y_2}})\beta_1 L_{1y1}\beta_2 L_{2_{r_2}} < 0$　(**仮定４**より)

a_1, a_2, a_3およびa_4 は、各々$\alpha_1, \alpha_2, \beta_1, \beta_2$ の関数である。

パラメータが変化して均衡が失われるとき、Hopf 分岐が生じる。

命題 1. **(仮定 1)** ～**(仮定 4)**の下で、もしパラメータαが分岐値に近接しているならば、$\alpha_1 > \alpha_{10}, \alpha_2 > \alpha_{20}$あるいは$\alpha_1 < \alpha_{10}, \alpha_2 < \alpha_{20}$の場合には、動学体系(2-1)－(2-4)の均衡の周りで少なくとも１つの閉軌道が存在する。

(証明)

動学体系の小域的安定性を証明する際に、非常に有用な定理は Routh-Hurwitz の定理である。4 次元の場合において、もし $a_1, a_2, a_3, a_4 > 0$ および $a_1 a_2 a_3 - a_1^2 a_4 - a_3^2 > 0$ ならば、固有値の実部が負であるということが示される。もし

$a_1, a_2, a_3, a_4 > 0$ および $a_1a_2a_3 - a_1{}^2a_4 - a_3{}^2 > 0$ であり、共役複素根の実部がゼロであることが示されるならば、ゼロに同値である実根は存在しない。

次に、α を分岐パラメータとして想定し、Routh-Hurwitz 条件が満たされる初期値を仮定する。**(仮定 4)**によって、αの限界的増加はa_1 における限界的減少を意味する。

$$\frac{\partial a_1}{\partial \alpha_1} = -\left(I_{1_{y_1}} - S_{1y1} - IM_{1_{y_1}}\right) < 0,$$

$$\frac{\partial a_1}{\partial \alpha_2} = -\left(I_{2_{y_2}} - S_{2y2} - IM_{2_{y_2}}\right) < 0$$

さらに、α の限界的増加はa_3の限界的増加に導く。

$$\frac{\partial a_3}{\partial \alpha_1} = -\{\alpha_2(I_{2_{y_2}} - S_{2y2} - IM_{2_{y_2}})\beta_1 L_{1_{r_1}}\beta_2 L_{2_{r_2}} - \alpha_2 I_{2_{r_2}}\beta_1 L_{1_{r_1}}\beta_2 L_{1y2}\}$$

$$-\{\left(I_{1_{y_1}} - S_{1y1} - IM_{1_{y_1}}\right)\beta_1 L_{1_{r_1}}\beta_2 L_{2_{r_2}} - I_{1_{r_1}}\beta_1 L_{1y1}\beta_2 L_{2_{r_2}}\}$$

$$-\{\left(I_{1_{y_1}} - S_{1y1} - IM_{1_{y_1}}\right)\alpha_2 (I_{2_{y_2}} - S_{2y2} - IM_{2_{y_2}})\beta_2 L_{2_{r_2}} - \left(I_{1_{y_1}} - S_{1y1} - IM_{1_{y_1}}\right)\alpha_2 I_{2_{r_2}}\beta_2 L_{1y2}\} - \{\left(I_{1_{y_1}} - S_{1y1} - IM_{1_{y_1}}\right)\alpha_2 (I_{2_{y_2}} - S_{2y2} - IM_{2_{y_2}})\beta_1 L_{1_{r_1}}$$

$$-\alpha_2(I_{2_{y_2}} - S_{2y2} - IM_{2_{y_2}})\beta_1 L_{1y1}\} > 0$$

$$\frac{\partial a_3}{\partial \alpha_2} = -\{(I_{2_{y_2}} - S_{2y2} - IM_{2_{y_2}})\beta_1 L_{1_{r_1}}\beta_2 L_{2_{r_2}} - I_{2_{r_2}}\beta_1 L_{1_{r_1}}\beta_2 L_{1y2}\}$$

$$-\{\alpha_1\left(I_{1_{y_1}} - S_{1y1} - IM_{1_{y_1}}\right)\beta_1 L_{1_{r_1}}\beta_2 L_{2_{r_2}} - \alpha_1 I_{1_{r_1}}\beta_1 L_{1y1}\beta_2 L_{2_{r_2}}\}$$

$$-\{\alpha_1\left(I_{1_{y_1}} - S_{1y1} - IM_{1_{y_1}}\right)(I_{2_{y_2}} - S_{2y2} - IM_{2_{y_2}})\beta_2 L_{2_{r_2}} - \alpha_1\left(I_{1_{y_1}} - S_{1y1} -\right) I_{2_{r_2}}\beta_2 L_{1y2}\} - \{\alpha_1\left(I_{1_{y_1}} - S_{1y1} - IM_{1_{y_1}}\right)(I_{2_{y_2}} - S_{2y2} - IM_{2_{y_2}})\beta_1 L_{1_{r_1}}$$

$$-\alpha_1 I_{1_{r_1}}(I_{2_{y_2}} - S_{2y2} - IM_{2_{y_2}})\beta_1 L_{1y1}\} > 0$$

$$\frac{\partial a_4}{\partial \alpha_1} = (I_{1_{y_1}} - S_{1y1} - IM_{1_{y_1}})\alpha_2 (I_{2_{y_2}} S_{2y2} - IM_{2_{y_2}})\beta_1 L_{1_{r_1}}\beta_2 L_{2_{r_2}} - (I_{1_{y_1}} -$$

$S_{1y1} - IM_{1_{y_1}})\,\alpha_2\,I_{2_{r_2}}\beta_1\,L_{1_{r_1}}\beta_2\,L_{1y2} \;-\; EX_{1_{y_2}}\alpha_2 EX_{2_{y_1}}\,\beta_1\,L_{1_{r_1}}\beta_2\,L_{2_{r_2}} \;-$
$I_{1_{r_1}}\alpha_2(I_{2_{y_2}}S_{2y2} - IM_{2_{y_2}})\,\beta_1\,L_{1y1}\beta_2\,L_{2_{r_2}} < 0$

$\frac{\partial a_4}{\partial \alpha_2} = \alpha_1(I_{1_{y_1}} - S_{1y1} - IM_{1_{y_1}})\,(I_{2_{y_2}}S_{2y2} - IM_{2_{y_2}})\,\beta_1\,L_{1_{r_1}}\beta_2\,L_{2_{r_2}} - \alpha_1(I_{1_{y_1}} -$
$S_{1y1} - IM_{1_{y_1}})\; I_{2_{r_2}}\beta_1\,L_{1_{r_1}}\beta_2\,L_{1y2} \;-\; \alpha_1 EX_{1_{y_2}}EX_{2_{y_1}}\,\beta_1\,L_{1_{r_1}}\beta_2\,L_{2_{r_2}} \;-$
$\alpha_1 I_{1_{r_1}}(I_{2_{y_2}}S_{2y2} - IM_{2_{y_2}})\,\beta_1\,L_{1y1}\beta_2\,L_{2_{r_2}} < 0$

$a_1a_2a_3 - {a_1}^2a_4 - {a_3}^2 = (J_{11} + J_{22} + J_{33} + J_{44})(J_{11}J_{22} - J_{12}J_{21} - J_{13}J_{21} +$
$J_{11}J_{24} + J_{11}J_{32} - J_{12}J_{31} + J_{11}J_{33} - J_{13}J_{31} + J_{11}J_{42} - J_{12}J_{41} - J_{13}J_{41} + J_{21}J_{32} -$
$J_{22}J_{31} - J_{24}J_{31} + J_{21}J_{42} - J_{22}J_{41} + J_{21}J_{44} - J_{24}J_{41} + J_{31}J_{42} - J_{32}J_{41} - J_{33}J_{41} +$
$J_{31}J_{44})\{((J_{22}J_{33}J_{44} - J_{24}J_{33}J_{42}) + (J_{11}J_{33}J_{44} - J_{13}J_{31}J_{44}) + (J_{11}J_{22}J_{44} -$
$J_{11}J_{24}J_{42}) + (J_{11}J_{22}J_{33} - J_{13}J_{22}J_{31})\} - (J_{11} + J_{22} + J_{33} + J_{44})^2\,(J_{11}J_{22}J_{33}J_{44} -$
$J_{11}J_{24}J_{33}J_{42} - J_{12}J_{21}J_{33}J_{44}) - \{(J_{22}J_{33}J_{44} - J_{24}J_{33}J_{42}) + (J_{11}J_{33}J_{44} - J_{13}J_{31}J_{44})$
$+ (J_{11}J_{22}J_{44} - J_{11}J_{24}J_{42}) + (J_{11}J_{22}J_{33} - J_{13}J_{22}J_{31})\}^2$

(2-5)式のヤコビ行列式は、分岐値α_{10}, α_{20}において 1 組の純虚固有値を持ち、ゼロの実部を持つ固有値は存在しない。

$\alpha_1 > \alpha_{10}$, $\alpha_2 > \alpha_{20}$について、$a_1a_2a_3 - {a_1}^2a_4 - {a_3}^2$ は負である。その場合には、$a_1a_2a_3 - {a_1}^2a_4 - {a_3}^2$を保証する共役複素根$\lambda(\alpha_0)$ は、$\lambda(\alpha_0) + \lambda(\overline{\alpha_0}) = 0$ になりえない。

その場合には、$\alpha_1 < \alpha_0$ について、1 組の共役複素根の実部は非ゼロである。$\alpha_1 < \alpha_{10}, \alpha_2 < \alpha_{20}$において閉軌道が生じる場合は、劣臨界ケースと呼ばれる。この場合には閉軌道は安定的な不動点を包摂し、軌道は反発する。均衡は$\alpha > \alpha_0$ において不安定になり、閉軌道は存在しない。その場合に、**(仮定 1)** ～**(仮定 4)**の下で、もしパラメータ α が分岐値に近接しているならば、$\alpha_1 > \alpha_{10}, \alpha_2 > \alpha_{20}$あるいは $\alpha_1 < \alpha_{10}, \alpha_2 < \alpha_{20}$の場合には、動学体系(2-1)－(2-4)の均衡の周りで少なくとも 1 つ

の閉軌道が存在する。

3．数値シミュレーション結果

数値シミュレーションのパラメータの初期値は以下のような値である。

$\alpha1=4, \alpha2=4, \beta1=0.001$，$\beta2=0.001$，$\gamma1=1, \gamma2=1$,

$\xi12=4, \xi21=4$,

シミュレーションの１つの例を示す。

I1=8arctan(0.25Y1)-10Y1M1

I2=8arctan(0.025Y2)-10Y2M2

S1=0.15Y1，S2=0.15Y2

EX12=0.0001*ξ12*（Y2）

EX21=0.0001*ξ21*（Y1）

IM12＝EX21，IM21＝EX12

Y1:第１国の実質国民所得，M1:第１国の名目貨幣供給，I1：第１国の実質投資額, Y2：第２国の実質国民所得，M2：第２国の名目貨幣供給，I2：第２国の実質投資額，S1：第１国の実質貯蓄額，S2：第２国の実質貯蓄額，EX12：第１国から第２国への実質輸出額，EX21：第２国から第１国への実質輸出額，IM12：第１国から第２国への実質輸入額，IM21：第２国から第１国への実質輸入額.

図 2.2　第１国と第２国の実質国民所得の位相図

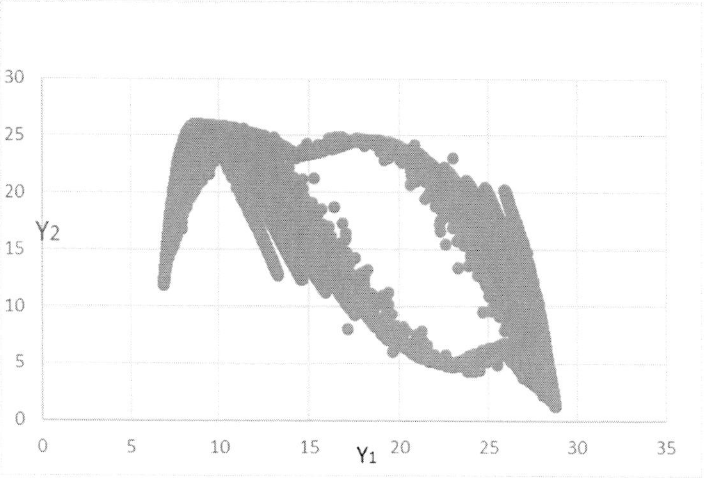

出所：筆者作成

4. 結論

本章では、2 国間の国際貿易を伴う Kaldor－Lorentz 型の景気循環モデルを、4 次元の Hopf 分岐定理を適用することによって展開した。各々の国に関して、(i)国際貿易を伴う財・サービス市場の超過需要を表す動学方程式、および(ii)貨幣市場の超過需要を表す動学方程式の 2 次元の動学方程式体系を展開し、2 次元×2 国の 4 次元の動学方程式体系を分析し、数値シミュレーションも行った。

何らかの外生的な理由によって、第1国の実質国民所得が均衡水準よりも減少する場合を考える。第 1 国の実質国民所得の減少は、第 1 国の投資需要、貯蓄を減少させ、第1国の輸入を減少させる。さらに、第1国の実質国民所得の減少は、第1国の貨幣需要を減少させ、第1国の利子率を低下させる。第1国の輸入の減少は、第2国の輸出を減少させ、第2国の実質国民所得を減少させる。第2国の実質国民所得の減少は、第2国の投資需要、貯蓄を減少させ、第2国の輸入を減少させる。第1国の利子率の低下は、第1国の投資需要、貯蓄を増加させ、第1国の輸入を増加させる。第

1国の輸入の増加は第2国の輸出を増加させ、第2国の実質国民所得を増加させる。第2国の実質国民所得の増加により、第1国の輸出も増加し、第1国の実質国民所得は増加する。何らかの外生的理由によって、第1国の実質国民所得が均衡水準よりも増加する場合についても同様に考察することができる。

[注]

1) G. Gandolfo(2009), p.481.

2) Ibid., pp.481-482.

第3章

ポスト・ケインズ派における インフレ目標の検討

1. はじめに

欧米諸国および日本の中央銀行は、インフレ目標を採用し、市場経済に対するコミットメントを行ってきた。インフレ目標は、政策当局が市場経済に対するインフレ目標を宣言することにより政策運営に対する信頼性のある、検証可能なコミットメントを行うことである。

近年、ポスト・ケインズ派経済学において、「ニューコンセンサス・モデル」(“new consensus”model)の立場に立つ主流派マクロモデルについて批判的に検討したうえで、ポスト・ケインズ派マクロ経済学の立場からインフレ目標を検討する試みが行われてきている。ヴィクセリアン、ネオ・ワルラシアンに対するポスト・ケインズ派からの批判は、Rogers(1989)において行われており、ポスト・ケインズ派経済学の立場からの主流派マクロ経済学に対する批判的検討は、近年では鍋島(2017)において行われている。

Setterfield(2006)において、主流派マクロ経済モデルである「ニューコンセンサス・モデル」を検討したうえで、ポスト・ケインズ派経済学におけるインフレ目標の両立可能性について言及している。すなわち、「解答は、ポストケインジアン主義はインフレ目標と両立可能であるということである。ただし、それは(1)実質所得を決定する際における総需要の役割、および(2)インフレ過程における名目所得の分配に対する対立的請求権の重要性についてのインフレ目標を追求するために用いられる政策のデザインにおける明瞭な認識が存在する場合に限られる」(Setterfield,2006,p.654)

Lima and Setterfield(2008)は、Setterfield(2006)によって拡張されたポストケインジアン・マクロモデルをさらに展開し、期待インフレ率を考慮し、異なる政策反応関数の下での実質産出量とインフレ率の間の均衡の小域的安定性について検討している。その結論部分において、政策の混合がより多く行われるにつれて、インフレ目標のマクロ経済的安定性がより悪化すると述べている。

Kriesler and Lavoie(2007)は、主流派のニューコンセンサス・モデルについて批判的に検討したうえで、インフレ率と生産能力利用度との間の短期フィリップス曲線および長期フィリップス曲線による分析を提示した。

Santos(2011)は、Lima and Setterfield(2008)における期待インフレ方程式を用いて、異なる政策反応関数の下での実質産出量、インフレ率の動学モデルを政策のクレディビリティを示す係数の動学方程式を組み込んで、4 次元の動学方程式体系に拡張し、政策とインフレ率との間の均衡の小域的安定性について分析している。

Lima,Setterfield and Silveira(2014)は、異質的なインフレ期待の下でのポスト・ケインズ派マクロモデルにおけるインフレ目標について、そのマクロ経済的安定性について検討している。

第 2 節では、インフレ目標に関する主流派の見解を Setterfield(2006)により紹介し、第3節においてポスト・ケインズ派マクロモデルにおけるインフレ目標の検討を行ったうえで、第4節ではLima and Setterfield(2008)の基本モデルを拡張する。第5節において本章における結論と今後の課題を述べる。

2．インフレ目標に関する主流派の見解

主流派マクロモデルであるニューコンセンサス・モデル(Romer,2000；Bernanke and Woodford,2003)において、インフレ目標が説明されている。このモデルは、新古典派マクロモデルの以下のような主要な特徴を備えている。すなわち、実質賃金契約、貨幣の中立性、供給サイドで決定される均衡、そして需要牽引型インフレーションである(Setterfield,2006,p.654)。

Setterfield(2006)によれば、ニューコンセンサス・モデルは以下のような方程式体系で要約される。

$$y = y_0 - \delta r \quad (3\text{-}1)$$

$$p = p_{-1} + \alpha(y - y_n) \quad (3\text{-}2)$$

$$\dot{r} = \beta(y - y_n) + \gamma(p - p^T) \quad (3\text{-}3)$$

y:実質産出量, y_n:実質産出の「自然」水準,r:実質利子率,p:実際のインフレ率, p^T:目標インフレ率.

方程式(1)は IS 曲線であり、方程式(2)は自然失業率仮説を体化したフィリップス曲線であり、方程式(3)は「テイラー・ルール」に対応した中央銀行の政策反応関数である。

方程式(1)－(3)は、２本の微分方程式の体系に変形される。

$$\dot{y} = -\delta\beta(y - y_n) - \delta\gamma(p - p^T) \quad (3\text{-}4)$$

$$\dot{p} = \alpha(y - y_n) \quad (3\text{-}5)$$

方程式(4),(5)は行列形式で次式のように要約される。

$$\begin{bmatrix} \dot{y} \\ \dot{p} \end{bmatrix} = \begin{bmatrix} -\delta\beta & -\delta\gamma \\ \alpha & 0 \end{bmatrix} \begin{bmatrix} y \\ p \end{bmatrix} + \begin{bmatrix} \delta(\beta y_n + \gamma p^T) \\ -\alpha y_n \end{bmatrix} \quad (3\text{-}6)$$

ヤコビ行列を調べると、$|J| = \delta\gamma\alpha > 0$, $\mathrm{Tr(J)} = -\delta\beta < 0$ であり、均衡の小域的安定性は安定である(Setterfield, 2006,pp.655-657)。

図3.1　主流派マクロモデルにおけるインフレ目標

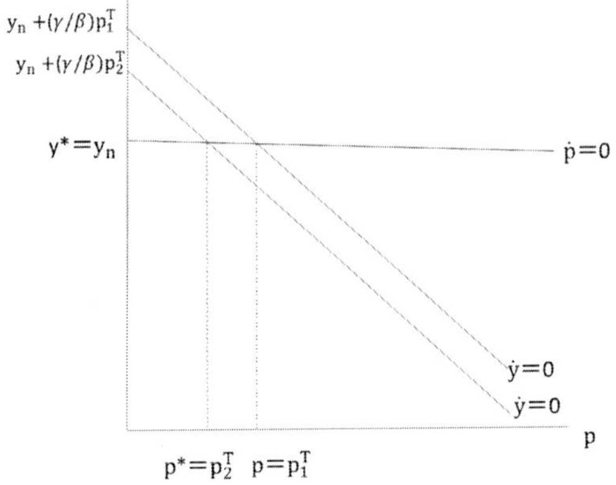

出所：Setterfield(2006),p.658,Figure 1

3．ポスト・ケインズ派におけるインフレ目標の検討

第3節では、Setterfield(2006)によって提示されたポストケインジアン・ベースラインモデル、およびLima and Setterfield(2008)によって展開された拡張されたポストケインジアン・モデルを検討する。

3.1　ポストケインジアン・ベースライン・モデル

Setterfield(2006)によって提示されたポストケインジアンのベースラインモデルは、主流派マクロモデルと対置されるものとして、以下のようなモデルとして示されている。

$$y = y_0 - \delta r \quad (3\text{-}1)$$

$$p = \varphi p_{-1} + \alpha y + \theta Z \quad (3\text{-}2a)$$

$$\dot{r} = \gamma(p - p^T) \quad (3\text{-}3a)$$

ただし、y:実質産出量，r:実質利子率，p：実際のインフレ率，p^T：目標インフレ率，Z：経済活動水準から独立して名目賃金の成長率を引き上げようとする労働者の意志を表すパラメータである。

方程式(3-1)は IS 方程式であり、方程式(3-2a)はフィィリップス曲線であり、Z はインフレ圧力の源泉としての名目賃金の成長率を引き上げようとする労働者の意志を表すパラメータである。方程式(3-3a)は中央銀行の政策反応関数である。

構造方程式(3-1), (3-2a), (3-3a)を２本の連立方程式に変形する。

$$\dot{y} = -\delta\gamma(p - p^T) \qquad (3\text{-}7)$$

$$\dot{p} = \frac{-\alpha\delta\gamma}{1-\varphi}(p - p^T) \qquad (3\text{-}8)$$

方程式(3-7), (3-8)を行列形式で書き直すと、次式になる。

$$\begin{bmatrix}\dot{y}\\ \dot{p}\end{bmatrix} = \begin{bmatrix}0 & -\delta\gamma\\ 0 & -\frac{\alpha\delta\gamma}{1-\varphi}\end{bmatrix}\begin{bmatrix}y\\ p\end{bmatrix} + \begin{bmatrix}\delta\gamma p^T\\ \frac{\alpha\delta\gamma}{1-\varphi}p^T\end{bmatrix} \qquad (3\text{-}9)$$

方程式(3-6)におけるヤコビ行列を調べると、$|J| = 0$および Tr（J）$= -\alpha\delta\gamma(1-\varphi) < 0$：ベースライン・ポストケインジアンモデルの均衡の配置は安定である(Setterfield, 2006, pp.657-661)。

図 3.2　ポストケインズ派におけるベースライン・モデル

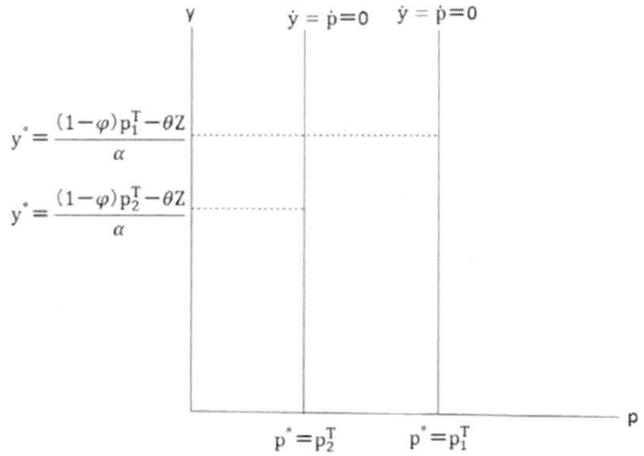

出所：Setterfield(2006),p.661,Figure 2

3.2　拡張されたポストケインジアン・モデル

次に、Setterfield(2006,pp.662-664)において提示された拡張されたモデルを示す。

$$y = y_0 - \delta r \qquad (3\text{-}1)$$

$$p = \varphi p_{-1} + \alpha y + \theta Z \qquad (3\text{-}2a)$$

$$\dot{r} = \lambda(y - y^T) \qquad (3\text{-}3b)$$

$$\dot{Z} = -\mu(p - p^T) \qquad (3\text{-}10)$$

ここで、y^Tは政策当局が設定する目標実質産出量である。方程式(3-1)と(3-2a)はポストケインジアンのベースライン・モデルから維持されている。方程式(3-3b)は、政策当局が総需要と目標産出量との差を操作する政策反応関数であり、方程式(3-10)はインフレ過程における「対立的請求権」を明示的に認めることによってインフレ目標を保証する政策反応関数である。

方程式(3-1)，(3-2a)，(3-3b)，(3-10)は、2本の微分方程式に集約することができる。

$$\dot{y} = -\delta\lambda(y - y^T) \qquad (3\text{-}11)$$

$$\dot{p} = -\frac{1}{1-\varphi}(\alpha\delta\lambda[y - y^T] + \theta\mu[p - p^T]) \qquad (3\text{-}12)$$

均衡条件$\dot{y} = \dot{p} = 0$を課すと、方程式(3-11)，(3-12)から

$$y = y^T \qquad (3\text{-}13)$$

および

$$y = (y^T + \frac{\theta\mu}{\alpha\delta\lambda}p^T) - \frac{\theta\mu}{\alpha\delta\lambda}p \qquad (3\text{-}14)$$

(3-13)と(3-14)を結合することが $p^* = p^T$を示すのに対して(13)から直接に $y^* = y^T$を推論することができる。

$$\begin{bmatrix}\dot{y}\\ \dot{p}\end{bmatrix} = \begin{bmatrix}-\delta\lambda & 0\\ -\frac{\alpha\delta\lambda}{1-\varphi} & -\frac{\theta\mu}{1-\varphi}\end{bmatrix}\begin{bmatrix}y\\ p\end{bmatrix} + \begin{bmatrix}\delta\lambda p^T\\ \frac{1}{1-\varphi}(\alpha\delta\lambda p^T + \theta\mu p^T)\end{bmatrix} \qquad (3\text{-}15)$$

方程式(15)のヤコビ行列を調べると、

$$|J| = {}^{\delta\lambda\theta\mu}\!/_{(1-\varphi)} > 0 \quad \text{および} \quad \mathrm{Tr(J)} = -\left(\delta\lambda + \frac{\theta\mu}{1-\varphi}\right) < 0$$

拡張されたポストケインジアン・モデルの均衡配置は安定である。

これらの結果は、拡張されたポストケインジアン・モデルにおいて、政策当局がインフレ目標を設定し、このインフレ目標を保証するための政策を実行することが可能であるということを意味する(Setterfield, 2006, pp.662-664)。

3.3　基本モデル

次に、Lima and Setterfield(2008)における拡張されたポストケインジアン・モデルに期待によって増幅されたフィリップス曲線を導入したモデルを検討する。

$$y = y_0 - \delta r \tag{3.1}$$

$$p = \beta + \varphi p^T + \alpha y + \theta Z \tag{3.2b}$$

$$\dot{r} = \lambda(y - y^T) \tag{3.3b}$$

$$\dot{Z} = -\mu(p - p^T) \tag{3.10}$$

方程式(3-2b)は、線形で表現された期待によって増幅されたフィリップス曲線である。方程式(3-3b),(3-10)は、政策反応関数である。

$$\dot{y} = -\delta\dot{r}$$

$$\dot{y} = -\delta\lambda(y - y^T) \tag{3-11}$$

$$\dot{p} = \alpha\dot{y} + \theta\dot{Z}$$

$$\dot{p} = -\alpha\delta\lambda(y - y^T) - \theta\mu(p - p^T) \tag{3-16}$$

方程式(3-11)と方程式(3-16)を行列形式で書くと、次式になる。

$$\begin{bmatrix}\dot{y}\\ \dot{p}\end{bmatrix} = \begin{bmatrix}-\delta\lambda & 0\\ -\alpha\delta\lambda & -\theta\mu\end{bmatrix}\begin{bmatrix}y\\ p\end{bmatrix} + \begin{bmatrix}\delta\lambda y^T\\ \alpha\delta\lambda y^T + \theta\mu p^T\end{bmatrix} \tag{3-17}$$

(3-17)におけるヤコビ行列を検討すると、次のようになる。

$$|J|=\delta\lambda\,\theta\mu>0,\ \ Tr(J)=-(\delta\lambda+\theta\mu)<0$$

すなわち、期待によって増幅されたフィリップス曲線を導入した基本モデルの均衡配置は安定である。

ここで、インフレ過程における「対立的請求権」を明示的に認めることによってインフレ目標を保証する政策反応関数(3-10)を(3-10a)のように変えると、インフレ率の動学過程を示す方程式(3-16)は(3-16a)に代替する。

$$\dot{Z}=-\mu(p-p^T)-\theta\Psi(y-y^T) \qquad \text{(3-10a)}$$

$$\dot{p}=-(\alpha\delta\lambda+\theta\Psi)(y-y^T)-\theta\mu(p-p^T) \qquad \text{(3-16a)}$$

さらに、政策当局が総需要と目標産出量との差を操作する政策反応関数(3b)を次の(3c)に変える。

$$\dot{r}=\lambda(y-y^T)+\gamma(p-p^T) \qquad \text{(3-3c)}$$

実質産出量の変化が拡張された利子率ルールによって影響されるならば、方程式(3-1)と(3-3c)から、次式が導かれる。

$$\dot{y}=-\delta\lambda(y-y^T)-\delta\gamma(p-p^T), \qquad \text{(3-18)}$$

方程式(3-2a)と(3-10a)により、次式を与える。

$$\dot{p}=-\alpha\delta\lambda(y-y^T)-(\alpha\delta\lambda+\theta\mu)\,(p-p^T) \qquad \text{(3-19)}$$

方程式(3-18)と(3-19)を行列形式で書くと、次式のようになる。

$$\begin{bmatrix}\dot{y}\\ \dot{p}\end{bmatrix}=\begin{bmatrix}-\delta\lambda & -\delta\gamma\\ -\alpha\delta\lambda & -(\alpha\delta\lambda+\theta\mu)\end{bmatrix}\begin{bmatrix}y\\ p\end{bmatrix}+\begin{bmatrix}\delta\lambda y^T+\delta\gamma p^T\\ \alpha\delta\lambda y^T+(\alpha\delta\gamma+\theta\mu)p^T\end{bmatrix} \qquad \text{(3-20)}$$

ヤコビ行列式を調べると、$|J|=\delta\lambda\,\theta\mu>0, Tr(J)=-\delta(\lambda+\alpha\gamma)-\theta\mu<0.$

すなわち、政策反応関数を代替した基本モデルの均衡配置は安定である(Lima and Setterfield,2008,pp.437-447)。

図 3.3　両方の政策手段が産出ギャップに感応的である場合のインフレ目標

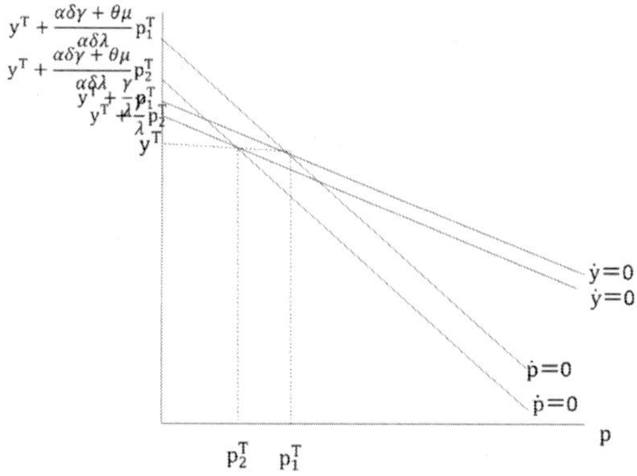

出所：Lima and Setterfield(2008), p.448, Figure 3.

４．基本モデルの拡張

我々は、Ⅲにおいて検討した基本モデルを、以下のように拡張する。Lima, Setterfield and Silveira(2014)におけるモデルと比較すると、公衆の期待インフレ率の動学的調整[1)]に関する方程式(3-21)が異なっている。

$$y = y_0 - \delta r \qquad (3\text{-}1)$$

$$p = \beta + \varphi p^e + \alpha y + \theta Z \qquad (3\text{-}2b)$$

$$\dot{r} = \lambda(y - y^T) \qquad (3\text{-}3b)$$

$$\dot{Z} = -\mu(p - p^T) \qquad (3\text{-}10)$$

$$\dot{p^e} = \tau(p^T - p) \qquad (3\text{-}21)$$

y:実質産出量, y_0:独立的支出,r:実質利子率,p:実際のインフレ率, p^e:期待インフレ率, y^T:目標産出量, p^T:目標インフレ率, Z:経済活動水準から独立に名目賃金の成長率を引き上げようとする労働者の意志を表すパラメータ, p^T:目標インフレ率とする。

方程式(3-1)は IS 曲線であり、方程式(3-2b)は期待によって増幅されたフィリップス曲線[2)]であり、方程式(3-3)と(3-10)は、政策反応関数である。方程式(3-3)は金融政策の実行を叙述しており、ポスト・ケインジアンの内生的貨幣供給の理論と一致し、利子率操作の形式をとる。方程式(3-10)における Z の変化に到達するための手段は、究極的には何らかの所得政策の形式をとる。所得政策は所得シェアの間の対立を減少させるような方法で集計的な賃金－価格設定を行い調和させる諸制度として定義される。方程式(3-21)は公衆の期待インフレ率が目標インフレ率と実際のインフレ率の差に依存して変動することを示している[2)]。

方程式(3-1)，(3-2b)，(3-3b)，(3-4)，(3-21)を 2 本の微分方程式に集約することができる。

$$\dot{y} = -\delta\lambda(y - y^T) \qquad (3\text{-}22)$$

$$\dot{p} = -(\varphi\tau + \theta\mu)(p - p^T) - \delta\alpha\lambda(y - y^T) \qquad (3\text{-}23)$$

方程式(3-22)，(3-23)を行列形式に書き直すと、以下のようになる。

$$\begin{bmatrix}\dot{y}\\ \dot{p}\end{bmatrix} = \begin{bmatrix}-\delta\lambda & 0\\ -\delta\alpha\lambda & -(\varphi\tau + \theta\mu)\end{bmatrix}\begin{bmatrix}y\\ p\end{bmatrix} + \begin{bmatrix}\delta\lambda y^T\\ \delta\alpha\lambda y^T + (\varphi\tau + \theta\mu)p^T\end{bmatrix} \qquad (3\text{-}24)$$

(3-24)式のヤコビ行列を検討すると、

$$|J| = \delta\lambda(\varphi\tau + \theta\mu) > 0,\quad \mathrm{tr(J)} = -\delta\lambda - (\varphi\tau + \theta\mu) < 0$$

均衡配置は安定である。

ここで、政策反応関数(3-3b)，(3-10)を、(3-3a)，(3-10b)にそれぞれ代替すると、基本モデルは以下のように修正される。

$$y = y_0 - \delta r \qquad (3\text{-}1)$$

$$p = \beta + \varphi p^e + \alpha y + \theta Z \qquad (3\text{-}2b)$$

$$\dot{r} = \gamma(p - p^T) \qquad (3\text{-}3a)$$

$$\dot{Z} = -\Psi(y - y^T) \qquad (3\text{-}10b)$$

$$\dot{p^e} = \tau(p^T - p) \qquad (3\text{-}21)$$

方程式(3a)は、実際のインフレ率と目標インフレ率との間の差に依存して利子率の時間変化率が変化することを示している。方程式
(3-10b)は、労働者の名目賃金の成長率を引き上げようとする意志を示すパラメータの時間変化率は、実際の産出量と目標産出量との間の差に依存して変動する。
方程式(3-1)，(3-2b)，(3-3a)，(3-10b)，(3-21)は、２本の微分方程式に集約することができる。

$$\dot{y} = -\delta\gamma(p - p^T) \tag{3-25}$$

$$\dot{p} = -\theta\Psi(y - y^T) - (\varphi\tau + \alpha\delta\gamma)(p - p^T) \tag{3-26}$$

方程式(3-25)と(3-26)を行列形式で書くと、次式のようになる。

$$\begin{bmatrix} \dot{y} \\ \dot{p} \end{bmatrix} = \begin{bmatrix} 0 & -\delta\gamma \\ -\theta\Psi & -(\varphi\tau + \alpha\delta\gamma) \end{bmatrix} \begin{bmatrix} y \\ p \end{bmatrix} + \begin{bmatrix} \delta\gamma p^T \\ \theta\Psi y^T + (\varphi\tau + \alpha\delta\gamma) p^T \end{bmatrix} \tag{3-27}$$

(3-27)式のヤコビ行列を検討すると、次式を得る。

$$|J| = -\delta\gamma\theta\Psi < 0,\ \mathrm{tr(J)} = -(\varphi\tau + \alpha\delta\gamma) < 0$$

モデルの均衡配置は不安定である。

ここで、政策反応関数(3-3b),(3-10b)を、それぞれ(3-3c),(3-10)に代替する。

$$y = y_0 - \delta r \tag{3-1}$$

$$p = \beta + \varphi p^e + \alpha y + \theta Z \tag{3-2b}$$

$$\dot{r} = \lambda(y - y^T) + \gamma(p - p^T) \tag{3-3c}$$

$$\dot{Z} = -\mu(p - p^T) \tag{3-10}$$

$$\dot{p^e} = \tau(p^T - p) \tag{3-21}$$

方程式(3-1)はIS曲線であり、方程式(3-2b)は期待によって増幅されたフィリップス曲線である。方程式(3-3a)は、利子率の時間変化率が、実質産出量と目標実質産出量

の差、および実際のインフレ率と目標インフレ率の差に依存して変動するということを意味する。

方程式(3-1), (3-2b), (3-3c), (3-10), (3-21)を 2 本の微分方程式に集約することができる。

$$\dot{y} = -\delta\lambda(y - y^T) - \delta\gamma(p - p^T) \tag{3-28}$$

$$\dot{p} = -\alpha\delta\lambda(y - y^T) - (\varphi\tau + \alpha\delta\gamma + \mu\theta)(p - p^T) \tag{3-29}$$

方程式(28)と(29)を行列形式で書くと、次式になる。

$$\begin{bmatrix}\dot{y}\\ \dot{p}\end{bmatrix} = \begin{bmatrix}-\delta\lambda & -\delta\gamma \\ -\alpha\delta\lambda & -(\varphi\tau + \alpha\delta\gamma + \mu\theta)\end{bmatrix}\begin{bmatrix}y\\ p\end{bmatrix} + \begin{bmatrix}\delta\lambda y^T + \delta\gamma p^T \\ \alpha\delta\lambda y^T + (\varphi\tau + \alpha\delta\gamma + \mu\theta)p^T\end{bmatrix} \tag{3-30}$$

方程式(3-30)のヤコビ行列を検討すると、次式を得る。

$$|J| = \delta\lambda(\varphi\tau + \mu\theta) > 0,\quad \mathrm{tr}(J) = -(\delta\lambda + \varphi\tau + \alpha\delta\gamma + \mu\theta) < 0$$

すなわち、修正された拡張基本モデルの均衡配置は安定である。

5．結論

本章は、インフレ目標政策に関する主流派の見解を紹介し、ポスト･ケインズ派マクロモデルにおけるインフレ目標の検討を行った上で、Lima and Setterfield (2008)の基本モデルを拡張した。

第３節において、Lima and Setterfield(2008)による基本モデルを検討した。ポスト・ケインズ派の代替的なモデルにおいても、インフレ目標は経済の基礎構造と十分に両立可能であるということを示すことができた。しかし、Setterfield(2006), Lima and Setterfield(2008)によれば、ポスト・ケインズ派の代替的モデルとインフレ目標が両立可能であるのは、(1)実質所得を決定する際における総需要の役割および(2)インフレ過程における名目所得の分配に対する対立的請求権の重要性についての明瞭な認識が存在する場合に限られるであろう。このことは、貨幣経済における経済成長と所得分配、有効需要の原理の重要性を示すものと考えられる。

Rogers (1989)において述べられているように、新古典派貨幣理論は実物的経済分析として分類される。なぜなら貨幣的諸力ではなく実物的諸力が長期均衡状態を決定するからである。それに対して、ケインズおよびポスト・ケインズ派の貨幣的理論は貨幣的経済分析に分類される。貨幣はヴェールではなく、資本主義的過程の不可欠な部分として長期均衡の決定において、実物的諸力と貨幣的諸力を統合しようと試みるものだからである(Rogers,1989,p.4；訳書３頁)。

第４節において、検討を行った基本モデルの拡張は、公衆の期待インフレ率の動学的調整が、実際のインフレ率と目標インフレ率の差に依存して行なわれるということが特徴であった。そのため、政策の混合の如何では、均衡配置が不安定になるが、基本モデルの拡張において検討したケースでは、モデルの均衡配置が安定となるケースが見られた。

今後の課題は、経済主体の異質的なインフレ期待をモデルの中に導入することにより、ポスト・ケインズ派の代替的なマクロモデルを構築し、動学モデルを拡張することである。

[注]

1) Branch and McGough(2009;2010)におけるニュー・ケインジアン・モデルにおける異質的インフレ期待の形成を参照。
2) 価格設定行動と金融政策の経路としてのコスト・プッシュ・インフレ過程との関連について、Lima and Setterfield(2010;2014)を参照。

第4章

開放マクロ経済モデルにおける財政・金融政策の相互性

1．はじめに

本章の目的は、ポストケインジアンのモデルを用いて開放経済における財政政策と金融政策の相互性について、インフレ目標と経済安定化の観点から分析することである。本章の理論的貢献は、以下の二点である。すなわち、(1)実質為替レートと利子率に関する資本移動の効果を開放経済におけるポストケインジアン・モデルに組みこむこと、および(2)金融当局によるインフレと雇用についての異なる選好を反映したマクロ経済レジームについて考察することである。

インフレ目標レジームと金融政策を行う代替的モデルがポスト・ケインズ派において注目された。代替的モデルは、閉鎖経済(Kriesler and Lavoie, 2007; Lima and Setterfield, 2008)および開放経済(Drumond and Porcile, 2012; Vera,2014; Drumond and De Jesus, 2016)において展開されてきた[1]。

ポスト・ケインズ派経済学の一つの重要な側面は、マクロ経済政策に関する実践的な課題を扱うということである。

特に、Setterfield(2006)によって展開されたモデル以降、利子率ルールあるいは利子率操作手続き、そしてインフレ目標[2]とポスト・ケインズ派経済学との両立可能性について理解するための努力がなされてきた(Drumond and De Jesus, 2016,173)。

Drumond and Porcile(2012)は、開放経済における金融政策ルールを実質為替レートの動学と期待インフレ率の動学を組み合わせることによって展開し、カレツキアンのマクロモデルを拡張した。雇用とインフレ率の両者についての効果を考慮する金融政策ルールは、インフレ率のみに重点をおくレジームよりは安定性に貢献するであろう。他方において、もし適応的期待が賃金交渉の過程を阻害するならば、雇用のみに焦点を当てるレジームは不安定化するであろう。

Drumond and De Jesus(2016)は、ポスト・ケインズ派マクロモデルの枠組みにおいて、開放経済における財政政策と金融政策の相互性について分析した。マクロ経済均衡の動学的特性は財政政策と金融政策の異なる経済レジームにおいて評価されている。Drumond and De Jesus(2016)の研究の主要な結果は、選好される政策レジームは経済政策当局が相補的であり、財政政策が積極的な役割を演じるということを示唆しているということである。

Lima and Porcile(2013)は、(実質為替レートで評価される)国際競争力と所得分配の相互決定を考慮した動学モデルを展開した。

本章の構成は以下のとおりである。第２節において、所得分配を考慮した開放経済における基本モデルを提示する。第３節では、テイラー・ルールと実質為替レートについて考察する。第４節では、金融政策と財政政策について異なる政策レジームのもとでの均衡の安定性について検討する。第５節において、本章における結論を提示する。

２．開放経済における基本モデル

経済における企業の行動は、不完全競争によって捉えられる。単純化のために、中間財の存在を無視し、一般価格水準は、以下のような方程式で定式化される。

$$P = \mu\left(\frac{W}{A}\right) \tag{4-1}$$

P:経済において生産された単一財の価格，μ:企業のマークアップ要因，W:名目賃金，A:労働生産性($A = Y/N$)

インフレ率は(1)式の対数微分によって得られる。

$$p = w - a \tag{4-2}$$

p:インフレ率，w:名目賃金の成長率，a:労働生産性の成長率

名目賃金の需要は、総所得における労働者のある望ましいシェアを目標とする。

$$\mathrm{w} = p^e + a + (1-\theta)\left(\omega^d - \omega^f\right) + \theta\rho \quad ; \quad 0 < \theta < 1 \qquad (4\text{-}3)$$

名目賃金の成長率は、期待インフレ率、労働生産性の成長率、総所得における望ましい賃金と企業によって決定される賃金の差、そして実質為替レートの労働者の購買力における影響を反映した項の合計である。

労働者は期待インフレ率(p^e)に対して賃金を指数化することによって、起こりうるインフレ損失をカバーするように賃金を交渉する。しかしながら、賃金指数化とともに、労働者は、自らの所望する賃金(ω^d)が企業によって決定される賃金(ω^f)より低いときはいつでも、実質利得、それ故、増加する賃金交渉を組み込むことを欲する。

労働者の望ましい賃金は経済における雇用の水準に依存する。

$$\omega^d = au \qquad (4\text{-}4)$$

ここで経済における能力利用率($u = Y/\bar{Y}$)も、経済における総需要に関係する内生変数である。

方程式(4-4)を(4-3)において用いると、次式になる。

$$\mathrm{p} = p^e + (1-\theta)\left(au - \omega^f\right) + \theta\rho \quad ; \quad 0 < \theta < 1 \qquad (4\text{-}5)$$

我々は出発点として次のような伝統的なケインジアンの総需要曲線をとりあげる。

$$Y = c_w(1-\pi)Y + c_k\pi Y + D + I + B \; ; 0 < c_w < 1, 0 < c_w < 1 \qquad (4\text{-}6)$$

π:利潤分配率，$\pi = \frac{\mu - 1}{\mu}$

ここで、総需要は、労働者の消費、資本家の消費、政府支出D、投資I、純輸出Bの合計である。以下では、資本ストック1単位あたりのタームに基づいて総需要を表

現する。$v = \bar{Y}/K$は資本—生産比率の逆数である。$c_w(1-\pi) + c_k\pi = c, 0 < c < 1$を仮定する。

$$uv = c_w(1-\pi)uv + c_k\pi uv + d + g + h \qquad (4\text{-}7)$$

$u = Y/\bar{Y}$は能力利用率であり、$v = \frac{\bar{Y}}{K}$は資本—生産比率の逆数である。d は資本ストックのシェアとしての政府支出、gは資本ストックのシェアとしての投資、h は資本ストックのシェアとしての純輸出である(Drumond and Porcile,2012,143)。

資本ストックのシェアとしての投資と純輸出について、線型関数を仮定すると以下のようになる。

$$g = \tau + \delta_1 u - \delta_2 r; \quad \delta_1 > 0, \delta_2 > 0 \qquad (4\text{-}8)$$

$$h = \sigma + b_1\rho - b_2 u; \quad b_1 > 0,\ b_2 > 0 \qquad (4\text{-}9)$$

投資は能力利用率の増加関数であり、実質利子率の減少関数である。純輸出は実質為替レートの増加関数であり、能力利用率の減少関数である(Drumond and De Jesus, 2016, 175-177)。

パラメーターτ，σ，δ_1，b_1，δ_2，b_2は正であり、τは資本家のアニマル・スピリッツを反映する。σは独立純輸出である。

資本ストック 1 単位当たりの政府支出dを能力利用率uと能力利用率の目標値u^Tの乖離の関数として以下のように表現することができる。

$$d = d_0 + \lambda(u^T - u); \ \lambda \geq 0,\ d_0 > 0 \qquad (4\text{-}10)$$

項d_0は独立政府支出であり、λは政府の能力利用率と能力利用率目標値との間の乖離に関する反応度を示している。

モデルの短期均衡をとると、能力利用率のタームにおける IS 曲線が導出される。

$$u = \frac{A - \delta_2 r + b_1\rho}{b_2 + \lambda - \delta_1 + vs} \quad ; A = \sigma + \tau + \lambda u^T + d_0 \qquad (4\text{-}11)$$

短期均衡は$\delta_1 < (b_2 + \lambda + vs)$および$\delta_2 < (A + b_1\rho)/r$を必要とする(Drumond and

De Jesus, 2016,177－178)。

3．テイラー・ルールと実質為替レート

実質為替レートは内生変数として扱われる。モデルにおいて、経済は調整された為替レートレジームにおいて作用する。名目為替レートを実質為替レートについての期待を考慮して調整すると想定する (Drumond and De Jesus, 2016, 178)。

$$\dot{e} = \psi(\rho^e - \rho), \psi > 0 \tag{4-12}$$

e：名目為替レート，ρ:実質為替レート，ρ^e:期待実質為替レート

実質為替レートの動学は、名目為替レートの動学からインフレ率を差し引いた式によって表される。

$$\dot{\rho} = \psi(\rho^e - \rho) - \mathrm{p} \tag{4-13}$$

金融政策は利子率ルールあるいは IROP に従うものとして叙述される(Drumond and De Jesus, 2016,178)。

利子率ルールの使用は金融政策に関する標準的な手法となっている。

$$\dot{r} = \beta(u - u^T) + \gamma(p - p^T) \tag{4-14}$$

方程式(4-14)は、金融当局が能力利用率uと目標値u^Tとの乖離、およびインフレ率pと目標インフレ率p^Tとの乖離を考慮して利子率を調整するということを示している(Drumond and De Jesus, 2016,179)。

4．財政政策と金融政策の相互性：異なるレジームにおける経済の安定性

4.1　二重指令貨幣レジーム(λ＝0)

第 1 の政策レジームは、二重指令貨幣レジーム(β＞0，γ＞0)であり、金融当局は 2 つの目的、すなわちインフレーションと雇用に関わっており、財政当局は受動的な行動(λ＝0)をとると想定される。また、期待インフレ率が目標インフレ率に等しい

($p^e = p^T$)と仮定する。

フィリップス曲線、財市場の均衡、利子率の動学および実質為替レートの動学を結合すると、以下のような動学体系が得られる。

$$\dot{r} = \beta\left(\frac{A-\delta_2 r+b_1\rho}{b_2-\delta_1+vs} - u^T\right) + \gamma((1-\theta)\left(a\frac{A-\delta_2 r+b_1\rho}{b_2-\delta_1+vs} - \omega^f\right) + \theta\rho) \quad (4\text{-}15)$$

$$\dot{\rho} = \psi(\rho^e - \rho) - \left(p^e + (1-\theta)\left(a\frac{A-\delta_2 r+b_1\rho}{b_2-\delta_1+vs} - \omega^f\right) + \theta\rho\right) \quad (4\text{-}16)$$

方程式(4-15)、(4-16)の動学体系は、以下のようなヤコビ行列を有する。

$$J = \begin{bmatrix} \left(\frac{-\delta_2[\beta+\gamma a(1-\theta)]}{b_2-\delta_1+vs}\right) & \left(\frac{b_1(\beta+\gamma a(1-\theta))}{b_2-\delta_1+vs} + \alpha\theta\right) \\ \left(\frac{\delta_2(1-\theta)a}{b_2-\delta_1+vs}\right) & -\psi - \left(\frac{b_1 a(1-\theta)}{b_2-\delta_1+vs} - \theta\right) \end{bmatrix} \quad (4\text{-}17)$$

$$trace\, J = \frac{-\delta_2[\beta+\gamma a(1-\theta)]}{b_2-\delta_1+vs} - \left(\psi + \left(\frac{b_1 a(1-\theta)}{b_2-\delta_1+vs} - \theta\right)\right) < 0$$

$$\det J = \left(\frac{-\delta_2[\beta+\gamma a(1-\theta)]}{b_2-\delta_1+vs}\right)\left(-\psi - \left(\frac{b_1 a(1-\theta)}{b_2-\delta_1+vs} - \theta\right)\right) - \left(\frac{b_1(\beta+\gamma a(1-\theta))}{b_2-\delta_1+vs} + \alpha\theta\right)\left(\frac{\delta_2(1-\theta)a}{b_2-\delta_1+vs}\right) > 0$$

ヤコビ行列のトレースが負であり、行列式が正であるので、動学体系は安定である中期目標に収束する。

4.2　単一指令雇用レジーム($\lambda > 0$)

次のレジームでは財政当局は積極的に行動する($\lambda > 0$)と仮定する。金融当局はインフレ目標に関与せず、能力利用率にのみコミットし、能力利用率を通じて雇用に焦点を当てると仮定する($\beta > 0$, $\gamma = 0$)。

このレジームにおいて、期待インフレ率に関する動学方程式を導入する。

$$\dot{p^e} = k(p - p^e) \quad (4\text{-}18)$$

方程式(4-18)は、期待インフレ率の動学をインフレ率と期待インフレ率の乖離の関数として叙述する(Yoshida and Asada,2007)。

フィリップス曲線、財市場の均衡、利子率の動学および実質為替レートの動学を結合すると、以下のような3次元の動学体系が得られる。

$$\dot{r} = \beta\left(\frac{A-\delta_2 r+b_1\rho}{b_2+\lambda-\delta_1+vs} - u^T\right) \tag{4-19}$$

$$\dot{\rho} = \psi(\rho^e - \rho) - \left(p^e + (1-\theta)\left(a\frac{A-\delta_2 r+b_1\rho}{b_2+\lambda-\delta_1+vs} - \omega^f\right) + \theta\rho\right) \tag{4-20}$$

$$\dot{p^e} = k(1-\theta)(a\frac{A-\delta_2 r+b_1\rho}{b_2+\lambda-\delta_1+vs} - \omega^f + \theta\rho) \tag{4-21}$$

方程式(4-19)、(4-20)、(4-21)によって構成される動学体系は、以下のようなヤコビ行列を有する。

$$J = \begin{bmatrix} (\frac{-\delta_2\beta}{b+\lambda_2-\delta_1+vs}) & (\frac{b_1\beta}{b_2+\lambda-\delta_1+vs}) & 0 \\ (\frac{\delta_2(1-\theta)\alpha}{b_2+\lambda-\delta_1+vs}) & -\psi-(\frac{b_1\alpha(1-\theta)}{b_2+\lambda-\delta_1+vs}-\theta) & -1 \\ \frac{-k(1-\theta)\alpha\delta_2}{b_2+\lambda-\delta_1+vs} & \left[\frac{k(1-\theta)\alpha b_1}{b_2+\lambda-\delta_1+vs}+k\theta\right] & 0 \end{bmatrix} \tag{4-22}$$

3次元の動学体系の安定性を示すために、Routh-Hurwitzの判定条件を用いる。特性方程式は以下のようになる。

$$\varepsilon^3 + c_1\varepsilon^2 + c_2\varepsilon + c_3 = 0 \tag{4-23}$$

Routh-Hurwitz の判定条件は、c_1, c_2, $c_3>0$かつ$c_1 c_2 - c_3>0$であるならば、固有値の実部が負となり、安定性条件を満たす。

$$c_1 = -\,trace\,J = -\left\{\left(\frac{-\delta_2\beta}{b_2+\lambda-\delta_1+vs}\right) + \left(-\psi + \left(\frac{b_1\alpha(1-\theta)}{b_2+\lambda-\delta_1+vs} - \theta\right)\right)\right\} > 0$$

$$c_2 = \left(\frac{-\delta_2\beta}{b_2+\lambda-\delta_1+vs}\right)\left(-\psi - \left(\frac{b_1\alpha(1-\theta)}{b_2+\lambda-\delta_1+vs} - \theta\right)\right) -$$

$$\left(\frac{b_1\beta}{b_2+\lambda-\delta_1+vs}\right)\left(\frac{-k(1-\theta)\alpha\delta_2}{b_2+\lambda-\delta_1+vs}\right) > 0$$

$$c_3 = -\det J = -\left(\left(\frac{-\delta_2\beta}{b_2+\lambda-\delta_1+vs}\right)\left[\frac{k(1-\theta)\alpha b_1}{b_2+\lambda-\delta_1+vs} + k\theta\right] +\right.$$

$$\left(\frac{-k(1-\theta)\alpha\delta_2}{b_2+\lambda-\delta_1+vs}\right)\left(\frac{b_1\beta}{b_2+\lambda-\delta_1+vs}\right)\Bigg)>0$$

$$c_1c_2-c_3=-\Bigg\{\left(\frac{-\delta_2\beta}{b_2+\lambda-\delta_1+vs}\right)$$

$$-\left(\psi-\left(\frac{b_1\alpha(1-\theta)}{b_2+\lambda-\delta_1+vs}-\theta\right)\right)\Bigg\}\Bigg\{\left(\frac{-\delta_2\beta}{b_2+\lambda-\delta_1+vs}\right)\Bigg(-\psi$$

$$+\left(\frac{b_1\alpha(1-\theta)}{b_2+\lambda-\delta_1+vs}-\theta\right)\Bigg)-\left(\frac{b_1\beta}{b_2+\lambda-\delta_1+vs}\right)\left(\frac{-k(1-\theta)\alpha\delta_2}{b_2+\lambda-\delta_1+vs}\right)\Bigg\}$$

$$+\Bigg(\left(\frac{-\delta_2\beta}{b_2+\lambda-\delta_1+vs}\right)\left[\frac{k(1-\theta)\alpha b_1}{b_2+\lambda-\delta_1+vs}+k\theta\right]$$

$$+\left(\frac{-k(1-\theta)\alpha\delta_2}{b_2+\lambda-\delta_1+vs}\right)\left(\frac{b_1\beta}{b_2+\lambda-\delta_1+vs}\right)\Bigg)$$

Routh-Hurwitz の判定条件から、パラメーターの値により、動学体系は安定であるか不安定であるか確定できない。

それ故、雇用と積極的財政政策に焦点をおいた政策当局によるマクロ経済政策レジーム（単一指令雇用レジーム）は内生変数が定常状態に収束することを保証しない。

4.3　単一指令目標インフレ率レジーム

次に、単一指令雇用レジームと同様の方法で、中央銀行が能力利用率にコミットせずに、目標インフレ率にのみコミットする政策レジーム($\beta=0$,　$\gamma>0$)を考える。さらに、政府は積極的財政政策($\lambda>0$)を採用すると仮定する。

利子率の動学と実質為替レートの動学、および期待インフレ率の動学によって構成される動学体系は、以下のようになる。

$$\dot{r}=\gamma\left((1-\theta)\left(a\frac{A-\delta_2r+b_1\rho}{b_2+\lambda-\delta_1+vs}-\omega^f\right)+\theta\rho\right),\qquad(4\text{-}24)$$

$$\dot{\rho}=\psi(\rho^e-\rho)-\left(p^e+(1-\theta)\left(a\frac{A-\delta_2r+b_1\rho}{b_2+\lambda-\delta_1+vs}-\omega^f\right)+\theta\rho\right),\qquad(4\text{-}25)$$

$$\dot{p^e}=k(1-\theta)\left(a\frac{A-\delta_2 r+b_1\rho}{b_2+\lambda-\delta_1+vs}-\omega^f+\theta\rho\right) \tag{4-26}$$

方程式(4-24)、(4-25)、(4-26)によって構成される動学体系は、以下のようなヤコビ行列を有する。

$$J=\begin{bmatrix} (\frac{-\delta_2\gamma(1-\theta)a}{b_2+\lambda-\delta_1+vs}) & (\frac{\gamma(1-\theta)ab_1}{b_2+\lambda-\delta_1+vs}) & 0 \\ (\frac{\delta_2\gamma(1-\theta)a}{b_2+\lambda-\delta_1+vs}) & -\psi-(\frac{\gamma(1-\theta)b_1 a}{b_2+\lambda-\delta_1+vs}-\theta) & -1 \\ \frac{-k(1-\theta)a\delta_2}{b_2+\lambda-\delta_1+vs} & \left[\frac{k(1-\theta)\alpha b_1}{b_2+\lambda-\delta_1+vs}+k\theta\right] & 0 \end{bmatrix} \tag{4-27}$$

3次元の動学体系の安定性を示すために、Routh-Hurwitzの判定条件を用いる。

特性方程式は以下のようになる。

$$\upsilon^3+c_1\upsilon^2+c_2\upsilon+c_3=0 \tag{4-28}$$

Routh-Hurwitzの判定条件は、c_1, c_2, $c_3>0$かつ$c_1c_2-c_3>0$であるならば、固有値の実部が負となり、安定性条件を満たす。

$$c_1=-trace\,J=-\left\{(\frac{-\delta_2\gamma(1-\theta)a}{b_2+\lambda-\delta_1+vs})+\left(-\psi-(\frac{\gamma(1-\theta)b_1 a}{b_2+\lambda-\delta_1+vs}-\theta)\right)\right\}>0$$

$$c_2=\left(\frac{-\delta_2\gamma(1-\theta)a}{b_2+\lambda-\delta_1+vs}\right)\left(-\psi-\left(\frac{\gamma(1-\theta)b_1 a}{b_2+\lambda-\delta_1+vs}-\theta\right)\right)-\left(\frac{\gamma(1-\theta)ab_1}{b_2+\lambda-\delta_1+vs}\right)\left(\frac{-k(1-\theta)a\delta_2}{b_2+\lambda-\delta_1+vs}\right)>0$$

$$c_3=-\det J=-\left(\left(\frac{-\delta_2\gamma(1-\theta)a}{b_2+\lambda-\delta_1+vs}\right)\left[\frac{k(1-\theta)\alpha b_1}{b_2+\lambda-\delta_1+vs}+k\theta\right]-\left(\frac{\gamma(1-\theta)ab_1}{b_2+\lambda-\delta_1+vs}\right)\left(\frac{-k(1-\theta)a\delta_2}{b_2+\lambda-\delta_1+vs}\right)\right)>0$$

$$c_1c_2-c_3=-\left\{\left(\frac{-\delta_2\gamma(1-\theta)a}{b_2+\lambda-\delta_1+vs}\right)+\left(-\psi+\left(\frac{\gamma(1-\theta)b_1 a}{b_2+\lambda-\delta_1+vs}-\theta\right)\right)\right\}\left\{\left(\frac{-\delta_2\gamma(1-\theta)a}{b_2+\lambda-\delta_1+vs}\right)\left(-\psi+\left(\frac{\gamma(1-\theta)b_1 a}{b_2+\lambda-\delta_1+vs}-\theta\right)\right)-\left(\frac{\gamma(1-\theta)ab_1}{b_2+\lambda-\delta_1+vs}\right)\left(\frac{-k(1-\theta)a\delta_2}{b_2+\lambda-\delta_1+vs}\right)\right\}+\left(\left(\frac{-\delta_2\gamma(1-\theta)a}{b_2+\lambda-\delta_1+vs}\right)\left[\frac{k(1-\theta)\alpha b_1}{b_2+\lambda-\delta_1+vs}+k\theta\right]-\left(\frac{\gamma(1-\theta)ab_1}{b_2+\lambda-\delta_1+vs}\right)\left(\frac{-k(1-\theta)a\delta_2}{b_2+\lambda-\delta_1+vs}\right)\right)>0$$

Routh-Hurwitz の判定条件から、c_1, c_2, $c_3>0$かつ$c_1c_2-c_3>0$であるので、固有値の実部が負となり、安定性条件を満たす。

労働者は、彼らの賃金上昇を中期および定常状態において確認する。他方において、このモデルは、中央銀行が能力利用率（および雇用）にコミットせずに、目標インフレ率にのみコミットするということを明示している。このレジームにおいては、政府が積極的財政政策を採用していることから、経済の安定性における積極的財政政策とインフレ目標政策が両立していることがわかる。

4.4　積極財政下の二重指令貨幣レジーム($\lambda>0$)

第4のレジームは、財政当局が積極的財政政策を採用すると想定し、金融当局は2つの目的、すなわちインフレーションと雇用に関わっている二重指令貨幣レジーム($\beta>0$, $\gamma>0$)を考える。利子率の動学と実質為替レートの動学、および期待インフレ率の動学によって構成される動学体系は、以下のようになる。

$$\dot{r}=\beta\left(\frac{A-\delta_2 r+b_1\rho}{b_2+\lambda-\delta_1+vs}-u^T\right)+\gamma\left((1-\theta)\left(a\frac{A-\delta_2 r+b_1\rho}{b_2+\lambda-\delta_1+vs}-\omega^f\right)+\theta\rho\right) \quad (4\text{-}29)$$

$$\dot{\rho}=\psi(\rho^e-\rho)-\left(p^e+(1-\theta)\left(a\frac{A-\delta_2 r+b_1\rho}{b_2+\lambda-\delta_1+vs}-\omega^f\right)+\theta\rho\right) \quad (4\text{-}30)$$

$$\dot{p^e}=k(1-\theta)\left(a\frac{A-\delta_2 r+b_1\rho}{b_2+\lambda-\delta_1+vs}-\omega^f+\theta\rho\right) \quad (4\text{-}31)$$

方程式(4-29)、(4-30)、(4-31) によって構成される動学体系は、以下のようなヤコビ行列を有する。

$$J=\begin{bmatrix} \left(\frac{-\delta_2[\beta+\gamma a(1-\theta)]}{b_2+\lambda-\delta_1+vs}\right) & \left(\frac{b_1(\beta+\gamma a(1-\theta))}{b_2+\lambda-\delta_1+vs}+a\theta\right) & 0 \\ \left(\frac{\delta_2(1-\theta)a}{b_2+\lambda-\delta_1+vs}\right) & -\psi-\left(\frac{b_1 a(1-\theta)}{b_2+\lambda-\delta_1+vs}-\theta\right) & -1 \\ \frac{-k(1-\theta)a\delta_2}{b_2+\lambda-\delta_1+vs} & \left[\frac{k(1-\theta)\alpha b_1}{b_2+\lambda-\delta_1+vs}+k\theta\right] & 0 \end{bmatrix} \quad (4\text{-}32)$$

3次元の動学体系の安定性を示すために、Routh-Hurwitz の判定条件を用いる。

特性方程式は以下のようになる。

$$\kappa^3 + c_1\kappa^2 + c_2\kappa + c_3 = 0 \qquad (4\text{-}33)$$

Routh-Hurwitz の判定条件は, c_1, c_2, $c_3 > 0$ かつ $c_1 c_2 - c_3 > 0$ であるならば、固有値の実部が負となり、安定性条件を満たす。

$$c_1 = -\,trace\,J = -\{\left(\frac{-\delta_2[\beta+\gamma a(1-\theta)]}{b_2+\lambda-\delta_1+vs}\right) + (-\psi + (\frac{b_1 a(1-\theta)}{b_2+\lambda-\delta_1+vs} - \theta))\} > 0$$

$$c_2 = \left(\frac{-\delta_2[\beta+\gamma a(1-\theta)]}{b_2+\lambda-\delta_1+vs}\right)\left(-\psi + \left(\frac{b_1 a(1-\theta)}{b_2+\lambda-\delta_1+vs} - \theta\right)\right) - \left(\frac{b_1(\beta+\gamma a(1-\theta))}{b_2+\lambda-\delta_1+vs} + a\theta\right)\left(\frac{-k(1-\theta)a\delta_2}{b_2+\lambda-\delta_1+vs}\right)$$

$$>0$$

$$c_3 = -\det J = -\left(\left(\frac{-\delta_2[\beta+\gamma a(1-\theta)]}{b_2+\lambda-\delta_1+vs}\right)\left[\frac{k(1-\theta)\alpha b_1}{b_2+\lambda-\delta_1+vs} + k\theta\right] - \left(\frac{b_1(\beta+\gamma a(1-\theta))}{b_2+\lambda-\delta_1+vs} + a\theta\right)\right.$$

$$\left.\left(\frac{-k(1-\theta)a\delta_2}{b_2+\lambda-\delta_1+vs}\right)\right) > 0$$

$$c_1 c_2 - c_3 = -\left\{\left(\frac{-\delta_2[\beta+\gamma a(1-\theta)]}{b_2+\lambda-\delta_1+vs}\right) + \left(-\psi + \left(\frac{b_1 a(1-\theta)}{b_2+\lambda-\delta_1+vs} - \theta\right)\right)\right\}$$

$$\left\{\left(\frac{-\delta_2[\beta+\gamma a(1-\theta)]}{b_2+\lambda-\delta_1+vs}\right)\left(-\psi - \left(\frac{b_1 a(1-\theta)}{b_2+\lambda-\delta_1+vs} - \theta\right)\right) - \left(\frac{b_1(\beta+\gamma a(1-\theta))}{b_2+\lambda-\delta_1+vs} + a\theta\right)\left(\frac{-k(1-\theta)a\delta_2}{b_2+\lambda-\delta_1+vs}\right)\right\} +$$

$$\left(\left(\frac{-\delta_2[\beta+\gamma a(1-\theta)]}{b_2+\lambda-\delta_1+vs}\right)\left[\frac{k(1-\theta)\alpha b_1}{b_2+\lambda-\delta_1+vs} + k\theta\right] - \left(\frac{b_1(\beta+\gamma a(1-\theta))}{b_2+\lambda-\delta_1+vs} + a\theta\right)\left(\frac{-k(1-\theta)a\delta_2}{b_2+\lambda-\delta_1+vs}\right)\right)$$

Routh-Hurwitz の判定条件から、パラメーターの値により動学体系は安定であるか不安定であるか確定できない。

5. 結論

本章において、ポストケインジアンのモデルを用いて開放経済における財政政策と金融政策の相互性について、インフレ目標と経済安定化の観点から分析してきた。

第2節において、開放経済における小規模なポストケインジアンのマクロ経済モデルを提示した。労働者からの賃金交渉過程をモデルに明示した。投資は能力利用率の増加関数であり、実質利子率の減少関数である。純輸出は実質為替レートの増加関数であり、能力利用率の減少関数である。上述のモデルにおける短期均衡の条件を明らかにした。

第３節において、金融政策と実質為替レート政策について提示した。経済は調整された為替レートレジームのもとで作用すると考え、中央銀行が実質為替レートの中期目標を考慮しながら名目為替レートを調整すると想定した。

第４節では、金融政策と財政政策について異なる政策レジームのもとでの均衡の安定性について検討した。第１の政策レジームは、二重指令貨幣レジーム($\beta>0$, $\gamma>0$)であり、金融当局は２つの目的、すなわちインフレーションと雇用に関わっており、財政当局は受動的な行動をとると想定される。第２の政策レジームは、単一指令雇用レジームであり、財政当局は積極的に行動すると仮定する。金融当局はインフレ目標に関与せず、能力利用率にのみコミットし、能力利用率を通じて雇用に焦点を当てると仮定する。第３の政策レジームは単一指令目標インフレ率レジームであり、中央銀行が能力利用率にコミットせずに、目標インフレ率にのみコミットする政策レジーム($\beta=0$, $\gamma>0$)を考える。さらに、政府は積極的財政政策($\lambda>0$)を採用すると仮定する。第４の政策レジームは積極財政下の二重指令貨幣レジームである。財政当局が積極的財政政策を採用すると想定し、金融当局は２つの目的、すなわちインフレーションと雇用に関わっている二重指令貨幣レジーム($\beta>0$, $\gamma>0$)を考える。

本章における結論は以下のとおりである。

第１に、二重指令貨幣レジームにおいて、財政当局が受動的財政政策を採用する場合には、Routh-Hurwitz の判定条件から、動学体系は安定であり、中期目標に収束する。財政当局が積極的財政政策を採用する場合には、Routh-Hurwitz の判定条件から、動学体系はパラメーターの値により、安定であるか不安定であるか確定できない。

第２に、単一指令雇用レジームにおいて、財政当局が積極的財政政策を採用する場合には、Routh-Hurwitz の判定条件から、動学体系はパラメーターの値により、安定であるか不安定であるか確定できない。それ故、雇用と積極的財政政策に焦点をおいた政策当局によるマクロ経済政策レジーム（単一指令雇用レジーム）は内生変数が定常状態に収束することを保証しない。

第３に、単一指令インフレ目標レジームにおいて、Routh-Hurwitz の判定条件から、安定性条件を満たす。このレジームにおいては、政府が積極的財政政策を採用していることから、経済の安定性における積極的財政政策とインフレ目標政策が両立している。

本章における研究は、金融政策ルールとしてのインフレ目標レジームを適用する経済にとって有用であろう。浅田(2022)は、変動相場制の小国開放経済における不完全資本移動の下でのマンデル＝フレミング・モデルを用いて、財政金融協調安定化政策の動学的分析を行っている。他方において、2008 年の金融危機後、安定化政策としての財政政策の役割が政策当局者にとって益々重要性を増している。今後の課題として、所得分配を考慮したマクロ経済モデルにおける財政・金融政策の相互性についても論じる必要がある。Saratchand and Datta(2021)による標準的なポストケインジアンの投資関数と対抗的インフレーションから構成されるマクロ動学モデルによって示されたように、中央銀行は名目利子率を政策ツールとして用いて目標インフレ率を設定し、インフレ期待は内生的に異質であるマクロ経済モデルについてさらに展開することが求められる。

［注］

1) Drumond and De Jesus(2016)，p.176 参照。

2) ニューコンセンサスマクロ経済学(NCM)に関する批判的検討については、Arestis(2019)，Arestis and Sawyer(2008)を参照。

第5章

NCMモデルにおける金融仲介機関の役割

1. はじめに

近年、ポスト・ケインズ派において、「ニューコンセンサス・マクロ経済学」(Arestis and Sawyer、 2003; Lavoie、 2004)と呼ばれるIS曲線、フィリップス曲線、金融政策ルールを表す方程式からなる主流派モデルを批判的に検討したうえで、ポスト・ケインズ派とインフレ目標政策の両立可能性を検証する研究が現れてきている。

Lima and Setterfield(2008)は、Setterfield(2006)において展開されたポスト・ケインズ派マクロモデルを拡張し期待インフレ率を考慮し、異なる政策反応関数の下で、実質産出量とインフレ率の動学体系における均衡の小域的安定性について分析している。Dos Santos(2011)は、ポスト・ケインズ派マクロモデルに期待インフレ率の動学を導入し、Lima and Setterfield(2008)によって展開されたマクロモデルを拡張している。

ニューコンセンサス・マクロ経済学に対するポスト・ケインズ派による批判について、Kriesler and Lavoie(2007)は、以下のような論点を示している。すなわち、ポスト・ケインズ派は、ケインズに従い、いわゆるISモデルに含意されている単純な利子率/投資関係を拒絶する;(2)金融政策は効果が出るまでに相当な時間がかかる;(3)ポスト・ケインズ派は、いわゆる貨幣の中立性を短期においても長期においても拒絶する;(4)ポスト・ケインズ派は、長期において実際の生産能力利用度が外生的に与えられた正常生産能力利用度に向かって収束しつつあるということを否定する;(5)ポスト・ケインズ派は供給によって決定される自然成長率の概念を拒絶する;(6)

ポスト・ケインズ派は垂直の長期フィリップス曲線そして/あるいはそれと結びついた単純な NAIRU(インフレーションを加速しない失業率)を拒絶する(Kriesler and Lavoie, 2007, 390-392)。

Arestis(2009)は、開放経済におけるニューコンセンサス・マクロ経済学(NCM)モデルを要約したうえで、NCM の政策的インプリケーションを検討し、NCM の理論的基礎とインフレ目標政策の実証的基礎を批判的に評価している。Arestis(2009)が検討しているモデルの概要を記述すると、(1)過去の産出ギャップと将来の期待産出ギャップ、実質利子率、そして実質為替レートによって決定される経常的産出ギャップを持つ総需要方程式、(2)経常的産出ギャップ、過去と将来のインフレーション、名目為替レートの期待された変化、そして期待された世界物価に基づくインフレーションを持つフィリップス曲線、(3)名目利子率が期待インフレ、産出ギャップ、目標値からのインフレーションの乖離、そして「均衡」実質利子率に基づいている金融政策ルール、(4)実質利子率のギャップ、経常収支ポジション、そして将来の為替レートの期待の関数としての実質為替レート、(5)実質為替レート、国内および世界の産出ギャップの関数としての経常収支ポジション、(6)実質為替レートに基づく名目為替レートである。

Arestis(2009)は、NCM の理論的基礎について、(i)価格安定性が十分ではないこと、(ii)実物要因と貨幣要因の分離、(iii)インフレ目標のような名目アンカーの適用が産出の安定性のための操作の余地をあまり残していない点、(iv)為替レートに対して十分に注意が払われていない点などについて批判的に評価している。

Lavoie(2009)は、NCM の基本モデルを要約したうえで、フィリップス曲線の水平な区分の導入、失業と成長の履歴現象、流動性選好の考慮により、ポスト・ケインズ派の立場からモデルの修正を行っている。すなわち、(1)水平な区分を考慮したフィリップス曲線を物価－利用可能性曲線と呼び、(2)失業率の変化分を労働人口成長率と雇用成長率の差に近似的に等しいと仮定してフィリップス曲線を再検討している。さらに、(3)自然成長率が実際の蓄積率に一致しない限り、労働生産性の成長率が増加すると仮定し、実際の経済成長率の認知が目標インフレ率の達成に影響すると述べている。そして(4)トランスミッション・メカニズムを導入することによって中央銀行の政策反応関数を拡張している。

本章は、主流派マクロモデルであるニューコンセンサス・マクロ経済モデルに銀行、金融仲介機関を導入したファイナンシャル・アクセラレーター・モデルに関して分析を行い、主流派マクロ経済学の NCM モデルについて、ポスト・ケインズ派の立場から批判的に検討する。第２節では、ニューコンセンサス・マクロモデルのベンチマーク・モデルについて検討する。第３節では、ファイナンシャル・アクセラレーター・モデルのベンチマーク・モデルについて検討する。第４節では、増幅されたファイナンシャル・アクセラレーター・モデルについて検討する。第５節では、主流派マクロ経済学についてポスト・ケインズ派の立場から批判的に検討する。第６節では本章における結論を提示する。

2．NCM のベンチマーク・モデル

主流派マクロモデルであるニューコンセンサス・モデルにおいて、インフレ目標政策が説明されている。このモデルは、新古典派マクロモデルの主要な特徴を備えている。すなわち、実質賃金契約、貨幣の中立性、供給サイドで決定される均衡、そして需要牽引型インフレーションである(Setterfield, 2006, 654)。

Setterfield(2006)によれば、ニューコンセンサス・モデルは以下のような方程式体系で要約される。

$$y = y_0 - \delta r \quad (5\text{-}1)$$

$$p = p_{-1} + \alpha(y - y_n) \quad (5\text{-}2)$$

$$\dot{r} = \beta(y - y_n) + \gamma(p - p^T) \quad (5\text{-}3)$$

y:実質産出量，y_n:実質産出の「自然」水準，r：実質利子率，p:実際のインフレ率，p^T:目標インフレ率.

方程式(5-1)は IS 曲線であり、方程式(5-2)は自然失業率仮説を体化したフィリップス曲線であり、方程式(5-3)は「テイラー・ルール」に対応した中央銀行の政策反応関数である。

方程式(5-1)－(5-3)は、2本の微分方程式体系に変形される。

$$\dot{y} = -\delta\beta(y - y_n) - \delta\gamma(p - p^T) \quad (5\text{-}1a)$$

$$\dot{p} = \alpha(y - y_n) \quad (5\text{-}2a)$$

方程式(5-1a)、(5-2b)は行列形式で次のように要約される。

$$\begin{bmatrix} \dot{y} \\ \dot{p} \end{bmatrix} = \begin{bmatrix} -\delta\beta & -\delta\gamma \\ \alpha & 0 \end{bmatrix} \begin{bmatrix} y \\ p \end{bmatrix} + \begin{bmatrix} \delta(\beta y_n + \gamma p^T) \\ -\alpha y_n \end{bmatrix} \quad (5\text{-}4)$$

ヤコビ行列を調べると、$|J| = \delta\gamma\alpha > 0$、$Tr(J) = -\delta\beta < 0$であり、均衡配置は安定である(Setterfield, 2006, pp.655－657)。

図5.1　NCMのベンチマーク・モデル

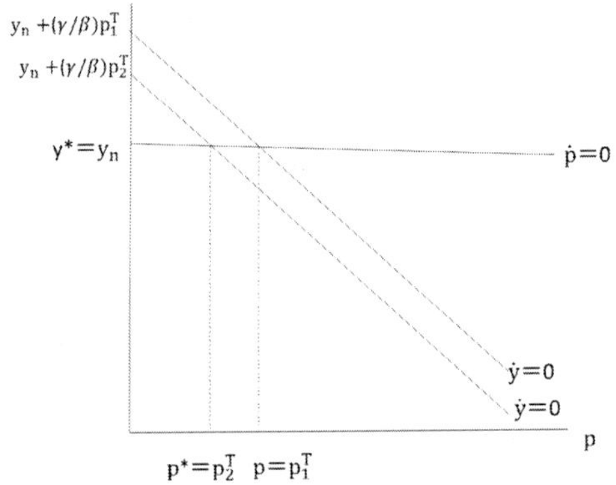

出所：Setterfield(2006),p.658,Figure 1

3．FAMのベンチマーク・モデル

ファイナンシャル・アクセラレーター・メカニズム(FAM)を含むベンチマーク

NCM モデルは、以下のようになる。

$$y = y_0 - \delta r + \varepsilon H \qquad (5\text{-}5)$$

$$\dot{H} = \omega y \qquad (5\text{-}6)$$

$$p = p_{-1} + \alpha(y - y_n) \qquad (5\text{-}2)$$

$$\dot{r} = \beta(y - y_n) + \gamma(p - p^T) \qquad (5\text{-}3)$$

y:実質産出量，y_n:実質産出の「自然」水準，r：実質利子率，p:実際のインフレ率，p^T:目標インフレ率,H：企業の正味資産.

方程式(5-5)、(5-6)は、投資と実質産出量は、統合された企業のバランスシートの金融的健全性によって影響されるということを意味する。方程式(5-2)は自然失業率仮説を体化したフィリップス曲線であり、方程式(5-3)は「テイラー・ルール」に対応した中央銀行の政策反応関数である。

方程式(5-5)、(5-6)、(5-2)、(5-3)は、２本の微分方程式に変形される。

$$\dot{y} = -\delta\beta(y - y_n) - \delta\gamma(p - p^T) + \omega y \qquad (5\text{-}7)$$

$$\dot{p} = \alpha(y - y_n) \qquad (5\text{-}2a)$$

方程式(5-7)、(5-2a)は行列形式で次のように要約される。

$$\begin{bmatrix} \dot{y} \\ \dot{p} \end{bmatrix} = \begin{bmatrix} \omega - \delta\beta & -\delta\gamma \\ \alpha & 0 \end{bmatrix} \begin{bmatrix} y \\ p \end{bmatrix} + \begin{bmatrix} \delta(\beta y_n + \gamma p^T) \\ -\alpha y_n \end{bmatrix} \qquad (5\text{-}8)$$

ヤコビ行列を調べると、$|J| = \delta\gamma\alpha > 0$、$Tr(J) = \omega - \delta\beta$であり、$\omega < \delta\beta$ならば、均衡配置は安定である。

４．増幅された FAM モデル

ファイナンシャル・アクセラレーター・メカニズム(FAM)によって増幅された NCM モデルは、以下のようになる。

$$y = y_0 - \delta r + \varepsilon H \qquad (5\text{-}5)$$

$$\dot{H} = \omega(y - y_n) \qquad (5\text{-}9)$$

$$p = p_{-1} + \alpha(y - y_n) \qquad (5\text{-}2)$$

$$\dot{r} = \beta(y - y_n) + \gamma(p - p^T) \qquad (5\text{-}3)$$

y:実質産出量，y_n:実質産出の「自然」水準，r：実質利子率，p:実際のインフレ率，p^T:目標インフレ率，H：企業の正味資産.

方程式(5-5)、(5-8)は、投資と実質産出量は、統合された企業のバランスシートの金融的健全性によって影響されるということを意味する。方程式(5-2)は自然失業率仮説を体化したフィリップス曲線であり、方程式(5-3)は「テイラー・ルール」に対応した中央銀行の政策反応関数である。

方程式(5-5)、(5-8)、(5-2)、(5-3)は、2本の微分方程式に変形される。

$$\dot{y} = -\delta\beta(y - y_n) - \delta\gamma(p - p^T) + \omega(y - y_n) \qquad (5\text{-}10)$$

$$\dot{p} = \alpha(y - y_n) \qquad (5\text{-}2a)$$

方程式(5-9)、(5-2a)は行列形式で次のように要約される。

$$\begin{bmatrix} \dot{y} \\ \dot{p} \end{bmatrix} = \begin{bmatrix} \omega - \delta\beta & -\delta\gamma \\ \alpha & 0 \end{bmatrix} \begin{bmatrix} y \\ p \end{bmatrix} + \begin{bmatrix} \delta(\beta y_n + \gamma p^T) - \omega y_n \\ -\alpha y_n \end{bmatrix} \qquad (5\text{-}11)$$

ヤコビ行列を調べると、$|J| = \delta\gamma\alpha > 0$、$Tr(J) = \omega - \delta\beta$であり、$\omega < \delta\beta$ならば、均衡配置は安定である。

5．主流派マクロ経済学の批判的検討

Fontana and Passarella(2018)は、NCM のベンチマーク・モデルについて批判的に検討し、NCM モデルに銀行、金融仲介機関を導入したファイナンシャル・アクセラレーター・モデル(FAM)について検討している。

Fontana and Passarella(2018)は、需要効果(一時的／永続的)とファイナンスの有無により、(Ⅰ)ベンチマーク NCM モデル(IS 曲線に対応する産出ギャップ方程式、「加

速的」フィリップス曲線、金融政策ルール)、(Ⅱ)増幅された NCM モデル(IS 曲線、期待インフレ率により増幅されたフィリップス曲線、金融政策ルール)、(Ⅲ)ベンチマーク FAM モデル(IS 曲線に対応する産出ギャップ方程式、企業の純資産方程式、金融政策ルール)、(Ⅳ)増幅された FAM モデル(銀行部門と金融部門の条件の変化は実物的ショックを増幅し、好況と景気後退の循環を生じさせる；産出と雇用の長期水準は需要の経常的水準による履歴効果を通じて影響される)について、表 1 のようにまとめている。

表 5. 1　4 つの異なる主流派マクロ経済モデル

	ファイナンスがない場合	ファイナンスがある場合(ファイナンシャル・アクセラレーター)
需要の一時的効果	(Ⅰ)ベンチマーク NCM	(Ⅲ)ベンチマーク FAM
需要の永続的効果(履歴効果)	(Ⅱ)増幅された NCM	(Ⅳ)増幅された FAM

出所：Fontana and Passarella(2018)、p.90、　Table 4.1.

Fontana and Passarella(2018)は、次のように述べている。「繰り返される誤った予測、そして特に 2007 年から 2008 年にかけての合衆国の危機とそれに続くグローバル金融危機と景気後退についての満足のゆく説明を与えることに失敗したことは、NCM の評判に対する深刻な暴風を表現した。これに対する経済統制における 2 つの主要な反応が存在した。ある研究者たちはベンチマーク NCM モデルを巡り宣言されたコンセンサスが短命であり最終的には成功しなかったということを議論した。別の研究者たちはそれらのマクロ経済分析の欠点を受け入れ、いわゆる NCM モデルを修正しようとした。McCombie and Pike(2013)によって論じられたように、NCM モデルの分析的核心は、実際には依然として「多くの人々によって相対的に無傷である(が、債務不履行と倒産を認める諸仮定を組み込むために不可避なもの)とみなされている」(Fontana and Passarella, 2018, 91)。

ベンチマークNCMモデルを修正するための最も典型的な方法は、家計あるいは消費者の一部が金融市場にアクセスすることができないという可能性を認めることである。これらの非リカード的消費者がスムーズな消費に対して借り入れ、貯蓄することができないので、彼らは常に経常的労働所得を経常的消費に費やす(Fontana and Passarella, 2018, 92)。

金融危機の結果において、ベンチマークNCMモデルを改善し更新しようとする試みは増加した。第一に、研究者たちはインフレ予測におけるシステマティックな誤差に関する彼らの努力に焦点を当てた。第二に、前の論点に関連して、研究者たちは金融市場と金融的摩擦をモデル化しようとした。まず初めに、ベンチマークNCMモデルにおける金融危機のデフレ効果の過大評価は通常、価格硬直性の過小評価の帰結とみなされてきた(Fontana and Passarella, 2018, 92)。

金融市場と金融的摩擦の明示的モデル化に関係する限り、あるNCMの研究者は、これらのリスクプレミアの変動が景気循環を駆動する最も重要なショックであると仮定することによって不安定なリスクプレミアを探究した。この洞察は密接にBernanke and Gertler(1989)およびBernanke et al.(1996)に続く。それはベンチマークFAMモデルを発展させようとする試みを表す。ここで、旧来のモデルと新しいモデルとの間の相違は主に理論的なモデリングと計量経済学的技術の的確さである。この点において本質的な貢献はChristiano et al.(2013)によって与えられた。彼は企業が物的資本を獲得するために内部資金と外部資金と結合し、貸付利子率は企業の債務不履行のコストをカバーする「プレミアム」を含むと仮定した(Fontana and Passarella, 2018, 93)。Christiano et al.(2013)はリスクプレミアの増加は銀行によって課されたプレミアムを増加させ、貸付の供給を減少させることを示している(Fontana and Passarella, 2018, 93)。

リスクフリーな利子率に対するリスクプレミアの変動は景気循環の主要なトリガー(あるいは増幅器)とみなされるであろう。いったんこのメカニズムがベンチマークNCMモデルに導入されるや否や、これは1970年代半ば以降の合衆国の景気循環を正確に再現するために示される(Fontana and Passarella, 2018, 93)。

Borio et al. (2001),Borio(2006)は時間を通じた金融的リスクの絶対的水準の変動の効果を探究した。Borio と彼の同僚は、金融市場の参加者によるインセンティブと潜在的な計測ミスが認められる場合に、好況におけるリスクの過小評価と景気後退におけるリスクの過大評価が現実的な可能性になるということを示している。これは銀行準備―資本比率に有害な影響を有する。今度は、これが銀行利潤の順循環性を強化し、それによって銀行に好況における貸付を増加させ、景気後退における貸付を減少させるように奨励する。金融市場と金融的摩擦のモデル化の最近の代替的な方法は、見返り担保制約、開放経済における通貨危機プレミア、そして Minsky-Fisher 型のメカニズムの導入を含む(Fontana and Passarella, 2018, 94)。

要約すると、ベンチマーク NCM モデルを改善あるいは更新しようとする最近のすべての試みはモデルに金融市場と金融的摩擦を取り込もうとした。これらの試みは表１において示されているモデル（Ⅳ）を意味している。つまり、増幅された FAM モデルである(Fontana and Passarella, 2018, 94)。

上述された異なる増幅された FAM モデルは、主流派マクロ経済学者によるベンチマーク NCM モデルを改善あるいは更新しようとする最近の試みを表現している。これらのモデルは２つの問題、主流派マクロ経済理論と政策形成をさらに妨げるように思われる理論的な弱さと政策不一致の問題を共有する。前者の問題から始めると、増幅された FAM モデルは、金融不安定性と長期にわたり継続する不況が外生的市場摩擦、つまり、銀行部門および金融部門における不完全性、非対称性あるいは硬直性の結果であるということを仮定している。増幅された FAM モデルは、金融不安定性が現代資本主義経済の正常な機能の内生的な副産物であるという可能性を決して認めない。換言すれば、増幅された FAM モデルは、依然としてベンチマーク NCM モデルのように、長期において自由な市場諸力は経済を唯一の外生的に与えられた社会的に最適な均衡に向かって駆動するであろうと仮定している(Fontana and Passarella, 2018, 94―95)。

De Grauwe(2010)が述べているように、「すべての人がモデルと各人の合理性を理解している世界において、なぜ経済主体は最適な価格を用いて最適な計画に即座に到達しようとしないのであろうか？」という疑問が生じる。類似した考察は、外生的な市場摩擦に関するアドホックな諸仮定を通じた金融不安定性の可能性を含む、銀行部門および金融部門の諸条件をモデル化することによってベンチマーク NCM モデルを更新しようと試みる現代のマクロ経済学者に対してもなされる(Fontana and Passarella, 2018, 95)。

De Grauwe(2011)は、経済主体が認識の限界を持つ行動的マクロ経済モデルを開発した。結果としてそれらの経済主体は将来の産出量とインフレを予測する単純な偏向したルールを用いる。それらのルールがバイアスのかかったものであるにもかかわらず、経済主体は適応的な方法で彼らの失敗から学ぶ。このモデルはバイアスのかかった信念の相互関係によって生み出される楽観主義と悲観主義の内生的な波動(『アニマル・スピリッツ』)を生み出す。それに対して、別の経済学者は、ストック－フローの首尾一貫したマクロモデルを用いてシミュレーションを行っている(例えば、Dos Santos, 2006; Dafermos, 2018)。

上述された旧来の FAM と新しい FAM の諸モデルの理論的弱さにもかかわらず、これらの新たな FAM モデルは、ベンチマーク NCM モデルと比べて異なる中央銀行ルールに導く。これが政策不一致問題である。ほとんど指摘されていないにもかかわらず、この FAM モデルの政策的含意は過小評価されるべきではない。この点は、いったん貸付が借手の信用、そして彼らのバランスシートの健全性によって駆動されるや否や、金融資産の市場価値の安定性が中央銀行の優先事項であるべきであるということである。FAM モデルの政策的含意は、過去 20 年間のもう 1 つの現実世界の特徴を強調するであろう(Fontana and Passarella, 2018, 95)。しかし、もしこれが事実なら、その場合には、価格安定性ではなく、国債の支持は、少なくとも景気後退と経済停滞の時期において、中央銀行の最優先の関心事であろう。危険な民間資産を中央銀行によって保証された低リスクの国債と交換すること、それによって景気循環の平準化に寄与することは、企業のバランスシートの健全性をさらに強化するであろうということに着目しよう。これが Minsky(1986)によって指摘された「ポートフォリオ効果」である(Fontana and Passarella, 2018, 95―96)。

要約すると、2007 年－2008 年の金融危機、そして NCM ベンチマーク・モデルがそれを説明することに失敗した結果として、主流派マクロ経済学を修正するための多くの試みがなされてきた。不安定なリスクプレミア、見返り担保制約、開放経済における通貨リスクプレミア、そして Minsky-Fisher 型のメカニズムは長く確立された NCM モデルを改善するために用いられた最も革新的な金融的摩擦である。これらのモデルの厳しい制限は、それらのモデルが、金融不安定性が現代資本主義経済の正常な機能の内生的な副産物であるという可能性を決して認めないということである(Fontana and Passarella, 2018, 96)。

６．結論

本章は、主流派マクロモデルであるニューコンセンサス・マクロ経済モデルに銀行、金融仲介機関を導入したファイナンシャル・アクセラレーター・モデルに関して分析を行い、Fisher＝Minsky 型の負債効果、金融不安定性との関連性について検討してきた。

第２節では、ニューコンセンサス・マクロモデルのベンチマーク・4 モデルについて検討した。主流派マクロモデルであるニューコンセンサス・モデルにおいて、インフレ目標政策が説明されている。このモデルは、新古典派マクロモデルの主要な特徴を備えている。すなわち、実質賃金契約、貨幣の中立性、供給サイドで決定される均衡、そして需要牽引型インフレーションである。方程式⑴は IS 曲線であり、方程式⑵は自然失業率仮説を体化したフィリップス曲線であり、方程式⑶は「テイラー・ルール」に対応した中央銀行の政策反応関数である。ヤコビ行列を調べると、均衡配置は安定である。

第３節では、ファイナンシャル・アクセラレーター・モデルのベンチマーク・モデルについて検討した。

方程式(5)、(6)は、投資と実質産出量は、統合された企業のバランスシートの金融的健全性によって影響されるということを意味する。方程式(2)は自然失業率仮説を体化したフィリップス曲線であり、方程式(3)は「テイラー・ルール」に対応した中央銀行の政策反応関数である。ヤコビ行列を調べると、均衡配置は安定である。

第4節では、増幅されたファイナンシャル・アクセラレーター・モデルについて検討した。方程式(5)、(8)は、投資と実質産出量は、統合された企業のバランスシートの金融的健全性によって影響されるということを意味する。方程式(2)は自然失業率仮説を体化したフィリップス曲線であり、方程式(3)は「テイラー・ルール」に対応した中央銀行の政策反応関数である。ヤコビ行列を調べると、均衡配置は安定である。

第5節では、Fontana and Passarella(2018)による主流派マクロ経済学のポスト・ケインズ派の立場からの批判的検討を紹介した。繰り返される誤った予測、そして特に 2007 年から 2008 年にかけての合衆国の危機とそれに続くグローバル金融危機と景気後退についての満足のゆく説明を与えることに失敗したことは、NCM の評判に対する深刻な暴風を表現した。これに対する経済統制における2つの主要な反応が存在した。ある研究者たちはベンチマーク NCM モデルを巡り宣言されたコンセンサスが短命であり最終的には成功しなかったということを議論した。別の研究者たちはそれらのマクロ経済分析の欠点を受け入れ、いわゆる NCM モデルを修正しようとした。

金融危機の結果において、ベンチマーク NCM モデルを改善し更新しようとする試みは増加した。第一に、研究者たちはインフレ予測におけるシステマティックな誤差に関する彼らの努力に焦点を当てた。第二に、前の論点に関連して、研究者たちは金融市場と金融的摩擦をモデル化しようとした。　金融市場と金融的摩擦の明示的モデル化に関係する限り、ある NCM の研究者は、これらのリスクプレミアの変動が景気循環を駆動する最も重要なショックであると仮定することによって不安定なリスクプレミアを探究した。この洞察は密接に Bernanke and Gertler(1989)および Bernanke et al.(1999)に続く。それはベンチマーク FAM モデルを発展させようとする試みを表す。ベンチマーク NCM モデルを改善あるいは更新しようとする最近のすべての試みはモデルに金融市場と金融的摩擦を取り込もうとした。

上述された異なる増幅された FAM モデルは、主流派マクロ経済学者によるベンチマーク NCM モデルを改善あるいは更新しようとする最近の試みを表現している。これらのモデルは２つの問題、主流派マクロ経済理論と政策形成をさらに妨げるように思われる理論的な弱さと政策不一致の問題を共有する。前者の問題から始めると、増幅された FAM モデルは、金融不安定性と長期にわたり継続する不況が外生的市場摩擦、つまり、銀行部門および金融部門における不完全性、非対称性あるいは硬直性の結果であるということを仮定している。増幅された FAM モデルは、金融不安定性が現代資本主義経済の正常な機能の内生的な副産物であるという可能性を決して認めない。換言すれば、増幅された FAM モデルは、依然としてベンチマーク NCM モデルのように、長期において自由な市場諸力は経済を唯一の外生的に与えられた社会的に最適な均衡に向かって駆動するであろうと仮定している。

1990 年代初頭以来、主流派マクロ経済学においてニューコンセンサス・マクロモデル(NCM モデル)の潮流が広まった。2007 年－2008 年の金融危機、その結果生じた景気後退、そして現在の経済停滞期は、NCM モデルの問題のある特徴を強調している。NCM モデルにおいて、銀行と金融仲介機関は重要な役割を果たしてはいない。過去 10 年間にわたって、モデルに銀行と金融仲介機関の役割を付与することによって、NCM モデルを改善し更新しようとするいくつかの試みがなされてきた。閉鎖経済におけるベンチマーク NCM モデルは３つの方程式(IS 方程式、フィリップス曲線、中央銀行の政策反応関数)によって特徴づけられており、合理的期待形成仮説と「自然均衡」の演じる役割を強調した。1980 年代に、Bernanke と彼の同僚らによって形成されたファイナンシャル・アクセラレーター・モデル(FAM)に対するオリジナルな貢献についてレビューした。これらの貢献は近年、主流派経済学における銀行と金融仲介機関のより大きな役割を割り当てる研究者たちによって再発見された。ベンチマーク FAM モデルは、最近の増幅された FAM モデルとともに、これらのモデルにおける金融不安定性の性質と役割を強調するために極めて長い間にわたり論じられた。第5節における主要な2つの論点は、主流派経済学における前進を阻む主要な問題点を提示していると考えられる。第一に、最近の理論的革新の政策的含意は十分に探究されてこなかった。増幅された FAM モデルは中央銀行の主要な目標として、価格安定性を金融的安定性に置き換えた。第二に、より重要なことに、最近の主流派マクロ経済モデルにおいて、金融不安定性は現代資本主義経済の正常な機能の内生的な副産物としてよりはむしろ、外生的市場摩擦の結果としてモデル化されてきた。

要約すると、2007 年－2008 年の金融危機、そして NCM ベンチマーク・モデルがそれを説明することに失敗した結果として、主流派マクロ経済学を修正するための多くの試みがなされてきた。これらのモデルの厳しい制限は、それらのモデルが、金融不安定性が現代資本主義経済の正常な機能の内生的な副産物であるという可能性を決して認めないということである。

第 II 部

地域経済と産業連関分析

第6章

平成27年大垣市産業連関表による地域経済構造の分析

1．はじめに

近年、地方自治体の地域経済政策の評価・分析に適用する目的で、地域産業連関表を作成する地方自治体が増加してきている状況にある。地域経済の分析および数量的評価の基礎づけにおいても、地方自治体の主体的な取り組みが要請されているところである。地方創生のプロジェクトの経済波及効果の分析に関して、地域産業連関表の作成・分析を行う地方自治体が増加してきているところである。

さらに、エビデンスに基づく政策立案(Evidence-Based Policy Making)が地方自治体においても求められており、地域経済政策の数量的基礎づけが様々な場面で要請されるようになってきている[1)]。

市町村レベルにおける産業連関表の作成および政策分析への適用に関する先行研究として、土居・浅利・中野(1996[初版];2019[改訂版])では市町村レベルにおける地域産業連関表の作成・利用が広範に行われることを目的として、地域産業連関表の作成方法についてノン・サーベイ法を中心に解説されている。土居・浅利・中野(2020[改訂版])では、人口減少、地方創生、観光振興など23の分析事例を通して計測結果を導く方法について実践的に解説を行っている。

中澤(2002)では、市町村レベルにおける地域産業連関表の作成方法を比較検討し、舞鶴市、北九州市、旭川市など先行事例における推計方法を整理している。

小規模地域における地域産業連関表作成に関して、朝日(2004)、日吉・河上・土井(2004)がある。今西(2004)、栗山・小柴・佐々木(2008)は工業統計組替表の利用、域際収支の推計についてアンケート調査の利用など、ノン・サーベイ法と部分的にサーベイを組み合わせて推計を行う部分サーベイ法の利用、朝日(2004)、日吉・河上・土井(2004)、大久保・石塚(2009)、居城(2016)は、県産業連関表の投入係数等の利用、LQ法[2)]などノン・サーベイ法により作成されている。中野・西村(2007)は、大地域の産業連関表とその部分を成す、ある地域の地域産業連関表が与えられている場合に、その地域内をさらに分割した小地域群とその他の地域に亘る多地域間産業連関表をノンサーベイ法で推計する方法を開発し、これを愛知県表の分割に応用している。

下山(2018)は、釧路市産業連関表の作成過程から得られた含意を検討することにより、小地域産業連関表作成におけるサーベイ法の有用性と課題について明らかにしている。寺崎(2018)は、宮津市の産業連関表を事例に SLQ 法と修正自給率の概念を用いたノンサーベイ法とセミサーベイ法との乖離について考察している。

本章では、ノン･サーベイ法である LQ 法を利用して、平成 27 年大垣市産業連関表を作成し、大垣市における地域経済構造を分析する。

2. 大垣市産業連関表の作成方法

2.1　市内生産額の推計方法

平成 27 年大垣市産業連関表を推計するにあたり、投入係数利用の観点から、自地域を含み、かつ自地域より大きな地域の産業連関表が必要となる。作成に当たり、「平成 27 年(2015 年)岐阜県産業連関表　生産者価格表・投入係数表(107 部門表)」を利用した。

大垣市の市内生産額の推計に際して、産業部門数については、投入係数を用いる平成 27 年(2015 年)岐阜県産業連関表の統合中分類（107 部門）にあわせて、107 部門で作成した。価格評価方法は、生産者価格評価法によって評価し、逆行列係数の型は、開放経済型$[I-(I-M)A]^{-1}$の逆行列係数である。次に市内生産額の推計を行う。

今西(2004,42)を参考にして作成した生産額推計シートを作成し、この推計シートにより、岐阜県産業連関表における産業別生産額(C.T.)、岐阜県・大垣市の参考統計を収集し、大垣市／岐阜県按分比率を産出し、岐阜県の産業別生産額(C.T.)に按分比率を乗じて、平成 27 年大垣市の市内生産額を推計する。具体的な推計プロセスを以下に示す。

①平成 27 年(2015 年)岐阜県産業別生産額（C.T.）を平成 27 年岐阜県産業連関表より生産額推計シートに転記する。

②大垣市産業別生産額(C.T.)の推計を行うために、岐阜県・大垣市の参考統計資料を入手する必要がある。今回の作成年は平成 27 年(2015 年)であるので、平成 27 年(2015 年)1 月 1 日～同年 12 月 31 日までの暦年ベースである。ただし、暦年ベースのデータの収集が困難な場合には、『平成28年経済センサス活動調査』のデータを収集する。

③大垣市の産業別生産額(C.T.)を求める計算式は、以下の算定方法による。

大垣市産業別生産額＝岐阜県産業別生産額×（大垣市基礎統計値÷岐阜県基礎統計値）

④事務用品と分類不明、および参考統計の収集困難な産業部門の経済活動に関しては、大垣市内の中間需要から発生すると考え、今西(2004,43)に従い、以下の方法で推計を行った。

*1　大垣市の事務用品生産額第 1 次推計値＝（岐阜県事務用品生産額÷中間需要推計用岐阜県生産額）×中間需要推計用大垣市生産額

*2　大垣市の分類不明生産額第 1 次推計値＝（岐阜県分類不明生産額÷中間需要推計用岐阜県生産額）×中間需要推計用大垣市生産額

*3　それ以外の参考統計収集困難な部門の生産額第 1 次推計値＝（岐阜県のそれ以外の参考統計収集困難な部門の生産額÷中間需要推計用岐阜県生産額）×中間需要推計用大垣市生産額

表 6.1　大垣市の市内生産額推計シート

部門名	2015岐阜県１０７部門県内生産額	統計資料名称	調査項目	単位	岐阜県	大垣市
耕種農業	70,133	2015年農業産出額	産出額	億円	723	21.9
畜産	44,292	2015年農業産出額	産出額	億円	440	5.4
農業サービス	11,534	2016年経済センサス活動調査	従業者数	人	934	59
林業	19,383	2015年農林業センサス	林業経営体		4,662	39
漁業	5,030	2016年経済センサス活動調査	従業者数	人	211	46
石炭・原油・天然ガス	0	2016年経済センサス活動調査	従業者数	人		
その他の鉱業	13,416	2016年経済センサス活動調査	従業者数	人	482	95
食料品	367,822	2016年経済センサス活動調査	製造品出荷額等	万円	36,204,269	3,725,551
飲料	59,437	2016年経済センサス活動調査	従業者数	人	1794	44
飼料・有機質肥料（別掲を除く。）	26,165	2016年経済センサス活動調査	従業者数	人	375	2
たばこ	0	2016年経済センサス活動調査	従業者数	人		
繊維工業製品	90,454	2016年経済センサス活動調査	製造品出荷額等	万円	14,649,120	1,849,380
衣服・その他の繊維既製品	59,252	2016年経済センサス活動調査	従業者数	人	8,003	576
木材・木製品	66,474	2016年経済センサス活動調査	製造品出荷額等	万円	7,010,451	273,416
家具・装備品	114,816	2016年経済センサス活動調査	製造品出荷額等	万円	10,972,854	130,942
パルプ・紙・板紙・加工紙	106,487	2016年経済センサス活動調査	従業者数	人	2,372	85
紙加工品	107,631	2016年経済センサス活動調査	従業者数	人	4,793	79
印刷・製版・製本	85,557	2016年経済センサス活動調査	製造品出荷額等	万円	8,281,096	2,827,474
化学肥料	225	2016年経済センサス活動調査	従業者数	人	46	5
無機化学工業製品	15,136	2016年経済センサス活動調査	従業者数	人	453	72
石油化学系基礎製品	191	2016年経済センサス活動調査	従業者数	人		0
[illegible]	8,885	2016年経済センサス活動調査	従業者数	人	969	467
合成樹脂	15,288	2016年経済センサス活動調査	従業者数	人		0
化学繊維	2,519	2016年経済センサス活動調査	従業者数	人		0
医薬品	217,280	2016年経済センサス活動調査	従業者数	人	2768	70
化学最終製品（医薬品を除く。）	73,095	2016年経済センサス活動調査	従業者数	人	2175	264
石油製品	1,706	2016年経済センサス活動調査	従業者数	人	39	0
石炭製品	10,310	2016年経済センサス活動調査	従業者数	人	173	13
プラスチック製品	450,516	2016年経済センサス活動調査	製造品出荷額等	万円	43,043,888	3,734,385
ゴム製品	76,142	2016年経済センサス活動調査	製造品出荷額等	万円	7,444,800	238,803
なめし革・革製品・毛皮	318	2016年経済センサス活動調査	従業者数	人	97	4
ガラス・ガラス製品	29,855	2016年経済センサス活動調査	従業者数	人	1217	457
セメント・セメント製品	62,986	2016年経済センサス活動調査	従業者数	人	2828	188
陶磁器	123,071	2016年経済センサス活動調査	従業者数	人	9327	0
その他の窯業・土石製品	146,231	2016年経済センサス活動調査	従業者数	人	5499	1107
銑鉄・粗鋼	13,970	2016年経済センサス活動調査	従業者数	人	3	0
鋼材	57,330	2016年経済センサス活動調査	従業者数	人	856	0
鋳鍛造品（鉄）	81,613	2016年経済センサス活動調査	従業者数	人	2413	26
その他の鉄鋼製品	63,790	2016年経済センサス活動調査	従業者数	人	1646	177
非鉄金属製錬・精製	20,155	2016年経済センサス活動調査	従業者数	人	127	7
非鉄金属加工製品	64,591	2016年経済センサス活動調査	従業者数	人	2777	86
建設用・建築用金属製品	98,731	2016年経済センサス活動調査	従業者数	人	6471	283
その他の金属製品	341,819	2016年経済センサス活動調査	従業者数	人	14685	953
はん用機械	257,118	2016年経済センサス活動調査	製造品出荷額等	万円	25815469	1195109
生産用機械	450,274	2016年経済センサス活動調査	製造品出荷額等	万円	44703545	1330085
業務用機械	57,487	2016年経済センサス活動調査	製造品出荷額等	万円	5304730	182578
電子デバイス	1,733	2016年経済センサス活動調査	従業者数	人	90	5
その他の電子部品	164,883	2016年経済センサス活動調査	従業者数	人	5415	3068
産業用電気機器	174,896	2016年経済センサス活動調査	従業者数	人	5893	1226
民生用電気機器	82,296	2016年経済センサス活動調査	従業者数	人	3079	10
電子応用装置・電気計測器	3,584	2016年経済センサス活動調査	従業者数	人	191	3
その他の電気機械	19,236	2016年経済センサス活動調査	従業者数	人	975	1
通信・映像・音響機器	10,218	2016年経済センサス活動調査	従業者数	人	542	1
電子計算機・同附属装置	2,019	2016年経済センサス活動調査	従業者数	人	108	13
乗用車	0	2016年経済センサス活動調査	従業者数	人		
その他の自動車	144,564	2016年経済センサス活動調査	従業者数	人		
自動車部品・同附属品	564,110	2016年経済センサス活動調査	従業者数	人	21555	1686
船舶・同修理	768	2016年経済センサス活動調査	従業者数	人	71	15
その他の輸送機械・同修理	335,618	2016年経済センサス活動調査	従業者数	人	8565	43
その他の製造工業製品	55,224	2016年経済センサス活動調査	製造品出荷額等	万円	5396527	59916
再生資源回収・加工処理	5,587		生産額シェア			
建築	392,350	国土交通省「建築着工統計」床面積の合計	床面積の合計	㎡	1,981,765	156,806
建設補修	111,638	2016年経済センサス活動調査	従業者数	人	50542	4738
公共事業	345,591	総務省「平成28年度都道府県・市町村決算カード」の普通建設事業費＋災害復旧事業費の合計	普通建設事業費＋災害復旧事業費	千円	144129337	10203921
その他の土木建設	77,148	2016年経済センサス活動調査	従業者数	人	19080	1765
電力	272,333	2016年経済センサス活動調査	従業者数	人	2152	271
ガス・熱供給	34,107	2016年経済センサス活動調査	従業者数	人	262	110
水道	57,213	2016年経済センサス活動調査	従業者数	人	220	0
廃棄物処理	77,931	2016年経済センサス活動調査	従業者数	人	4234	190
商業	1,043,081	2016年経済センサス活動調査	従業者数	人	172194	14937
金融・保険	537,776	2016年経済センサス活動調査	従業者数	人	22039	3384
不動産仲介及び賃貸	124,238	2016年経済センサス活動調査	従業者数	人	5624	373
住宅賃貸料	91,948	2016年経済センサス活動調査	従業者数	人	6255	583
住宅賃貸料（帰属家賃）	833,098		生産額シェア	百万円		
鉄道輸送	35,064	2016年経済センサス活動調査	従業者数	人	2308	484
道路輸送（自家輸送を除く。）	248,354	2016年経済センサス活動調査	従業者数	人	30250	3214
自家輸送	205,236	2016年経済センサス活動調査	生産額シェア	百万円		
水運	268	2016年経済センサス活動調査	従業者数	人	30	0
航空輸送	57	2016年経済センサス活動調査	従業者数	人		
貨物利用運送	8,254	2016年経済センサス活動調査	従業者数	人	446	31
倉庫	6,453	2016年経済センサス活動調査	従業者数	人	1310	58
運輸附帯サービス	108,469	2016年経済センサス活動調査	従業者数	人	3131	276
郵便・信書便	21,970	2016年経済センサス活動調査	従業者数	人	1455	280
通信	232,625	2016年経済センサス活動調査	従業者数	人	734	75
放送	33,605	2016年経済センサス活動調査	従業者数	人	980	91
情報サービス	54,441	2016年経済センサス活動調査	従業者数	人	3705	1871
インターネット附随サービス	11,697	2016年経済センサス活動調査	従業者数	人	371	104
映像・音声・文字情報制作	32,156	2016年経済センサス活動調査	従業者数	人	199	11
公務	544,147	総務省「平成27年度都道府県・市町村決算カード」歳出総額	歳出総額	千円	768,289,752	50,064,110
教育	372,715	2016年経済センサス活動調査	従業者数	人	11039	618
研究	260,040	2016年経済センサス活動調査	従業者数	人	1338	98
医療	687,507	2016年経済センサス活動調査	従業者数	人	52978	3963
保健衛生	27,064	2016年経済センサス活動調査	従業者数	人	738	0
社会保険・社会福祉	145,943	2016年経済センサス活動調査	従業者数	人	50413	4021
介護	164,424	2016年経済センサス活動調査	従業者数	人	63050	5372
他に分類されない会員制団体	84,806	2016年経済センサス活動調査	従業者数	人	3641	217
物品賃貸サービス	75,452	2016年経済センサス活動調査	従業者数	人	3398	258
広告	22,029	2016年経済センサス活動調査	従業者数	人	753	83
自動車整備・機械修理	167,708	2016年経済センサス活動調査	従業者数	人	6673	629
その他の対事業所サービス	354,552	2016年経済センサス活動調査	従業者数	人	48437	4215
宿泊業	98,119	2016年経済センサス活動調査	従業者数	人	12177	513
飲食サービス	455,583	2016年経済センサス活動調査	従業者数	人	71414	6855
洗濯・理容・美容・浴場業	88,882	2016年経済センサス活動調査	従業者数	人	19041	1763
娯楽サービス	140,685	2016年経済センサス活動調査	従業者数	人	14848	1012
その他の対個人サービス	98,157	2016年経済センサス活動調査	従業者数	人	5739	444
事務用品	23,686		生産額シェア			
分類不明	62,759		生産額シェア			
計	14,433,070					

出所：筆者作成

2.2　中間投入額・粗付加価値額の推計方法

大垣市中間投入額、粗付加価値額の推計について、土居・浅利・中野(2019,157)に従い、推計を行う。大垣市の市内生産額(107 部門)の値（C.T.）が得られると、それに岐阜県の産業連関表(取引基本表)の各産業の生産額合計を「1」とした各タテ列（中間投入額と粗付加価値額）の構成比を乗じて中間需要・粗付加価値の金額を推計する。中間需要と粗付加価値を、今度はヨコ行ごとに合計して「内生部門計」の欄に記入する。

2.3　市内最終需要の推計方法

2.3.1　家計外消費支出

家計外消費支出の推計は、粗付加価値額の家計外消費支出の行和に岐阜県産業連関表の家計外消費支出の構成比を乗じて算出する。

2.3.2　民間消費支出

岐阜県産業連関表の民間消費支出総額に大垣市と岐阜県の人口比を乗じて算出したものに、岐阜県産業連関表の民間消費支出の構成比を乗じて算出する。

2.3.3　一般政府消費支出

岐阜県産業連関表の一般政府消費支出総額に、一般会計歳出総額の大垣市／岐阜県比率を乗じて算出したものに、岐阜県産業連関表の一般政府消費支出の構成比を乗じて算出する。

2.3.4　総固定資本形成（公的）

総務省の地方財政状況調査関係資料「決算カード」(平成 27 年度)より性質別歳出の状況欄に記載されている「投資的経費」から含まれている人件費を除いた額で、岐阜県と大垣市の按分比率とする。求めた大垣市の合計額に、岐阜県産業連関表の総固定資本形成(公的)の構成比を乗じて算出する。

2.3.5　総固定資本形成(民間)

$$大垣市総固定資本形成(民間) = 岐阜県総固定資本形成（民間）\times \frac{大垣市市内生産額(産業別)}{岐阜県県内生産額(産業別)}$$

2.3.6　大垣市在庫純増

$$大垣市在庫純増 = 岐阜県在庫純増 \times \frac{大垣市市内生産額(産業別)}{岐阜県県内生産額(産業別)}$$

2.4　輸出・輸入の推計方法

2.4.1　輸出

大垣市の輸出額は、岐阜県の取引基本表の輸出額に、岐阜県と大垣市の生産額の比率（市内生産額÷県内生産額）を産業別に計算する。(土居・浅利・中野,2019,162 頁)。

2.4.2　輸入

大垣市の輸入額は、輸出と同様に、岐阜県表の輸入額に、「市内需要」額÷「県内需要」額の比率を乗じて産業別に求める(土居・浅利・中野,2019,163 頁)。

2.5　移入・移出の推計方法

2.5.1　移入の推計方法

移輸入は、LQ 法(Location Quotient Method)を用いて推計した。本章で用いた LQ は、生産額ベースの Simple Location Quotient(SLQ)である。

$$SLQ_i = \frac{Q_i^r / \sum_i Q_i^r}{Q_i^n / \sum_i Q_i^n} \equiv \frac{Q_i^r}{Q_i^n} \times \frac{\sum_i Q_i^n}{\sum_i Q_i^r}$$

Q_i^r:r 地域 i 部門の生産額、Q_i^n:全国 S、i 部門の生産額、$\sum_i Q_i^r$:地域総生産額、$\sum_i Q_i^n$:全国総生産額

$$t_i = \begin{cases} SLQ_i & if \quad SLQ_i < 1 \\ 1 & if \quad SLQ \geqq 1 \end{cases}$$

LQ 法の基本的な考え方は、「小地域とそれを含む大地域とのそれぞれ産業別生産額構成比を求め、さらに小地域の構成比を大地域の構成比で割った「特化係数」を計算する。特化係数が「1以上」である場合には、LQ 値＝「自給率」を「1」とし、「1 未満」の場合にはその特化係数を 1 未満の「自給率」とする。この方法は、LQ 値（自給率）をまず求め、それを1から差し引いて移輸入率を求め、移輸入額を計算する」(土居・浅利・中野,2019,163 頁)。

移輸入額と輸入の差額から移入額を推計する。

2.5.2　移出の推計方法

最後に、移出額をヨコ行のバランス式から求める。

AX:中間需要、*Fd*:域内最終需要、*E*:輸出、*N*:移出、*M*:輸入、*L*:移入としたとき、産業連関表のヨコ行のバランス式は次式となる。

$$AX + Fd + E + N - M - L = X$$

この式から、移出は次式で求める。

$$N = X - A(X + Fd) - E + M + L$$ (土居・浅利・中野,2019,163,166)

表 6.2　LQ 値, 移輸入率の計算

	構成比（市表）a	構成比（全国表）b	特化係数 c=a/b	LQ（c≧1 →1）	移輸入率
耕種農業	0.001744	0.005892	0.296041	0.296041	0.703959
畜産	0.000446	0.003513	0.127055	0.127055	0.872945
農業サービス	0.000537	0.000901	0.596252	0.596252	0.403748
林業	0.000133	0.000786	0.169356	0.169356	0.830644
漁業	0.0009	0.00157	0.573644	0.573644	0.426356
石炭・原油・天然ガス	0	0.000186	0	0	1
その他の鉱業	0.001486	0.000647	2.294446	1	0
飲食料品	0.026916	0.027183	0.990176	0.027452	0.972548
飲料	0.001197	0.006881	0.173958	0.173958	0.826042
飼料・有機質肥料（別掲を除く。）	0.000115	0.001482	0.077306	0.077306	0.922694
たばこ	0	0.002124	0	0	1
繊維工業製品	0.009376	0.001386	6.767385	1	0
衣服・その他の繊維既製品	0.003495	0.002136	1.635174	1	0
木材・木製品	0.00207	0.002365	0.875224	0.875224	0.124776
家具・装備品	0.001141	0.001811	0.630256	0.630256	0.369744
パルプ・紙・板紙・加工紙	0.003133	0.004173	0.750852	0.750852	0.249148
紙加工品	0.001457	0.003396	0.428946	0.428946	0.571054
印刷・製版・製本	0.023946	0.004885	4.905734	1	0
化学肥料	2.41E-05	0.000382	0.063051	0.063051	0.936949
無機化学工業製品	0.001949	0.001967	0.990952	0.990952	0.009048
石油化学基礎製品	0	0.002988	0	0	1
有機化学工業製品（石油化学基礎製品・合	0.003912	0.005526	0.707893	0.707893	0.292107
合成樹脂	0	0.002468	0	0	1
化学繊維	0	0.000485	0	0	1
医薬品	0.004512	0.006932	0.650863	0.650863	0.349137
化学最終製品（医薬品を除く。）	0.007285	0.006768	1.07652	1	0
石油製品	0	0.015113	0	0	1
石炭製品	0.000636	0.001427	0.445914	0.445914	0.554086
プラスチック製品	0.028317	0.010637	2.662041	1	0
ゴム製品	0.002006	0.003116	0.643703	0.643703	0.356297
なめし革・革製品・毛皮	1.08E-05	0.000337	0.03192	0.010568	0.989432
ガラス・ガラス製品	0.009407	0.001216	7.735412	1	0
セメント・セメント製品	0.003456	0.00262	1.319179	1	0
陶磁器	0	0.000657	0	0	1
その他の窯業・土石製品	0.023744	0.001706	13.91528	1	0
銑鉄・粗鋼	0	0.00914	0	0	1
鋼材	0	0.013716	0	0	1
鋳鍛造品（鉄）	0.000972	0.001788	0.543489	0.543489	0.456511
その他の鉄鋼製品	0.009697	0.00222	4.368855	1	0
非鉄金属製錬・精製	0.000912	0.003421	0.266639	0.266639	0.733361
非鉄金属加工製品	0.001642	0.005232	0.313947	0.313947	0.686053
建設用・建築用金属製品	0.003545	0.004153	0.853708	0.853708	0.146292
その他の金属製品	0.006756	0.007379	0.915578	0.915578	0.084422
はん用機械	0.009774	0.010276	0.951151	0.951151	0.048849
生産用機械	0.011002	0.016412	0.670342	0.670342	0.329658
業務用機械	0.000912	0.006782	0.134474	0.134474	0.865526
電子デバイス	7.91E-05	0.006557	0.012057	0.012057	0.987943
その他の電子部品	0.076455	0.006742	11.33949	1	0
産業用電気機器	0.025498	0.00788	3.235868	1	0
民生用電気機器	0.000219	0.0028	0.078369	0.078369	0.921631
電子応用装置・電気計測器	4.52E-05	0.002128	0.021725	0.021725	0.978275
その他の電気機械	1.62E-05	0.002974	0.005448	0.005448	0.994552
通信・映像・音響機器	1.55E-05	0.005476	0.004454	0.004454	0.995546
電子計算機・同附属装置	0.000205	0.001885	0.108871	0.108871	0.891129
乗用車	0	0.015708	0	0	1
その他の自動車	0	0.004481	0	0	1
自動車部品・同附属品	0.036273	0.027283	1.3295	1	0
船舶・同修理	0.000133	0.002642	0.050429	0.050429	0.949571
その他の輸送機械・同修理	0.001383	0.004294	0.322174	0.322174	0.677826
その他の製造工業製品	0.000507	0.003555	0.142674	0.142674	0.857326
再生資源回収・加工処理	0.00036	0.000978	0.367843	0.367843	0.632157
建築	0.025491	0.028764	0.88622	0.88622	0.11378
建設補修	0.007174	0.010988	0.652842	0.652842	0.347158
公共事業	0.020088	0.012032	1.669595	1	0
その他の土木建設	0.005827	0.007988	0.729416	0.729416	0.270584
電力	0.023171	0.019987	1.159355	1	0
ガス・熱供給	0.011756	0.004216	2.788905	1	0
水道	0	0.004466	0	0	1
廃棄物処理	0.002871	0.004816	0.596215	0.596215	0.403785
商業	0.074294	0.093807	0.791986	0.791986	0.208014
金融・保険	0.0678	0.034826	1.946735	1	0
不動産仲介及び賃貸	0.009847	0.015031	0.655114	0.655114	0.344886
住宅賃貸料	0.007037	0.013841	0.508411	0.508411	0.491589
住宅賃貸料（帰属家賃）	0.053633	0.050434	1.063432	1	0
鉄道輸送	0.005939	0.007251	0.819094	0.819094	0.180906
道路輸送（自家輸送を除く。）	0.021734	0.016425	1.323234	1	0
自家輸送	0.013213	0.009396	1.406229	1	0
水運	0	0.005843	0	0	1
航空輸送	0	0.002931	0	0	1
貨物利用運送	0.000607	0.000925	0.656636	0.656636	0.343364
倉庫	0.000235	0.002015	0.116443	0.116443	0.883557
運輸附帯サービス	0.007923	0.007856	1.008516	1	0
郵便・信書便	0.004655	0.001405	3.440404	1	0
通信	0.019517	0.016067	1.214706	1	0
放送	0.004329	0.004642	0.932615	0.932615	0.067385
情報サービス	0.020161	0.018176	1.109166	1	0
インターネット附随サービス	0.002692	0.003489	0.771752	0.771752	0.228248
映像・音声・文字情報制作	0.001459	0.006726	0.217	0.217	0.783
公務	0.034044	0.039043	0.871946	0.871946	0.128054
教育	0.017133	0.024582	0.696958	0.696958	0.303042
研究	0.0089	0.018334	0.485427	0.485427	0.514573
医療	0.042907	0.044981	0.95389	0.95389	0.04611
保健衛生	0	0.001933	0	0	1
社会保険・社会福祉	0.009556	0.009736	0.981734	0.981734	0.018266
介護	0.011503	0.009754	1.179244	1	0
他に分類されない会員制団体	0.00414	0.004354	0.950872	0.950872	0.049128
物品賃貸サービス	0.004722	0.009907	0.476659	0.476639	0.523361
広告	0.001513	0.007087	0.213536	0.213536	0.786464
自動車整備・機械修理	0.01298	0.011379	1.140708	1	0
その他の対事業所サービス	0.025339	0.045106	0.561768	0.561768	0.438232
宿泊業	0.003394	0.004987	0.680578	0.680578	0.319422
飲食サービス	0.035928	0.027072	1.327143	1	0
洗濯・理容・美容・浴場業	0.006833	0.005172	1.321099	1	0
娯楽サービス	0.007873	0.00947	0.831347	0.831347	0.168653
その他の対個人サービス	0.006235	0.007145	0.872696	0.872696	0.127304
事務用品	0.001525	0.001438	1.06065	1	0
分類不明	0.004042	0.004611	0.876681	0.876681	0.123319

出所：筆者作成

2.6　移輸入額,移輸出額の調整と統計表全体のバランス調整

輸出、移出がプラスの値になっているか、生産額を超過していないか、輸入、移入がマイナスの値になっているかなど、統計表全体を見直して再度バランス調整のチェックを行う(土居・浅利・中野、2019、175頁)。

3. 平成27年大垣市産業連関表における地域経済構造

3.1　総需要と総供給

まず、平成27年大垣市産業連関表における大垣市内の総供給と総需要を検討する。図6-1は、平成27年(2015年)大垣市産業連関表に基づいて、財・サービスの流れをまとめたものである。図6-1によれば、平成27年における大垣市経済の総供給は、1兆5743億円である。そのうち、市内生産額は、1兆2286億円であり、総供給の78.0%を占めている。内訳は、財の生産が5465億円、サービスの生産が6821億円であり、財の生産が44.5%を占めている。総供給の残りの22.0%が他地域から移輸入されており、その額は3457億円となっている。市内生産額のうち、45.1%の5539億円が原材料その他の中間投入であり、54.9%の6747億円が粗付加価値額である。

図 6.1　平成 27 年大垣市産業連関表から見た大垣市の経済構造

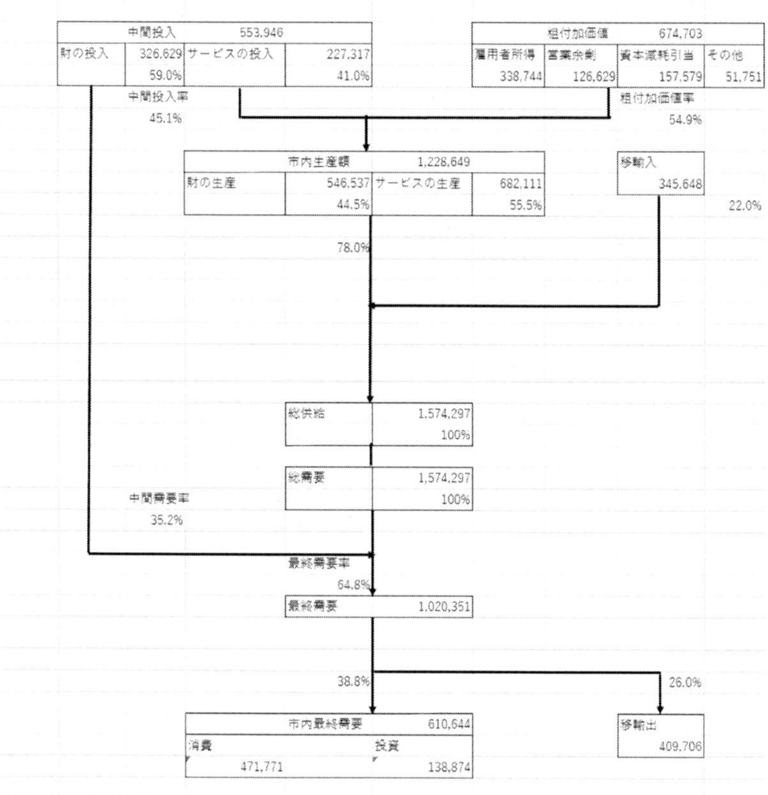

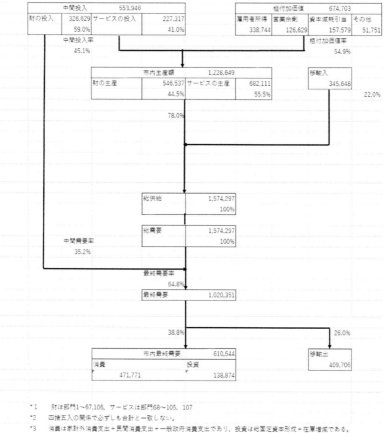

*1　財は部門1～67,106，サービスは部門68～105，107
*2　四捨五入の関係で必ずしも合計と一致しない。
*3　消費は家計外消費支出＋民間消費支出＋一般政府消費支出であり，投資は総固定資本形成＋在庫増減である。

出所：筆者作成

この総供給がどのように需要されたのかを見ると、総需要 1 兆 5743 億円のうち、35.2%にあたる 5539 億円が中間需要、残りの 64.8%の 1 兆 203 億円が最終需要である。最終需要のうち 38.8%の 6106 億円が市内最終需要、残りの 26.0%の 4097 億円が移輸出である。

総需要を市内・市外という概念で分類すると、中間需要と市内最終需要を合わせた1兆1646億円が市内で需要されたことになる。つまり、総需要の74.0%が市内で発生し、残りの 26.0%が移輸出されたことになる。域際収支に関しては、他地域への移輸出が4097億円、他地域からの移輸入が3457億円であり、640億円の移輸出超過の経済構造である。

3.2　市内生産額

平成27年(2015年)に大垣市内の産業が生産した財・サービスの総額は、1兆2286億円となっている。大垣市の県内シェアは 8.5%である。県内シェアの大きい部門は、その他の電子部品(57.0%)、有機化学工業製品（石油化学系基礎製品・合成樹脂を除く。）(48.6%)、情報サービス(45.5%)、ガス・熱供給(42.4%)などである。

表6.3　平成27年(2015年)における県内生産額と市内生産額

部門名	岐阜県内生産額(百万円)	市内生産額(百万円)	特化係数	産業別生産額構成比 岐阜県	大垣市
第1次産業	150,372	4,622			
1 耕種農業	70,133	2,143	0.296043	0.5%	0.2%
2 畜産	44,292	548	0.127066	0.3%	0.0%
3 農業サービス	11,534	660	0.596252	0.1%	0.1%
4 林業	19,383	164	0.169356	0.1%	0.0%
5 漁業	5,030	1,106	0.573644	0.0%	0.1%
第2次産業	6,666,374	541,916			
6 石炭・原油・天然ガス	0	0	0	0.0%	0.0%
7 その他の鉱業	13,416	1,625	2.294446	0.1%	0.1%
8 食料品	357,822	33,070	0.990178	2.5%	2.7%
9 飲料	59,437	1,471	0.173968	0.4%	0.1%
10 飼料・有機質肥料（別掲を除く。）	26,165	141	0.077306	0.2%	0.0%
11 たばこ	0	0	0	0.0%	0.0%
12 繊維工業製品	90,464	11,520	6.767333	0.6%	0.9%
13 衣服・その他の繊維既製品	59,252	4,195	1.635174	0.4%	0.3%
14 木材・木製品	66,474	2,543	0.875224	0.5%	0.2%
15 家具・装備品	114,816	1,402	0.630256	0.8%	0.1%
16 パルプ・紙・板紙・加工紙	106,487	3,850	0.750852	0.7%	0.3%
17 紙加工品	107,631	1,790	0.428946	0.7%	0.1%
18 印刷・製版・製本	85,557	29,470	4.909734	0.6%	2.4%
19 化学肥料	225	30	0.063051	0.0%	0.0%
20 無機化学工業製品	15,136	2,395	0.990952	0.1%	0.2%
21 石油化学系基礎製品	191	0	0	0.0%	0.0%
22 [illegible]	9,885	4,806	0.707893	0.1%	0.4%
23 合成樹脂	15,288	0	0	0.1%	0.0%
24 化学繊維	2,519	0	0	0.0%	0.0%
25 医薬品	217,280	6,543	0.850863	1.5%	0.5%
26 化学最終製品（医薬品を除く。）	73,095	8,951	1.07632	0.5%	0.7%
27 石油製品	1,708	0	0	0.0%	0.0%
28 石炭製品	10,310	782	0.445914	0.1%	0.1%
29 プラスチック製品	450,516	34,791	2.662041	3.1%	2.8%
30 ゴム製品	78,149	2,464	0.643703	0.5%	0.2%
31 なめし革・革製品・毛皮	318	13	0.03192	0.0%	0.0%
32 ガラス・ガラス製品	29,855	11,557	7.733412	0.2%	0.9%
33 セメント・セメント製品	52,966	4,247	1.319179	0.4%	0.3%
34 陶磁器	123,071	0	0	0.9%	0.0%
35 その他の窯業・土石製品	146,231	29,173	13.91528	1.0%	2.4%
36 銑鉄・粗鋼	13,970	0	0	0.1%	0.0%
37 鋼材	57,330	0	0	0.4%	0.0%
38 鋳鍛造品（鉄）	81,613	1,194	0.543489	0.6%	0.1%
39 その他の鉄鋼製品	69,756	11,914	4.368865	0.5%	1.0%
40 非鉄金属製錬・精製	20,155	1,121	0.266539	0.1%	0.1%
41 非鉄金属加工製品	64,591	2,018	0.313947	0.4%	0.2%
42 建設用・建築用金属製品	96,731	4,356	0.853708	0.7%	0.4%
43 その他の金属製品	341,810	8,300	0.915576	2.4%	0.7%
44 はん用機械	257,118	12,008	0.951151	1.8%	1.0%
45 生産用機械	450,274	13,518	0.670347	3.1%	1.1%
46 業務用機械	57,487	1,121	0.134474	0.4%	0.1%
47 電子デバイス	1,759	97	0.012057	0.0%	0.0%
48 その他の電子部品	164,863	93,936	11.33949	1.1%	7.6%
49 産業用電気機器	174,598	31,329	3.235868	1.2%	2.5%
50 民生用電気機器	82,296	279	0.078369	0.6%	0.0%
51 電子応用装置・電気計測器	3,584	57	0.321725	0.0%	0.0%
52 その他の電気機械	19,236	20	0.005448	0.1%	0.0%
53 通信・映像・音響機器	10,218	19	0.004454	0.1%	0.0%
54 電子計算機・同附属装置	2,019	252	0.108871	0.0%	0.0%
55 乗用車	0	0	0	0.0%	0.0%
56 その他の自動車	144,564	0	0	1.0%	0.0%
57 自動車部品・同附属品	564,110	44,566	1.3295	3.9%	3.6%
58 船舶・同修理	768	164	0.050429	0.0%	0.0%
59 その他の輸送機械・同修理	335,618	1,700	0.322174	2.3%	0.1%
60 その他の製造工業製品	55,224	623	0.142674	0.4%	0.1%
61 再生資源回収・加工処理	5,587	442	0.367843	0.0%	0.0%
62 建築	392,350	31,319	0.88627	2.7%	2.5%
63 建設補修	111,636	8,814	0.652847	0.8%	0.7%
64 公共事業	345,591	24,681	1.669595	2.4%	2.0%
65 その他の土木建設	77,146	7,159	0.729416	0.5%	0.6%
66 電力	272,333	28,470	1.159355	1.9%	2.3%
67 ガス・熱供給	34,107	14,445	2.786903	0.2%	1.2%
106 事務用品	21,688	1,874	1.06066	0.2%	0.2%
第3次産業	7,616,324	682,111			
68 水道	57,213	0	0	0.4%	0.0%
69 廃棄物処理	77,931	3,528	0.596215	0.5%	0.3%
70 商業	1,043,081	91,281	0.791986	7.2%	7.4%
71 金融・保険	537,776	83,503	1.946735	3.7%	6.8%
72 不動産仲介及び賃貸	124,238	12,099	0.655114	0.9%	1.0%
73 住宅賃貸料	91,548	8,646	0.508411	0.6%	0.7%
74 住宅賃貸料（帰属家賃）	833,098	65,896	1.063432	5.8%	5.4%
75 鉄道輸送	35,054	7,297	0.819094	0.2%	0.6%
76 道路輸送（自家輸送を除く。）	248,354	26,703	1.323234	1.7%	2.2%
77 自家輸送	205,236	16,234	1.406229	1.4%	1.3%
78 水運	268	0	0	0.0%	0.0%
79 航空輸送	57	0	0	0.0%	0.0%
80 貨物利用運送	8,264	746	0.656686	0.1%	0.1%
81 倉庫	6,453	268	0.116443	0.0%	0.0%
82 運輸附帯サービス	109,469	9,735	1.008516	0.8%	0.8%
83 郵便・信書便	21,970	5,941	3.440404	0.2%	0.5%
84 通信	232,625	23,980	1.214706	1.6%	2.0%
85 放送	33,803	5,319	0.932615	0.2%	0.4%
86 情報サービス	54,441	24,770	1.109166	0.4%	2.0%
87 インターネット附随サービス	11,697	3,308	0.771752	0.1%	0.3%
88 映像・音声・文字情報制作	32,156	1,798	0.217	0.2%	0.1%
89 公務	544,147	41,628	0.671946	3.8%	3.4%
90 教育	372,715	21,050	0.696958	2.6%	1.7%
91 研究	250,040	10,935	0.485427	1.7%	0.9%
92 医療	697,507	52,717	0.95389	4.8%	4.3%
93 保健衛生	27,064	0	0	0.2%	0.0%
94 社会保険・社会福祉	145,943	11,743	0.981734	1.0%	1.0%
95 介護	164,424	14,133	1.179244	1.1%	1.2%
96 他に分類されない会員制団体	84,606	5,087	0.950872	0.6%	0.4%
97 物品賃貸サービス	75,462	5,802	0.476689	0.5%	0.5%
98 広告	22,029	1,659	0.219536	0.2%	0.2%
99 自動車整備・機械修理	167,706	15,948	1.140708	1.2%	1.3%
100 その他の対事業所サービス	354,552	31,133	0.561768	2.5%	2.5%
101 宿泊業	96,119	4,170	0.880578	0.7%	0.3%
102 飲食サービス	456,583	44,143	1.327143	3.2%	3.6%
103 洗濯・理容・美容・浴場業	89,882	8,396	1.321099	0.6%	0.7%
104 娯楽サービス	140,685	9,673	0.831347	1.0%	0.8%
105 その他の対個人サービス	98,157	7,661	0.872896	0.7%	0.6%
107 分類不明	62,769	4,966	0.876681	0.4%	0.4%
生産額	14,433,070	1,228,649			

出所：筆者作成

ここで、各部門の特化係数について見てみる。大垣市のある産業の生産額構成比を、全国の当該産業構成比で除したものであり、全国における特定産業が大垣市においてどの程度集中しているかを示す指標で、1 より大きければ大垣市に特化していることを示し、1 よりも小さい場合には相対的に大垣市における当該産業の地位が低いことを示す。従って、表 6-3 から、その他の窯業・土石製品(13.9)が最も特化係数の高い産業である。次いで特化係数の高い産業として、その他の電子部品(11.3)、ガラス・ガラス製品(7.7)、繊維工業製品(6.8)、その他の鉄鋼製品(4.4)等となっている。

3.3　中間投入・中間需要

中間需要の需要合計に占める割合を中間需要率という。上述したように、平成 27 年(2015 年)における大垣市の中間需要率は、35.2%である。

一方、各産業部門が生産を行うために投入する原材料その他の購入費用、つまり中間投入額が生産額に占める割合を中間投入率という。平成 27 年(2015 年)における大垣市の全産業の中間投入率は 45.1%である。

3.4　粗付加価値

表 6-4 は、粗付加価値額の構成をまとめたものである。粗付加価値額は生産額から中間投入額を差し引いたもので、家計外消費支出、雇用者所得、営業余剰、資本減耗引当、間接税、補助金から構成されている。平成 27 年(2015 年)における大垣市では、6747 億円の粗付加価値が生み出された。

表 6.4　粗付加価値額の構成

	粗付加価値額(100万円)		構成比（%）	
	岐阜県平成27年	大垣市平成27年	岐阜県平成27年	大垣市平成27年
家計外消費支出	210,501	19,246	2.7%	2.9%
雇用者所得	3,865,517	338,744	49.0%	50.2%
営業余剰	1,556,476	126,629	19.7%	18.8%
資本減耗引当	1,867,717	157,579	23.7%	23.4%
間接税	424,449	35,894	5.4%	5.3%
(控除)補助金	-40,370	-3,389	-0.5%	-0.5%
粗付加価値部門合計	7,884,290	674,703	100.0%	100.0%

出所：筆者作成

3.5　最終需要

表 6-5 は、平成 27 年(2015 年)における岐阜県と大垣市の最終需要の構成をまとめたものである。

大垣市の最終需要は、家計外消費支出、民間消費支出、一般政府消費支出、総固定資本形成(公的)、総固定資本形成(民間)、在庫純増、移輸出から構成され、1 兆 203 億円である。

最終需要の構成を見てみると、移輸出が 40.2%と最も大きな割合を占めている。次いで民間消費支出が 32.6%となっている。

表 6.5　最終需要の構成

	最終需要(100万円)			構成比（%）	
	岐阜県平成27年	大垣市平成27年	県内シェア	岐阜県平成27年	大垣市平成27年
家計外消費支出	210,501	19,246	9.1%	1.6%	1.9%
民間消費支出	4,179,250	332,653	8.0%	32.5%	32.6%
一般政府消費支出	1,312,268	99,989	7.6%	10.2%	9.8%
一般政府消費支出 (社会資本等減耗分)	260,935	19,882	7.6%	2.0%	1.9%
総固定資本形成(公的)	543,393	35,024	6.4%	4.2%	3.4%
総固定資本形成(民間)	1,203,816	102,478	8.5%	9.4%	10.0%
在庫純増	16,120	1,372	8.5%	0.1%	0.1%
移輸出	5,117,333	409,706	8.0%	39.8%	40.2%
最終需要合計	12,843,616	1,020,351	7.9%	100.0%	100.0%

出所：筆者作成

4. 平成 27 年大垣市産業連関表による大垣市経済の構造

産業連関表は、ある一定期間における生産プロセスにおける投入構成と販路構成を記述することにより、財・サービスの取引実態を把握するものである。上述してきたように、産業連関表に基づいて経済の需要と供給の構造を把握することができる。さらに、逆行列係数表を用いて計算される各種係数表による分析を行うことができる。

平成 27 年(2015 年)大垣市産業連関表によれば、平成 27 年(2015 年)における大垣市の最終需要は、1 兆 191 億円であり、この最終需要を賄うために、直接･間接の生産が行われた結果として、合計で 1 兆 2286 億円の市内生産額が誘発されたことになる。

4.1 最終需要項目別生産誘発効果

最終需要項目別生産誘発効果について、生産誘発額、生産誘発係数は次のように計算する[3)]。

X_Cは消費需要の生産誘発額、X_Iは投資需要の生産誘発額、X_Eは移輸出の生産誘発額である。

$$X_C=\left[I-\left(I-\widehat{M}\right)A\right]^{-1}\left(I-\widehat{M}\right)F_C \quad (6\text{-}1)$$

$$X_I=\left[I-\left(I-\widehat{M}\right)A\right]^{-1}\left(I-\widehat{M}\right)F_I \quad (6\text{-}2)$$

$$X_E=\left[I-\left(I-\widehat{M}\right)A\right]^{-1}F_E \quad (6\text{-}3)$$

$$X \quad = X_C+X_I+X_E \quad (6\text{-}4)$$

生産誘発係数は、ある最終需要項目が 1 単位増加した場合に、それによって市内生産がどれだけ誘発されるかを表している。

$$\alpha_i=\frac{\partial X_i}{\partial F_i}, i=C,I,E$$

4.2　影響力係数と感応度係数による産業分類

最終需要が増加して産業間で波及していく場合に、どの産業が大きい影響を及ぼし、またどの産業が他産業によって大きい影響を受けるのかを分析する係数として、「影響力係数」と「感応度係数」がある。

4.2.1　影響力係数

競争移輸入型逆行列係数表の第 j 列$\left(b_{1j}, b_{2j,}b_{3j,}, \dots, b_{nj}\right)^T$は、他の産業の最終需要をゼロとして産業 j の最終需要1単位を得るために各産業が生産する産出高である。したがって、その合計である第j列の列和は、産業 j の最終需要1単位が経済全体に与える影響力と考えられる。この産業 j の影響力を経済全体と比較するのが、影響力係数である。

$$産業\ j\ の影響力係数= \frac{\sum_{i=1}^{n} b_{ij}}{\frac{1}{n}\sum_{j=1}^{n}\sum_{i=1}^{n} b_{ij}}$$

すなわち、産業jの影響力係数は、経済全体の産業の影響力の平均値に対する産業 j の影響力の比率であり、影響力係数が1より大きい産業は、全産業の影響力の平均より大きい影響力を持つ。

4.2.2　感応度係数

競争移輸入型逆行列係数表の第 i 行$(b_{1j}, b_{2j,}b_{3j,}, \dots, b_{in})$の合計すなわち行和は、すべての産業の最終需要が1単位であるとき、産業iが生産する産出高である。したがって、全産業の最終需要を1単位とする基準化した最終需要に対する産業iの感応度の大きさを表す。

$$産業\ i\ の感応度係数=\frac{\sum_{j=1}^{n} b_{ij}}{\frac{1}{n}\sum_{j=1}^{n}\sum_{i=1}^{n} b_{ij}}$$

すなわち、産業iの感応度係数は、経済全体の産業の感応度の平均値に対する産業 i の感応度の比率であり、感応度係数が1より大きい産業は、全産業の感応度の平均よりも大きい感応度を有する[4]。

4.2.3　産業の影響力係数－感応度係数分析

以上で定義した産業の影響力係数と感応度係数を逆行列係数表から計算することにより、産業を以下の4区分に分類することができる。

領域Ⅰ：影響力係数と感応度係数がともに1より大きい産業。この領域に属する産業は、他産業への影響力も、他産業からの感応度も大きい。

領域Ⅱ：影響力係数は1より小さいが、感応度係数は1より大きい産業。この領域に属する産業は、他産業への影響力は小さく、他産業からの感応度は大きい。

領域Ⅲ：影響力係数と感応度係数がともに1より小さい産業。この領域に属する産業は、他産業への影響力も、他産業からの感応度も小さい。

領域Ⅳ：影響力係数は1より大きいが、感応度係数は1より小さい産業。この領域に属する産業は、他産業への影響力は大きく、他産業からの感応度は小さい。

図 6.2　影響力係数－感応度係数分析による産業分類

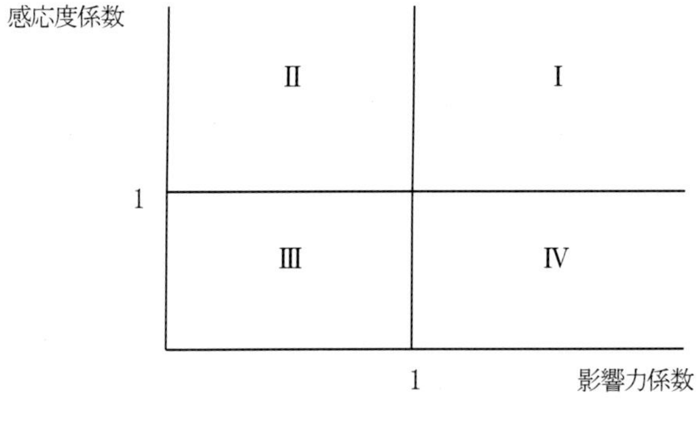

出所：土居・浅利・中野(2019),69 頁,図 4－2 参照

表6.6　影響力係数と感応度係数

	影響力係数	感応度係数
1 耕種農業	1.014084468	0.802627302
2 畜産	0.939218859	0.719618374
3 農業サービス	0.930927563	0.757222423
4 林業	0.836266604	0.733898453
5 漁業	1.008255031	0.773481436
6 石炭・原油・天然ガス	0.700091236	0.700091236
7 その他の鉱業	1.370181545	1.282737086
8 食料品	0.946103977	0.718612488
9 飲料	0.994404932	0.723644118
10 飼料・有機質肥料（別掲を除く。）	0.901971799	0.733727458
11 たばこ	0.700091236	0.700091236
12 繊維工業製品	1.219008664	1.342584918
13 衣服・その他の繊維既製品	1.223119023	0.874240839
14 木材・木製品	1.157296787	1.105299809
15 家具・装備品	1.195343127	0.799946504
16 パルプ・紙・板紙・加工紙	1.321636915	1.657436778
17 紙加工品	1.260704669	0.941916453
18 印刷・製版・製本	1.134359348	1.149718613
19 化学肥料	1.116431767	0.713291529
20 無機化学工業製品	1.242774807	1.205181373
21 石油化学系基礎製品	0.700091236	0.700091236
22 有機化学工業製品（石油化学系基礎製品・合成樹脂を除く。）	1.099607532	1.357933597
23 合成樹脂	0.700091236	0.700091236
24 化学繊維	0.700091236	0.700091236
25 医薬品	1.048447068	0.835342856
26 化学最終製品（医薬品を除く。）	1.218582098	1.443035896
27 石油製品	0.700091236	0.700091236
28 石炭製品	1.007089278	0.744000052
29 プラスチック製品	1.16505228	2.171189355
30 ゴム製品	1.130566058	0.805614628
31 なめし革・革製品・毛皮	1.030109976	0.701793828
32 ガラス・ガラス製品	1.205778787	0.837131466
33 セメント・セメント製品	1.206683881	0.919743972
34 陶磁器	0.700091236	0.700091236
35 その他の窯業・土石製品	1.097493468	0.957364069
36 銑鉄・粗鋼	0.700091236	0.700091236
37 鋼材	0.700091236	0.700091236
38 鋳鍛造品（鉄）	1.022613111	0.797730958
39 その他の鉄鋼製品	0.827789029	1.040190011
40 非鉄金属製錬・精製	1.328796047	0.930476521
41 非鉄金属加工製品	1.055819727	0.921279138
42 建設用・建築用金属製品	1.054720557	0.889672162
43 その他の金属製品	0.982379684	1.496066467
44 はん用機械	1.114412806	1.079497045
45 生産用機械	1.075192182	0.883613346
46 業務用機械	1.032026951	0.721603907
47 電子デバイス	1.133450685	0.712768608
48 その他の電子部品	1.18924801	1.708678464
49 産業用電気機器	1.186939324	1.019424349
50 民生用電気機器	1.02300389	0.704559619
51 電子応用装置・電気計測器	1.005325608	0.701209223
52 その他の電気機械	1.033824787	0.700744093
53 通信・映像・音響機器	1.041730143	0.700184816
54 電子計算機・同附属装置	1.00800632	0.704370176
55 乗用車	0.700091236	0.700091236
56 その他の自動車	0.700091236	0.700091236
57 自動車部品・同附属品	1.465782487	1.705493423
58 船舶・同修理	1.031044751	0.704874457
59 その他の輸送機械・同修理	0.979966508	0.820221406
60 その他の製造工業製品	1.154200606	0.744307193
61 再生資源回収・加工処理	1.133728901	0.761374908
62 建築	1.128457626	0.700091236
63 建設補修	1.16919966	0.880774314
64 公共事業	1.073938961	0.700091236
65 その他の土木建設	1.068662184	0.700091236
66 電力	0.956559362	2.853174284
67 ガス・熱供給	0.839268066	0.918159926
68 水道	0.700091236	0.700091236
69 廃棄物処理	0.977316136	0.85085202
70 商業	0.93166686	3.626173037
71 金融・保険	0.927135434	1.949830741
72 不動産仲介及び賃貸	0.907572549	1.298087653
73 住宅賃貸料	0.874567635	0.700091236
74 住宅賃貸料（帰属家賃）	0.772463431	0.700091236
75 鉄道輸送	0.921853785	0.876367663
76 道路輸送（自家輸送を除く。）	0.84700976	2.065863371
77 自家輸送	1.274295863	2.551670275
78 水運	0.700091236	0.700091236
79 航空輸送	0.700091236	0.700091236
80 貨物利用運送	0.894895121	0.747014324
81 倉庫	0.922759528	0.719798428
82 運輸附帯サービス	0.924637893	1.308514309
83 郵便・信書便	0.849555538	0.791448523
84 通信	1.030947692	1.292863604
85 放送	1.01061584	1.116897247
86 情報サービス	0.952248933	1.434564181
87 インターネット附随サービス	1.232981513	0.913222079
88 映像・音声・文字情報制作	1.095580977	0.829989138
89 公務	0.903004717	0.985094458
90 教育	0.82622834	0.737462806
91 研究	0.993985247	0.700091236
92 医療	0.971554372	0.704987872
93 保健衛生	0.700091236	0.700091236
94 社会保険・社会福祉	0.905503904	0.700091236
95 介護	0.83335689	0.700091236
96 他に分類されない会員制団体	1.015951327	0.815897896
97 物品賃貸サービス	0.964964343	1.161357425
98 広告	1.213161355	0.836011378
99 自動車整備・機械修理	1.261700589	1.968029952
100 その他の対事業所サービス	0.859105728	2.564154578
101 宿泊業	1.061747596	0.700091236
102 飲食サービス	0.95070651	0.724470397
103 洗濯・理容・美容・浴場業	0.928054367	0.752993468
104 娯楽サービス	0.905880062	0.753652367
105 その他の対個人サービス	0.901123029	0.73648223
106 事務用品	1.355674298	0.844577103
107 分類不明	1.161198187	1.230699296

出所：筆者作成

表 6-6 は、産業別の影響力係数・感応度係数の一覧表である。表 6 によれば、他産業への影響力が大きい産業は、自動車部品・同付属品、その他の鉱業、パルプ・紙・板紙・加工紙、自動車整備・機械修理、非鉄金属精錬・精製、紙加工品などである。他産業からの感応度が大きい産業は、商業、電力、その他の対事業所サービス、プラスチック製品、道路輸送などである。

生産波及の影響関係を見るために、横軸に影響力係数をとり、縦軸に感応度係数をとって、位相図を作成してみると、図 6-3 のようになる。

図 6.3　平成 27 年大垣市経済における影響力係数－感応度係数による分析

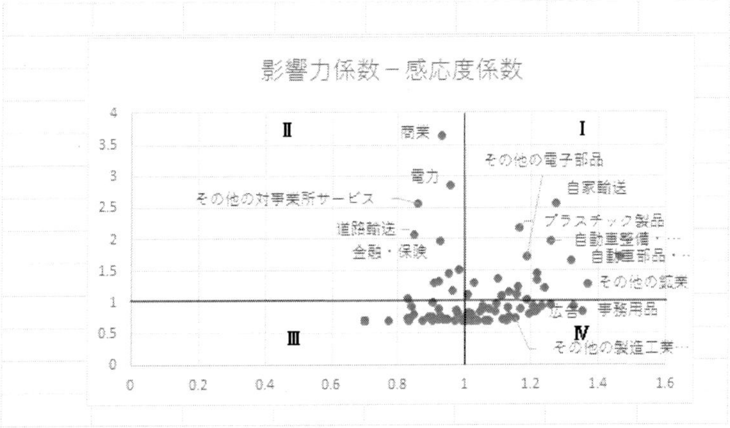

出所：筆者作成

領域Ⅰに属する産業部門は、最終需要が増加する相対的に大きな生産波及を受けるだけではなく、全産業に対して相対的に大きな生産波及をもたらすため、より大きな経済波及効果を生み出す。大垣市でこの領域Ⅰに属する産業は、その他の鉱業、繊維工業製品、木材・木製品、パルプ・紙・板紙・加工紙、印刷・製版・製本、無機化学工業製品、有機化学工業製品（石油化学系基礎製品・合成樹脂を除く。）、化学最終製品(医薬品を除く。)、プラスチック製品、はん用機械、その他の電子部品、産業用電気機器、自動車部品・同付属品、自家輸送、通信、放送、自動車整備・機械修理などである。

領域Ⅱに属する産業は、他産業に対してあまり大きな生産波及をもたらさないが、生産波及のプロセスにおいて他産業からの影響を大きく受ける特徴がある。大垣市でこの領域Ⅱに属する産業は、その他の鉄鋼製品、その他の金属製品、電力、商業、金融・保険、不動産仲介及び賃貸、道路輸送（自家輸送を除く。）、運輸附帯サービス、物品賃貸サービス、その他の対事業所サービスなどである。

領域Ⅲに属する産業は、他産業に対して大きな影響力をもたらさず、他産業から被る影響も小さい。大垣市でこの領域Ⅲに属する産業は、畜産、農業サービス、林業、石炭・石油・天然ガス、食料品、飲料、飼料・有機質肥料（別掲を除く。）、石油化学系基礎製品、その他の輸送機械・同修理、ガス・熱供給、廃棄物処理、住宅賃貸料、住宅賃貸料(帰属家賃)、鉄道輸送、貨物利用運送、倉庫、郵便・信書便、公務、教育、研究、医療、社会保険・社会福祉、介護、飲食サービス、洗濯・理容・美容・浴場業、娯楽サービス、その他の対個人サービスなどである。

領域Ⅳに属する産業は、自らが受ける生産波及はあまり大きくないが、これらの産業がいったん生産波及を受ければ全産業に対して大きな生産波及を生じる。大垣市でこの領域Ⅳに属する産業は、耕種農業、漁業、衣服・その他の繊維既製品、家具・装備品、紙加工品、化学肥料、医薬品、ゴム製品、なめし革・革製品・毛皮、ガラス・ガラス製品、セメント・セメント製品、その他の窯業・土石製品、鋳鍛造品（鉄）、非鉄金属加工製品、建設用・建築用金属製品、生産用機械、業務用機械、電子デバイス、民生用電気機器、電子応用装置・電気計測器、その他の電気機械、通信・映像・音響機器、電子計算機・同附属装置、船舶・同修理、その他の製造工業製品、再生資源回収・加工処理、建築、建築補修、公共事業、その他の土木建設、インターネット附随サービス、映像・音声・文字情報制作、他に分類されない会員制団体、広告、宿泊業、事務用品などである。

5. 生産の依存関係から見た産業の類型

各産業部門間には、原材料等の需要と供給を通じて、密接な相互依存関係が形成されている。図 6-4 では、横軸に中間需要率、縦軸に中間投入率をとって、中間需要率と中間投入率の組合せにより、以下の 4 つの産業類型を示すことができる。

図 6.4　生産の依存関係から見た産業の類型

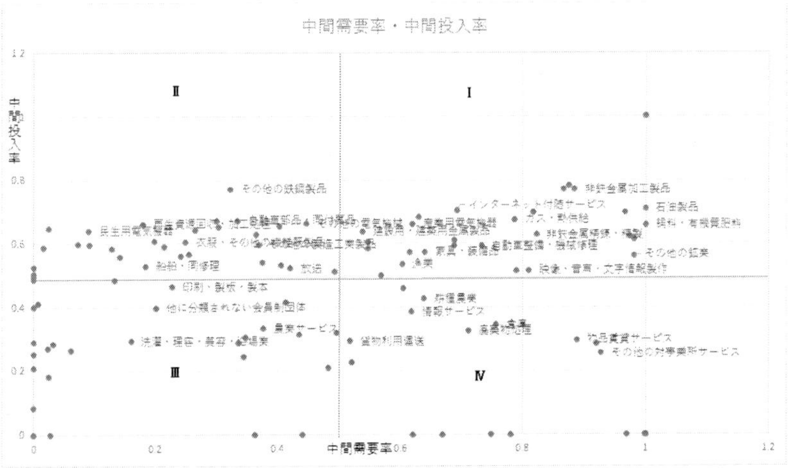

出所：筆者作成

第Ⅰ領域：中間投入型中間財生産産業（中間需要率≧0.5、中間投入率≧0.5）

この産業部門は、他の産業部門から多くの原材料を購入し、他の産業部門に対してより多くの中間財を供給している。中間投入型中間財生産産業に該当する産業は、畜産、漁業、飼料・有機質肥料、その他の鉱業、木材・木製品、家具・装備品、パルプ・紙・板紙・加工紙、紙加工品、化学肥料、無機化学工業製品、有機化学工業製品、セメント・セメント製品、鋳鍛造品(鉄)、非鉄金属精錬・精製、非鉄金属加工製品、建設用・建築用金属製品、その他の金属製品、電子デバイス、再生資源回収・加工処理、電力、ガス・熱供給、自家輸送、インターネット付随サービス、映像・音声・文字情報製作、広告、自動車整備・機械修理などである。

第Ⅱ領域：中間投入型最終需要財生産産業(中間需要率≦0.5、中間投入率≧0.5)

この産業部門は、他の産業部門からより多くの原材料を購入し、その生産物の多くを最終需要部門へ販売している産業である。中間投入型最終需要財生産産業に該当する産業は、食料品、飲料、繊維工業製品、衣服・その他の繊維既製品、化学最終製品、プラスチック製品、ゴム製品、なめし革・革製品・毛皮、ガラス・ガラス製品、その他の鉄鋼製品、はん用機械、生産用機械、業務用機械、その他の電子部品、産業用電気機器、民生用電気機器、電子応用装置・電気計測器、その他の電気機械、通信・映像・音響機器、電子計算機・同附属装置、自動車部品・同付属品、船舶・同修理、その他の輸送機械・同修理、その他の製造工業製品、建設補修、放送、飲食サービスなどである。

第Ⅲ領域：その他の最終需要財生産産業(中間需要率≦0.5、中間投入率≦0.5)

この産業部門は、他の産業部門から原材料を購入する比率が低く、その生産物の多くを最終需要部門へ販売している産業である。その他の最終需要財生産産業に該当する産業は、農業サービス、印刷・製版・製本、その他の窯業・土石製品、商業、金融・保険、住宅賃貸料、住宅賃貸料(帰属家賃)、鉄道輸送、運輸附帯サービス、郵便・信書便、通信、公務、教育、研究、医療、社会保険・社会福祉、介護、他に分類されない会員制団体、洗濯・理容・美容・浴場業、娯楽サービス、其の他の対個人サービスなどである。

第Ⅳ領域：その他の中間財生産産業（中間需要率≧0.5、中間投入率≦0.5)

この産業部門は、他の産業から原材料を購入する比率が低く、他の産業部門に対してより多くの中間材を供給している。その他の中間財生産部門に該当する産業は、耕種農業、医薬品、廃棄物処理、不動産仲介及び賃貸、道路輸送、貨物利用運送、倉庫、情報サービス、物品賃貸サービス、その他の対事業所サービスなどである。

6．結論

ここまで平成 27 年(2015 年)大垣市産業連関表の作成と地域経済構造の分析を行ってきた。以下では、本章で得られた結論を提示する。

第1に、平成 27 年における大垣市経済の総供給は、1 兆 5743 億円である。そのうち、市内生産額は、1 兆 2286 億円であり、総供給の 78.0%を占めている。内訳は、財の生産が 5465 億円、サービスの生産が 6821 億円であり、財の生産が 44.5%を占めている。総供給の残りの 22.0%が他地域から移輸入されており、その額は 3457 億円となっている。市内生産額のうち、45.1%の 5539 億円が原材料その他の中間投入であり、54.9%の 6747 億円が粗付加価値額である。この総供給がどのように需要されたのかを見ると、総需要 1 兆 5743 億円のうち、35.2%にあたる 5539 億円が中間需要、残りの 64.8%の 1 兆 203 億円が最終需要である。最終需要のうち 38.8%の 6106 億円が市内最終需要、残りの 26.0%の 4097 億円が移輸出である。

総需要を市内・市外という概念で分類すると、中間需要と市内最終需要を合わせた 1 兆 1646 億円が市内で需要されたことになる。つまり、総需要の 74.0%が市内で発生し、残りの 26.0%が移輸出されたことになる。域際収支に関しては、他地域への移輸出が 4097 億円、他地域からの移輸入が 3457 億円であり、640 億円の移輸出超過の経済構造である。

第 2 に、平成 27 年(2015 年)大垣市産業連関表における産業別の影響力係数－感応度係数分析から、以下のような産業構造上の特徴が明らかになった。他産業への影響力が大きい産業は、自動車部品・同付属品、その他の鉱業、パルプ・紙・板紙・加工紙、自動車整備・機械修理、非鉄金属精錬・精製、紙加工品などである。他産業からの感応度が大きい産業は、商業、電力、その他の対事業所サービス、プラスチック製品、道路輸送などである。

第3に、各産業部門間には原材料などの需要と供給を通じて、密接な相互依存関係が形成されている。中間需要率と中間投入率の組合せにより、第Ⅰ領域：中間投入型中間財生産産業（中間需要率≧0.5、中間投入率≧0.5）、第Ⅱ領域：中間投入型最終需要財生産産業(中間需要率≦0.5、中間投入率≧0.5)、第Ⅲ領域：その他の最終需要財生産産業(中間需要率≦0.5、中間投入率≦0.5)、第Ⅳ領域：その他の中間財生産産業（中間需要率≧0.5、中間投入率≦0.5）である。

大垣市の場合、第Ⅰ領域と第Ⅱ領域に多くの産業が類型化されている。第Ⅰ領域には、畜産、漁業、飼料・有機質肥料、その他の鉱業、木材・木製品、家具・装備品、パルプ・紙・板紙・加工紙、紙加工品、化学肥料、無機化学工業製品、有機化学工業製品、セメント・セメント製品、鋳鍛造品(鉄)、非鉄金属精錬・精製、非鉄金属加工製品、建設用・建築用金属製品、その他の金属製品、電子デバイス、再生資源回収・加工処理、電力、ガス・熱供給、自家輸送、インターネット付随サービス、映像・音声・文字情報製作、広告、自動車整備・機械修理などが類型化されている。第Ⅱ領域には、食料品、飲料、繊維工業製品、衣服・その他の繊維既製品、化学最終製品、プラスチック製品、ゴム製品、なめし革・革製品・毛皮、ガラス・ガラス製品、その他の鉄鋼製品、はん用機械、生産用機械、業務用機械、その他の電子部品、産業用電気機器、民生用電気機器、電子応用装置・電気計測器、その他の電気機械、通信・映像・音響機器、電子計算機・同附属装置、自動車部品・同付属品、船舶・同修理、その他の輸送機械・同修理、その他の製造工業製品、建設補修、放送、飲食サービスなどが類型化されている。

今後の課題として、平成17年、平成23年、平成27年における大垣市産業連関表の経年比較を行うことによって、大垣市における産業構造の変化を分析する必要性をあげることができる。また、製造業の産業別移輸出入の推計方法についても、さらなる検討が必要である。

さらに、本章では,詳細に扱わなかったが,Flegg,Webber and Elliot(1995), Flegg and Webber(1997;2000)において提示されたFLQなどの手法を用いて小地域産業連関表を作成すること,他のノンサーベイ法による小地域産業連関表の作成を行うことなどが今後取り組むべき課題として残されている。

[注]

1) 地方自治体における EBPM の組織への定着に向けた課題について、西畑(2020)を参照。

2) Flegg,Webber and Elliot(1995), Flegg and Webber(1997;2000), Flegg and Tohmo (2013a;2013b;2016;2018),Flegg, Mastronardi and Romero(2016), Miller and Blair (2009:349-356), 石川(2005),朝日(2004)等を参照。

3) 最終需要項目別生産誘発額のモデルについて,土居・浅利・中野(2019),66 頁を参照。

4) 土居・浅利・中野(2019),67－69 頁を参照。

第7章

平均波及長による小地域産業集積の計測

1. はじめに

近年、地方自治体において政策の分析・評価を行う目的で、小地域産業連関表を作成する試みが行われている。小地域レベルの産業連関表を作成することにより、地域経済の循環構造を把握し、地方創生などのプロジェクトの評価・分析に資することが可能であると考えられる。

岐阜県大垣市においては、試作版であるが、平成17年大垣市産業連関表、平成23年大垣市産業連関表が作成された(野崎, 2016 ; 2018)。試作版大垣市産業連関表を作成したことにより、地域産業の連関、生産額、需要額、影響力係数・感応度係数など各種係数を計測することにより、域内における経済波及効果の分析が可能となった。

従来の産業連関分析においては産業間の連関の大きさや強度について分析するための指標として Linkage が用いられてきたが、Dietzenbacher, Romero and Bosma(2005)、Dietzenbacher and Romero(2007)、猪俣(2008)では、サプライチェーンを構成する産業間の「経済的」距離の近接性を示す指標として平均波及長(Average Propagation Length)を用いている。Lopes, Dias and Amaral(2012)は OECD 加盟 9 カ国における産業間の連結性としての経済的複雑性を評価する指標を比較分析している。Brachert, Brautzsch and Titze(2016)は、投入産出イノベーションフロー行列に基づいて、産業クラスターの枠組みにおいて部門間イノベーションフローを研究し、そのアプローチを東部ドイツの構造的弱さの確定に対して適用した。Titze, Rrachert and Kubis(2011)は、地域産業クラスターを確定するために、質的産業連関分析

(Qualitative Input-Output Analysis;QIOA) を用いている。Titze, Rrachert and Kubis(2011)は、最小フロー分析(minimal flow analysis; MFA)を適用して国の産業連関表を通じて相互連関している産業を確定する試みを行っている。

本章では、平成 23 年大垣市産業連関表を用いて、平均波及長を計測し、大垣市における地域産業集積の指標として位置づける。分析結果を示し、本章における結論と今後の課題を述べる。

2. 産業集積の指標としての平均波及長

従来の産業連関分析において、産業間の連関の「大きさ」や「強さ」について言及する指標として Linkage が用いられてきたが、Dietzenbacher, Romero and Bosma(2005), Dietzenbacher and Romero(2007), 猪俣(2008)では、サプライチェーンを構成する産業間の「経済的」距離の近接性を示す指標として平均波及長(Average Propagation Length)を用いている。

レオンチェフの Demand-driven 型の標準的な産業連関モデルは、次のように表現することができる。

$$x = Ax + f \qquad (7\text{-}1)$$

ここで、xは総産出列ベクトルであり、f は最終需要列ベクトルであり、Aは投入係数行列である。レオンチェフ・モデル(1)を書き換えると、次式のようになる。

$$x = (I - A)^{-1}f = Lf \qquad (7\text{-}2)$$

ここで、I : 単位行列、L=$(I - A)^{-1}$はレオンチェフ逆行列である。

我々は平均波及長を定義する際に、我々は、費用上昇および需要牽引がどのように経済における産業を通じて波及し、その最終的効果に累積するのかを分析する。Dietzenbacher, et al. (2005, 412)によれば、産業 i における当初の需要牽引は産業 j の投入を$l_{ij} - \delta_{ij}$ だけ上昇させる。δ_{ij}はクロネッカーのδであり、もし i=j ならばδ_{ij}=1 であり、それ以外はゼロである。この投入増加のシェア$a_{ij}/(l_{ij} - \delta_{ij})$ は 1 ラウンドのみを必要とするが、シェア $[A^2]_{ij}/(l_{ij}-\delta_{ij})$ は産業 i から j まで達するまでに２ラウンドを必要とする。

例えば、その他の電子部品に生じた生産物の最終需要の、情報サービス産業に対する総産出の波及効果を考える。無数にある波及効果のうち、最も単純なのが直接波及、すなわち「その他の電子部品→情報サービス」である。次に、他産業を１つだけ介した経路がある。例えば、「その他の電子部品→その他の金属製品→情報サービス」、他にも自部門を介した「その他の電子部品→その他の電子部品→情報サービス」など2回のラウンドの経路はいくつかあるがいずれも直接波及の効果を投入係数行列 A に一度フィードバックすること、AA＝A^2から求められる。3 回のラウンドのケースはA^3から、4 回のラウンドのケースはA^4から求められる(野崎・奥田・紀村，2014, 208 頁参照)。

産業 i から産業 j への需要牽引を経過するのに必要とされるラウンドの平均数は(3)式を与える。

$$v_{ij}=\{1a_{ij}+2[A^2]_{ij}+3[A^3]_{ij}+\cdots\}/(l_{ij}-\delta_{ij}) \qquad (7\text{-}3)$$

(7-3)式の右辺の分子はh_{ij}によって示される。

h_{ij} は次式を用いることにより容易に計算される。

$$H=\sum_k k\,A^k=L(L-I).$$

方程式(7-3)を APL の V 行列として(7-4)に変形することができる。

$$v_{ij}=\begin{cases}\{1a_{ij}+2[A^2]_{ij}+3[A^3]_{ij}+\cdots\}/\ (l_{ij}-\delta_{ij}) & if\ l_{ij}-\delta_{ij}>0, when\ i\neq j\\ \{1a_{ij}+2[A^2]_{ij}+3[A^3]_{ij}+\cdots\}/(l_{ij}-1) & if\ l_{ij}-\delta_{ij}=0, when\ i=j\end{cases}$$

(7-4)

同様な方法で、我々は APL を費用上昇について定義することができる(Dietzenbacher, 1997; Oosterhaven, 1988)。産業 j における１単位の費用上昇がどのように産業 i の総産出に影響を及ぼすのかを分析する際に、b_{ij}+$[B^2]_{ij}$+$[B^3]_{ij}$ +

$\cdots = g_{ij} - \delta_{ij}$を得る。費用上昇についてのAPLは、次式を与える。

$$\{1b_{ij} + 2[B^2]_{ij} + 3[B^3]_{ij} + \cdots\}/(g_{ij} - \delta_{ij}) \quad (7\text{-}5)$$

例えば、飲食サービスに生じた生産物の平均費用の、畜産に対する算出価値の波及効果を考える。最も単純なのが直接波及、すなわち「飲食サービス→畜産」である。次に、他産業を 1 つだけ介した経路がある。「飲食サービス→食料品→畜産」である。直接波及の効果を産出係数行列 B に一度フィードバックすること、すなわち $BB = B^2$から求められる。同様に、3 回のラウンドのケースはB^3、4 回のラウンドのケースはB^4から求められる(野崎・奥田・紀村, 2014, 209 頁参照)。

投入係数行列 A および産出係数行列 B はお互いに関連している。$A\hat{x} = X = \hat{x}B$あるいは$B = \hat{x}^{-1}A\hat{x}$(Dietzenbacher, Romero, and Bosma, 2005, 412)である。

平均波及長は、単位あたりの外生的な費用上昇あるいは需要牽引が経済全体の産業を通じてどのように波及するのかをステップの平均数で示している。これは、ある部門に生じた外生的変化が経済全体に波及するまでに経過する平均作業工程数と考えられる。

Dietzenbacher, Romero, and Bosma(2005, 415)によれば、波及の長さの展開に沿って、リンケージの型の選択は費用上昇効果あるいは需要牽引効果の全体の大きさに基づいている。当初の効果を無視すると、これらの効果はそれぞれ$G - I$および$L - I$によって与えられる。Dietzenbacher, Romero, and Bosma(2005)の分析方法に沿って、後方連関についてレオンチェフ逆行列を用い、前方連関についてゴッシュ逆行列を用いる代わりに、我々は両者の平均を取る。リンケージは F 行列の要素によって与えられる(Dietzenbacher, Romero, and Bosma, 2005, 415)。

$$F = \frac{1}{2}[(L - I) + (G - I)] \quad (7\text{-}6)$$

「F 行列の要素f_{ij}はリンケージの大きさを与え、i 部門の費用上昇の j 部門における産出に対する前方連関効果および j 部門の需要牽引の i 部門における産出に対する後方連関効果の平均に等しい」(Dietzenbacher, Romero, and Bosma, 2005, 416)。

産業iから産業jまでの経済的距離の計算手続きは、閾値aを用いて、リンケージが十分に大きい場合にのみAPLを考慮することである。さらにAPLは最も近い整数に丸められる。

$$s_{ij} = \begin{cases} int(v_{ij}) & if \ \ f_{ij} \geq a \\ 0 & if \ \ f_{ij} < a \end{cases} \quad (7\text{-}7)$$

3．データと分析手法

本章で用いるデータは、平成23年大垣市産業連関表108部門表のレオンチェフ逆行列から計算した平均波及長(Average Propagation Length，APL)のデータである。平均波及長の計算方法は、Dietzenbacher, Romero, and Bosma(2005)，Dietzenbacher and Romero(2007)の分析方法に沿って、V行列、リンケージF行列を計算し、閾値aを用いて、リンケージが十分に大きい場合にのみ平均波及長を考慮し、平均波及長は最も近い整数に丸められる。この行列をS行列とする。

平成23年大垣市産業連関表の産業別生産額について、地域特化係数の1以上の部門上位10部門を抽出する(表1)。

V行列とリンケージF行列の関係は、Pearson相関係数によって計測する。

平均波及長のV行列を表7.1に、V行列と閾値によって計算されたS行列を表7.2にそれぞれ示している。

図 7.1　抽出した産業の後方連関 APL　S 値

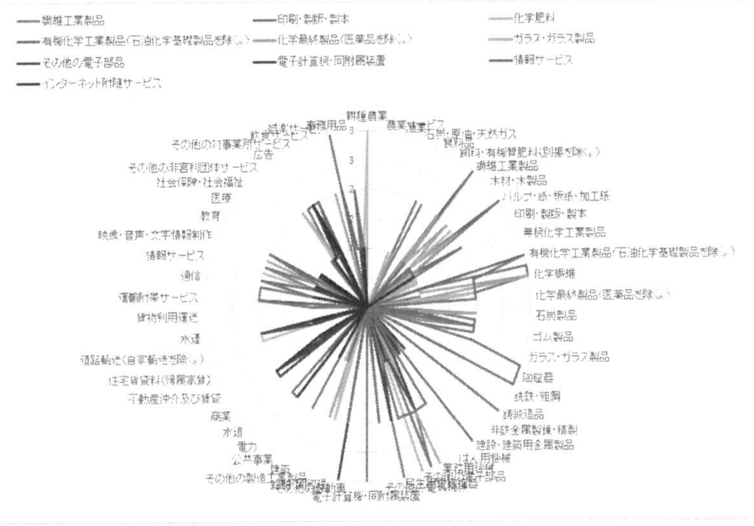

出所：筆者作成

図 7.2　抽出した産業の前方連関 APL　S 値

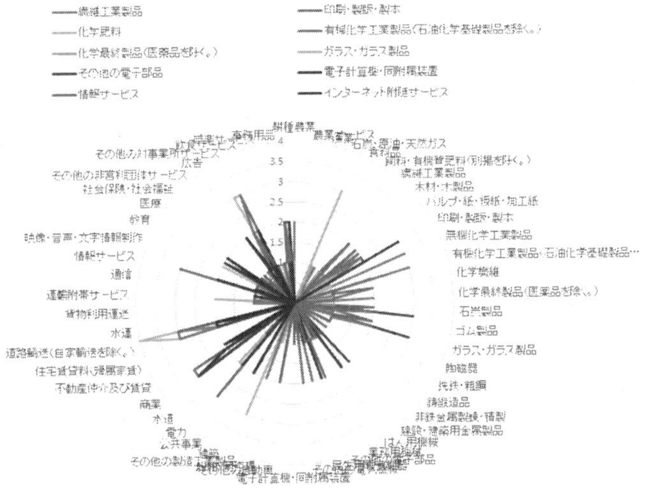

出所：筆者作成

繊維工業製品における後方連関について、直接波及(ラウンド 1)の産業は、耕種農業、繊維工業製品、衣服・その他の繊維既製品、家具･装備品、紙加工品、無機化学工業製品、有機化学工業製品(石油化学基礎製品を除く)、化学繊維、化学最終製品(医薬品を除く)、なめし皮･毛皮･同製品、建設補修、電力、商業、金融･保険、道路輸送(自家輸送を除く)、自家輸送、研究、事務用品である。ラウンド 2 の産業は、ゴム製品、自動車整備･機械修理、その他の対事業所サービスである。

繊維工業製品における前方連関について、直接波及(ラウンド 1)の産業は、繊維工業製品、衣服・その他の繊維既製品、紙加工品、化学繊維、ゴム製品、なめし皮・毛皮・同製品、建設補修、事務用品である。ラウンド2の産業は、耕種農業、化学最終製品(医薬品を除く)、商業、金融･保険、道路輸送(自家輸送を除く)、研究、自動車整備・機械修理、その他の対事業所サービスである。ラウンド3の産業は、無機化学工業製品、有機化学工業製品(石油化学基礎製品を除く)、電力、自家輸送である。

印刷･製版・製本における後方連関について、直接波及(ラウンド 1)の産業は、パルプ･紙･板紙･加工紙、紙加工品、印刷･製版･製本、化学最終製品(医薬品を除く)、プラスチック製品、建設補修、電力、商業、金融･保険、不動産仲介及び賃貸、情報サービス、映像･音声･文字情報製作、研究、その他の非営利団体サービス、物品賃貸サービス、その他の対事業所サービス、事務用品、分類不明である。ラウンド2の産業は、食料品、有機化学工業製品(石油化学基礎製品を除く)、業務用機械、その他の製造工業製品、運輸付帯サービス、郵便・信書便、通信、インターネット付随サービス、公務、広告、自動車整備･機械修理である。ラウンド 3 の産業は、電子デバイス、民生用電気機器、電子計算機･同付属装置、娯楽サービスである。

印刷・製版・製本における前方連関について、直接波及(ラウンド 1)の産業は、食料品、紙加工品、印刷･製版･製本、化学最終製品(医薬品を除く)、業務用機械、電子デバイス、民生用電気機器、電子計算機･同付属装置、その他の製造工業製品、電力、商業、金融･保険、道路輸送(自家輸送を除く)、運輸付帯サービス、郵便･信書便、通信、情報サービス、インターネット付随サービス、映像･音声･文字情報製作、公務、研究、社会保険･社会福祉、その他の非営利団体サービス、物品賃貸サービス、広告、その他の対事業所サービス、娯楽サービスである。ラウンド2の産業は、パルプ･紙･板紙･加工紙、有機化学工業製品(石油化学基礎製品を除く)、プラスチック製品、建設補修、不動産仲介及び賃貸、自家輸送、自動車整備･機械修理、事務用品、分類不明である。

化学肥料における後方連関について、直接波及(ラウンド 1)の産業は、化学肥料、無機化学工業製品、その他の窯業・土石製品、再生資源回収･加工処理、電力、商業、研究、自動車整備･機械修理、分類不明である。ラウンド2の産業は、道路輸送(自家輸送を除く)、自家輸送、公務、その他の対事業所サービスである。ラウンド 3 の産業は、耕種農業である。

化学肥料における前方連関について、直接波及(ラウンド 1)の産業は、耕種農業、化学肥料、無機化学工業製品、その他の窯業･土石製品、分類不明である。ラウンド 2 の産業は、電力、公務、研究である。ラウンド 3 の産業は、再生資源回収･加工処理、商業、道路輸送(自家輸送を除く)、自動車整備･機械修理、その他の対事業所サービスである。ラウンド4の産業は、自家輸送である。

有機化学工業製品(石油化学基礎製品を除く)における後方連関について、直接波及(ラウンド 1)の産業は、衣服･その他の繊維既製品、家具･装備品、紙加工品、無機化学工業製品、有機化学工業製品(石油化学基礎製品を除く)、化学最終製品(医薬品を除く)、石炭製品、ガラス･ガラス製品、その他の金属製品、その他の製造工業製品、建設補修、電力、商業、金融･保険、道路輸送(自家輸送を除く)、自家輸送、情報サービス、研究、自動車整備･機械修理、分類不明である。ラウンド 2 の産業は、飲料、印刷･製版･製本、医薬品、プラスチック製品、ゴム製品、なめし皮・毛皮・同製品、その他の窯業･土石製品、民生用電気機器、その他の電気機械、その他の対事業所サービス、事務用品である。ラウンド 3 の産業は、繊維工業製品、パルプ･紙･板紙･加工紙、合成樹脂、化学繊維、電子デバイス、自動車部品･同付属品である。

有機化学工業製品(石油化学基礎製品を除く)における前方連関について、直接波及

(ラウンド1)の産業は、飲料、繊維工業製品、パルプ･紙･板紙･加工紙、無機化学工業製品、有機化学工業製品(石油化学基礎製品を除く)、合成樹脂、化学繊維、医薬品、化学最終製品(医薬品を除く)、プラスチック製品、ゴム製品、ガラス･ガラス製品、その他の窯業･土石製品、研究である。ラウンド2の産業は、衣服･その他の繊維既製品、家具･装備品、紙加工品、印刷･製版･製本、石炭製品、なめし皮･毛皮･同製品、その他の金属製品、電子デバイス、民生用電気機器、その他の電気機械、自動車部品･同付属品、その他の製造工業製品、建設補修、自動車整備･機械修理、事務用品、分類不明である。ラウンド3の産業は、電力、商業、金融･保険、道路輸送(自家輸送を除く)、自家輸送、情報サービス、その他の対事業所サービスである。

化学最終製品(医薬品を除く)における後方連関について、直接波及(ラウンド1)の産業は、耕種農業、食料品、衣服･その他の繊維既製品、家具･装備品、紙加工品、印刷･製版･製本、無機化学工業製品、有機化学工業製品(石油化学基礎製品を除く)、合成樹脂、医薬品、化学最終製品(医薬品を除く)、プラスチック製品、ガラス･ガラス製品、その他の窯業･土石製品、その他の金属製品、建設補修、電力、商業、金融･保険、道路輸送(自家輸送を除く)、情報サービス、研究、広告、その他の対事業所サービス、事務用品、分類不明である。ラウンド2の産業は、繊維工業製品、木材･木製品、パルプ･紙･板紙･加工紙、石炭製品、ゴム製品、その他の製造工業製品、自家輸送、映像･音声･文字情報製作、物品賃貸サービス、自動車整備･機械修理、洗濯・理容・美容・浴場業である。ラウンド3の産業は、化学繊維、業務用機械、自動車部品･同付属品である。

化学最終製品(医薬品を除く)における前方連関について、直接波及(ラウンド1)の産業は、耕種農業、食料品、繊維工業製品、衣服･その他の繊維既製品、木材･木製品、家具･装備品、パルプ･紙･板紙･加工紙、紙加工品、印刷･製版･製本、無機化学工業製品、有機化学工業製品(石油化学基礎製品を除く)、合成樹脂、化学繊維、医薬品、化学最終製品(医薬品を除く)、石炭製品、プラスチック製品、ゴム製品、ガラス･ガラス製品、その他の窯業･土石製品、その他の金属製品、業務用機械、自動車部品･同付属品、その他の製造工業製品、建設補修、映像･音声･文字情報製作、研究、物品賃貸サービス、広告、自動車整備･機械修理、その他の対事業所サービス、洗濯・理容・美容・浴場業、事務用品、分類不明である。ラウンド2の産業は、電力、商業、金融・保険、道路輸送(自家輸送を除く)、自家輸送、情報サービスである。

ガラス・ガラス製品における後方連関について、直接波及(ラウンド 1)の産業は、非金属鉱物、紙加工品、無機化学工業製品、有機化学工業製品(石油化学基礎製品を除く)、化学最終製品(医薬品を除く)、プラスチック製品、ガラス・ガラス製品、その他の窯業・土石製品、その他の金属製品、はん用機械、その他の製造工業製品、建設補修、電力、ガス・熱供給、商業、金融・保険、道路輸送(自家輸送を除く)、運輸付帯サービス、研究、自動車整備・機械修理、その他の対事業所サービス、分類不明である。ラウンド2の産業は、家具・装備品、医薬品、業務用機械、その他の電気機械、その他の輸送機械・同修理、自家輸送、情報サービス、物品賃貸サービスである。ラウンド3の産業は、その他の電子部品である。

ガラス・ガラス製品における前方連関について、直接波及(ラウンド 1)の産業は、家具・装備品、無機化学工業製品、有機化学工業製品(石油化学基礎製品を除く)、医薬品、化学最終製品(医薬品を除く)、プラスチック製品、ガラス・ガラス製品、その他の窯業・土石製品、その他の金属製品、はん用機械、業務用機械、その他の電子部品、その他の電気機械、その他の輸送機械・同修理、その他の製造工業製品、建設補修、研究、自動車整備・機械修理、分類不明である。ラウンド2の産業は、紙加工品、電力、ガス・熱供給、商業、金融・保険、道路輸送(自家輸送を除く)、自家輸送、運輸付帯サービス、情報サービス、物品賃貸サービス、その他の対事業所サービスである。ラウンド3の産業は、非金属鉱物である。

その他の電子部品における後方連関に関して、直接波及(ラウンド 1)の産業は、プラスチック製品、ガラス・ガラス製品、非鉄金属加工製品、その他の金属製品、生産用機械、電子デバイス、その他の電子部品、産業用電気機械、その他の電気機械、建築、電力、商業、道路輸送(自家輸送を除く)、情報サービス、物品賃貸サービス、自動車整備・機械修理、その他の対事業所サービス、事務用品であり、ラウンド2の産業は、民生用電気機器、電子計算機・同付属装置、金融·保険、自家輸送であり、ラウンド３の産業は自動車部品・同付属品である。

その他の電子部品における前方連関に関して、直接波及(ラウンド 1)の産業は、その他の金属製品、生産用機械、業務用機械、電子デバイス、その他の電子部品、産業用電気機器、民生用電気機器、その他の電気機械、電子計算機・同付属装置、自動車部品・同付属品、研究、自動車整備・機械修理、事務用品である。ラウンド2の産業は、非鉄金属加工製品、建設補修、電力、道路輸送(自家輸送を除く)、自家輸送、情報サービス、物品賃貸サービス、その他の対事業所サービスである。ラウンド3の産業は、プラスチック製品、ガラス・ガラス製品、商業である。

電子計算機・同付属装置における後方連関について、直接波及(ラウンド 1)の産業は、印刷・製版・製本、プラスチック製品、その他の金属製品、その他の電子部品、電子計算機・同付属装置、商業、金融・保険、道路輸送(自家輸送を除く)、自家輸送、情報サービス、その他の対事業所サービス、分類不明である。ラウンド2の産業は、電力、自動車整備・機械修理である。

電子計算機・同付属装置における前方連関について、直接波及(ラウンド 1)の産業は、電子計算機・同付属装置、自動車整備・機械修理である。ラウンド2の産業は、プラスチック製品、その他の金属製品、その他の電子部品、電力、金融・保険、道路輸送(自家輸送を除く)、自家輸送、情報サービス、研究、その他の対事業所サービス、分類不明である。ラウンド３の産業は、印刷・製版・製本である。

情報サービスにおける後方連関について、直接波及(ラウンド 1)の産業は、衣服・その他の繊維既製品、家具・装備品、パルプ·紙·板紙·加工紙、紙加工品、印刷・製版・製本、プラスチック製品、その他の製造工業製品、商業、金融・保険、不動産仲介及び賃貸、道路輸送(自家輸送を除く)、自家輸送、倉庫、通信、情報サービス、インターネット付随サービス、映像・音声・文字情報製作、その他の非営利団体サービス、物品賃貸サービス、広告、自動車整備・機械修理、その他の対事業所サービス、その他の対個人サービス、事務用品、分類不明である。ラウンド2の産業は、合成樹脂、化学繊維、医薬品、化学最終製品(医薬品を除く)、ゴム製品、はん用機械、生産用機械、電子デバイス、その他の電子部品、産業用電気機器、その他の電気機械、電子計算機・同付属装置、自動車部品・同付属品、建設補修、電力、ガス・熱供給、運輸付帯サービス、放送、公務、娯楽サービス、ラウンド3の産業は、有機化学工業製品(石油化学基礎製品を除く)、セメント・セメント製品、陶磁器、その他の窯業・土石製品、鋳鍛造品、建設・建築用金属製品である。

情報サービスにおける前方連関について、直接波及(ラウンド 1)の産業は、家具・装備品、パルプ･紙･板紙･加工紙、印刷・製版・製本、有機化学工業製品(石油化学基礎製品を除く)、合成樹脂、医薬品、化学最終製品(医薬品を除く)、ゴム製品、セメント・セメント製品、陶磁器、その他の窯業・土石製品、鋳鍛造品、建設・建築用金属製品、はん用機械、生産用機械、業務用機械、電子デバイス、その他の電子部品、産業用電気機器、その他の電気機械、電子計算機・同付属装置、その他の製造工業製品、電力、ガス・熱供給、商業、金融・保険、不動産仲介及び賃貸、道路輸送(自家輸送を除く)、倉庫、運輸付帯サービス、通信、放送、情報サービス、インターネット付随サービス、映像・音声・文字情報製作、公務、研究、医療、社会保険・社会福祉、その他の非営利団体サービス、物品賃貸サービス、広告、その他の対事業所サービス、宿泊業、娯楽サービス、その他の対個人サービス、分類不明である。ラウンド2の産業は、衣服・その他の繊維既製品、紙加工品、化学繊維、プラスチック製品、ガラス・ガラス製品、自動車部品・同付属品、建設補修、自家輸送、自動車整備・機械修理、事務用品である。

インターネット付随サービスにおける後方連関について、直接波及(ラウンド 1)の産業は、印刷・製版・製本、建設補修、不動産仲介及び賃貸、道路輸送(自家輸送を除く)、自家輸送、通信、情報サービス、インターネット付随サービス、教育、研究、物品賃貸サービス、広告、その他の対事業所サービス、分類不明である。ラウンド2の産業は、電力、商業、金融・保険、自動車整備・機械修理である。

インターネット付随サービスにおける前方連関について、直接波及(ラウンド 1)の産業は、商業、金融・保険、道路輸送(自家輸送を除く)、通信、情報サービス、インターネット付随サービス、研究、広告、自動車整備・機械修理、その他の対事業所サービス、分類不明である。ラウンド2の産業は、印刷・製版・製本、建設補修、電力、不動産仲介及び賃貸、自家輸送、教育、物品賃貸サービスである。

以上の内容をまとめると、3点に要約することができる。

第1に、抽出した10産業のうち、製造業が8産業、情報関連サービス産業が2産業であるという点を指摘できる。具体的には、抽出した産業のうち、製造業は、繊維工業製品、印刷･製版･製本、化学肥料、有機化学工業製品(石油化学基礎製品を除く)、化学最終製品(医薬品を除く)、ガラス･ガラス製品、その他の電子部品、電子計算機･同付属品である。情報関連サービス産業は、情報サービス、インターネット付随サービスである。

第2に、化学肥料、有機化学工業製品(石油化学基礎製品を除く)、化学最終製品(医薬品を除く)、ガラス・ガラス製品、その他の電子部品の 5 産業は、産業間の経済的距離の観点から、後方連関、前方連関ともに直接波及(平均波及長ラウンド 1)の産業だけではなく、ラウンド2、ラウンド3の産業に見られる産業の迂回度も高い点を挙げることができる。

第3に、繊維工業製品、印刷・製版・製本、電子計算機・同付属装置、情報サービス、インターネット付随サービスの5産業は、産業間の経済的距離の観点から、後方連関、前方連関ともに、直接波及の産業が中心的であり、ラウンド2、ラウンド3の産業に見られる産業の迂回度は限定的である点を指摘することができる。

表 7.1　APL　V 行列

		011 耕種農業	012 畜産	013 農業サービス	015 林業	017 漁業	061 金属鉱物	062 石炭・原油・天然ガス	063 非金属鉱物	111 食料品	112 飲料	113 飼料・有機質肥料(別掲を除く。)	114 たばこ	151 繊維工業製品	152 衣服・その他の繊維既製品	161 木材・木製品	162 家具・装備品	163 パルプ・紙・板紙・加工紙	164 紙加工品	191 印刷・製版・製本	201 化学肥料	202 無機化学工業製品	203 石油化学基礎製品	204 有機化学工業製品(石油化学基礎製品を除く。)	205 合成樹脂
011	耕種農業	1.043363	1.040075	1.085158	1.318585	2.356574	0.000000	0.000000	3.587332	1.202494	1.231900	0.000000	0.000000	1.265429	1.960209	2.598627	2.599569	2.662203	2.503082	3.091877	3.641525	2.866562	0.000000	1.409468	2.451169
012	畜産	1.129559	1.035838	1.018033	2.197353	2.271643	0.000000	0.000000	4.173903	1.183130	2.204642	0.000000	0.000000	1.316686	1.896739	2.538952	2.986853	2.398262	3.045340	3.341606	3.079570	2.653415	0.000000	2.484099	3.202266
013	農業サービス	1.010584	1.034479	2.051208	1.822220	3.324784	0.000000	0.000000	4.583310	2.193306	2.359315	0.000000	0.000000	2.267633	2.957203	3.554543	3.625969	3.563331	3.553537	4.112955	4.530859	3.801513	0.000000	2.464212	3.478078
015	林業	1.247003	2.352922	3.087769	1.005296	1.241802	0.000000	0.000000	3.824707	1.233341	2.405864	0.000000	0.000000	2.460446	2.917386	1.092715	2.109338	2.518910	2.505613	2.710051	2.746452	1.228808	0.000000	2.968202	3.214818
017	漁業	3.556172	2.281795	2.860509	2.267596	1.076401	0.000000	0.000000	3.620088	1.250379	2.272289	0.000000	0.000000	3.299817	2.309039	2.573413	2.659299	2.474456	3.397383	3.524230	3.749596	2.961412	0.000000	2.587128	3.531278
061	金属鉱物	0.000000	0.000000	0.000000	0.000000	0.000000	0.000000	0.000000	0.000000	0.000000	0.000000	0.000000	0.000000	0.000000	0.000000	0.000000	0.000000	0.000000	0.000000	0.000000	0.000000	0.000000	0.000000	0.000000	0.000000
062	石炭・原油・天然ガス	0.000000	0.000000	0.000000	0.000000	0.000000	0.000000	0.000000	0.000000	0.000000	0.000000	0.000000	0.000000	0.000000	0.000000	0.000000	0.000000	0.000000	0.000000	0.000000	0.000000	0.000000	0.000000	0.000000	0.000000
063	非金属鉱物	2.624306	2.700215	2.598498	1.619266	3.484939	0.000000	0.000000	1.179029	2.993692	2.444334	0.000000	0.000000	3.106652	3.314302	3.181920	2.209589	1.361909	2.519802	2.801708	2.442916	1.303280	0.000000	1.653327	2.663184
111	食料品	2.480167	1.192825	2.451678	1.177056	1.251366	0.000000	0.000000	3.221143	1.174168	1.188641	0.000000	0.000000	2.307357	1.281196	1.492594	2.499384	1.364904	2.299273	2.451921	3.141696	1.771392	0.000000	1.482077	2.431396
112	飲料	2.439439	1.621252	2.234419	2.305107	1.137568	0.000000	0.000000	3.333544	1.368736	1.022656	0.000000	0.000000	2.805349	2.603800	2.543765	2.682075	2.647269	2.625579	2.672868	2.143889	2.909766	0.000000	2.658250	3.027704
113	飼料・有機質肥料(別掲を除く。)	0.000000	0.000000	0.000000	0.000000	0.000000	0.000000	0.000000	0.000000	0.000000	0.000000	0.000000	0.000000	0.000000	0.000000	0.000000	0.000000	0.000000	0.000000	0.000000	0.000000	0.000000	0.000000	0.000000	0.000000
114	たばこ	0.000000	0.000000	0.000000	0.000000	0.000000	0.000000	0.000000	0.000000	0.000000	0.000000	0.000000	0.000000	0.000000	0.000000	0.000000	0.000000	0.000000	0.000000	0.000000	0.000000	0.000000	0.000000	0.000000	0.000000
151	繊維工業製品	2.400733	2.856463	2.517945	1.409775	1.503638	0.000000	0.000000	3.311665	2.861286	2.558325	0.000000	0.000000	1.252231	1.256167	2.168882	1.420202	1.721432	1.427187	2.045061	3.660824	3.012245	0.000000	3.210585	3.281244
152	衣服・その他の繊維既製品	1.258541	1.589348	1.244132	1.772465	1.418284	0.000000	0.000000	1.862338	1.629512	1.718993	0.000000	0.000000	1.513474	1.192661	1.383421	1.478608	1.546751	1.519232	2.000870	2.928807	1.931986	0.000000	1.993290	2.076267
161	木材・木製品	2.689224	1.383352	2.480743	1.235703	3.032833	0.000000	0.000000	2.969073	2.179118	2.012624	0.000000	0.000000	3.001680	2.154687	1.090502	1.109035	1.796448	1.531362	2.503478	3.628765	2.759809	0.000000	2.891532	2.682175
162	家具・装備品	2.733696	2.713411	2.385395	2.448495	2.078200	0.000000	0.000000	2.601213	2.029536	1.724335	0.000000	0.000000	1.921837	1.907778	2.096515	1.056581	1.835450	1.754402	2.099475	3.064519	1.748113	0.000000	1.858606	2.218814
163	パルプ・紙・板紙・加工紙	2.322141	2.582747	2.245297	2.639762	3.080984	0.000000	0.000000	3.646495	2.482429	2.347342	0.000000	0.000000	2.668661	2.020905	1.457818	1.516117	1.150655	1.162452	1.218756	3.493073	2.956157	0.000000	3.133980	1.574778
164	紙加工品	1.115450	1.343588	1.059088	1.348544	1.756036	0.000000	0.000000	3.044036	1.329630	1.165297	0.000000	0.000000	1.792743	1.631731	2.090532	1.268004	1.722669	1.351606	1.884921	3.064387	1.861791	0.000000	1.799764	2.256426
191	印刷・製版・製本	2.513938	2.657449	2.440885	2.741725	2.372126	0.000000	0.000000	3.056545	1.398551	1.847514	0.000000	0.000000	2.544143	1.651533	1.966201	1.558242	2.457599	1.207138	1.099656	3.032091	2.343880	0.000000	2.611757	2.651734
201	化学肥料	1.086992	2.147215	1.575943	1.948879	3.023290	0.000000	0.000000	3.832979	2.336053	2.407571	0.000000	0.000000	2.512166	3.239501	2.472996	2.897305	2.587787	2.992031	2.945255	1.075954	1.198290	0.000000	1.354518	1.865230
202	無機化学工業製品	2.144264	2.208470	1.862596	2.665314	1.414687	0.000000	0.000000	3.317086	1.483649	1.387121	0.000000	0.000000	1.493464	2.426841	2.382549	2.406820	1.407776	2.057103	2.554907	1.167194	1.109689	0.000000	1.360086	1.867509
203	石油化学基礎製品	0.000000	0.000000	0.000000	0.000000	0.000000	0.000000	0.000000	0.000000	0.000000	0.000000	0.000000	0.000000	0.000000	0.000000	0.000000	0.000000	0.000000	0.000000	0.000000	0.000000	0.000000	0.000000	0.000000	0.000000
204	有機化学工業製品(石油化学基礎製品を除く。)	2.660618	3.003992	2.607932	3.016907	2.912665	0.000000	0.000000	3.561505	2.069665	1.833960	0.000000	0.000000	1.879474	2.638855	2.258309	2.386039	1.536186	2.216963	2.575943	2.770144	1.460403	0.000000	1.256749	1.248737
205	合成樹脂	2.481674	2.753660	2.680428	2.391651	2.508538	0.000000	0.000000	4.105868	2.541454	2.318762	0.000000	0.000000	2.041612	2.517328	2.374777	1.879887	1.503602	1.812842	2.233714	3.042090	2.539365	0.000000	3.123514	2.162949
206	化学繊維	2.809144	3.127226	2.809523	2.428706	2.493490	0.000000	0.000000	3.653631	3.207808	2.950335	0.000000	0.000000	1.249714	1.504724	2.172790	1.716259	1.371750	2.345243	2.668643	2.447827	2.991608	0.000000	3.293751	3.553994
207	医薬品	2.065678	1.126257	1.023905	2.341520	1.098440	0.000000	0.000000	3.267911	1.724919	2.779515	0.000000	0.000000	2.857716	1.739733	2.451265	2.605379	2.788187	2.647152	2.494592	2.186698	2.550932	0.000000	2.646059	2.881933
208	化学最終製品(医薬品を除く。)	1.191636	1.781788	1.455341	2.193364	2.019236	0.000000	0.000000	1.794098	1.901831	1.600223	0.000000	0.000000	1.505177	1.761118	1.240069	1.292908	1.429378	1.323383	1.233239	2.584346	1.318072	0.000000	1.499968	1.696784
211	石油製品	0.000000	0.000000	0.000000	0.000000	0.000000	0.000000	0.000000	0.000000	0.000000	0.000000	0.000000	0.000000	0.000000	0.000000	0.000000	0.000000	0.000000	0.000000	0.000000	0.000000	0.000000	0.000000	0.000000	0.000000
212	石炭製品	2.880161	2.668355	2.386814	2.748373	2.404974	0.000000	0.000000	2.323348	2.688926	2.809390	0.000000	0.000000	2.754033	3.067813	2.624175	2.921344	2.280505	2.990192	2.919625	2.428317	1.920959	0.000000	1.316783	2.324581
221	プラスチック製品	1.582069	1.751058	1.781047	1.364950	1.483756	0.000000	0.000000	3.455540	1.544423	1.310568	0.000000	0.000000	2.085234	1.569140	1.623289	1.370845	1.780221	1.327596	1.320673	2.760586	1.586219	0.000000	2.565213	2.895481
222	ゴム製品	2.183448	2.204541	1.508798	2.050291	1.593689	0.000000	0.000000	2.552594	2.599638	2.799831	0.000000	0.000000	2.693725	1.453282	2.505767	1.967571	2.799904	2.041701	2.303951	2.748635	2.629237	0.000000	2.379855	2.762343
231	なめし革・毛皮・同製品	1.812791	2.755821	2.455004	2.572845	1.131659	0.000000	0.000000	1.416858	2.150867	2.284216	0.000000	0.000000	1.778382	1.071609	1.547454	1.161203	2.035530	1.696360	1.771832	2.296005	2.653242	0.000000	2.776517	3.083247
251	ガラス・ガラス製品	2.630403	2.786197	2.494412	1.755154	2.843166	0.000000	0.000000	3.203721	1.698650	1.191535	0.000000	0.000000	2.078559	1.721596	2.391726	1.097017	2.653393	2.700599	2.605434	2.499396	1.530833	0.000000	1.817240	2.728578
252	セメント・セメント製品	2.599350	2.740616	2.781642	2.246228	3.218511	0.000000	0.000000	2.774853	3.307116	3.403180	0.000000	0.000000	3.036979	3.081412	2.860120	2.933094	2.735475	2.866096	3.048428	2.795357	2.670281	0.000000	2.724591	2.707171
253	陶磁器	2.264730	3.533602	3.213214	3.385392	3.613799	0.000000	0.000000	4.316555	2.544554	1.870171	0.000000	0.000000	3.792175	3.791212	3.274228	1.105566	3.686786	3.572230	3.032302	2.489777	1.728678	0.000000	3.487667	3.738499
259	その他の窯業・土石製品	1.288513	1.349661	1.237972	2.463215	3.038516	0.000000	0.000000	3.384869	2.296868	2.540226	0.000000	0.000000	2.834865	3.131406	2.194855	1.759969	1.527316	2.572686	2.779474	1.433743	1.200914	0.000000	2.104168	2.304100
261	銑鉄・粗鋼	0.000000	0.000000	0.000000	0.000000	0.000000	0.000000	0.000000	0.000000	0.000000	0.000000	0.000000	0.000000	0.000000	0.000000	0.000000	0.000000	0.000000	0.000000	0.000000	0.000000	0.000000	0.000000	0.000000	0.000000
262	鋼材	0.000000	0.000000	0.000000	0.000000	0.000000	0.000000	0.000000	0.000000	0.000000	0.000000	0.000000	0.000000	0.000000	0.000000	0.000000	0.000000	0.000000	0.000000	0.000000	0.000000	0.000000	0.000000	0.000000	0.000000
263	鋳鍛造品	3.509064	3.547810	3.289677	3.412191	2.685946	0.000000	0.000000	3.934171	3.429895	2.319754	0.000000	0.000000	4.123324	3.492284	3.024234	1.880858	3.718488	3.754294	3.895037	2.573630	3.009269	0.000000	3.162142	3.672831
269	その他の鉄鋼製品	3.391375	3.256821	3.407591	3.395723	3.193646	0.000000	0.000000	3.777205	2.981109	2.173912	0.000000	0.000000	3.879627	3.165518	2.522951	1.133535	3.335985	3.365914	3.571911	2.822299	2.302359	0.000000	2.832567	3.363816
271	非鉄金属製錬・精製	2.975114	3.205216	3.059455	3.490822	3.164215	0.000000	0.000000	4.083709	2.665419	2.387113	0.000000	0.000000	2.821506	3.295298	2.599190	2.166472	2.625702	3.026191	5.534336	2.301514	1.138479	0.000000	2.060192	2.862365
272	非鉄金属加工製品	3.119966	3.167729	3.059641	3.170451	3.157250	0.000000	0.000000	3.654980	1.549972	1.798868	0.000000	0.000000	3.547680	3.066157	1.822607	1.303209	3.171062	2.259028	1.406393	2.652465	2.182932	0.000000	2.913261	3.300909
281	建設・建築用金属製品	2.542687	2.684042	2.771327	2.459034	3.174973	0.000000	0.000000	2.915719	3.234925	3.161341	0.000000	0.000000	2.958888	2.979463	2.635675	1.792371	2.659001	2.788341	2.971474	3.196652	2.621342	0.000000	2.645623	2.627222
289	その他の金属製品	2.129033	1.773394	2.737462	2.262040	2.800498	0.000000	0.000000	2.134703	1.559909	1.106302	0.000000	0.000000	2.803075	1.697491	1.304108	1.144541	1.980464	2.013068	2.237024	2.747786	1.355676	0.000000	1.539469	2.131346
291	はん用機械	2.955597	3.138136	2.758894	2.746703	3.359591	0.000000	0.000000	2.271592	3.253793	2.912205	0.000000	0.000000	3.403345	3.441076	2.839539	1.273359	3.317885	3.443845	3.331079	2.967106	2.840129	0.000000	3.117097	3.609972
301	生産用機械	2.788275	2.971212	2.603933	2.428202	3.383322	0.000000	0.000000	2.618591	3.090583	2.908079	0.000000	0.000000	3.272204	3.329707	2.713939	2.194098	3.182737	3.157092	3.025433	2.789039	2.721482	0.000000	2.997935	3.498367
311	業務用機械	2.705123	2.696146	1.336325	2.437540	3.056537	0.000000	0.000000	3.143894	2.903594	2.963606	0.000000	0.000000	3.036110	2.990788	2.711447	2.945582	2.977656	2.914945	2.854858	2.941377	2.687984	0.000000	2.940204	3.224921
321	電子デバイス	3.273836	3.381280	2.837846	3.058393	3.729821	0.000000	0.000000	3.622395	3.613322	3.500402	0.000000	0.000000	3.714616	3.297778	3.246191	3.109344	3.655204	3.791767	3.440388	3.314958	3.234745	0.000000	3.431342	3.917028
329	その他の電子部品	3.077834	3.239209	2.838540	2.847462	3.713035	0.000000	0.000000	3.452113	3.345045	3.250271	0.000000	0.000000	3.460840	3.491356	3.061283	3.311453	3.427632	3.373739	2.121597	3.097292	2.954113	0.000000	3.197843	3.555942
331	産業用電気機器	2.996040	2.776012	2.801771	2.807162	3.405303	0.000000	0.000000	3.321307	3.371922	3.402099	0.000000	0.000000	3.461566	3.573551	2.871290	2.805278	3.327077	3.513541	3.447487	2.947918	2.954532	0.000000	3.167921	3.545170
332	民生用電気機器	2.717705	2.880472	2.524057	2.508977	3.403503	0.000000	0.000000	3.110078	3.063707	3.092564	0.000000	0.000000	3.188669	3.308326	2.728177	3.401928	3.117458	3.268897	3.152663	2.768116	2.664474	0.000000	2.916438	3.410038
333	電子応用装置・電気計測器	0.000000	0.000000	0.000000	0.000000	0.000000	0.000000	0.000000	0.000000	0.000000	0.000000	0.000000	0.000000	0.000000	0.000000	0.000000	0.000000	0.000000	0.000000	0.000000	0.000000	0.000000	0.000000	0.000000	0.000000
339	その他の電気機械	2.783007	2.275920	2.643334	2.648186	3.122907	0.000000	0.000000	2.759212	3.069857	3.029915	0.000000	0.000000	3.161477	3.104019	2.834518	1.462404	3.005540	3.068873	2.872915	2.590158	2.784456	0.000000	2.924283	3.179005
341	通信機械・同関連機器	0.000000	0.000000	0.000000	0.000000	0.000000	0.000000	0.000000	0.000000	0.000000	0.000000	0.000000	0.000000	0.000000	0.000000	0.000000	0.000000	0.000000	0.000000	0.000000	0.000000	0.000000	0.000000	0.000000	0.000000
342	電子計算機・同附属装置	2.679372	2.868286	2.484359	2.473834	3.399451	0.000000	0.000000	3.081907	3.043962	3.079955	0.000000	0.000000	3.160342	3.286203	2.701765	3.398291	3.094310	3.268520	3.148467	2.668074	2.633200	0.000000	2.883270	3.385724
351	乗用車	0.000000	0.000000	0.000000	0.000000	0.000000	0.000000	0.000000	0.000000	0.000000	0.000000	0.000000	0.000000	0.000000	0.000000	0.000000	0.000000	0.000000	0.000000	0.000000	0.000000	0.000000	0.000000	0.000000	0.000000
352	その他の自動車	0.000000	0.000000	0.000000	0.000000	0.000000	0.000000	0.000000	0.000000	0.000000	0.000000	0.000000	0.000000	0.000000	0.000000	0.000000	0.000000	0.000000	0.000000	0.000000	0.000000	0.000000	0.000000	0.000000	0.000000
353	自動車部品・同附属品	3.084085	3.272087	2.888912	2.880280	3.807941	0.000000	0.000000	3.486227	3.446860	3.481412	0.000000	0.000000	3.564767	3.693415	3.106137	3.813148	3.498552	3.675749	3.554564	3.069002	3.036662	0.000000	3.286048	3.789705
354	船舶・同修理	3.373868	3.443059	3.162342	3.168304	1.105227	0.000000	0.000000	4.258053	2.323418	3.435836	0.000000	0.000000	3.898138	3.797857	3.579630	3.873770	3.944992	3.801445	3.879080	3.115332	3.813853	0.000000	3.513043	3.809730
359	その他の輸送機械・同修理	3.190278	3.298326	2.976459	2.830069	3.165523	0.000000	0.000000	3.163502	3.213819	3.254078	0.000000	0.000000	3.032057	3.080058	2.887550	3.077941	3.051646	2.948790	2.657412	3.282260	2.895703	0.000000	3.028412	3.066073
391	その他の製造工業製品	2.496594	2.839435	2.392594	1.973128	1.270582	0.000000	0.000000	2.238898	2.212171	1.525875	0.000000	0.000000	1.976120	1.121508	1.439186	1.196495	2.108139	2.437494	2.478229	3.135781	2.529439	0.000000	1.650289	2.557701
392	再生資源回収・加工処理	1.944619	2.856019	2.727171	1.352981	2.562038	0.000000	0.000000	3.915695	2.679592	2.101514	0.000000	0.000000	1.961332	2.680094	1.189537	2.314506	1.203667	2.265640	2.337717	1.103601	1.285275	0.000000	1.563003	2.555560
411	建築	0.000000	0.000000	0.000000	0.000000	0.000000	0.000000	0.000000	0.000000	0.000000	0.000000	0.000000	0.000000	0.000000	0.000000	0.000000	0.000000	0.000000	0.000000	0.000000	0.000000	0.000000	0.000000	0.000000	0.000000
412	建設補修	1.532302	1.675205	1.786163	1.765396	2.192573	0.000000	0.000000	1.898882	2.247325	2.383308	0.000000	0.000000	1.945903	2.000074	1.956799	1.860708	1.646686	1.775978	1.960807	2.634204	1.612925	0.000000	1.636490	1.610573
413	公共事業	0.000000	0.000000	0.000000	0.000000	0.000000	0.000000	0.000000	0.000000	0.000000	0.000000	0.000000	0.000000	0.000000	0.000000	0.000000	0.000000	0.000000	0.000000	0.000000	0.000000	0.000000	0.000000	0.000000	0.000000
419	その他の土木建設	0.000000	0.000000	0.000000	0.000000	0.000000	0.000000	0.000000	0.000000	0.000000	0.000000	0.000000	0.000000	0.000000	0.000000	0.000000	0.000000	0.000000	0.000000	0.000000	0.000000	0.000000	0.000000	0.000000	0.000000
461	電力	1.803024	1.593648	1.314835	1.565640	1.342059	0.000000	0.000000	1.737302	1.662124	1.780956	0.000000	0.000000	1.655064	1.847967	1.488322	1.829833	1.328952	1.958850	1.776401	1.382953	1.376041	0.000000	1.511489	2.042890
462	ガス・熱供給	2.697028	2.614946	1.704426	2.730637	2.494091	0.000000	0.000000	3.333879	1.456287	1.518950	0.000000	0.000000	1.367318	2.020437	2.397906	2.018022	1.852631	1.861741	1.829735	2.904633	1.562211	0.000000	1.663084	2.311390
471	水道	0.000000	0.000000	0.000000	0.000000	0.000000	0.000000	0.000000	0.000000	0.000000	0.000000	0.000000	0.000000	0.000000	0.000000	0.000000	0.000000	0.000000	0.000000	0.000000	0.000000	0.000000	0.000000	0.000000	0.000000
481	廃棄物処理	2.782727	1.901798	1.595480	2.681581	2.104164	0.000000	0.000000	2.663895	1.744886	2.368328	0.000000	0.000000	2.496804	2.451818	2.130031	2.322345	1.804310	2.068940	1.949601	2.651530	1.498333	0.000000	2.006914	2.118542
511	商業	1.406117	1.356446	1.433796	1.588366	1.232060	0.000000	0.000000	2.244457	1.369305	1.382459	0.000000	0.000000	1.452885	1.381012	1.307338	1.315948	1.330507	1.270957	1.310190	1.748404	1.446738	0.000000	1.449824	1.646083
531	金融・保険	1.997328	1.814844	1.633602	1.687965	1.665470	0.000000	0.000000	1.969152	1.971567	1.906655	0.000000	0.000000	1.635746	1.654089	1.690555	1.566422	1.894522	1.724460	1.707191	2.890449	1.920690	0.000000	1.885369	2.072084
551	不動産仲介及び賃貸	2.341418	2.424610	1.301818	2.239672	2.466542	0.000000	0.000000	2.480403	2.052859	2.354359	0.000000	0.000000	2.313480	2.003073	2.115746	1.875879	2.208737	2.159874	1.865060	2.389733	2.126813	0.000000	2.157353	2.317444
552	住宅賃貸料	0.000000	0.000000	0.000000	0.000000	0.000000	0.000000	0.000000	0.000000	0.000000	0.000000	0.000000	0.000000	0.000000	0.000000	0.000000	0.000000	0.000000	0.000000	0.000000	0.000000	0.000000	0.000000	0.000000	0.000000
553	住宅賃貸料(帰属家賃)	0.000000	0.000000	0.000000	0.000000	0.000000	0.000000	0.000000	0.000000	0.000000	0.000000	0.000000	0.000000	0.000000	0.000000	0.000000	0.000000	0.000000	0.000000	0.000000	0.000000	0.000000	0.000000	0.000000	0.000000
571	鉄道輸送	2.494927	2.342158	2.050456	1.797634	1.804162	0.000000	0.000000	1.779716	1.977684	2.027652	0.000000	0.000000	1.732535	1.778746	1.662448	1.743275	1.749610	1.638197	1.369165	2.570930	1.712946	0.000000	1.770801	1.723842
572	道路輸送(自家輸送を除く。)	1.568019	1.091189	1.549443	1.185524	1.217097	0.000000	0.000000	1.925180	1.400669	1.362078	0.000000	0.000000	1.644618	1.583275	1.282459	1.337371	1.421656	1.255025	1.380180	2.240528	1.523466	0.000000	1.493360	1.647839
573	自家輸送	1.152648	1.303961	1.306694	1.107304	1.330056	0.000000	0.000000	1.032681	1.715461	1.752654	0.000000	0.000000	1.664908	1.826684	1.320083	1.750323	1.915569	1.883200	1.579166	2.497770	1.877397	0.000000	1.931819	2.556174
574	水運	0.000000	0.000000	0.000000	0.000000	0.000000	0.000000	0.000000	0.000000	0.000000	0.000000	0.000000	0.000000	0.000000	0.000000	0.000000	0.000000	0.000000	0.000000	0.000000	0.000000	0.000000	0.000000	0.000000	0.000000
575	航空輸送	0.000000	0.000000	0.000000	0.000000	0.000000	0.000000	0.000000	0.000000	0.000000	0.000000	0.000000	0.000000	0.000000	0.000000	0.000000	0.000000	0.000000	0.000000	0.000000	0.000000	0.000000	0.000000	0.000000	0.000000
576	貨物利用運送	1.488153	1.091884	1.582315	1.960744	1.356748	0.000000	0.000000	2.312992	1.412520	1.321610	0.000000	0.000000	1.651664	1.752326	1.276244	1.342321	1.310743	1.221300	1.269671	2.494489	1.778204	0.000000	1.503001	1.534841
577	倉庫	1.411532	1.088774	1.463403	1.547718	1.266388	0.000000	0.000000	2.304431	1.358589	1.340773	0.000000	0.000000	1.508844	1.514446	1.335904	1.415784	1.286140	1.272766	1.348789	2.545020	1.405650	0.000000	1.602286	1.466701
578	運輸附帯サービス	2.193427	2.261033	2.345722	2.137767	2.261227	0.000000	0.000000	2.043083	2.434159	2.288943	0.000000	0.000000	2.592706	2.412615	2.140178	2.301469	1.886276	2.493219	2.062839	2.748863	2.109410	0.000000	2.460575	2.859651
579	郵便・信書便	2.453887	2.022379	1.940452	1.806728	2.592342	0.000000	0.000000	2.497485	2.211479	2.333410	0.000000	0.000000	2.258467	1.628585	2.090540	1.835943	2.176341	2.085114	2.036978	2.950236	2.184857	0.000000	2.326346	2.304353
591	通信	2.481502	2.552412	1.895394	2.144354	2.059005	0.000000	0.000000	2.630285	2.250701	2.586892	0.000000	0.000000	2.309543	2.204131	2.148152	2.088624	2.414278	2.196841	2.074561	2.427313	2.347591	0.000000	2.571775	2.704082
592	放送	2.883410	3.365205	2.929778	3.070406	3.282920	0.000000	0.000000	3.606328	2.434439	2.259379	0.000000	0.000000	3.143459	2.745969	2.975721	2.446475	2.661630	2.656073	2.883197	3.588152	2.644692	0.000000	3.228977	3.400521
593	情報サービス	2.280353	1.872172	1.892747	2.723558	2.273433	0.000000	0.000000	2.691837	1.999585	1.908677	0.000000	0.000000	2.308954	2.099426	1.950885	1.762804	1.955904	2.011716	1.878219	2.850171	2.021909	0.000000	1.823002	1.957150
594	インターネット附随サービス	2.628427	2.724088	2.468633	2.841030	2.647030	0.000000	0.000000	3.242398	2.208353	2.383754	0.000000	0.000000	2.672792	2.332364	2.338248	2.223371	2.189548	2.461639	2.466282	2.754870	2.264619	0.000000	2.542372	2.622163
595	映像・音声・文字情報制作	2.255106	2.208821	1.401293	1.811065	2.774228	0.000000	0.000000	2.694582	1.812268	1.725066	0.000000	0.000000	1.859514	1.611692	1.695639	1.678684	2.261747	1.800602	1.643827	1.356553	1.789372	0.000000	2.368475	2.597388
611	公務	2.339089	2.437313	2.129787	2.131505	2.392808	0.000000	0.000000	3.233652	2.804864	2.835129	0.000000	0.000000	3.049053	2.929838	2.567730	2.947307	3.103071	2.842018	2.919671	2.087773	3.235968	0.000000	2.661974	3.039912
631	教育	2.876860	2.780659	1.748277	2.873435	2.720747	0.000000	0.000000	2.835431	1.768106	2.181971	0.000000	0.000000	2.952923	2.901757	2.107677	2.693347	1.748012	2.721875	2.677992	2.822531	1.809353	0.000000	1.803723	1.553617
632	研究	2.569046	2.574787	2.352980	1.611390	2.217148	0.000000	0.000000	3.035267	1.586643	1.672367	0.000000	0.000000	1.544683	1.656143	1.957309	1.575601	1.658053	1.581940	1.694825	1.485178	1.256648	0.000000	1.336701	1.523808
641	医療	0.000000	0.000000	0.000000	0.000000	0.000000	0.000000	0.000000	0.000000	0.000000	0.000000	0.000000	0.000000	0.000000	0.000000	0.000000	0.000000	0.000000	0.000000	0.000000	0.000000	0.000000	0.000000	0.000000	0.000000
642	保健衛生	0.000000	0.000000	0.000000	0.000000	0.000000	0.000000	0.000000	0.000000	0.000000	0.000000	0.000000	0.000000	0.000000	0.000000	0.000000	0.000000	0.000000	0.000000	0.000000	0.000000	0.000000	0.000000	0.000000	0.000000
643	社会保険・社会福祉	0.000000	0.000000	0.000000	0.000000	0.000000	0.000000	0.000000	0.000000	0.000000	0.000000	0.000000	0.000000	0.000000	0.000000	0.000000	0.000000	0.000000	0.000000	0.000000	0.000000	0.000000	0.000000	0.000000	0.000000
644	介護	0.000000	0.000000	0.000000	0.000000	0.000000	0.000000	0.000000	0.000000	0.000000	0.000000	0.000000	0.000000	0.000000	0.000000	0.000000	0.000000	0.000000	0.000000	0.000000	0.000000	0.000000	0.000000	0.000000	0.000000
659	その他の非営利団体サービス	2.673402	2.528521	1.528554	2.339325	1.318365	0.000000	0.000000	1.874284	1.678557	1.779411	0.000000	0.000000	1.854538	1.533393	1.700731	1.769667	1.772257	1.567597	1.689097	2.362845	1.156072	0.000000	1.906801	2.060576
661	物品賃貸サービス	2.057855	1.702044	1.496687	1.808469	2.275912	0.000000	0.000000	2.065151	1.895781	2.059255	0.000000	0.000000	2.230585	2.017122	1.689455	1.705520	2.152574	1.926017	1.514159	2.859986	2.202079	0.000000	2.489757	2.280716
662	広告	2.557997	2.581984	1.976989	2.139504	2.538654	0.000000	0.000000	2.728246	1.437267	1.217622	0.000000	0.000000	2.410159	1.808800	2.034487	1.498475	1.682845	1.790662	2.199954	2.802499	1.622718	0.000000	2.325364	2.492160
663	自動車整備・機械修理	1.665343	1.853264	1.469349	1.461123	2.391258	0.000000	0.000000	2.070823	2.027494	2.061991	0.000000	0.000000	2.145691	2.274277	1.686920	2.394473	2.078947	2.256394	2.135537	1.648639	1.616791	0.000000	1.866215	2.369809
669	その他の対事業所サービス	2.794834	2.532774	1.906300	2.835937	2.480370	0.000000	0.000000	2.843845	1.844213	2.167011	0.000000	0.000000	2.336362	1.777285	2.038002	1.832743	2.320566	2.016692	1.641212	2.811208	2.155578	0.000000	2.232910	2.250004
671	宿泊業	0.000000	0.000000	0.000000	0.000000	0.000000	0.000000	0.000000	0.000000	0.000000	0.000000	0.000000	0.000000	0.000000	0.000000	0.000000	0.000000	0.000000	0.000000	0.000000	0.000000	0.000000	0.000000	0.000000	0.000000
672	飲食サービス	2.581719	2.208623	2.333547	2.178552	2.260928	0.000000	0.000000	3.402255	1.173225	2.195973	0.000000	0.000000	3.202088	2.351493	2.512148	3.249292	2.416350	3.170111	3.278376	2.109371	2.894342	0.000000	2.520070	3.322286
673	洗濯・理容・美容・浴場業	2.475091	2.418817	1.205868	2.371501	2.558387	0.000000	0.000000	3.118584	1.712749	1.731491	0.000000	0.000000	1.834365	1.696005	1.724531	1.787186	1.734205	1.777095	1.708729	2.189314	1.374981	0.000000	2.743817	2.987817
674	娯楽サービス	3.141836	3.420989	2.854594	2.923140	3.262903	0.000000	0.000000	4.111518	3.109864	2.977955	0.000000	0.000000	3.530049	3.119962	3.294487	3.072497	3.345346	3.260934	3.349034	2.325420	3.267428	0.000000	3.502122	3.770177
679	その他の対個人サービス	2.656255	2.500184	1.194398	1.422297	1.188796	0.000000	0.000000	3.299878	2.136886	2.234488	0.000000	0.000000	2.452844	2.317332	2.242991	2.179705	2.321249	2.258135	1.980291	2.664705	2.235539	0.000000	2.684630	2.463916
681	事務用品	2.062975	1.750710	1.372213	1.302937	2.069170	0.000000	0.000000	1.817242	1.687751	2.034424	0.000000	0.000000	1.793366	1.673459	1.584677	1.572064	1.827832	1.687292	1.590585	2.818143	1.411614	0.000000	2.292286	1.771863
691	分類不明	1.339089	1.437313	1.129787	1.131505	1.392808	0.000000	0.000000	2.233652	1.804864	1.835129	0.000000	0.000000	2.049053	1.929838	1.567730	1.947307	2.103071	1.842018	1.919671	1.087773	2.235968	0.000000	1.661974	2.039912

表 7.1　続き

206	207	208	211	212	221	222	231	251	252	253	259	261	262	263	269	271	272	281	289	291	301	311	321	329	331	332
化学繊維	医薬品	化学最終製品(医薬品を除く。)	石油製品	石炭製品	プラスチック製品	ゴム製品	なめし革・毛皮・同製品	ガラス・ガラス製品	セメント・セメント製品	陶磁器	その他の窯業・土石製品	銑鉄・粗鋼	鋼材	鋳鍛造品	その他の鉄鋼製品	非鉄金属製錬・精製	非鉄金属加工製品	建設・建築用金属製品	その他の金属製品	はん用機械	生産用機械	業務用機械	電子デバイス	その他の電子部品	産業用電気機器	民生用電気機器
2.470869	1.267129	1.797790	0.000000	3.141335	3.023788	1.051269	2.317728	2.953214	3.083966	3.013494	1.401911	0.000000	0.000000	3.013154	3.265173	3.286848	3.156627	2.689225	3.011585	2.447818	2.510801	2.420130	2.520348	3.472435	2.557581	2.454996
3.050299	2.201827	2.333838	0.000000	3.301842	3.165004	2.367720	2.405955	2.527638	3.135995	2.449856	2.467929	0.000000	0.000000	3.032278	3.096093	2.489182	2.484778	2.967288	2.951425	2.746586	2.800521	2.701248	2.585457	2.593545	2.540687	2.593411
3.507002	2.364589	2.913758	0.000000	4.144477	4.027767	2.053856	3.322262	3.880054	3.999697	3.663964	2.440787	0.000000	0.000000	3.830312	4.230336	4.158236	3.927045	3.558739	3.854478	3.401738	3.465653	3.418236	3.441441	3.757603	3.464703	3.324515
3.280037	2.840764	1.179740	0.000000	2.706835	3.157892	2.823340	1.040186	2.410770	3.090314	2.163168	2.446329	0.000000	0.000000	2.936009	3.779170	3.861802	2.523753	2.409094	2.674981	3.203444	2.994272	2.538068	3.554752	3.200539	3.226384	2.964671
3.613904	1.502257	2.411401	0.000000	3.532403	3.806193	3.665782	2.335402	2.700456	3.577803	2.473387	2.540606	0.000000	0.000000	2.611038	3.674927	3.813873	2.709516	3.661936	3.420512	3.644591	2.767383	3.339525	3.640907	3.328614	3.253356	3.641510
0.000000	0.000000	0.000000	0.000000	0.000000	0.000000	0.000000	0.000000	0.000000	0.000000	0.000000	0.000000	0.000000	0.000000	0.000000	0.000000	0.000000	0.000000	0.000000	0.000000	0.000000	0.000000	0.000000	0.000000	0.000000	0.000000	0.000000
0.000000	0.000000	0.000000	0.000000	0.000000	0.000000	0.000000	0.000000	0.000000	0.000000	0.000000	0.000000	0.000000	0.000000	0.000000	0.000000	0.000000	0.000000	0.000000	0.000000	0.000000	0.000000	0.000000	0.000000	0.000000	0.000000	0.000000
2.773707	2.194305	2.008400	0.000000	1.008950	2.717146	2.258515	3.659256	1.088005	1.111162	1.058781	1.093986	0.000000	0.000000	2.028666	3.543100	1.471805	2.197439	2.262144	2.490738	2.324092	2.320946	2.445701	2.411814	2.588053	2.633125	2.637147
2.510129	1.235556	1.313838	0.000000	2.405160	2.834475	2.584607	3.429388	1.552654	2.747720	1.434971	1.436347	0.000000	0.000000	2.678322	3.409077	2.934057	2.931427	2.638268	2.748519	2.843441	2.894228	2.634322	2.993046	3.041407	2.968996	2.954590
3.047511	1.640164	2.599998	0.000000	2.279382	2.825081	2.585941	2.336967	2.446899	2.593815	2.389660	2.572478	0.000000	0.000000	2.400040	2.247562	2.434110	2.477552	2.665752	2.485941	2.433905	2.485629	2.603067	2.939536	3.020931	2.600539	2.641059
0.000000	0.000000	0.000000	0.000000	0.000000	0.000000	0.000000	0.000000	0.000000	0.000000	0.000000	0.000000	0.000000	0.000000	0.000000	0.000000	0.000000	0.000000	0.000000	0.000000	0.000000	0.000000	0.000000	0.000000	0.000000	0.000000	0.000000
0.000000	0.000000	0.000000	0.000000	0.000000	0.000000	0.000000	0.000000	0.000000	0.000000	0.000000	0.000000	0.000000	0.000000	0.000000	0.000000	0.000000	0.000000	0.000000	0.000000	0.000000	0.000000	0.000000	0.000000	0.000000	0.000000	0.000000
1.342307	2.828075	2.810601	0.000000	3.008262	1.922077	1.323978	1.275530	1.820339	2.828228	2.530573	1.633651	0.000000	0.000000	2.725738	2.857059	3.265007	2.293860	2.367404	2.048460	2.639184	2.697065	2.665791	1.667514	2.668849	2.775240	1.634120
2.712854	1.649535	1.797513	0.000000	1.700477	2.163458	1.602896	1.330143	1.323911	1.599768	1.257264	1.421007	0.000000	0.000000	1.490165	1.606578	2.462963	1.471960	1.586557	1.555866	1.565920	1.668621	1.742899	1.384314	1.513701	1.502053	1.239592
2.964343	2.734228	2.190596	0.000000	3.047491	2.429221	2.695631	2.924881	1.394710	2.198921	1.152758	1.459194	0.000000	0.000000	2.020141	2.830349	2.984616	1.512495	1.409325	1.696930	2.316275	2.061258	1.583978	2.837474	2.276501	2.339945	1.991761
2.585506	1.582221	1.888805	0.000000	2.158217	1.807286	1.694102	2.695174	2.296197	2.114193	1.298140	1.629230	0.000000	0.000000	1.658089	2.481718	2.409552	1.666433	1.988829	2.026068	1.993965	2.022995	2.094246	1.689558	1.793538	1.784898	1.537624
2.436867	2.167857	2.331022	0.000000	3.350742	1.853828	1.830900	2.207603	1.887879	2.981519	1.667757	1.760874	0.000000	0.000000	3.090328	2.681205	3.278160	2.528358	2.944199	2.496037	2.566866	2.604138	2.645811	2.371265	2.103099	1.906915	2.094776
1.467431	1.163146	1.254314	0.000000	2.475286	1.705923	2.078004	1.249203	1.247454	1.695581	1.066353	1.468904	0.000000	0.000000	2.602758	2.175622	2.780328	2.332798	2.531986	1.463778	2.028760	2.069859	1.670849	2.135173	1.920264	1.738096	1.432805
1.823337	1.880248	1.575037	0.000000	2.302192	2.434013	2.109415	1.912898	1.836264	2.590233	1.883127	2.431265	0.000000	0.000000	1.788941	2.400258	2.369585	1.672381	2.286756	1.667829	1.958728	1.915330	1.469676	1.562025	2.010848	2.007620	1.304054
2.385500	1.665802	1.540336	0.000000	2.619152	2.810134	2.248232	3.501783	1.801803	3.093992	2.553241	1.941116	0.000000	0.000000	2.861982	3.484420	2.840776	3.019033	2.730169	2.951256	3.099622	2.239018	3.012718	2.825093	3.172924	3.226587	3.076131
2.138978	1.264395	1.371226	0.000000	2.069000	1.811374	1.329244	2.700498	1.273204	2.092326	1.163768	1.559902	0.000000	0.000000	1.499983	1.923077	1.401493	1.456731	1.286256	1.630212	1.745682	1.988739	2.273965	1.348382	1.753414	2.040978	2.161615
0.000000	0.000000	0.000000	0.000000	0.000000	0.000000	0.000000	0.000000	0.000000	0.000000	0.000000	0.000000	0.000000	0.000000	0.000000	0.000000	0.000000	0.000000	0.000000	0.000000	0.000000	0.000000	0.000000	0.000000	0.000000	0.000000	0.000000
1.278885	1.378791	1.401958	0.000000	2.150489	1.865754	1.337789	2.750628	1.684446	2.842905	2.517409	1.665100	0.000000	0.000000	2.953250	3.864059	2.192391	2.862143	2.722931	2.606872	2.641952	2.932038	2.524463	2.050433	2.561858	2.531778	2.063257
1.037783	2.364635	1.298802	0.000000	2.674669	1.205149	2.269965	1.608084	1.589405	3.180625	2.895938	1.572291	0.000000	0.000000	3.107803	3.526315	3.144514	2.837264	2.684415	2.589801	2.710939	2.554677	2.139375	1.910173	2.020818	1.761789	1.713554
2.410351	2.994256	3.117651	0.000000	1.211241	1.672312	2.250664	2.276491	1.234488	2.954197	2.688236	1.316438	0.000000	0.000000	2.726963	3.145137	2.845403	2.885903	2.999196	2.835364	2.906665	2.987358	1.973346	2.594106	2.983726	3.016513	2.542381
2.679320	1.022193	1.174327	0.000000	2.266918	2.917785	2.734505	2.517600	2.498942	2.549039	2.479226	2.432533	0.000000	0.000000	2.546281	2.525212	2.560340	2.682251	2.769189	2.618116	2.499144	2.552742	2.496745	2.773006	2.782967	2.582100	2.673660
1.525237	1.386323	1.143760	0.000000	1.161650	1.610389	1.488994	2.598532	1.610508	1.543494	2.215067	1.317324	0.000000	0.000000	1.502961	2.516724	2.591388	1.661704	1.336361	1.443477	1.693097	1.641490	1.318158	2.005942	1.814757	1.699237	1.725373
0.000000	0.000000	0.000000	0.000000	0.000000	0.000000	0.000000	0.000000	0.000000	0.000000	0.000000	0.000000	0.000000	0.000000	0.000000	0.000000	0.000000	0.000000	0.000000	0.000000	0.000000	0.000000	0.000000	0.000000	0.000000	0.000000	0.000000
2.315981	2.550970	2.421506	0.000000	2.423604	2.703038	2.443076	3.308302	2.314831	2.196202	2.319246	1.179682	0.000000	0.000000	1.108814	2.111425	1.212618	2.104526	2.393180	2.197973	2.353982	2.414920	2.880087	2.542050	2.707905	2.647452	2.893032
1.883382	1.358520	1.451795	0.000000	2.845122	1.213961	1.299205	1.236724	1.453820	2.573876	2.142776	1.887142	0.000000	0.000000	2.541479	2.596273	2.301356	2.058582	1.837806	1.977100	1.755166	1.920502	1.423462	1.474916	1.710617	1.508442	1.359336
2.973822	1.940512	2.740413	0.000000	2.318330	2.270881	1.081635	1.555371	2.688618	2.171031	2.820180	2.173596	0.000000	0.000000	2.268797	2.690813	2.875873	2.420055	1.576502	2.150214	1.336271	1.396589	1.278579	1.391947	2.723453	1.397104	1.298527
2.939868	2.347055	1.355148	0.000000	1.187405	1.937298	1.783191	1.008588	2.088904	1.740768	1.245696	1.729763	0.000000	0.000000	1.433341	2.032347	2.610726	1.610340	1.292428	1.937881	2.192257	1.702634	1.270835	1.479279	1.710832	1.912456	2.353266
2.729887	1.184242	1.281396	0.000000	2.665814	1.347459	1.728619	2.531098	1.071394	2.739360	2.661305	1.423805	0.000000	0.000000	2.681239	3.063240	2.846369	2.284579	1.576389	1.599193	1.965348	2.509038	1.253875	1.653959	1.414572	2.355392	1.413513
2.622083	3.085235	2.914315	0.000000	2.262905	2.880893	2.962378	3.110482	2.949643	1.098979	2.665265	1.525706	0.000000	0.000000	2.443956	2.610457	2.820490	2.542690	2.505643	2.277607	2.712184	2.789882	3.157992	3.061689	2.749695	2.934152	2.946986
3.695960	3.494484	2.130372	0.000000	3.346221	2.403432	3.362810	3.243555	3.522760	2.443110	1.044874	3.532886	0.000000	0.000000	3.066010	3.313325	3.548517	3.476964	3.441400	2.097982	2.522150	2.437939	2.281896	1.784711	1.297189	1.762551	2.365026
2.503936	1.672002	1.986052	0.000000	1.220384	2.470574	2.180701	2.896451	1.171038	1.207358	1.111522	1.090291	0.000000	0.000000	1.127321	2.769508	1.134986	1.485871	1.315877	1.292042	1.234860	1.351047	1.806644	1.210826	1.709453	1.387042	1.608243
0.000000	0.000000	0.000000	0.000000	0.000000	0.000000	0.000000	0.000000	0.000000	0.000000	0.000000	0.000000	0.000000	0.000000	0.000000	0.000000	0.000000	0.000000	0.000000	0.000000	0.000000	0.000000	0.000000	0.000000	0.000000	0.000000	0.000000
0.000000	0.000000	0.000000	0.000000	0.000000	0.000000	0.000000	0.000000	0.000000	0.000000	0.000000	0.000000	0.000000	0.000000	0.000000	0.000000	0.000000	0.000000	0.000000	0.000000	0.000000	0.000000	0.000000	0.000000	0.000000	0.000000	0.000000
3.855498	2.913684	3.037356	0.000000	3.354762	3.082996	2.594625	2.520017	2.641240	2.467365	1.292015	1.984926	0.000000	0.000000	1.078195	3.442832	3.602594	3.328021	1.066526	1.078068	1.122909	1.157755	1.256009	2.813618	2.475257	1.221238	1.668832
3.643123	2.535760	2.706217	0.000000	3.153897	2.959654	2.335418	2.297447	2.768830	1.494262	1.864096	1.567883	0.000000	0.000000	1.907614	3.490619	3.452415	1.441133	1.037259	1.057870	1.199728	1.255093	1.527498	2.405089	1.727976	1.367115	1.143601
3.062881	2.435797	1.480842	0.000000	2.837850	2.214361	2.453024	2.495109	1.581149	2.711268	1.105166	1.187279	0.000000	0.000000	1.546787	0.000000	1.028455	1.029272	2.166556	1.272713	2.124548	2.174633	1.698670	1.418166	1.639265	1.586943	2.095991
3.306665	1.841972	1.513678	0.000000	3.023730	1.637577	1.828493	1.530624	1.968966	2.596814	1.817259	1.499826	0.000000	0.000000	2.471477	3.307020	1.274067	1.045045	1.052334	1.078067	1.180675	1.345054	1.400287	1.570119	1.349841	1.221243	1.189938
2.543198	3.016544	2.833268	0.000000	2.590852	2.798958	2.864047	3.026584	2.970037	2.280516	2.650611	2.433152	0.000000	0.000000	2.481840	2.544370	2.796028	2.463669	1.094126	1.613265	1.954764	2.301781	3.043823	3.028921	2.650441	2.854416	2.839884
2.549373	1.288698	1.458159	0.000000	1.766317	2.080464	1.185078	1.150861	1.686656	1.402449	1.235625	1.441730	0.000000	0.000000	1.321551	2.359397	2.519001	1.621250	1.108151	1.089146	1.207185	1.271911	1.265185	1.644364	1.419063	1.293956	1.253529
3.310162	2.855556	2.631585	0.000000	2.952253	2.158507	2.903781	3.484250	1.214468	2.655107	1.318400	1.888394	0.000000	0.000000	1.560019	3.405649	3.192879	2.764557	1.711381	1.772757	1.096063	1.222800	1.237945	1.723224	1.829128	1.276664	1.170145
3.154269	2.917527	3.223173	0.000000	2.894838	1.508949	2.718464	2.958158	2.646237	2.445089	1.558088	1.894718	0.000000	0.000000	1.689621	1.959778	2.875890	2.387574	2.671306	1.823321	1.380976	1.117046	1.699204	1.504869	1.751951	1.517144	1.711382
3.087537	2.949979	3.076804	0.000000	2.805701	2.887112	2.742208	2.961122	2.843326	2.982218	2.853844	2.800149	0.000000	0.000000	2.769694	2.680314	3.018362	2.643300	2.636413	2.708975	1.391971	1.271900	1.060788	2.815278	2.929964	1.555309	2.766874
3.635428	3.477926	3.799351	0.000000	3.429280	3.486033	3.275773	3.349733	3.327950	3.502344	3.318446	3.243421	0.000000	0.000000	3.247003	3.719288	3.576032	3.208065	3.126353	2.183133	1.766449	1.849605	1.100291	1.215555	1.320634	1.227232	1.074487
3.360122	2.922990	3.393936	0.000000	3.221720	3.257470	3.019721	3.456283	3.111852	3.278135	3.120931	3.109169	0.000000	0.000000	3.091135	3.433225	3.289124	2.990397	3.024865	1.773703	1.748173	1.572176	1.381456	1.304334	1.301282	1.460999	1.386851
3.262769	3.256216	3.530467	0.000000	3.137501	3.104965	3.020112	3.816718	2.931100	3.123565	3.030849	3.014834	0.000000	0.000000	2.976364	3.412599	3.264681	2.953262	1.447986	2.747214	1.258355	1.293830	1.246825	2.804195	1.790532	1.131452	1.204283
3.072853	2.956223	3.303946	0.000000	2.851550	2.747222	2.716419	3.579084	2.824445	2.959969	2.896293	2.791796	0.000000	0.000000	2.772048	3.204440	3.014312	2.690745	2.810094	2.763273	2.857879	2.953087	2.937998	2.836775	2.981552	3.027839	1.038675
0.000000	0.000000	0.000000	0.000000	0.000000	0.000000	0.000000	0.000000	0.000000	0.000000	0.000000	0.000000	0.000000	0.000000	0.000000	0.000000	0.000000	0.000000	0.000000	0.000000	0.000000	0.000000	0.000000	0.000000	0.000000	0.000000	0.000000
3.003090	2.917880	3.142350	0.000000	2.871629	2.738879	2.822650	3.048971	2.884380	2.894941	2.843687	2.131254	0.000000	0.000000	2.767960	2.839858	3.000431	2.707728	2.736976	1.808931	1.566692	1.700142	1.301978	1.128291	1.372176	1.210261	1.145160
0.000000	0.000000	0.000000	0.000000	0.000000	0.000000	0.000000	0.000000	0.000000	0.000000	0.000000	0.000000	0.000000	0.000000	0.000000	0.000000	0.000000	0.000000	0.000000	0.000000	0.000000	0.000000	0.000000	0.000000	0.000000	0.000000	0.000000
3.043820	2.905290	3.282106	0.000000	2.840682	2.923711	2.685783	3.599628	2.790422	2.933137	2.862999	2.762529	0.000000	0.000000	2.744001	3.216507	2.985205	2.660931	2.779260	2.732055	2.818565	1.480331	2.907295	2.812025	2.953851	3.006845	3.005908
0.000000	0.000000	0.000000	0.000000	0.000000	0.000000	0.000000	0.000000	0.000000	0.000000	0.000000	0.000000	0.000000	0.000000	0.000000	0.000000	0.000000	0.000000	0.000000	0.000000	0.000000	0.000000	0.000000	0.000000	0.000000	0.000000	0.000000
0.000000	0.000000	0.000000	0.000000	0.000000	0.000000	0.000000	0.000000	0.000000	0.000000	0.000000	0.000000	0.000000	0.000000	0.000000	0.000000	0.000000	0.000000	0.000000	0.000000	0.000000	0.000000	0.000000	0.000000	0.000000	0.000000	0.000000
3.447965	3.329829	3.691279	0.000000	3.247590	3.331847	3.088583	4.017372	3.195465	3.339407	3.270906	3.169168	0.000000	0.000000	3.150015	3.625056	3.391526	3.065007	3.184773	3.136682	3.229116	3.205121	3.312004	3.217418	3.358114	3.416252	3.412290
3.789122	2.871800	3.562162	0.000000	3.190970	3.918245	3.448341	3.261013	3.308013	3.493447	3.231134	3.498040	0.000000	0.000000	3.330775	3.346974	3.274045	3.486903	3.824618	3.471806	3.314970	3.362987	3.359255	3.508485	3.477119	3.325418	3.374605
3.190339	2.651510	3.002798	0.000000	3.007938	2.818144	2.821624	3.038106	2.902933	3.058435	2.853565	2.570278	0.000000	0.000000	2.975567	3.253704	3.041216	2.784245	2.588869	2.855554	2.842761	2.791145	2.708841	2.810018	3.006462	3.021047	2.812851
2.628833	2.383461	2.325536	0.000000	2.696781	2.484726	2.628087	1.126198	1.729139	2.312235	1.294649	1.501257	0.000000	0.000000	1.273268	2.639546	2.757150	1.404342	2.581011	2.106494	2.492026	1.450509	1.910192	2.372065	1.981651	1.890338	2.361991
1.191983	2.441869	2.509748	0.000000	2.787470	1.239335	2.418581	2.337715	1.134727	1.171835	1.053739	1.167382	0.000000	0.000000	1.041549	1.179704	1.041571	1.209582	2.309016	2.285480	2.345323	2.393471	2.484478	2.511012	2.611027	2.487561	2.471864
0.000000	0.000000	0.000000	0.000000	0.000000	0.000000	0.000000	0.000000	0.000000	0.000000	0.000000	0.000000	0.000000	0.000000	0.000000	0.000000	0.000000	0.000000	0.000000	0.000000	0.000000	0.000000	0.000000	0.000000	0.000000	0.000000	0.000000
1.527853	2.031334	1.828070	0.000000	1.588639	1.785833	1.898913	2.138740	1.982216	1.396905	1.658994	1.421838	0.000000	0.000000	1.527097	1.531888	1.788393	1.452068	1.417043	1.486243	1.691163	1.754988	2.123347	2.034844	1.658584	1.895565	1.880140
0.000000	0.000000	0.000000	0.000000	0.000000	0.000000	0.000000	0.000000	0.000000	0.000000	0.000000	0.000000	0.000000	0.000000	0.000000	0.000000	0.000000	0.000000	0.000000	0.000000	0.000000	0.000000	0.000000	0.000000	0.000000	0.000000	0.000000
0.000000	0.000000	0.000000	0.000000	0.000000	0.000000	0.000000	0.000000	0.000000	0.000000	0.000000	0.000000	0.000000	0.000000	0.000000	0.000000	0.000000	0.000000	0.000000	0.000000	0.000000	0.000000	0.000000	0.000000	0.000000	0.000000	0.000000
1.393265	2.033432	1.805904	0.000000	1.339727	1.727272	1.716764	2.087294	1.292534	1.348945	1.377996	1.401659	0.000000	0.000000	1.191520	1.422493	1.183311	1.596783	1.661120	1.435712	1.702553	1.753680	1.920058	1.546509	1.646058	1.904341	1.893641
1.682462	1.661151	1.646264	0.000000	1.660064	1.425101	1.450006	2.393607	1.114963	2.167302	1.053112	1.378668	0.000000	0.000000	1.081714	2.078844	1.898720	1.257026	1.440551	1.240650	1.612900	1.730560	1.755911	1.371451	1.733057	1.700568	2.260594
0.000000	0.000000	0.000000	0.000000	0.000000	0.000000	0.000000	0.000000	0.000000	0.000000	0.000000	0.000000	0.000000	0.000000	0.000000	0.000000	0.000000	0.000000	0.000000	0.000000	0.000000	0.000000	0.000000	0.000000	0.000000	0.000000	0.000000
1.507144	1.371347	2.005945	0.000000	2.535522	2.661346	2.555446	2.826496	1.981664	1.512876	2.165627	1.313956	0.000000	0.000000	2.307823	2.456787	2.292885	2.574990	2.376393	2.469757	2.258992	2.651872	2.131879	1.898004	2.195415	2.552582	2.674396
1.724829	1.476417	1.458309	0.000000	1.361248	1.427934	1.398229	1.314979	1.528860	1.573840	1.427152	1.459392	0.000000	0.000000	1.270568	1.069380	1.466230	1.162395	1.329694	1.299770	1.392124	1.436942	1.419620	1.541509	1.624788	1.451423	1.398147
2.060538	1.790218	1.748684	0.000000	2.208529	2.228208	2.009259	2.127196	1.845214	1.785594	1.531899	1.774907	0.000000	0.000000	1.770768	1.589598	1.756534	1.723896	1.501073	1.538078	1.795638	1.765457	1.782915	1.844972	2.002129	2.019153	1.826449
2.319997	1.930887	2.177268	0.000000	2.153079	2.031774	2.085669	2.242300	2.054586	2.001165	2.048659	2.231859	0.000000	0.000000	1.902763	2.061617	2.277523	2.063634	1.697995	1.954291	1.910105	1.998302	2.172891	2.302638	2.420929	2.204261	1.955198
0.000000	0.000000	0.000000	0.000000	0.000000	0.000000	0.000000	0.000000	0.000000	0.000000	0.000000	0.000000	0.000000	0.000000	0.000000	0.000000	0.000000	0.000000	0.000000	0.000000	0.000000	0.000000	0.000000	0.000000	0.000000	0.000000	0.000000
0.000000	0.000000	0.000000	0.000000	0.000000	0.000000	0.000000	0.000000	0.000000	0.000000	0.000000	0.000000	0.000000	0.000000	0.000000	0.000000	0.000000	0.000000	0.000000	0.000000	0.000000	0.000000	0.000000	0.000000	0.000000	0.000000	0.000000
1.937457	1.383224	1.691734	0.000000	1.739385	1.552724	1.571097	1.687805	1.627390	1.784403	1.553450	1.282002	0.000000	0.000000	1.756185	1.993844	1.736544	1.536365	1.310990	1.599414	1.556105	1.493203	1.429633	1.554948	1.756947	1.748339	1.530035
1.613673	1.521073	1.500923	0.000000	1.085406	1.654232	1.555167	1.694983	1.531838	1.291528	1.417874	1.326825	0.000000	0.000000	1.226990	1.084125	1.678960	1.297662	1.350688	1.362231	1.485632	1.541417	1.547204	1.578506	1.645743	1.574260	1.528297
1.974323	2.031299	2.234490	0.000000	2.066290	2.271969	2.160377	1.485647	2.051958	1.693522	1.956012	2.046268	0.000000	0.000000	1.756364	1.612033	1.825383	1.644076	1.434824	1.451803	1.861277	1.871842	1.629411	2.018086	2.607712	2.038571	1.931299
0.000000	0.000000	0.000000	0.000000	0.000000	0.000000	0.000000	0.000000	0.000000	0.000000	0.000000	0.000000	0.000000	0.000000	0.000000	0.000000	0.000000	0.000000	0.000000	0.000000	0.000000	0.000000	0.000000	0.000000	0.000000	0.000000	0.000000
0.000000	0.000000	0.000000	0.000000	0.000000	0.000000	0.000000	0.000000	0.000000	0.000000	0.000000	0.000000	0.000000	0.000000	0.000000	0.000000	0.000000	0.000000	0.000000	0.000000	0.000000	0.000000	0.000000	0.000000	0.000000	0.000000	0.000000
1.466524	1.534740	1.523516	0.000000	1.093102	1.578796	1.678012	2.535499	1.400106	1.222278	1.317720	1.234206	0.000000	0.000000	1.160834	1.077862	1.455262	1.238487	1.379675	1.429059	1.467220	1.527577	1.646901	1.652276	1.626287	1.871674	1.588024
1.860107	1.540263	1.508361	0.000000	1.081632	1.498918	1.544806	1.436208	1.373565	1.286492	1.285407	1.212980	0.000000	0.000000	1.225334	1.063568	1.222494	1.135989	1.366474	1.322272	1.469454	1.504049	1.577236	1.593628	1.694680	1.534617	1.461825
2.352209	2.296591	2.085585	0.000000	2.698587	2.056101	2.115298	2.484603	1.830338	2.603249	1.918414	2.600958	0.000000	0.000000	2.377080	2.215105	2.608286	1.829056	2.395564	2.112979	2.418447	2.362030	2.348307	2.476984	2.697486	1.591390	2.569881
2.009515	1.662872	2.251483	0.000000	1.907667	1.898054	2.263289	2.659023	2.327587	2.136333	2.039535	2.162870	0.000000	0.000000	2.150570	2.130949	1.928243	1.937961	1.732315	1.631194	2.097550	2.013196	2.154259	2.608967	2.402790	2.334784	2.296992
2.446021	1.441769	2.337297	0.000000	2.001503	2.272511	2.242722	2.147422	2.399647	2.319779	2.146411	2.239965	0.000000	0.000000	2.234872	2.195066	2.174594	2.074274	1.856447	2.095659	2.078556	2.051817	2.314769	2.502384	2.449980	2.328656	2.250920
2.676613	2.162044	2.264575	0.000000	3.272181	2.738223	2.623853	2.417567	2.796995	3.020934	2.461145	2.876576	0.000000	0.000000	3.132706	2.703391	3.271595	2.651370	2.709117	2.924229	2.583991	2.678613	2.715175	2.547779	3.005519	2.639071	2.343342
2.091898	1.457454	1.833883	0.000000	2.077418	2.005197	1.796794	2.625912	2.008713	1.972923	1.529465	1.695975	0.000000	0.000000	1.725910	1.632989	1.754378	1.746460	1.809271	1.763902	1.777713	1.654048	1.926118	1.766808	1.822708	1.561034	2.116979
2.966773	1.642482	2.058971	0.000000	2.452786	2.348898	2.363647	2.629731	1.575877	2.142272	2.270743	2.532048	0.000000	0.000000	2.088439	2.240777	2.348683	2.335747	2.025388	2.240012	1.953150	2.377248	2.069517	1.987322	1.679692	2.323098	2.591752
2.099304	1.812334	2.131070	0.000000	1.667667	2.162503	1.551128	1.424402	2.293253	2.114176	1.628065	1.988253	0.000000	0.000000	2.149467	1.982515	1.969621	1.774587	1.826658	1.623381	1.883271	1.818267	1.879533	1.947370	1.842570	1.848164	1.910326
3.006653	2.892575	2.868950	0.000000	2.163308	3.172150	2.525350	2.244270	2.331559	2.508558	2.273931	2.521227	0.000000	0.000000	2.339075	2.330825	2.330516	2.699129	2.996757	2.505386	2.355362	2.405179	2.569465	3.260531	3.362543	2.560595	2.717201
2.659279	1.791527	1.654021	0.000000	2.718161	2.644179	1.434799	2.812632	2.157669	1.663737	1.197240	1.659932	0.000000	0.000000	1.426402	2.665312	2.491477	1.493614	1.312755	1.464830	1.425788	1.514080	1.835597	1.513832	1.427368	1.431643	1.196792
1.461559	1.066299	1.323449	0.000000	1.634353	1.502913	1.377625	1.627937	1.271396	1.416583	1.201722	1.465276	0.000000	0.000000	1.365814	1.402449	1.152909	1.159127	1.348296	1.368712	1.283886	1.354430	1.278464	1.332808	1.352949	1.256441	1.256521
0.000000	0.000000	0.000000	0.000000	0.000000	0.000000	0.000000	0.000000	0.000000	0.000000	0.000000	0.000000	0.000000	0.000000	0.000000	0.000000	0.000000	0.000000	0.000000	0.000000	0.000000	0.000000	0.000000	0.000000	0.000000	0.000000	0.000000
0.000000	0.000000	0.000000	0.000000	0.000000	0.000000	0.000000	0.000000	0.000000	0.000000	0.000000	0.000000	0.000000	0.000000	0.000000	0.000000	0.000000	0.000000	0.000000	0.000000	0.000000	0.000000	0.000000	0.000000	0.000000	0.000000	0.000000
0.000000	0.000000	0.000000	0.000000	0.000000	0.000000	0.000000	0.000000	0.000000	0.000000	0.000000	0.000000	0.000000	0.000000	0.000000	0.000000	0.000000	0.000000	0.000000	0.000000	0.000000	0.000000	0.000000	0.000000	0.000000	0.000000	0.000000
0.000000	0.000000	0.000000	0.000000	0.000000	0.000000	0.000000	0.000000	0.000000	0.000000	0.000000	0.000000	0.000000	0.000000	0.000000	0.000000	0.000000	0.000000	0.000000	0.000000	0.000000	0.000000	0.000000	0.000000	0.000000	0.000000	0.000000
1.648989	1.314856	1.755186	0.000000	1.495973	1.989464	1.820834	2.655634	1.737013	1.485511	1.568952	2.008445	0.000000	0.000000	1.541939	1.341174	1.942349	1.651658	1.590523	1.419668	1.320803	1.368677	1.508055	1.738841	1.949315	1.780336	2.327384
1.971529	2.359743	2.105623	0.000000	1.353655	1.947095	1.652016	2.536678	2.408281	2.093003	2.289943	1.789490	0.000000	0.000000	1.788187	1.741629	1.924494	1.820145	2.057632	1.851689	1.667575	1.552849	2.082615	1.485759	1.832664	1.463463	1.773312
1.631113	1.129187	1.227290	0.000000	2.408505	1.722171	1.710463	1.379719	2.136318	2.254345	1.482520	2.028416	0.000000	0.000000	2.254042	2.216096	2.353191	2.020306	1.970326	2.004473	1.653671	1.766301	1.756740	1.508390	2.008170	1.722017	1.370491
2.028237	1.909761	2.271474	0.000000	1.827652	1.911826	1.668518	2.600588	1.775504	1.920082	1.851072	1.749089	0.000000	0.000000	1.730299	2.206368	1.971904	1.645225	1.765335	1.717229	1.809326	1.910820	1.892402	1.797529	1.938047	1.996490	1.992496
2.128184	1.840595	1.918837	0.000000	1.911711	1.827327	1.787846	1.583850	1.651141	1.549267	2.008863	1.706314	0.000000	0.000000	1.870397	2.072344	2.270038	1.818605	1.843710	1.663630	1.652735	1.844975	1.893989	1.915837	1.841284	1.838693	1.858355
0.000000	0.000000	0.000000	0.000000	0.000000	0.000000	0.000000	0.000000	0.000000	0.000000	0.000000	0.000000	0.000000	0.000000	0.000000	0.000000	0.000000	0.000000	0.000000	0.000000	0.000000	0.000000	0.000000	0.000000	0.000000	0.000000	0.000000
3.344084	2.266258	2.339494	0.000000	2.393455	3.503905	2.919150	2.406682	2.424932	2.682222	2.354248	2.466277	0.000000	0.000000	2.481420	2.395080	2.432939	2.842300	3.161042	2.664665	2.477814	2.531251	2.872270	3.481922	3.557184	2.750149	2.973976
2.954334	1.673208	2.729875	0.000000	2.377793	1.931546	1.898239	2.467438	2.538857	2.663159	2.278958	2.205850	0.000000	0.000000	1.874790	1.622848	2.548453	1.865927	1.968892	1.739751	1.867550	1.865949	2.021865	1.514247	1.756310	1.985205	1.640481
3.344563	2.900732	3.018375	0.000000	3.029102	3.388480	3.088836	2.850643	3.192519	3.395634	2.958840	3.305956	0.000000	0.000000	3.229887	3.104215	3.275482	3.155621	3.285951	3.200692	3.077507	3.104925	3.234163	3.224454	3.392867	3.185221	3.060061
2.817979	2.058072	2.404633	0.000000	2.583420	2.361234	2.337968	2.602680	2.381187	2.327308	1.980441	2.270806	0.000000	0.000000	2.196056	1.882726	2.153060	1.976738	2.200377	2.082480	1.997789	2.029769	2.003739	2.071278	2.188783	2.065199	1.960536
2.154557	1.915035	1.816300	0.000000	2.039634	2.381931	1.997167	1.307644	1.702595	1.858913	1.527765	1.640395	0.000000	0.000000	1.977953	1.525255	2.014680	1.664895	1.885706	1.841672	1.735420	1.689450	1.735010	2.052587	1.761788	1.668813	1.609408
2.006653	1.892575	1.868950	0.000000	1.163308	2.172150	1.525350	1.244270	1.331559	1.508558	1.273931	1.521227	0.000000	0.000000	1.339075	1.330825	1.330516	1.699129	1.996757	1.505386	1.355362	1.405179	1.569465	2.260531	2.362543	1.560595	1.717201

表 7.1　続き

333	339	341	342	351	352	353	354	359	391	392	411	412	413	419	461	462	471	481	511	531	551	552	553	571	572	573	574
電子応用装置・電気計測器	その他の電気機械	通信機械・同関連機器	電子計算機・同附属装置	乗用車	その他の自動車	自動車部品・同附属品	船舶・同修理	その他の輸送機械・同修理	その他の製造工業製品	再生資源回収・加工処理	建築	建設補修	公共事業	その他の土木建設	電力	ガス・熱供給	水道	廃棄物処理	商業	金融・保険	不動産仲介及び賃貸	住宅賃貸料	住宅賃貸料(帰属家賃)	鉄道輸送	道路輸送(自家輸送を除く。)	自家輸送	水運
0.000000	2.598130	0.000000	3.070913	0.000000	0.000000	2.684567	2.410257	2.657991	1.202285	2.825938	1.395831	2.822809	1.198177	1.288508	3.456431	3.430001	0.000000	2.427447	2.226181	3.514070	3.515343	3.671948	3.068934	3.333062	2.794375	2.841127	0.000000
0.000000	2.853208	0.000000	2.513070	0.000000	0.000000	2.967791	2.567083	2.706083	2.175959	3.307311	3.326532	3.257219	3.133130	3.222908	3.152768	2.768812	0.000000	3.525659	3.229084	3.766312	3.853475	4.006458	4.150579	3.187123	3.455586	4.291690	0.000000
0.000000	3.477783	0.000000	3.844142	0.000000	0.000000	3.683632	3.321831	3.656479	2.218867	3.831116	2.423351	3.828645	2.209091	2.302540	4.101564	3.961083	0.000000	3.428611	3.225200	4.207373	4.403629	4.546324	4.098772	2.998433	3.758801	3.837743	0.000000
0.000000	2.899241	0.000000	3.400849	0.000000	0.000000	3.069812	3.820188	3.294278	1.746133	4.149750	2.117124	2.194291	1.773741	2.059800	3.418330	3.228028	0.000000	3.313956	2.874567	3.339734	3.579541	3.433178	3.280754	3.351729	3.299185	3.300155	0.000000
0.000000	3.390904	0.000000	3.798702	0.000000	0.000000	3.632356	3.750734	3.754002	1.094518	3.895276	3.082275	2.555431	2.836268	2.735500	3.764517	3.604550	0.000000	2.932740	3.147415	3.365733	2.994169	3.248688	3.248644	3.526800	3.191528	3.852440	0.000000
0.000000	0.000000	0.000000	0.000000	0.000000	0.000000	0.000000	0.000000	0.000000	0.000000	0.000000	0.000000	0.000000	0.000000	0.000000	0.000000	0.000000	0.000000	0.000000	0.000000	0.000000	0.000000	0.000000	0.000000	0.000000	0.000000	0.000000	0.000000
0.000000	0.000000	0.000000	0.000000	0.000000	0.000000	0.000000	0.000000	0.000000	0.000000	0.000000	0.000000	0.000000	0.000000	0.000000	0.000000	0.000000	0.000000	0.000000	0.000000	0.000000	0.000000	0.000000	0.000000	0.000000	0.000000	0.000000	0.000000
0.000000	2.282955	0.000000	3.067620	0.000000	0.000000	3.057334	2.703833	2.371202	1.622991	3.585502	1.665315	2.078588	1.276050	1.220184	2.474889	3.159804	0.000000	2.996350	3.534676	3.685140	3.376809	3.245684	3.076737	3.285440	3.517558	3.509920	0.000000
0.000000	2.769549	0.000000	3.052554	0.000000	0.000000	2.957630	3.252993	3.006880	1.638190	3.605937	2.653844	2.683535	3.103663	2.900069	3.696505	2.766075	0.000000	2.658725	3.242701	3.386568	3.217082	3.371438	3.494340	3.479049	3.187400	3.847503	0.000000
0.000000	2.518431	0.000000	2.464295	0.000000	0.000000	2.982626	2.169046	2.553412	2.595609	2.919178	2.341024	2.342639	2.427589	2.343368	2.794937	2.715579	0.000000	2.837403	1.232809	2.640190	2.399914	2.207456	3.084287	2.235209	2.332071	2.905183	0.000000
0.000000	0.000000	0.000000	0.000000	0.000000	0.000000	0.000000	0.000000	0.000000	0.000000	0.000000	0.000000	0.000000	0.000000	0.000000	0.000000	0.000000	0.000000	0.000000	0.000000	0.000000	0.000000	0.000000	0.000000	0.000000	0.000000	0.000000	0.000000
0.000000	0.000000	0.000000	0.000000	0.000000	0.000000	0.000000	0.000000	0.000000	0.000000	0.000000	0.000000	0.000000	0.000000	0.000000	0.000000	0.000000	0.000000	0.000000	0.000000	0.000000	0.000000	0.000000	0.000000	0.000000	0.000000	0.000000	0.000000
0.000000	2.211009	0.000000	2.893917	0.000000	0.000000	2.214043	3.203200	2.274725	1.565219	2.910671	2.209636	1.638063	2.569151	2.688906	3.048084	2.829431	0.000000	2.446339	2.205107	2.640744	2.976467	3.142832	2.985547	2.063915	2.461891	3.045394	0.000000
0.000000	1.457772	0.000000	1.642960	0.000000	0.000000	2.168981	2.577855	1.955183	1.179299	1.600589	1.350653	1.543808	1.686689	1.598940	2.067849	1.816903	0.000000	1.289674	1.208232	1.402381	1.992650	2.423329	2.449210	1.395733	1.335848	2.145643	0.000000
0.000000	2.059224	0.000000	2.557822	0.000000	0.000000	2.285655	3.108294	2.482606	1.164435	3.217898	1.115307	1.262559	1.495192	1.245877	2.469315	2.400321	0.000000	2.583709	1.844046	2.330916	2.646201	2.478685	2.342883	2.374940	2.305392	2.284748	0.000000
0.000000	1.695240	0.000000	1.268789	0.000000	0.000000	2.131495	2.708953	2.007659	1.269286	2.253955	1.084669	1.063786	2.507924	2.378730	1.876391	1.935825	0.000000	1.232737	1.556888	1.343380	2.000388	1.555309	1.952987	1.929322	1.671012	2.489569	0.000000
0.000000	2.173330	0.000000	2.178664	0.000000	0.000000	3.026493	3.015420	2.893954	1.587993	2.670285	1.685331	1.970014	3.062236	3.272243	3.059961	2.736345	0.000000	2.577609	2.706418	2.385500	2.969598	3.174950	2.984659	2.808204	2.444807	2.925982	0.000000
0.000000	1.538881	0.000000	1.884059	0.000000	0.000000	2.683660	2.789445	2.302014	1.456249	1.902713	2.511503	1.728362	2.456523	2.682343	3.009234	2.644413	0.000000	1.991127	1.294655	1.781161	2.406833	2.682273	2.763409	2.189491	1.933066	2.384186	0.000000
0.000000	2.247005	0.000000	1.598947	0.000000	0.000000	2.651182	1.642621	1.573934	1.561237	1.658360	2.238461	2.144781	2.277152	2.358913	1.809864	1.367203	0.000000	1.416457	1.375423	1.229429	2.254576	2.381680	2.282251	1.776699	1.559511	2.599947	0.000000
0.000000	1.842349	0.000000	3.205738	0.000000	0.000000	3.379236	3.057856	3.318231	2.600550	3.642982	2.976754	3.090232	1.335909	1.562245	2.289828	1.397578	0.000000	2.673044	3.676375	3.983514	3.547995	3.127163	4.104085	3.313191	3.526550	4.058707	0.000000
0.000000	1.337827	0.000000	1.631957	0.000000	0.000000	2.805833	2.627252	2.111945	1.534542	1.862765	2.477738	2.267719	1.944948	1.839017	3.210454	2.848265	0.000000	1.196504	3.373939	3.451896	3.576974	3.201360	3.502236	2.829444	2.645088	3.181676	0.000000
0.000000	0.000000	0.000000	0.000000	0.000000	0.000000	0.000000	0.000000	0.000000	0.000000	0.000000	0.000000	0.000000	0.000000	0.000000	0.000000	0.000000	0.000000	0.000000	0.000000	0.000000	0.000000	0.000000	0.000000	0.000000	0.000000	0.000000	0.000000
0.000000	2.274035	0.000000	2.960687	0.000000	0.000000	2.958473	2.925478	2.999427	2.439409	3.378414	2.940367	2.799801	3.140690	3.038921	3.796798	3.089088	0.000000	2.787503	3.541558	3.648340	3.950797	3.714014	3.865260	3.720491	3.279356	3.383404	0.000000
0.000000	1.883025	0.000000	2.115389	0.000000	0.000000	2.215713	2.493885	2.498572	1.936450	3.026643	2.514206	2.452941	2.574102	2.476989	3.747346	3.311123	0.000000	2.976948	2.688858	2.907328	3.281286	2.970102	3.201085	3.462600	3.317051	3.737180	0.000000
0.000000	2.702015	0.000000	3.111111	0.000000	0.000000	3.172660	2.791665	2.790204	1.115901	3.242453	2.681179	2.516107	2.900146	2.799626	3.409656	3.364593	0.000000	2.921323	2.749384	3.027451	3.348449	3.058600	3.706115	2.751469	2.890006	3.677028	0.000000
0.000000	2.530557	0.000000	2.459334	0.000000	0.000000	2.877471	2.208785	2.567592	2.421804	2.831873	2.439367	2.437712	2.447927	2.341661	2.400708	2.501671	0.000000	1.024324	2.500797	2.493285	2.575684	2.264286	3.414309	2.159085	1.952978	3.516203	0.000000
0.000000	1.461143	0.000000	1.700574	0.000000	0.000000	1.648184	1.904190	1.703352	1.247972	2.716496	1.595334	1.502347	1.970545	1.894465	2.607136	1.450265	0.000000	1.573494	2.777000	2.559654	2.776269	2.737733	2.668020	2.560222	2.178028	2.618069	0.000000
0.000000	0.000000	0.000000	0.000000	0.000000	0.000000	0.000000	0.000000	0.000000	0.000000	0.000000	0.000000	0.000000	0.000000	0.000000	0.000000	0.000000	0.000000	0.000000	0.000000	0.000000	0.000000	0.000000	0.000000	0.000000	0.000000	0.000000	0.000000
0.000000	2.616569	0.000000	3.163125	0.000000	0.000000	2.694761	2.288554	2.480230	2.839358	1.816999	1.586409	2.603800	1.016250	1.056428	1.142289	2.469235	0.000000	1.944635	2.462274	3.008370	2.312529	2.732604	3.729134	2.229706	2.719625	3.731778	0.000000
0.000000	1.269778	0.000000	1.430718	0.000000	0.000000	1.757181	1.503495	1.492038	1.304753	1.953673	1.519119	1.455046	1.532800	1.451783	2.832633	2.625601	0.000000	2.010164	1.648721	1.879757	2.283528	2.020915	2.157101	2.626405	2.399825	2.803835	0.000000
0.000000	1.413831	0.000000	1.845474	0.000000	0.000000	1.578292	1.289420	1.509053	1.457723	1.711002	2.678841	2.600695	1.809052	1.756714	2.409948	2.889963	0.000000	1.333331	2.787814	2.859057	3.026522	3.146242	3.603247	2.691133	1.714716	1.777790	0.000000
0.000000	2.595069	0.000000	2.580632	0.000000	0.000000	2.120583	2.354450	2.141658	1.052652	2.560347	2.424415	2.201674	2.304687	1.930342	2.130462	1.031251	0.000000	1.441031	1.827754	1.715385	2.573036	2.438676	2.829930	1.633554	1.917889	2.643236	0.000000
0.000000	1.185995	0.000000	2.436077	0.000000	0.000000	2.789764	1.411819	1.259514	1.195996	3.156305	1.219287	1.400737	2.646408	2.444494	2.481258	2.622812	0.000000	2.319370	2.580283	2.842770	2.895855	2.673240	2.601398	2.388029	2.305488	2.291088	0.000000
0.000000	2.628524	0.000000	3.173065	0.000000	0.000000	3.411663	2.846966	2.935087	1.886726	3.364524	1.099258	1.099724	1.092059	1.095592	2.266516	2.157469	0.000000	1.972417	2.652526	2.602266	2.314760	2.177347	2.021444	2.266418	2.760319	2.484538	0.000000
0.000000	2.079869	0.000000	2.315331	0.000000	0.000000	2.631793	2.605931	2.888228	2.113194	3.919532	1.068181	1.382292	1.838719	1.278092	3.267366	2.960709	0.000000	1.700846	2.507753	3.250118	3.186509	2.699755	2.713889	2.828222	2.952296	3.463829	0.000000
0.000000	1.228304	0.000000	1.634651	0.000000	0.000000	1.765723	1.657146	2.210686	1.310631	3.523107	1.226018	1.160595	1.321675	1.176821	2.353323	2.165721	0.000000	2.712548	2.465783	2.778905	2.455466	2.337991	2.204599	2.408248	2.924510	2.940393	0.000000
0.000000	0.000000	0.000000	0.000000	0.000000	0.000000	0.000000	0.000000	0.000000	0.000000	0.000000	0.000000	0.000000	0.000000	0.000000	0.000000	0.000000	0.000000	0.000000	0.000000	0.000000	0.000000	0.000000	0.000000	0.000000	0.000000	0.000000	0.000000
0.000000	0.000000	0.000000	0.000000	0.000000	0.000000	0.000000	0.000000	0.000000	0.000000	0.000000	0.000000	0.000000	0.000000	0.000000	0.000000	0.000000	0.000000	0.000000	0.000000	0.000000	0.000000	0.000000	0.000000	0.000000	0.000000	0.000000	0.000000
0.000000	1.263930	0.000000	1.353797	0.000000	0.000000	1.472371	1.056787	1.274055	1.192395	4.130012	2.041500	2.067190	1.539850	1.137813	3.432821	3.247213	0.000000	3.725404	3.533406	3.749103	3.426749	2.913074	3.177895	2.532176	3.259704	3.456658	0.000000
0.000000	1.162186	0.000000	2.174044	0.000000	0.000000	1.495824	1.103357	1.385052	1.744907	4.027873	2.076968	2.022251	2.082043	2.120993	3.259474	3.036083	0.000000	3.429533	3.106509	3.353743	3.330363	2.989558	3.026110	2.864084	3.106105	3.438652	0.000000
0.000000	1.168486	0.000000	2.397541	0.000000	0.000000	2.060252	2.240875	2.405283	1.467715	4.059144	2.407442	2.389220	2.570584	2.266746	3.478527	3.330309	0.000000	2.956471	3.371389	3.914279	3.586439	3.171557	3.417253	3.283135	3.389636	3.795635	0.000000
0.000000	1.083795	0.000000	1.399414	0.000000	0.000000	1.562321	1.194754	1.277575	1.134502	3.787479	1.479789	1.545059	1.514184	1.194135	2.504399	2.697410	0.000000	3.257218	3.085845	3.159333	2.975683	2.723815	2.626719	2.520319	3.038348	3.198333	0.000000
0.000000	2.564909	0.000000	3.119585	0.000000	0.000000	3.323813	2.914752	2.232883	1.231811	3.294041	1.024331	1.021721	1.043894	1.021371	2.188112	2.079125	0.000000	2.593198	2.584683	2.527587	2.237257	2.096008	2.044221	2.174922	2.700068	2.391143	0.000000
0.000000	1.276726	0.000000	1.412944	0.000000	0.000000	1.653009	1.198490	1.773830	1.257588	2.848239	1.274500	1.131577	1.444440	1.564089	2.239339	1.913734	0.000000	2.572914	1.597394	2.631599	2.461363	2.150407	2.023308	2.228014	1.732082	2.689988	0.000000
0.000000	1.830376	0.000000	2.160617	0.000000	0.000000	1.564388	1.164380	1.468628	1.860653	3.348396	1.246292	2.086006	1.355733	1.267000	2.609451	3.159857	0.000000	2.795978	3.368114	3.216093	3.253323	3.335967	3.415655	2.476671	2.436817	2.399154	0.000000
0.000000	2.271122	0.000000	2.167024	0.000000	0.000000	2.018382	1.329348	1.864962	2.522874	3.179839	3.096108	2.699850	2.792189	2.944641	2.451607	2.900856	0.000000	2.646998	3.268698	3.132017	3.201705	3.353870	3.791084	3.123165	2.265999	2.238231	0.000000
0.000000	2.808242	0.000000	3.099065	0.000000	0.000000	2.118515	1.499853	1.708020	2.279995	2.871589	2.176553	2.869208	2.677243	2.732067	2.466627	2.959914	0.000000	2.477809	1.578080	2.663278	2.903331	3.133426	3.672787	2.896103	2.264825	2.204377	0.000000
0.000000	1.029203	0.000000	1.054007	0.000000	0.000000	1.584452	2.451829	1.371412	1.079216	3.655188	2.410711	2.612789	3.029810	2.827082	2.931398	3.549055	0.000000	3.108588	3.278009	3.537217	3.525337	3.708142	3.906552	2.813668	2.753979	2.698417	0.000000
0.000000	1.434127	0.000000	1.315260	0.000000	0.000000	1.882962	1.941607	2.246533	1.698865	3.454177	2.469265	2.838037	3.145668	3.191869	2.718119	3.324617	0.000000	2.856948	3.256187	2.943911	3.242628	3.500726	3.864368	3.238144	2.549503	2.510117	0.000000
0.000000	1.280798	0.000000	1.233748	0.000000	0.000000	1.583808	1.196746	1.514826	2.417925	3.416096	1.496022	1.409905	1.686560	1.360939	2.612575	2.828302	0.000000	2.857348	3.433263	3.290224	3.121791	3.041128	2.677072	2.583115	2.503347	2.453162	0.000000
0.000000	3.030269	0.000000	3.228946	0.000000	0.000000	3.256484	3.191356	1.972508	3.197326	2.963834	1.079356	2.921817	3.040568	2.973704	2.360097	3.049983	0.000000	2.553996	3.214098	3.048302	3.122848	3.269773	3.885958	3.080412	1.968917	2.146645	0.000000
0.000000	0.000000	0.000000	0.000000	0.000000	0.000000	0.000000	0.000000	0.000000	0.000000	0.000000	0.000000	0.000000	0.000000	0.000000	0.000000	0.000000	0.000000	0.000000	0.000000	0.000000	0.000000	0.000000	0.000000	0.000000	0.000000	0.000000	0.000000
0.000000	1.032580	0.000000	1.453927	0.000000	0.000000	1.544948	1.315736	1.302662	1.186997	3.215586	1.110455	1.171116	1.376784	1.294012	2.435926	2.459008	0.000000	2.706513	1.863459	2.901931	2.126221	2.352003	2.333671	1.946722	2.323137	2.173427	0.000000
0.000000	0.000000	0.000000	0.000000	0.000000	0.000000	0.000000	0.000000	0.000000	0.000000	0.000000	0.000000	0.000000	0.000000	0.000000	0.000000	0.000000	0.000000	0.000000	0.000000	0.000000	0.000000	0.000000	0.000000	0.000000	0.000000	0.000000	0.000000
0.000000	3.019018	0.000000	1.009034	0.000000	0.000000	3.232221	3.190988	3.120566	3.179790	3.082151	3.227560	2.881674	3.032395	2.980788	2.328501	3.051718	0.000000	2.523822	3.162661	2.989515	3.079783	3.232036	3.845831	3.091192	2.162328	2.119039	0.000000
0.000000	0.000000	0.000000	0.000000	0.000000	0.000000	0.000000	0.000000	0.000000	0.000000	0.000000	0.000000	0.000000	0.000000	0.000000	0.000000	0.000000	0.000000	0.000000	0.000000	0.000000	0.000000	0.000000	0.000000	0.000000	0.000000	0.000000	0.000000
0.000000	0.000000	0.000000	0.000000	0.000000	0.000000	0.000000	0.000000	0.000000	0.000000	0.000000	0.000000	0.000000	0.000000	0.000000	0.000000	0.000000	0.000000	0.000000	0.000000	0.000000	0.000000	0.000000	0.000000	0.000000	0.000000	0.000000	0.000000
0.000000	3.422641	0.000000	3.615149	0.000000	0.000000	1.431061	3.611021	1.834825	3.585543	3.487544	3.633222	3.301793	3.443489	3.392029	2.733921	3.457230	0.000000	2.932267	3.601853	3.434297	3.494438	3.673202	4.267288	3.308740	2.567826	2.522235	0.000000
0.000000	3.400150	0.000000	3.184492	0.000000	0.000000	3.807214	1.029585	3.385598	2.275617	3.813585	3.283378	3.275119	3.391234	3.271217	3.629999	3.601930	0.000000	3.884323	3.386385	3.583312	3.393141	3.154918	4.329160	3.127847	3.256809	4.397805	0.000000
0.000000	3.011092	0.000000	2.907902	0.000000	0.000000	3.571799	3.437844	1.179453	2.960389	2.953535	3.085184	2.988925	2.962232	3.131757	2.776608	3.048268	0.000000	2.312239	2.546149	2.379155	3.234833	3.351845	3.463794	1.182762	2.443743	2.474114	0.000000
0.000000	1.986365	0.000000	2.585782	0.000000	0.000000	2.163183	2.643878	2.543847	1.046409	2.664939	1.649623	1.211911	1.538090	1.412414	2.511856	2.425980	0.000000	1.736046	2.121097	2.144306	2.399116	2.566953	2.566555	2.408890	2.034038	2.498787	0.000000
0.000000	2.233165	0.000000	2.644930	0.000000	0.000000	2.150447	2.225309	2.441784	2.353632	2.698151	2.366519	2.412759	2.325851	2.321108	1.202636	1.017856	0.000000	2.548190	2.662771	3.091790	2.649737	3.113048	3.377150	2.772633	3.169349	3.729919	0.000000
0.000000	0.000000	0.000000	0.000000	0.000000	0.000000	0.000000	0.000000	0.000000	0.000000	0.000000	0.000000	0.000000	0.000000	0.000000	0.000000	0.000000	0.000000	0.000000	0.000000	0.000000	0.000000	0.000000	0.000000	0.000000	0.000000	0.000000	0.000000
0.000000	1.560236	0.000000	2.177431	0.000000	0.000000	2.365980	2.083080	1.878696	1.889624	2.307685	2.216634	2.075002	2.302974	2.336538	1.176737	1.067981	0.000000	1.581708	1.573333	1.512086	1.224115	1.140230	1.036507	1.180430	1.719641	1.382183	0.000000
0.000000	0.000000	0.000000	0.000000	0.000000	0.000000	0.000000	0.000000	0.000000	0.000000	0.000000	0.000000	0.000000	0.000000	0.000000	0.000000	0.000000	0.000000	0.000000	0.000000	0.000000	0.000000	0.000000	0.000000	0.000000	0.000000	0.000000	0.000000
0.000000	0.000000	0.000000	0.000000	0.000000	0.000000	0.000000	0.000000	0.000000	0.000000	0.000000	0.000000	0.000000	0.000000	0.000000	0.000000	0.000000	0.000000	0.000000	0.000000	0.000000	0.000000	0.000000	0.000000	0.000000	0.000000	0.000000	0.000000
0.000000	1.717962	0.000000	2.216742	0.000000	0.000000	2.034220	1.604288	1.671205	2.023821	1.332219	2.006050	2.271288	2.158719	1.962847	1.169016	1.385541	0.000000	1.228630	1.366540	1.888567	1.273208	1.641559	2.976704	1.254180	1.579918	2.560463	0.000000
0.000000	1.405092	0.000000	2.555871	0.000000	0.000000	1.597652	1.428269	1.403817	1.926267	1.287570	1.777564	1.793792	1.910534	1.907646	1.790103	1.091981	0.000000	1.190584	1.177028	1.835080	1.237903	2.348849	2.765062	2.028440	1.558068	2.479209	0.000000
0.000000	0.000000	0.000000	0.000000	0.000000	0.000000	0.000000	0.000000	0.000000	0.000000	0.000000	0.000000	0.000000	0.000000	0.000000	0.000000	0.000000	0.000000	0.000000	0.000000	0.000000	0.000000	0.000000	0.000000	0.000000	0.000000	0.000000	0.000000
0.000000	1.602788	0.000000	2.777796	0.000000	0.000000	2.685934	2.691834	2.191821	2.488154	2.322390	2.184318	2.612365	1.304388	1.249371	1.191310	1.343825	0.000000	2.361160	1.504005	1.300316	2.252869	2.588073	2.443519	1.083174	1.272053	2.428970	0.000000
0.000000	1.330832	0.000000	1.568320	0.000000	0.000000	1.660868	1.476159	1.590121	1.340565	2.114489	1.341970	1.347153	1.424596	1.420386	2.251609	1.492424	0.000000	1.668331	1.662866	1.936648	2.207929	2.058266	2.321200	2.168553	1.530363	1.361910	0.000000
0.000000	1.670254	0.000000	1.807783	0.000000	0.000000	2.294800	1.567897	1.646531	1.488916	2.133484	1.632378	1.866506	1.498288	1.525099	1.373393	1.650239	0.000000	1.615932	1.485671	1.159888	1.144783	1.166895	1.085678	1.177863	1.352050	1.396370	0.000000
0.000000	1.803078	0.000000	2.188104	0.000000	0.000000	2.693833	1.990255	2.291129	2.215365	2.300436	1.727858	2.104639	2.227260	2.090671	1.516188	1.411235	0.000000	1.900003	1.251878	1.344881	1.160639	1.103930	1.735565	1.933021	1.316299	1.655414	0.000000
0.000000	0.000000	0.000000	0.000000	0.000000	0.000000	0.000000	0.000000	0.000000	0.000000	0.000000	0.000000	0.000000	0.000000	0.000000	0.000000	0.000000	0.000000	0.000000	0.000000	0.000000	0.000000	0.000000	0.000000	0.000000	0.000000	0.000000	0.000000
0.000000	0.000000	0.000000	0.000000	0.000000	0.000000	0.000000	0.000000	0.000000	0.000000	0.000000	0.000000	0.000000	0.000000	0.000000	0.000000	0.000000	0.000000	0.000000	0.000000	0.000000	0.000000	0.000000	0.000000	0.000000	0.000000	0.000000	0.000000
0.000000	1.738010	0.000000	1.597924	0.000000	0.000000	2.415646	2.475457	1.865240	1.625557	1.591013	1.744631	1.713329	1.620290	1.885142	1.987194	1.740987	0.000000	1.073964	1.205602	1.144039	2.016223	2.181785	2.203002	1.766972	1.277291	2.261688	0.000000
0.000000	1.442513	0.000000	1.682851	0.000000	0.000000	1.757623	1.913651	1.740473	1.434414	1.012517	1.336705	1.368582	1.345122	1.283753	1.916812	1.175676	0.000000	1.155874	1.621147	1.403212	2.176959	2.107953	2.352158	2.135594	1.511565	2.034083	0.000000
0.000000	2.009069	0.000000	1.795358	0.000000	0.000000	2.457796	2.032393	2.345115	1.234194	1.352953	1.376359	1.408415	1.451483	1.554799	1.761716	1.539075	0.000000	1.135346	1.114701	1.417822	1.568788	1.632575	2.031702	1.806005	1.757276	2.425709	0.000000
0.000000	0.000000	0.000000	0.000000	0.000000	0.000000	0.000000	0.000000	0.000000	0.000000	0.000000	0.000000	0.000000	0.000000	0.000000	0.000000	0.000000	0.000000	0.000000	0.000000	0.000000	0.000000	0.000000	0.000000	0.000000	0.000000	0.000000	0.000000
0.000000	0.000000	0.000000	0.000000	0.000000	0.000000	0.000000	0.000000	0.000000	0.000000	0.000000	0.000000	0.000000	0.000000	0.000000	0.000000	0.000000	0.000000	0.000000	0.000000	0.000000	0.000000	0.000000	0.000000	0.000000	0.000000	0.000000	0.000000
0.000000	1.389131	0.000000	2.567898	0.000000	0.000000	1.685910	2.358689	1.842863	1.622876	1.260447	1.368156	1.419168	1.387827	1.316427	1.800832	1.108525	0.000000	2.411516	1.873638	1.984158	2.647932	2.025416	2.530432	1.062849	1.147213	1.515559	0.000000
0.000000	1.285255	0.000000	2.580582	0.000000	0.000000	1.753111	2.410473	1.756869	1.480323	1.015221	1.503572	1.562993	1.468461	1.411793	1.476834	1.026127	0.000000	2.174345	1.830242	1.795130	2.029106	1.630893	2.575097	2.079280	1.737947	1.675244	0.000000
0.000000	1.906610	0.000000	2.028493	0.000000	0.000000	2.292327	2.720800	2.492011	2.137088	2.074666	2.377350	2.405812	2.440417	2.499145	2.815910	2.397998	0.000000	2.161842	1.783382	2.422401	2.634153	2.629178	3.098908	1.103507	1.058721	1.046202	0.000000
0.000000	2.233213	0.000000	2.585846	0.000000	0.000000	2.676647	2.599674	2.250016	2.047928	1.569308	1.949229	1.654287	1.821060	1.773302	1.741936	1.157105	0.000000	1.422336	1.386530	1.126070	1.981863	1.628513	2.163912	1.529851	1.569333	2.451091	0.000000
0.000000	2.249694	0.000000	2.482771	0.000000	0.000000	2.753031	2.504073	2.343956	2.156207	2.510480	2.320247	1.410990	1.704858	1.687977	2.496909	2.104965	0.000000	1.550328	1.360439	1.392875	1.778618	1.656265	2.405013	1.666476	1.642269	2.637968	0.000000
0.000000	2.670578	0.000000	2.773258	0.000000	0.000000	3.140905	2.943661	2.748606	2.466139	3.278525	2.495324	2.654705	2.667990	2.440974	2.769427	2.256357	0.000000	1.866139	1.929761	2.033767	2.199483	2.200753	3.073848	2.243364	2.302665	3.114863	0.000000
0.000000	1.533571	0.000000	1.244683	0.000000	0.000000	2.405332	2.149037	1.931871	1.925888	2.507623	2.173486	2.260060	2.091699	1.902328	1.415429	1.424631	0.000000	1.776845	1.307043	1.185403	1.528191	1.935820	2.245764	2.133185	1.521741	2.476070	0.000000
0.000000	2.139122	0.000000	2.576990	0.000000	0.000000	2.679780	2.711994	2.659844	1.966171	2.632373	2.447135	2.238915	2.559303	2.644262	2.700136	2.476191	0.000000	2.136412	1.352237	1.552058	2.302246	1.535457	2.634492	1.963039	1.533726	2.709014	0.000000
0.000000	1.806863	0.000000	1.670637	0.000000	0.000000	2.439580	1.794081	1.713831	1.840160	1.852723	1.782767	1.760615	1.743347	1.743339	2.143072	2.147025	0.000000	1.492916	1.657682	1.594075	1.786104	1.998146	2.620679	1.608171	1.328374	2.790256	0.000000
0.000000	2.511919	0.000000	2.320666	0.000000	0.000000	3.216180	2.092171	2.452207	2.884302	2.815056	2.254109	2.242636	2.365511	2.243847	2.684098	2.725936	0.000000	2.879949	2.368123	2.565507	2.359666	2.123094	3.303904	2.139091	2.231438	3.394655	0.000000
0.000000	1.287503	0.000000	1.904957	0.000000	0.000000	2.025297	1.287126	2.366052	1.654582	2.595766	1.791583	2.412428	2.001158	1.943784	1.360238	1.313807	0.000000	1.800213	1.812615	1.822972	2.434062	2.585250	2.909789	1.059214	1.645476	1.922651	0.000000
0.000000	1.321005	0.000000	1.273110	0.000000	0.000000	1.553797	1.219218	1.329835	1.196778	1.562493	2.197542	2.340837	1.992916	1.973613	1.472180	1.172433	0.000000	2.638972	1.761878	2.370898	2.823467	2.685389	3.311653	1.674614	1.918538	3.159264	0.000000
0.000000	0.000000	0.000000	0.000000	0.000000	0.000000	0.000000	0.000000	0.000000	0.000000	0.000000	0.000000	0.000000	0.000000	0.000000	0.000000	0.000000	0.000000	0.000000	0.000000	0.000000	0.000000	0.000000	0.000000	0.000000	0.000000	0.000000	0.000000
0.000000	0.000000	0.000000	0.000000	0.000000	0.000000	0.000000	0.000000	0.000000	0.000000	0.000000	0.000000	0.000000	0.000000	0.000000	0.000000	0.000000	0.000000	0.000000	0.000000	0.000000	0.000000	0.000000	0.000000	0.000000	0.000000	0.000000	0.000000
0.000000	0.000000	0.000000	0.000000	0.000000	0.000000	0.000000	0.000000	0.000000	0.000000	0.000000	0.000000	0.000000	0.000000	0.000000	0.000000	0.000000	0.000000	0.000000	0.000000	0.000000	0.000000	0.000000	0.000000	0.000000	0.000000	0.000000	0.000000
0.000000	0.000000	0.000000	0.000000	0.000000	0.000000	0.000000	0.000000	0.000000	0.000000	0.000000	0.000000	0.000000	0.000000	0.000000	0.000000	0.000000	0.000000	0.000000	0.000000	0.000000	0.000000	0.000000	0.000000	0.000000	0.000000	0.000000	0.000000
0.000000	1.660382	0.000000	1.497616	0.000000	0.000000	2.563295	2.451301	1.791372	1.686065	1.516304	1.815527	1.365989	1.625941	1.519757	1.512027	1.138224	0.000000	1.262800	1.718629	1.253129	1.606385	1.423879	2.287703	1.831956	1.227319	2.394250	0.000000
0.000000	1.563924	0.000000	2.204331	0.000000	0.000000	2.083130	1.399355	1.323581	1.877428	1.150128	1.477937	1.650824	1.295904	1.163497	1.707733	1.467434	0.000000	1.691176	1.659142	1.580218	2.034674	1.982655	2.570513	1.997562	1.386839	1.085674	0.000000
0.000000	1.663480	0.000000	1.749936	0.000000	0.000000	2.157533	1.979740	1.805554	1.432242	2.431298	1.904217	2.418199	2.252586	2.212974	1.805440	1.217853	0.000000	2.102330	1.381904	1.178057	1.350489	1.310392	2.231763	1.547550	1.449042	2.493809	0.000000
0.000000	2.002778	0.000000	2.195715	0.000000	0.000000	2.215725	2.191475	2.107370	2.168376	2.068378	2.215322	1.882756	2.024782	1.972852	1.314209	2.038061	0.000000	1.512681	2.185698	2.015068	2.075133	2.254053	2.848761	2.092292	1.148046	1.107242	0.000000
0.000000	1.692705	0.000000	1.706256	0.000000	0.000000	2.193958	1.928985	1.676873	1.977612	1.855832	1.367762	1.867729	1.312686	1.670355	1.520840	1.537975	0.000000	1.488143	1.413989	1.375207	1.283904	1.435996	2.230006	1.635535	1.612267	2.428647	0.000000
0.000000	0.000000	0.000000	0.000000	0.000000	0.000000	0.000000	0.000000	0.000000	0.000000	0.000000	0.000000	0.000000	0.000000	0.000000	0.000000	0.000000	0.000000	0.000000	0.000000	0.000000	0.000000	0.000000	0.000000	0.000000	0.000000	0.000000	0.000000
0.000000	2.766565	0.000000	2.478495	0.000000	0.000000	3.490943	2.123657	2.599528	2.703967	2.910074	2.411360	2.395376	2.474961	2.348385	2.807014	2.889620	0.000000	3.090182	2.473655	2.706589	2.434831	2.157585	3.442372	2.182882	2.313186	3.578235	0.000000
0.000000	1.679278	0.000000	2.514874	0.000000	0.000000	1.968621	2.252181	2.208626	1.664789	2.377965	2.286689	2.114446	1.681394	1.857780	1.891009	2.598681	0.000000	1.524152	1.683139	1.657056	1.726316	1.972091	2.733551	1.047165	1.325841	2.533202	0.000000
0.000000	3.175951	0.000000	3.123918	0.000000	0.000000	3.698468	2.651305	3.167933	1.125623	3.539337	2.999722	2.950525	3.101374	2.948450	3.383031	3.008850	0.000000	2.814450	2.344786	2.820470	2.942264	2.859530	3.771934	2.808605	2.807630	3.804208	0.000000
0.000000	1.956050	0.000000	2.492247	0.000000	0.000000	2.484319	2.555701	2.138191	2.282867	2.432447	1.814219	1.995038	1.704092	1.567513	2.098846	2.127885	0.000000	2.600664	1.319473	1.869126	1.183723	1.325707	1.205542	1.657963	1.414212	2.477095	0.000000
0.000000	1.513076	0.000000	2.024984	0.000000	0.000000	2.359570	2.558253	1.661546	1.448727	2.153039	1.774153	2.517833	1.356691	1.948569	2.524536	2.233046	0.000000	1.147947	1.278041	1.212982	1.354266	1.764738	2.295272	1.348038	1.250267	1.944935	0.000000
0.000000	1.511919	0.000000	1.320666	0.000000	0.000000	2.216180	1.092171	1.452207	1.884302	1.815056	1.254109	1.242636	1.365511	1.243847	1.684098	1.725936	0.000000	1.879949	1.368123	1.565507	1.359666	1.123094	2.303904	1.139091	1.231438	2.394655	0.000000

表 7.1　続き

575	576	577	578	579	591	592	593	594	595	611	631	632	641	642	643	644	659	661	662	663	669	671	672	673	674	679	681	691
航空輸送	貨物利用運送	倉庫	運輸附帯サービス	郵便・信書便	通信	放送	情報サービス	インターネット附随サービス	映像・音声・文字情報制作	公務	教育	研究	医療	保健衛生	社会保険・社会福祉	介護	その他の非営利団体サービス	物品賃貸サービス	広告	自動車整備・機械修理	その他の対事業所サービス	宿泊業	飲食サービス	洗濯・理容・美容・浴場業	娯楽サービス	その他の対個人サービス	事務用品	分類不明
0.000000	2.614818	3.026115	3.048314	3.150841	3.553842	2.840082	3.168873	3.579873	2.970840	2.763992	1.573210	2.964382	1.849418	0.000000	1.226191	1.354072	1.371058	2.627526	3.454574	2.165354	3.038790	1.213430	1.276625	2.420124	1.253586	1.103509	2.394109	3.155978
0.000000	2.937823	3.282213	3.338789	3.506535	2.825169	3.310953	2.770506	2.769386	3.307985	2.489228	2.215409	1.041733	2.422454	0.000000	1.802485	1.921658	2.433301	3.178490	3.721619	3.552040	3.315606	1.783411	1.772626	3.312042	2.295088	1.803646	3.054384	2.809623
0.000000	3.623747	3.895744	3.977629	3.939958	2.915937	2.289032	3.416492	3.005875	2.556075	3.728576	1.016391	2.395915	2.931307	0.000000	2.313050	2.453268	2.403548	3.613653	3.079322	3.176568	3.686434	2.306843	2.389424	3.316935	1.071068	2.139325	3.422577	3.936471
0.000000	3.337839	2.962058	2.153802	3.368966	3.503630	3.242329	3.392735	3.668589	3.113982	3.029417	3.296935	3.057467	2.587962	0.000000	1.374813	1.420146	3.144402	3.314201	3.698137	3.174518	2.901973	1.114520	1.104263	2.557566	2.846385	1.454273	3.034369	3.505565
0.000000	3.377445	3.462261	3.377378	3.263302	3.058219	2.549236	2.498785	3.372860	2.525290	1.737320	2.406955	2.465883	1.670202	0.000000	1.217080	1.322910	2.401099	2.410169	2.966346	3.114212	2.496169	1.181905	1.193748	2.662129	1.380986	1.183383	2.164528	2.559901
0.000000	0.000000	0.000000	0.000000	0.000000	0.000000	0.000000	0.000000	0.000000	0.000000	0.000000	0.000000	0.000000	0.000000	0.000000	0.000000	0.000000	0.000000	0.000000	0.000000	0.000000	0.000000	0.000000	0.000000	0.000000	0.000000	0.000000	0.000000	0.000000
0.000000	0.000000	0.000000	0.000000	0.000000	0.000000	0.000000	0.000000	0.000000	0.000000	0.000000	0.000000	0.000000	0.000000	0.000000	0.000000	0.000000	0.000000	0.000000	0.000000	0.000000	0.000000	0.000000	0.000000	0.000000	0.000000	0.000000	0.000000	0.000000
0.000000	3.466365	3.293108	3.198835	3.729058	3.638645	3.327501	3.570191	3.728840	2.885585	3.164348	2.645448	2.640188	3.184056	0.000000	3.256392	3.225383	3.284345	3.483882	4.053041	2.467860	3.410952	5.079546	3.992892	3.199334	2.687638	2.229499	2.616321	2.109801
0.000000	3.288894	3.087678	2.884645	3.145975	3.609273	2.925393	2.955113	3.713320	2.584960	1.408331	2.127660	2.691148	1.773452	0.000000	1.228069	1.367501	1.310933	2.933874	2.971984	2.866841	2.709890	1.200525	1.183337	2.419864	2.235912	1.200945	2.748903	2.415231
0.000000	2.413393	2.325867	2.400959	2.904932	2.495183	2.613787	2.508729	2.669713	2.427072	1.478431	2.232090	2.487289	1.764825	0.000000	1.215804	1.503825	2.473498	2.558023	2.930880	2.533470	1.673330	1.055832	1.031448	2.404684	2.529731	1.045263	2.657502	1.057698
0.000000	0.000000	0.000000	0.000000	0.000000	0.000000	0.000000	0.000000	0.000000	0.000000	0.000000	0.000000	0.000000	0.000000	0.000000	0.000000	0.000000	0.000000	0.000000	0.000000	0.000000	0.000000	0.000000	0.000000	0.000000	0.000000	0.000000	0.000000	0.000000
0.000000	0.000000	0.000000	0.000000	0.000000	0.000000	0.000000	0.000000	0.000000	0.000000	0.000000	0.000000	0.000000	0.000000	0.000000	0.000000	0.000000	0.000000	0.000000	0.000000	0.000000	0.000000	0.000000	0.000000	0.000000	0.000000	0.000000	0.000000	0.000000
0.000000	1.511286	2.161545	1.799698	2.308642	2.968337	2.788994	2.040261	2.964258	2.426723	2.397148	2.802389	2.735098	2.546140	0.000000	2.352867	2.372755	2.285624	2.360813	3.286473	2.648876	2.017793	2.109904	2.992948	2.263240	1.639729	2.069220	1.434790	2.624520
0.000000	1.672685	1.629269	1.408901	1.167828	1.897079	1.714684	1.562800	1.772846	1.499392	1.173432	1.904562	1.704352	1.348998	0.000000	1.122264	1.183319	1.047343	1.269715	2.168272	1.745700	1.271571	1.147859	1.826992	1.129430	1.238077	1.137270	1.668425	1.980159
0.000000	2.333790	1.957822	1.144868	2.366870	2.531667	2.309423	2.467176	2.699165	2.478845	2.499220	2.342957	2.350647	2.664624	0.000000	2.268112	2.345556	2.201154	2.533947	3.173118	2.588621	1.979068	2.175128	1.697386	1.883297	1.871039	1.782435	2.459344	2.902117
0.000000	1.963211	1.430463	1.444087	1.621219	1.433249	1.819897	1.240103	1.511587	1.515912	1.571782	1.258660	1.282911	1.419373	0.000000	1.103775	1.178642	1.089757	1.454930	2.197255	2.241994	1.311686	1.317701	1.266783	1.508033	1.175321	1.193222	2.646117	2.344020
0.000000	1.786306	1.710597	1.537448	2.502365	2.647268	2.650194	1.597762	2.663046	1.310363	2.532687	1.830306	2.014749	2.918447	0.000000	2.169721	2.209172	2.183086	3.058493	2.480979	3.009619	1.788909	2.419604	2.969099	2.398567	2.345664	2.666811	1.575485	2.416156
0.000000	2.178033	1.305875	1.106321	1.961440	2.293039	2.185222	1.787886	2.398647	2.070525	2.204061	1.743270	1.903192	1.989289	0.000000	1.340148	1.408934	1.794143	2.667007	2.391948	2.567431	1.620265	2.088107	1.756712	2.007441	2.007415	1.770159	1.021148	2.202484
0.000000	1.405351	1.942620	1.470717	1.164039	1.457127	1.822448	1.350078	1.534159	1.090410	1.294586	1.177015	1.140145	1.748161	0.000000	1.250822	1.644585	1.146737	1.942943	1.199973	2.155883	1.385423	2.230383	2.216302	1.592942	1.228636	1.442662	2.322535	2.344910
0.000000	3.648641	3.184013	3.201494	3.972418	3.727441	3.019068	3.673645	3.939846	3.078138	2.845727	2.982775	2.701742	2.737024	0.000000	2.491679	2.591439	2.978889	3.501549	3.300399	3.197646	3.053093	2.392103	2.420173	2.655056	1.277908	1.323634	3.400861	1.378861
0.000000	2.950128	1.649251	1.833465	3.352854	3.225457	3.194759	3.073291	3.411282	2.424385	2.276327	2.835852	1.324316	2.172004	0.000000	2.123320	2.081652	3.120243	3.119713	2.448420	2.342939	2.918434	2.494755	2.324969	1.665376	2.581281	2.566526	2.703300	1.523766
0.000000	0.000000	0.000000	0.000000	0.000000	0.000000	0.000000	0.000000	0.000000	0.000000	0.000000	0.000000	0.000000	0.000000	0.000000	0.000000	0.000000	0.000000	0.000000	0.000000	0.000000	0.000000	0.000000	0.000000	0.000000	0.000000	0.000000	0.000000	0.000000
0.000000	3.276035	2.991119	2.291054	3.675490	3.890525	3.661158	3.234026	3.943154	2.754010	3.490878	2.329351	1.874559	2.405432	0.000000	2.929015	2.864599	3.206015	3.330885	3.261982	2.596759	3.082044	3.161209	3.116958	2.366254	3.097385	2.765630	2.883646	2.248921
0.000000	3.067892	2.724730	2.548040	3.611165	3.625425	3.415038	2.538875	3.734104	2.864863	3.235437	3.236767	2.551219	2.870931	0.000000	3.196262	3.119958	3.010748	3.433409	2.927752	2.774716	2.867509	3.136198	3.286536	2.550026	2.658030	2.925120	2.477245	1.700407
0.000000	2.542182	2.881135	2.679382	2.792147	3.252992	3.245357	2.799410	3.303675	2.745905	2.773392	2.837907	2.960684	2.950015	0.000000	2.656123	2.744286	2.574905	2.780009	3.632583	3.074468	2.647200	2.662424	3.310315	2.653680	2.528694	2.611511	2.381814	1.236477
0.000000	2.345685	2.378735	2.328030	1.044916	2.387174	2.465627	2.690144	2.633623	2.550604	1.375497	1.616697	1.138108	1.048791	0.000000	1.030599	1.075122	2.736247	2.648828	3.114804	2.626476	2.332667	2.172158	2.365991	2.211060	1.955639	2.115229	3.038841	1.090590
0.000000	2.679096	2.397466	2.274853	2.636646	2.737374	2.136526	2.087060	2.782617	1.532570	2.205487	2.514166	1.450185	1.861453	0.000000	1.623136	1.543149	1.864019	1.735288	1.650203	1.552562	1.495884	1.712700	1.810647	1.183081	1.677399	1.305853	1.561281	1.691177
0.000000	0.000000	0.000000	0.000000	0.000000	0.000000	0.000000	0.000000	0.000000	0.000000	0.000000	0.000000	0.000000	0.000000	0.000000	0.000000	0.000000	0.000000	0.000000	0.000000	0.000000	0.000000	0.000000	0.000000	0.000000	0.000000	0.000000	0.000000	0.000000
0.000000	3.013788	2.269368	2.701985	2.518689	2.634549	2.804293	3.201949	3.156659	3.239867	2.705621	2.286431	2.783707	2.974709	0.000000	2.376605	2.380982	1.853324	2.817689	3.227916	3.344900	2.641341	2.463337	1.546611	2.455626	2.343642	2.081724	3.468607	2.599844
0.000000	2.065291	1.711694	1.536748	2.689534	2.798131	2.486008	1.503161	2.864463	2.154007	2.263522	2.440830	1.550238	2.220275	0.000000	2.506083	2.484047	2.063487	2.634364	1.946176	1.902218	1.986831	2.180129	2.357012	1.758731	1.641691	2.183978	1.530872	1.620503
0.000000	1.619400	2.067732	2.492584	2.197413	2.673099	2.577275	2.490031	2.684858	2.854600	2.014853	2.642010	2.326860	1.882212	0.000000	1.837048	1.751769	1.401024	2.114070	3.173305	1.110210	2.667406	2.125699	2.758852	2.206598	1.715054	2.316119	1.316814	2.356968
0.000000	2.536102	2.511139	1.857311	1.089025	1.192188	1.738305	2.486482	1.326055	2.424120	1.314493	1.662967	1.308821	2.151069	0.000000	1.764076	1.780539	1.146086	1.185350	2.541247	2.409716	1.785037	1.281595	2.253143	1.234267	1.305992	1.094193	2.300688	1.170285
0.000000	2.583798	2.636817	2.625297	3.137575	2.862001	2.667147	2.529870	2.948817	2.825798	2.308927	1.640730	1.316588	2.028238	0.000000	2.050029	1.919451	2.078599	2.273115	3.254218	1.184477	2.572918	1.691147	1.939360	2.208476	1.691639	2.451128	2.538634	1.401739
0.000000	2.497600	2.343426	2.265321	2.660656	2.577249	2.241296	3.160207	2.594976	2.877480	2.258708	2.301788	2.359897	2.761378	0.000000	2.536907	2.573557	2.844152	2.778375	3.268253	3.265852	2.635275	2.920857	3.026604	2.683774	2.504610	2.601014	3.630534	1.436436
0.000000	3.276075	3.031889	2.854815	3.727008	3.206327	2.703201	3.015844	3.308330	2.612274	2.384957	1.763176	2.618685	1.736773	0.000000	1.169632	1.219249	1.798121	3.411817	3.734275	2.425023	2.854628	1.178543	1.141415	3.365546	3.468474	1.646592	2.365771	1.198882
0.000000	2.648761	2.473315	2.421120	2.791923	2.745440	2.388618	3.160021	2.805270	2.479212	2.289917	1.358237	2.491803	2.536283	0.000000	2.644108	2.600476	2.883233	3.082519	3.348894	2.339766	2.704506	2.667780	2.435348	2.465447	1.572183	1.518267	1.283969	1.326812
0.000000	0.000000	0.000000	0.000000	0.000000	0.000000	0.000000	0.000000	0.000000	0.000000	0.000000	0.000000	0.000000	0.000000	0.000000	0.000000	0.000000	0.000000	0.000000	0.000000	0.000000	0.000000	0.000000	0.000000	0.000000	0.000000	0.000000	0.000000	0.000000
0.000000	0.000000	0.000000	0.000000	0.000000	0.000000	0.000000	0.000000	0.000000	0.000000	0.000000	0.000000	0.000000	0.000000	0.000000	0.000000	0.000000	0.000000	0.000000	0.000000	0.000000	0.000000	0.000000	0.000000	0.000000	0.000000	0.000000	0.000000	0.000000
0.000000	3.312856	3.067411	2.865974	3.978091	3.473923	3.548178	3.575787	3.721593	3.607136	2.981898	3.197535	3.458992	3.358557	0.000000	3.202471	3.391336	3.379660	3.359402	4.300424	2.393971	3.169022	3.376680	2.907573	3.221007	3.511777	2.858623	2.666763	1.217450
0.000000	3.378069	2.926460	2.629055	3.762239	3.227814	3.285961	3.311245	3.414802	3.385296	2.768480	3.086181	3.223796	3.262241	0.000000	2.858448	3.065625	2.696023	3.308977	4.138270	2.402847	3.129075	3.399073	2.948097	2.888308	3.184624	2.743028	3.180946	1.410637
0.000000	3.620023	3.149358	2.872129	4.196887	3.574745	3.362943	3.567129	3.791147	2.534194	3.057958	3.059226	2.667986	2.805887	0.000000	3.155736	3.036054	3.289384	3.577424	3.997019	2.774578	3.182925	3.242779	3.106272	2.691333	3.373240	2.871201	2.704355	1.460679
0.000000	3.092572	2.805127	2.554297	3.364630	3.118817	2.850273	3.127028	3.262311	2.303089	2.499456	2.798122	2.560833	1.473171	0.000000	2.493184	2.020622	2.426177	3.106890	3.436026	2.175275	2.802620	2.058905	2.191225	1.903120	3.010750	2.220542	2.159102	1.318558
0.000000	2.425667	2.267593	2.187099	2.583114	2.507216	2.162210	3.074305	2.517800	2.803425	2.187357	2.228611	2.435925	2.684422	0.000000	2.470681	2.501938	2.752007	2.343692	3.189239	2.398449	2.589443	2.859684	2.954405	2.612163	2.426265	2.520205	3.289128	1.902519
0.000000	2.600404	1.710347	1.357236	2.783776	2.215414	2.388296	2.628627	2.525876	2.445844	1.528115	2.334519	2.475088	2.289978	0.000000	2.131292	2.110691	1.676621	2.406626	3.287686	2.040231	2.394245	2.190515	1.699598	1.500855	2.466491	1.405627	2.462091	1.755450
0.000000	2.638878	2.465091	2.162497	2.746033	3.241159	2.933872	2.704695	3.315195	3.097028	2.289662	3.078546	2.698853	3.101603	0.000000	2.974408	3.184371	2.900766	2.388189	3.601094	1.318299	2.386462	3.351918	3.282430	2.966969	2.982694	3.003584	3.234229	2.879279
0.000000	2.071949	2.429536	2.434733	2.743271	3.144353	2.817629	2.557470	3.236986	3.224906	2.650461	3.033806	2.596136	3.289404	0.000000	2.994336	3.221289	2.870385	2.208222	3.466238	1.158178	2.912028	3.305981	3.220330	2.824614	2.934309	2.949425	3.416221	2.797906
0.000000	1.946397	2.276692	2.507512	2.326653	2.776085	2.422280	2.547873	2.211132	1.572955	1.150489	2.779584	2.425869	1.126317	0.000000	1.232416	1.245708	2.620605	1.386560	3.114539	1.127541	2.144151	2.788325	2.819117	2.555053	1.219503	1.827214	1.093340	2.255078
0.000000	2.960260	3.272841	2.953538	3.610829	3.492544	2.797378	2.914724	3.497093	2.706886	2.497601	2.820122	2.634328	2.417626	0.000000	2.774494	2.819067	3.230942	2.598591	3.695831	1.613505	3.121318	3.578582	3.518867	3.169045	2.677804	3.183087	2.276374	3.022555
0.000000	2.682277	3.015759	2.966384	3.057794	2.759408	1.746621	2.090253	2.683969	1.614827	1.852357	2.988589	1.629623	2.974123	0.000000	2.883828	2.958252	2.929778	2.491840	2.880377	1.423304	2.957669	3.414039	3.356619	2.928752	3.015240	3.000379	1.357692	2.878134
0.000000	2.688388	2.895108	2.877178	3.424517	3.284953	2.865387	2.786324	3.350511	3.349526	2.744645	3.056852	2.797801	3.125355	0.000000	3.075329	3.261477	3.076748	2.446981	3.657736	1.378777	3.113394	3.499301	3.413086	3.022092	3.056858	3.291264	3.318032	2.360483
0.000000	2.404391	2.749055	2.738930	3.105305	3.066519	2.665346	2.475434	3.100872	1.351143	1.227951	2.950457	2.513406	3.222969	0.000000	2.901225	3.105227	2.779409	1.949897	3.283573	1.067820	2.863434	3.224181	3.131726	2.744258	1.755288	2.781311	3.985516	2.360103
0.000000	0.000000	0.000000	0.000000	0.000000	0.000000	0.000000	0.000000	0.000000	0.000000	0.000000	0.000000	0.000000	0.000000	0.000000	0.000000	0.000000	0.000000	0.000000	0.000000	0.000000	0.000000	0.000000	0.000000	0.000000	0.000000	0.000000	0.000000	0.000000
0.000000	2.506611	2.597531	1.407046	3.107214	2.913486	1.464066	2.498895	2.984172	1.448357	1.862962	1.261107	2.068410	2.434904	0.000000	2.771394	2.789229	2.820066	2.299827	2.598982	1.261041	2.010523	2.233450	2.466099	2.472399	1.451537	2.153606	2.613766	1.450945
0.000000	0.000000	0.000000	0.000000	0.000000	0.000000	0.000000	0.000000	0.000000	0.000000	0.000000	0.000000	0.000000	0.000000	0.000000	0.000000	0.000000	0.000000	0.000000	0.000000	0.000000	0.000000	0.000000	0.000000	0.000000	0.000000	0.000000	0.000000	0.000000
0.000000	2.367819	2.706774	2.700277	3.140928	1.511672	1.165953	2.444995	2.945979	3.083785	2.563134	2.919057	2.472740	3.207033	0.000000	2.859091	3.108850	2.734939	2.110930	2.267444	1.039678	2.829191	3.185443	2.973959	2.658525	2.813490	3.137193	4.027408	2.672987
0.000000	0.000000	0.000000	0.000000	0.000000	0.000000	0.000000	0.000000	0.000000	0.000000	0.000000	0.000000	0.000000	0.000000	0.000000	0.000000	0.000000	0.000000	0.000000	0.000000	0.000000	0.000000	0.000000	0.000000	0.000000	0.000000	0.000000	0.000000	0.000000
0.000000	0.000000	0.000000	0.000000	0.000000	0.000000	0.000000	0.000000	0.000000	0.000000	0.000000	0.000000	0.000000	0.000000	0.000000	0.000000	0.000000	0.000000	0.000000	0.000000	0.000000	0.000000	0.000000	0.000000	0.000000	0.000000	0.000000	0.000000	0.000000
0.000000	2.770725	3.110850	3.105423	3.574934	3.455812	3.103005	2.847047	3.529656	3.537959	2.967261	3.327101	2.883767	3.617512	0.000000	3.283229	3.521738	3.157157	2.517897	3.776882	1.448662	3.240303	3.615724	3.512994	3.115926	3.239500	3.552173	4.440230	3.096814
0.000000	3.325249	3.255778	3.344476	4.041407	3.300150	3.671620	3.441111	3.429981	3.395348	1.031402	1.176454	1.293271	3.254229	0.000000	2.527780	2.523278	3.629449	3.481059	3.984999	3.453961	3.212390	2.271546	2.259595	3.363698	1.467639	2.555891	4.025325	2.037294
0.000000	2.383102	2.823637	2.082762	2.583239	2.851312	2.531861	2.849583	2.842524	2.790420	1.272096	2.406809	2.459144	2.859543	0.000000	2.943960	2.844638	2.569086	2.442201	3.140152	1.288145	2.690008	3.073277	2.850904	2.762197	2.699872	2.065596	3.505735	2.314868
0.000000	2.262003	2.377628	2.182487	2.224451	1.846738	1.554703	1.320993	2.198999	1.216361	1.629846	1.224435	1.260703	2.245308	0.000000	1.354023	1.438878	1.388987	1.203690	1.847785	1.652386	1.290225	1.606748	1.467224	1.315188	1.220957	1.178927	1.025957	2.221441
0.000000	3.019056	2.534710	2.599929	3.025168	3.174150	3.260322	2.725755	3.540969	2.562546	3.017247	2.541293	2.640278	3.108993	0.000000	2.803093	2.803861	3.130318	3.558158	3.258407	2.807425	2.820979	2.569893	2.202886	2.589197	2.608899	2.639867	2.640444	2.600394
0.000000	0.000000	0.000000	0.000000	0.000000	0.000000	0.000000	0.000000	0.000000	0.000000	0.000000	0.000000	0.000000	0.000000	0.000000	0.000000	0.000000	0.000000	0.000000	0.000000	0.000000	0.000000	0.000000	0.000000	0.000000	0.000000	0.000000	0.000000	0.000000
0.000000	1.414576	1.256308	1.174536	1.562972	1.495190	1.148993	2.120464	1.503650	1.807745	1.173184	1.217815	1.426276	1.668023	0.000000	1.466663	1.493438	1.763453	1.702396	2.179801	2.255781	1.599686	1.849728	1.955311	1.609354	1.414302	1.513977	2.705479	2.267778
0.000000	0.000000	0.000000	0.000000	0.000000	0.000000	0.000000	0.000000	0.000000	0.000000	0.000000	0.000000	0.000000	0.000000	0.000000	0.000000	0.000000	0.000000	0.000000	0.000000	0.000000	0.000000	0.000000	0.000000	0.000000	0.000000	0.000000	0.000000	0.000000
0.000000	0.000000	0.000000	0.000000	0.000000	0.000000	0.000000	0.000000	0.000000	0.000000	0.000000	0.000000	0.000000	0.000000	0.000000	0.000000	0.000000	0.000000	0.000000	0.000000	0.000000	0.000000	0.000000	0.000000	0.000000	0.000000	0.000000	0.000000	0.000000
0.000000	1.903539	1.234930	1.611421	1.440790	1.563232	1.704634	2.054181	2.064785	2.176757	1.610910	1.251931	1.728780	1.789901	0.000000	1.406658	1.486672	2.158230	1.914119	2.099464	2.305299	1.616026	1.408014	1.570457	1.348170	1.284781	1.321771	2.638091	1.694749
0.000000	1.598278	2.226448	1.710854	1.299480	1.648958	1.724421	2.295207	1.889908	1.982666	1.277709	1.135115	1.320814	1.505183	0.000000	1.183279	1.210251	1.537542	2.544822	2.671867	1.903418	1.255002	1.095761	1.121558	1.136912	1.526074	1.161116	2.481972	2.379451
0.000000	0.000000	0.000000	0.000000	0.000000	0.000000	0.000000	0.000000	0.000000	0.000000	0.000000	0.000000	0.000000	0.000000	0.000000	0.000000	0.000000	0.000000	0.000000	0.000000	0.000000	0.000000	0.000000	0.000000	0.000000	0.000000	0.000000	0.000000	0.000000
0.000000	1.217950	1.607225	1.149570	1.316022	1.267919	1.198661	2.192264	1.648415	1.893530	1.026021	1.122424	1.324779	1.355832	0.000000	1.264359	1.233607	2.451148	2.067029	2.189656	1.834626	2.201829	1.041411	1.092756	1.097882	1.086519	1.078781	2.794362	1.677781
0.000000	1.868962	1.808131	1.604742	1.642891	2.107653	2.115396	1.659864	2.236226	1.458208	1.730969	1.629018	1.485788	1.323301	0.000000	1.380713	1.501416	1.423067	1.871318	2.119901	1.535963	1.583428	1.351508	1.228792	1.362610	1.546099	1.414616	1.283947	1.844314
0.000000	1.437464	1.841945	1.519655	1.965036	1.699580	1.816850	1.966318	2.190483	2.064293	1.193585	2.241397	1.810217	1.793505	0.000000	1.772256	1.575508	1.183516	1.189867	2.196101	1.773796	1.783524	1.506924	1.888780	1.995488	1.585534	1.838928	2.633522	1.995783
0.000000	1.087986	1.114275	1.204290	1.214011	1.647263	1.362792	1.207356	1.233015	1.412298	2.144755	1.922289	1.289287	1.313591	0.000000	1.689675	1.370807	1.368503	1.476931	2.279821	2.021370	1.447571	1.535496	1.530443	1.188399	1.489925	1.212925	2.579831	1.234395
0.000000	0.000000	0.000000	0.000000	0.000000	0.000000	0.000000	0.000000	0.000000	0.000000	0.000000	0.000000	0.000000	0.000000	0.000000	0.000000	0.000000	0.000000	0.000000	0.000000	0.000000	0.000000	0.000000	0.000000	0.000000	0.000000	0.000000	0.000000	0.000000
0.000000	0.000000	0.000000	0.000000	0.000000	0.000000	0.000000	0.000000	0.000000	0.000000	0.000000	0.000000	0.000000	0.000000	0.000000	0.000000	0.000000	0.000000	0.000000	0.000000	0.000000	0.000000	0.000000	0.000000	0.000000	0.000000	0.000000	0.000000	0.000000
0.000000	1.146382	1.525316	1.696585	1.260812	1.521025	1.262264	1.830792	1.505940	1.479605	1.213129	1.118990	1.212177	1.567780	0.000000	1.647852	1.501116	1.312850	1.513986	1.847901	2.004648	1.442684	1.783217	1.550135	1.483111	1.451897	1.353416	2.168564	1.471408
0.000000	2.021488	1.908997	1.513478	1.027125	1.648544	1.728892	1.667935	1.716106	1.338107	1.415525	1.550928	1.487004	1.476082	0.000000	1.538067	1.662125	1.391598	1.854195	2.007527	1.657501	1.628253	1.579281	1.397397	1.720038	1.661555	1.186983	1.348543	1.145373
0.000000	1.714250	1.880113	1.629444	1.195204	1.569898	1.526441	1.278959	1.985439	1.470527	1.312984	1.227853	1.563551	1.692126	0.000000	1.476871	1.359545	1.456919	1.354084	1.537535	1.856244	1.403974	1.291717	2.086151	1.317562	1.172066	1.175691	2.390282	1.348511
0.000000	0.000000	0.000000	0.000000	0.000000	0.000000	0.000000	0.000000	0.000000	0.000000	0.000000	0.000000	0.000000	0.000000	0.000000	0.000000	0.000000	0.000000	0.000000	0.000000	0.000000	0.000000	0.000000	0.000000	0.000000	0.000000	0.000000	0.000000	0.000000
0.000000	0.000000	0.000000	0.000000	0.000000	0.000000	0.000000	0.000000	0.000000	0.000000	0.000000	0.000000	0.000000	0.000000	0.000000	0.000000	0.000000	0.000000	0.000000	0.000000	0.000000	0.000000	0.000000	0.000000	0.000000	0.000000	0.000000	0.000000	0.000000
0.000000	1.071577	2.543567	1.570347	1.019001	2.259201	2.521458	1.799967	2.693480	1.351564	1.865128	1.871296	1.660774	1.418436	0.000000	1.930180	1.837807	1.733413	2.475899	1.377121	1.601910	1.757773	1.553823	1.360486	2.104409	2.115465	2.086618	1.316215	1.335182
0.000000	2.624127	2.599649	1.514094	2.003349	1.855631	1.702620	1.478372	2.154402	1.330999	1.103972	1.614505	1.500186	1.651114	0.000000	1.591666	1.740219	1.610933	2.260329	2.003155	1.769511	1.783919	1.577300	1.397772	1.908160	1.882597	2.126538	1.444574	2.054933
0.000000	1.062566	1.236240	1.462295	2.125662	2.592510	2.537556	2.334255	2.887682	1.920262	2.311733	2.261557	2.520986	2.613867	0.000000	2.473068	2.386928	2.455682	1.762232	2.602968	2.709306	2.425528	1.146849	1.743524	2.359487	1.706257	2.201315	2.826951	1.536973
0.000000	1.399134	1.529728	1.626039	2.564159	1.218370	1.288062	2.168986	1.393102	1.114483	1.170219	1.187515	1.111441	1.833254	0.000000	1.114820	1.513512	1.170485	1.634217	2.063715	1.656558	1.395065	1.529805	1.416175	1.412118	1.436417	1.197706	2.739110	2.045838
0.000000	1.643222	1.813587	1.742005	1.359839	1.173289	1.253478	1.547443	1.280752	1.406790	1.503225	1.932352	1.322370	1.972148	0.000000	1.410457	2.030248	1.377347	1.911511	2.041117	1.924073	1.567670	1.661486	1.537039	1.528143	1.704740	1.599521	2.693697	1.291609
0.000000	2.638806	3.142099	2.060818	2.853911	2.316830	1.074684	2.276155	2.413165	1.826244	2.810090	1.968386	2.833886	2.504812	0.000000	2.025766	1.885366	1.965601	2.158006	1.031314	2.263256	2.171710	1.533181	1.174213	1.178774	1.309676	2.150135	3.317720	2.549150
0.000000	1.704643	1.463852	1.320189	1.482886	1.323310	1.654707	1.249605	1.279544	1.309335	1.367101	1.679471	1.249088	1.614434	0.000000	1.371542	2.073943	1.285989	1.451814	1.782019	2.256920	1.281243	1.552980	2.044622	2.397775	1.357222	1.566204	2.633481	1.974525
0.000000	1.701795	1.805186	2.026959	1.481479	1.325076	1.701437	1.282265	1.143168	1.447630	1.960683	2.298145	1.870831	2.505423	0.000000	1.893927	2.521832	2.095496	2.308518	1.163560	1.783714	1.329523	2.298004	2.344657	2.102577	1.875092	2.272710	2.677915	1.602875
0.000000	1.316457	1.516385	1.737048	1.110165	1.320949	1.055015	1.280284	1.949220	1.100217	1.224880	1.151856	1.161230	1.630509	0.000000	1.179597	1.485939	1.126866	1.601844	1.222861	2.196952	1.312456	1.448609	1.749555	1.389525	1.148993	1.325613	2.761285	1.714593
0.000000	2.298321	2.232541	2.315617	3.087409	2.399429	2.971567	2.591208	2.586572	2.455282	3.106580	2.140320	2.537800	2.807805	0.000000	2.198929	2.322497	2.609372	2.488583	3.249153	2.422192	2.192068	3.007189	2.846542	2.365019	2.910216	2.874968	3.407792	1.007532
0.000000	2.566428	1.678675	1.871111	1.391211	1.212213	1.347102	1.152885	1.250443	1.414346	2.260906	2.467827	2.390894	1.967937	0.000000	1.896770	2.326369	2.433893	1.712823	1.413495	2.600889	1.320850	1.757571	1.733637	1.206268	1.623621	1.362444	2.857857	1.839089
0.000000	1.679377	1.620477	2.194054	2.784544	1.334655	1.710403	1.234637	1.324506	1.555190	2.671784	2.670129	1.608713	1.932909	0.000000	2.395438	2.541707	2.691839	1.609043	2.216964	2.367830	2.304315	2.782406	2.658713	2.597828	2.596280	2.568024	2.445760	1.198781
0.000000	0.000000	0.000000	0.000000	0.000000	0.000000	0.000000	0.000000	0.000000	0.000000	0.000000	0.000000	0.000000	0.000000	0.000000	0.000000	1.029867	0.000000	0.000000	0.000000	0.000000	0.000000	0.000000	0.000000	0.000000	0.000000	0.000000	0.000000	0.000000
0.000000	0.000000	0.000000	0.000000	0.000000	0.000000	0.000000	0.000000	0.000000	0.000000	0.000000	0.000000	0.000000	0.000000	0.000000	0.000000	0.000000	0.000000	0.000000	0.000000	0.000000	0.000000	0.000000	0.000000	0.000000	0.000000	0.000000	0.000000	0.000000
0.000000	0.000000	0.000000	0.000000	0.000000	0.000000	0.000000	0.000000	0.000000	0.000000	0.000000	0.000000	0.000000	0.000000	0.000000	0.000000	0.000000	0.000000	0.000000	0.000000	0.000000	0.000000	0.000000	0.000000	0.000000	0.000000	0.000000	0.000000	0.000000
0.000000	0.000000	0.000000	0.000000	0.000000	0.000000	0.000000	0.000000	0.000000	0.000000	0.000000	0.000000	0.000000	0.000000	0.000000	0.000000	0.000000	0.000000	0.000000	0.000000	0.000000	0.000000	0.000000	0.000000	0.000000	0.000000	0.000000	0.000000	0.000000
0.000000	1.428233	1.153090	1.319950	2.422165	1.601401	1.285088	1.537704	2.504942	1.354875	2.371109	1.546418	1.202399	1.485162	0.000000	2.384417	1.666795	2.421347	1.353408	1.571279	1.434591	1.210851	1.485381	1.450655	1.349762	1.052075	1.235380	2.627718	1.391370
0.000000	1.303391	1.617558	1.598452	2.240424	1.531916	1.332594	1.517801	1.238533	1.651902	1.400819	1.845974	1.753952	1.546298	0.000000	1.446275	1.215320	1.821771	1.950658	2.181674	1.732078	1.385032	1.648152	2.188600	1.772789	1.707791	1.816827	2.800142	1.892341
0.000000	1.645789	2.249860	1.464951	1.881418	1.341954	1.277925	1.271370	1.380060	1.139881	1.918638	1.371365	1.965697	2.037611	0.000000	1.999092	1.927397	1.748748	1.490504	2.230782	1.876673	1.250255	1.864009	1.419482	1.257367	1.255952	1.305683	2.569768	1.766609
0.000000	1.350472	1.690905	1.685807	2.157186	2.036501	1.683226	1.427506	2.109926	2.119232	1.550605	1.908372	1.463724	2.198324	0.000000	1.863888	2.103273	1.737455	1.098270	2.358426	1.864672	1.820963	2.198164	2.093156	1.696629	1.821067	2.135468	3.021568	1.676644
0.000000	1.505395	1.271971	1.248204	1.736386	1.410193	1.301915	1.230188	1.475089	1.587631	1.372096	1.339426	1.317894	1.484163	0.000000	1.451619	1.488693	1.432619	1.401535	1.686128	1.859682	1.206908	2.034622	1.896659	1.582347	1.638037	1.583932	2.707737	1.800857
0.000000	0.000000	0.000000	0.000000	0.000000	0.000000	0.000000	0.000000	0.000000	0.000000	0.000000	0.000000	0.000000	0.000000	0.000000	0.000000	0.000000	0.000000	0.000000	0.000000	0.000000	0.000000	0.000000	0.000000	0.000000	0.000000	0.000000	0.000000	0.000000
0.000000	2.386349	2.302753	2.455762	3.263117	2.468991	3.131304	2.735496	2.669380	2.853071	2.680131	2.204102	2.800872	1.040097	0.000000	1.025176	1.011360	2.389792	2.649337	3.442734	2.658942	2.282179	1.045531	1.156359	2.733555	3.038126	2.225498	3.633884	1.020515
0.000000	2.354001	2.382316	1.718816	1.095828	1.319531	1.156040	1.659497	1.365190	1.454651	1.413310	1.333580	1.850073	1.057391	0.000000	1.027503	1.030317	1.695296	1.693275	1.387255	2.159941	1.511476	1.032513	1.049917	1.022661	1.486759	1.114179	2.702081	1.087753
0.000000	2.939699	3.037708	2.857148	2.596670	1.885221	1.040220	2.787517	1.618081	1.020162	2.921064	1.318196	2.655688	3.204223	0.000000	2.600960	2.721574	2.539855	2.902511	1.795054	3.045654	2.723627	1.061252	1.809412	2.197018	1.038046	1.084335	2.843558	1.186480
0.000000	1.598886	1.678524	1.586534	1.435996	1.738139	1.160176	1.211951	1.902860	1.100112	1.426377	1.276112	1.161715	1.595774	0.000000	1.624790	1.478848	1.131732	1.276135	1.478490	1.673165	1.229602	1.145371	1.521252	1.141519	1.090532	1.029546	2.682440	1.557454
0.000000	1.120975	1.344936	1.399112	1.090683	1.389725	1.301424	1.648285	1.600916	1.327431	1.209679	1.162827	1.095996	1.499815	0.000000	1.163143	1.094985	1.195507	1.656596	1.788408	1.501709	1.270693	1.356923	1.583980	1.148642	1.276112	1.184323	2.507920	2.078259
0.000000	1.298321	1.232541	1.315617	2.087409	1.399429	1.971567	1.591208	1.586572	1.455282	2.106580	1.140320	1.537800	1.807805	0.000000	1.198929	1.322497	1.609372	1.488583	2.249153	1.422192	1.192068	2.007189	1.846542	1.365019	1.910216	1.874968	2.407792	2.581544

出所：筆者作成

表 7.2　APL　S 行列　a = 0.003931

	011 耕種農業	012 畜産	013 農業サービス	015 林業	017 漁業	061 金属鉱物	062 石炭・原油・天然ガス	063 非金属鉱物	111 食料品	112 飲料	113 飼料・有機質肥料(別掲を除く。)	114 たばこ	151 繊維工業製品	152 衣服・その他の繊維既製品	161 木材・木製品	162 家具・装備品	163 パルプ・紙・板紙・加工紙	164 紙加工品	191 印刷・製版・製本	201 化学肥料	202 無機化学工業製品	203 石油化学基礎製品	204 有機化学工業製品(石油化学基礎製品を除く。)	205 合成樹脂
耕種農業	1.000000	1.000000	1.000000	0.000000	0.000000	0.000000	0.000000	0.000000	1.000000	1.000000	0.000000	0.000000	1.000000	0.000000	0.000000	0.000000	0.000000	2.000000	0.000000	3.000000	0.000000	0.000000	0.000000	0.000000
畜産	1.000000	1.000000	1.000000	0.000000	0.000000	0.000000	0.000000	0.000000	1.000000	0.000000	0.000000	0.000000	0.000000	0.000000	0.000000	0.000000	0.000000	3.000000	0.000000	0.000000	0.000000	0.000000	0.000000	0.000000
農業サービス	1.000000	1.000000	0.000000	0.000000	0.000000	0.000000	0.000000	0.000000	0.000000	0.000000	0.000000	0.000000	0.000000	0.000000	0.000000	0.000000	0.000000	3.000000	0.000000	0.000000	0.000000	0.000000	0.000000	0.000000
林業	0.000000	0.000000	0.000000	1.000000	0.000000	0.000000	0.000000	0.000000	0.000000	0.000000	0.000000	0.000000	0.000000	0.000000	0.000000	0.000000	0.000000	0.000000	0.000000	0.000000	0.000000	0.000000	0.000000	0.000000
漁業	0.000000	0.000000	0.000000	0.000000	1.000000	0.000000	0.000000	0.000000	1.000000	0.000000	0.000000	0.000000	0.000000	0.000000	0.000000	0.000000	0.000000	0.000000	0.000000	0.000000	0.000000	0.000000	0.000000	0.000000
金属鉱物	0.000000	0.000000	0.000000	0.000000	0.000000	0.000000	0.000000	0.000000	0.000000	0.000000	0.000000	0.000000	0.000000	0.000000	0.000000	0.000000	0.000000	0.000000	0.000000	0.000000	0.000000	0.000000	0.000000	0.000000
石炭・原油・天然ガス	0.000000	0.000000	0.000000	0.000000	0.000000	0.000000	0.000000	0.000000	0.000000	0.000000	0.000000	0.000000	0.000000	0.000000	0.000000	0.000000	0.000000	0.000000	0.000000	0.000000	0.000000	0.000000	0.000000	0.000000
非金属鉱物	0.000000	0.000000	0.000000	0.000000	0.000000	0.000000	0.000000	0.000000	0.000000	0.000000	0.000000	0.000000	0.000000	0.000000	0.000000	0.000000	0.000000	0.000000	0.000000	0.000000	0.000000	0.000000	0.000000	0.000000
食料品	2.000000	1.000000	0.000000	0.000000	1.000000	0.000000	0.000000	0.000000	1.000000	1.000000	0.000000	0.000000	0.000000	0.000000	0.000000	0.000000	0.000000	2.000000	2.000000	0.000000	0.000000	0.000000	0.000000	0.000000
飲料	2.000000	0.000000	0.000000	0.000000	0.000000	0.000000	0.000000	0.000000	1.000000	1.000000	0.000000	0.000000	0.000000	0.000000	0.000000	0.000000	0.000000	2.000000	0.000000	0.000000	0.000000	0.000000	2.000000	0.000000
飼料・有機質肥料(別掲を除く。)	0.000000	0.000000	0.000000	0.000000	0.000000	0.000000	0.000000	0.000000	0.000000	0.000000	0.000000	0.000000	0.000000	0.000000	0.000000	0.000000	0.000000	0.000000	0.000000	0.000000	0.000000	0.000000	0.000000	0.000000
たばこ	0.000000	0.000000	0.000000	0.000000	0.000000	0.000000	0.000000	0.000000	0.000000	0.000000	0.000000	0.000000	0.000000	0.000000	0.000000	0.000000	0.000000	0.000000	0.000000	0.000000	0.000000	0.000000	0.000000	0.000000
繊維工業製品	2.000000	0.000000	0.000000	0.000000	0.000000	0.000000	0.000000	0.000000	0.000000	0.000000	0.000000	0.000000	1.000000	1.000000	0.000000	1.000000	0.000000	1.000000	0.000000	0.000000	3.000000	0.000000	3.000000	0.000000
衣服・その他の繊維既製品	0.000000	0.000000	0.000000	0.000000	0.000000	0.000000	0.000000	0.000000	0.000000	0.000000	0.000000	0.000000	1.000000	1.000000	0.000000	0.000000	0.000000	1.000000	0.000000	0.000000	0.000000	0.000000	1.000000	0.000000
木材・木製品	0.000000	0.000000	0.000000	0.000000	0.000000	0.000000	0.000000	0.000000	0.000000	0.000000	0.000000	0.000000	0.000000	0.000000	1.000000	1.000000	0.000000	0.000000	0.000000	0.000000	0.000000	0.000000	0.000000	0.000000
家具・装備品	0.000000	0.000000	0.000000	0.000000	0.000000	0.000000	0.000000	0.000000	0.000000	0.000000	0.000000	0.000000	1.000000	0.000000	2.000000	1.000000	1.000000	1.000000	0.000000	0.000000	0.000000	0.000000	1.000000	0.000000
パルプ・紙・板紙・加工紙	0.000000	0.000000	0.000000	0.000000	0.000000	0.000000	0.000000	0.000000	0.000000	0.000000	0.000000	0.000000	0.000000	0.000000	0.000000	1.000000	1.000000	1.000000	1.000000	0.000000	0.000000	0.000000	3.000000	0.000000
紙加工品	1.000000	1.000000	1.000000	0.000000	0.000000	0.000000	0.000000	0.000000	1.000000	1.000000	0.000000	0.000000	1.000000	1.000000	0.000000	1.000000	1.000000	1.000000	1.000000	0.000000	0.000000	0.000000	1.000000	0.000000
印刷・製版・製本	0.000000	0.000000	0.000000	0.000000	0.000000	0.000000	0.000000	0.000000	1.000000	0.000000	0.000000	0.000000	0.000000	0.000000	0.000000	0.000000	2.000000	1.000000	1.000000	0.000000	0.000000	0.000000	2.000000	0.000000
化学肥料	1.000000	0.000000	0.000000	0.000000	0.000000	0.000000	0.000000	0.000000	0.000000	0.000000	0.000000	0.000000	0.000000	0.000000	0.000000	0.000000	0.000000	0.000000	0.000000	1.000000	1.000000	0.000000	0.000000	0.000000
無機化学工業製品	0.000000	0.000000	0.000000	0.000000	0.000000	0.000000	0.000000	0.000000	0.000000	0.000000	0.000000	0.000000	1.000000	0.000000	0.000000	0.000000	0.000000	0.000000	0.000000	1.000000	1.000000	0.000000	1.000000	1.000000
石油化学基礎製品	0.000000	0.000000	0.000000	0.000000	0.000000	0.000000	0.000000	0.000000	0.000000	0.000000	0.000000	0.000000	0.000000	0.000000	0.000000	0.000000	0.000000	0.000000	0.000000	0.000000	0.000000	0.000000	0.000000	0.000000
有機化学工業製品(石油化学基礎製品を除く。)	0.000000	0.000000	0.000000	0.000000	0.000000	0.000000	0.000000	0.000000	0.000000	1.000000	0.000000	0.000000	1.000000	2.000000	0.000000	2.000000	1.000000	2.000000	2.000000	0.000000	1.000000	0.000000	1.000000	1.000000
合成樹脂	0.000000	0.000000	0.000000	0.000000	0.000000	0.000000	0.000000	0.000000	0.000000	0.000000	0.000000	0.000000	0.000000	0.000000	0.000000	0.000000	0.000000	0.000000	0.000000	0.000000	2.000000	0.000000	3.000000	0.000000
化学繊維	0.000000	0.000000	0.000000	0.000000	0.000000	0.000000	0.000000	0.000000	0.000000	0.000000	0.000000	0.000000	1.000000	1.000000	0.000000	0.000000	0.000000	0.000000	0.000000	0.000000	2.000000	0.000000	3.000000	3.000000
医薬品	0.000000	0.000000	1.000000	0.000000	0.000000	0.000000	0.000000	0.000000	0.000000	0.000000	0.000000	0.000000	0.000000	0.000000	0.000000	0.000000	0.000000	2.000000	0.000000	0.000000	2.000000	0.000000	2.000000	0.000000
化学最終製品(医薬品を除く。)	1.000000	0.000000	0.000000	0.000000	0.000000	0.000000	0.000000	0.000000	1.000000	0.000000	0.000000	0.000000	1.000000	1.000000	1.000000	1.000000	1.000000	1.000000	1.000000	0.000000	1.000000	0.000000	1.000000	1.000000
石油製品	0.000000	0.000000	0.000000	0.000000	0.000000	0.000000	0.000000	0.000000	0.000000	0.000000	0.000000	0.000000	0.000000	0.000000	0.000000	0.000000	0.000000	0.000000	0.000000	0.000000	0.000000	0.000000	0.000000	0.000000
石炭製品	0.000000	0.000000	0.000000	0.000000	0.000000	0.000000	0.000000	2.000000	0.000000	0.000000	0.000000	0.000000	0.000000	0.000000	0.000000	0.000000	0.000000	0.000000	0.000000	0.000000	0.000000	0.000000	1.000000	0.000000
プラスチック製品	1.000000	0.000000	0.000000	1.000000	1.000000	0.000000	0.000000	0.000000	1.000000	1.000000	0.000000	0.000000	0.000000	1.000000	1.000000	1.000000	1.000000	1.000000	1.000000	0.000000	1.000000	0.000000	2.000000	2.000000
ゴム製品	2.000000	0.000000	0.000000	0.000000	0.000000	0.000000	0.000000	0.000000	0.000000	0.000000	0.000000	0.000000	2.000000	0.000000	0.000000	0.000000	0.000000	0.000000	0.000000	0.000000	2.000000	0.000000	2.000000	0.000000
なめし革・毛皮・同製品	0.000000	0.000000	0.000000	0.000000	0.000000	0.000000	0.000000	0.000000	0.000000	0.000000	0.000000	0.000000	1.000000	0.000000	0.000000	0.000000	0.000000	1.000000	0.000000	0.000000	0.000000	0.000000	2.000000	3.000000
ガラス・ガラス製品	0.000000	0.000000	0.000000	0.000000	0.000000	0.000000	0.000000	3.000000	0.000000	0.000000	0.000000	0.000000	0.000000	0.000000	0.000000	1.000000	0.000000	2.000000	0.000000	0.000000	1.000000	0.000000	1.000000	0.000000
セメント・セメント製品	0.000000	0.000000	0.000000	0.000000	0.000000	0.000000	0.000000	2.000000	0.000000	0.000000	0.000000	0.000000	0.000000	0.000000	0.000000	0.000000	0.000000	0.000000	0.000000	0.000000	0.000000	0.000000	0.000000	0.000000
陶磁器	0.000000	0.000000	0.000000	0.000000	0.000000	0.000000	0.000000	4.000000	0.000000	0.000000	0.000000	0.000000	0.000000	0.000000	0.000000	0.000000	3.000000	3.000000	0.000000	0.000000	0.000000	0.000000	0.000000	0.000000
その他の窯業・土石製品	0.000000	0.000000	0.000000	0.000000	0.000000	0.000000	0.000000	3.000000	0.000000	0.000000	0.000000	0.000000	0.000000	0.000000	0.000000	0.000000	0.000000	0.000000	0.000000	1.000000	1.000000	0.000000	2.000000	0.000000
銑鉄・粗鋼	0.000000	0.000000	0.000000	0.000000	0.000000	0.000000	0.000000	0.000000	0.000000	0.000000	0.000000	0.000000	0.000000	0.000000	0.000000	0.000000	0.000000	0.000000	0.000000	0.000000	0.000000	0.000000	0.000000	0.000000
鋼材	0.000000	0.000000	0.000000	0.000000	0.000000	0.000000	0.000000	0.000000	0.000000	0.000000	0.000000	0.000000	0.000000	0.000000	0.000000	0.000000	0.000000	0.000000	0.000000	0.000000	0.000000	0.000000	0.000000	0.000000
鋳鍛造品	0.000000	0.000000	0.000000	0.000000	0.000000	0.000000	0.000000	0.000000	0.000000	0.000000	0.000000	0.000000	0.000000	0.000000	0.000000	0.000000	0.000000	0.000000	0.000000	0.000000	0.000000	0.000000	0.000000	0.000000
その他の鉄鋼製品	0.000000	0.000000	0.000000	0.000000	0.000000	0.000000	0.000000	0.000000	0.000000	0.000000	0.000000	0.000000	0.000000	0.000000	0.000000	1.000000	0.000000	0.000000	0.000000	0.000000	0.000000	0.000000	0.000000	0.000000
非鉄金属製錬・精製	0.000000	0.000000	0.000000	0.000000	0.000000	0.000000	0.000000	0.000000	0.000000	0.000000	0.000000	0.000000	0.000000	0.000000	0.000000	0.000000	0.000000	0.000000	0.000000	0.000000	1.000000	0.000000	0.000000	0.000000
非鉄金属加工製品	0.000000	0.000000	0.000000	0.000000	0.000000	0.000000	0.000000	0.000000	0.000000	0.000000	0.000000	0.000000	0.000000	0.000000	0.000000	0.000000	0.000000	0.000000	0.000000	0.000000	0.000000	0.000000	0.000000	0.000000
建設・建築用金属製品	0.000000	0.000000	0.000000	0.000000	0.000000	0.000000	0.000000	0.000000	0.000000	0.000000	0.000000	0.000000	0.000000	0.000000	0.000000	0.000000	0.000000	0.000000	0.000000	0.000000	0.000000	0.000000	0.000000	0.000000
その他の金属製品	0.000000	0.000000	0.000000	0.000000	0.000000	0.000000	0.000000	0.000000	0.000000	1.000000	0.000000	0.000000	0.000000	0.000000	1.000000	1.000000	0.000000	0.000000	0.000000	0.000000	1.000000	0.000000	1.000000	2.000000
はん用機械	0.000000	0.000000	0.000000	0.000000	0.000000	0.000000	0.000000	0.000000	0.000000	0.000000	0.000000	0.000000	0.000000	0.000000	0.000000	0.000000	0.000000	0.000000	0.000000	0.000000	0.000000	0.000000	0.000000	0.000000
生産用機械	0.000000	0.000000	0.000000	0.000000	0.000000	0.000000	0.000000	0.000000	0.000000	0.000000	0.000000	0.000000	0.000000	0.000000	0.000000	0.000000	0.000000	0.000000	0.000000	0.000000	0.000000	0.000000	0.000000	0.000000
業務用機械	0.000000	0.000000	0.000000	0.000000	0.000000	0.000000	0.000000	0.000000	0.000000	0.000000	0.000000	0.000000	0.000000	0.000000	0.000000	0.000000	0.000000	0.000000	2.000000	0.000000	0.000000	0.000000	0.000000	0.000000
電子デバイス	0.000000	0.000000	0.000000	0.000000	0.000000	0.000000	0.000000	0.000000	0.000000	0.000000	0.000000	0.000000	0.000000	0.000000	0.000000	0.000000	0.000000	0.000000	3.000000	0.000000	0.000000	0.000000	3.000000	0.000000
その他の電子部品	0.000000	0.000000	0.000000	0.000000	0.000000	0.000000	0.000000	0.000000	0.000000	0.000000	0.000000	0.000000	0.000000	0.000000	0.000000	0.000000	0.000000	0.000000	0.000000	0.000000	0.000000	0.000000	0.000000	0.000000
産業用電気機器	0.000000	0.000000	0.000000	0.000000	0.000000	0.000000	0.000000	0.000000	0.000000	0.000000	0.000000	0.000000	0.000000	0.000000	0.000000	0.000000	0.000000	0.000000	0.000000	0.000000	0.000000	0.000000	0.000000	0.000000
民生用電気機器	0.000000	0.000000	0.000000	0.000000	0.000000	0.000000	0.000000	0.000000	0.000000	0.000000	0.000000	0.000000	0.000000	0.000000	0.000000	0.000000	0.000000	0.000000	3.000000	0.000000	0.000000	0.000000	2.000000	0.000000
電子応用装置・電気計測器	0.000000	0.000000	0.000000	0.000000	0.000000	0.000000	0.000000	0.000000	0.000000	0.000000	0.000000	0.000000	0.000000	0.000000	0.000000	0.000000	0.000000	0.000000	0.000000	0.000000	0.000000	0.000000	0.000000	0.000000
その他の電気機械	0.000000	0.000000	0.000000	0.000000	0.000000	0.000000	0.000000	0.000000	0.000000	0.000000	0.000000	0.000000	0.000000	0.000000	0.000000	0.000000	0.000000	0.000000	0.000000	0.000000	0.000000	0.000000	2.000000	0.000000
通信機械・同関連機器	0.000000	0.000000	0.000000	0.000000	0.000000	0.000000	0.000000	0.000000	0.000000	0.000000	0.000000	0.000000	0.000000	0.000000	0.000000	0.000000	0.000000	0.000000	0.000000	0.000000	0.000000	0.000000	0.000000	0.000000
電子計算機・同附属装置	0.000000	0.000000	0.000000	0.000000	0.000000	0.000000	0.000000	0.000000	0.000000	0.000000	0.000000	0.000000	0.000000	0.000000	0.000000	0.000000	0.000000	0.000000	3.000000	0.000000	0.000000	0.000000	0.000000	0.000000
乗用車	0.000000	0.000000	0.000000	0.000000	0.000000	0.000000	0.000000	0.000000	0.000000	0.000000	0.000000	0.000000	0.000000	0.000000	0.000000	0.000000	0.000000	0.000000	0.000000	0.000000	0.000000	0.000000	0.000000	0.000000
その他の自動車	0.000000	0.000000	0.000000	0.000000	0.000000	0.000000	0.000000	0.000000	0.000000	0.000000	0.000000	0.000000	0.000000	0.000000	0.000000	0.000000	0.000000	0.000000	0.000000	0.000000	0.000000	0.000000	0.000000	0.000000
自動車部品・同附属品	0.000000	0.000000	0.000000	0.000000	0.000000	0.000000	0.000000	3.000000	0.000000	0.000000	0.000000	0.000000	0.000000	0.000000	0.000000	0.000000	0.000000	0.000000	0.000000	0.000000	0.000000	0.000000	3.000000	0.000000
船舶・同修理	0.000000	0.000000	0.000000	0.000000	0.000000	0.000000	0.000000	0.000000	0.000000	0.000000	0.000000	0.000000	0.000000	0.000000	0.000000	0.000000	0.000000	0.000000	0.000000	0.000000	0.000000	0.000000	0.000000	0.000000
その他の輸送機械・同修理	0.000000	0.000000	0.000000	0.000000	0.000000	0.000000	0.000000	0.000000	0.000000	0.000000	0.000000	0.000000	0.000000	0.000000	0.000000	0.000000	0.000000	0.000000	0.000000	0.000000	0.000000	0.000000	0.000000	0.000000
その他の製造工業製品	0.000000	0.000000	0.000000	0.000000	0.000000	0.000000	0.000000	0.000000	0.000000	0.000000	0.000000	0.000000	0.000000	1.000000	1.000000	0.000000	0.000000	2.000000	2.000000	0.000000	0.000000	0.000000	1.000000	0.000000
再生資源回収・加工処理	0.000000	0.000000	0.000000	0.000000	0.000000	0.000000	0.000000	0.000000	0.000000	0.000000	0.000000	0.000000	0.000000	0.000000	0.000000	0.000000	0.000000	0.000000	0.000000	1.000000	0.000000	0.000000	0.000000	0.000000
建築	0.000000	0.000000	0.000000	0.000000	0.000000	0.000000	0.000000	0.000000	0.000000	0.000000	0.000000	0.000000	0.000000	0.000000	0.000000	0.000000	0.000000	0.000000	0.000000	0.000000	0.000000	0.000000	0.000000	0.000000
建設補修	1.000000	0.000000	0.000000	0.000000	0.000000	0.000000	0.000000	1.000000	0.000000	0.000000	0.000000	0.000000	1.000000	2.000000	1.000000	1.000000	1.000000	1.000000	1.000000	0.000000	1.000000	0.000000	1.000000	1.000000
公共事業	0.000000	0.000000	0.000000	0.000000	0.000000	0.000000	0.000000	0.000000	0.000000	0.000000	0.000000	0.000000	0.000000	0.000000	0.000000	0.000000	0.000000	0.000000	0.000000	0.000000	0.000000	0.000000	0.000000	0.000000
その他の土木建設	0.000000	0.000000	0.000000	0.000000	0.000000	0.000000	0.000000	0.000000	0.000000	0.000000	0.000000	0.000000	0.000000	0.000000	0.000000	0.000000	0.000000	0.000000	0.000000	0.000000	0.000000	0.000000	0.000000	0.000000
電力	1.000000	1.000000	1.000000	0.000000	1.000000	0.000000	0.000000	1.000000	1.000000	1.000000	0.000000	0.000000	1.000000	1.000000	1.000000	1.000000	1.000000	1.000000	1.000000	1.000000	1.000000	0.000000	1.000000	2.000000
ガス・熱供給	0.000000	0.000000	0.000000	0.000000	0.000000	0.000000	0.000000	0.000000	0.000000	0.000000	0.000000	0.000000	0.000000	0.000000	0.000000	0.000000	0.000000	0.000000	0.000000	0.000000	0.000000	0.000000	0.000000	0.000000
水道	0.000000	0.000000	0.000000	0.000000	0.000000	0.000000	0.000000	0.000000	0.000000	0.000000	0.000000	0.000000	0.000000	0.000000	0.000000	0.000000	0.000000	0.000000	0.000000	0.000000	0.000000	0.000000	0.000000	0.000000
廃棄物処理	0.000000	0.000000	0.000000	0.000000	0.000000	0.000000	0.000000	0.000000	0.000000	0.000000	0.000000	0.000000	0.000000	0.000000	0.000000	0.000000	0.000000	0.000000	0.000000	0.000000	0.000000	0.000000	0.000000	0.000000
商業	1.000000	1.000000	1.000000	1.000000	1.000000	0.000000	0.000000	2.000000	1.000000	1.000000	0.000000	0.000000	1.000000	1.000000	1.000000	1.000000	1.000000	1.000000	1.000000	1.000000	1.000000	0.000000	1.000000	1.000000
金融・保険	1.000000	1.000000	1.000000	1.000000	1.000000	0.000000	0.000000	1.000000	1.000000	1.000000	0.000000	0.000000	1.000000	1.000000	1.000000	1.000000	1.000000	1.000000	1.000000	0.000000	1.000000	0.000000	1.000000	2.000000
不動産仲介及び賃貸	0.000000	0.000000	1.000000	0.000000	0.000000	0.000000	0.000000	2.000000	0.000000	0.000000	0.000000	0.000000	0.000000	2.000000	0.000000	1.000000	0.000000	0.000000	1.000000	0.000000	0.000000	0.000000	0.000000	0.000000
住宅賃貸料	0.000000	0.000000	0.000000	0.000000	0.000000	0.000000	0.000000	0.000000	0.000000	0.000000	0.000000	0.000000	0.000000	0.000000	0.000000	0.000000	0.000000	0.000000	0.000000	0.000000	0.000000	0.000000	0.000000	0.000000
住宅賃貸料(帰属家賃)	0.000000	0.000000	0.000000	0.000000	0.000000	0.000000	0.000000	0.000000	0.000000	0.000000	0.000000	0.000000	0.000000	0.000000	0.000000	0.000000	0.000000	0.000000	0.000000	0.000000	0.000000	0.000000	0.000000	0.000000
鉄道輸送	0.000000	0.000000	0.000000	0.000000	0.000000	0.000000	0.000000	0.000000	0.000000	0.000000	0.000000	0.000000	0.000000	0.000000	0.000000	0.000000	0.000000	0.000000	0.000000	0.000000	0.000000	0.000000	0.000000	0.000000
道路輸送(自家輸送を除く。)	1.000000	1.000000	1.000000	1.000000	1.000000	0.000000	0.000000	1.000000	1.000000	1.000000	0.000000	0.000000	1.000000	1.000000	1.000000	1.000000	1.000000	1.000000	1.000000	2.000000	1.000000	0.000000	1.000000	1.000000
自家輸送	1.000000	1.000000	1.000000	1.000000	1.000000	0.000000	0.000000	1.000000	1.000000	1.000000	0.000000	0.000000	1.000000	1.000000	1.000000	1.000000	1.000000	1.000000	1.000000	2.000000	1.000000	0.000000	1.000000	2.000000
水運	0.000000	0.000000	0.000000	0.000000	0.000000	0.000000	0.000000	0.000000	0.000000	0.000000	0.000000	0.000000	0.000000	0.000000	0.000000	0.000000	0.000000	0.000000	0.000000	0.000000	0.000000	0.000000	0.000000	0.000000
航空輸送	0.000000	0.000000	0.000000	0.000000	0.000000	0.000000	0.000000	0.000000	0.000000	0.000000	0.000000	0.000000	0.000000	0.000000	0.000000	0.000000	0.000000	0.000000	0.000000	0.000000	0.000000	0.000000	0.000000	0.000000
貨物利用運送	0.000000	0.000000	0.000000	0.000000	0.000000	0.000000	0.000000	0.000000	0.000000	0.000000	0.000000	0.000000	0.000000	0.000000	0.000000	0.000000	0.000000	0.000000	0.000000	0.000000	0.000000	0.000000	0.000000	0.000000
倉庫	0.000000	0.000000	0.000000	0.000000	0.000000	0.000000	0.000000	0.000000	0.000000	0.000000	0.000000	0.000000	0.000000	0.000000	0.000000	0.000000	0.000000	1.000000	0.000000	0.000000	0.000000	0.000000	0.000000	0.000000
運輸附帯サービス	0.000000	0.000000	0.000000	0.000000	0.000000	0.000000	0.000000	2.000000	0.000000	0.000000	0.000000	0.000000	0.000000	0.000000	2.000000	0.000000	1.000000	2.000000	2.000000	0.000000	0.000000	0.000000	0.000000	0.000000
郵便・信書便	0.000000	0.000000	0.000000	0.000000	0.000000	0.000000	0.000000	0.000000	0.000000	0.000000	0.000000	0.000000	0.000000	0.000000	0.000000	0.000000	0.000000	0.000000	2.000000	0.000000	0.000000	0.000000	0.000000	0.000000
通信	0.000000	0.000000	0.000000	0.000000	0.000000	0.000000	0.000000	0.000000	0.000000	0.000000	0.000000	0.000000	0.000000	0.000000	0.000000	0.000000	0.000000	0.000000	2.000000	0.000000	0.000000	0.000000	0.000000	0.000000
放送	0.000000	0.000000	0.000000	0.000000	0.000000	0.000000	0.000000	0.000000	0.000000	0.000000	0.000000	0.000000	0.000000	0.000000	0.000000	0.000000	0.000000	0.000000	0.000000	0.000000	0.000000	0.000000	0.000000	0.000000
情報サービス	0.000000	0.000000	0.000000	0.000000	0.000000	0.000000	0.000000	0.000000	0.000000	0.000000	0.000000	0.000000	0.000000	2.000000	0.000000	1.000000	1.000000	2.000000	1.000000	0.000000	0.000000	0.000000	1.000000	1.000000
インターネット附随サービス	0.000000	0.000000	0.000000	0.000000	0.000000	0.000000	0.000000	0.000000	0.000000	0.000000	0.000000	0.000000	0.000000	0.000000	0.000000	0.000000	0.000000	0.000000	2.000000	0.000000	0.000000	0.000000	0.000000	0.000000
映像・音声・文字情報制作	0.000000	0.000000	0.000000	0.000000	0.000000	0.000000	0.000000	0.000000	0.000000	0.000000	0.000000	0.000000	0.000000	0.000000	0.000000	0.000000	2.000000	0.000000	1.000000	0.000000	0.000000	0.000000	0.000000	0.000000
公務	0.000000	0.000000	0.000000	0.000000	0.000000	0.000000	0.000000	0.000000	0.000000	0.000000	0.000000	0.000000	0.000000	0.000000	0.000000	0.000000	0.000000	0.000000	2.000000	2.000000	0.000000	0.000000	0.000000	0.000000
教育	0.000000	0.000000	0.000000	0.000000	0.000000	0.000000	0.000000	0.000000	0.000000	0.000000	0.000000	0.000000	0.000000	0.000000	0.000000	0.000000	0.000000	0.000000	0.000000	0.000000	0.000000	0.000000	0.000000	0.000000
研究	0.000000	0.000000	0.000000	0.000000	0.000000	0.000000	0.000000	0.000000	0.000000	0.000000	0.000000	0.000000	1.000000	1.000000	0.000000	1.000000	1.000000	1.000000	1.000000	1.000000	1.000000	0.000000	1.000000	1.000000
医療	0.000000	0.000000	0.000000	0.000000	0.000000	0.000000	0.000000	0.000000	0.000000	0.000000	0.000000	0.000000	0.000000	0.000000	0.000000	0.000000	0.000000	0.000000	0.000000	0.000000	0.000000	0.000000	0.000000	0.000000
保健衛生	0.000000	0.000000	0.000000	0.000000	0.000000	0.000000	0.000000	0.000000	0.000000	0.000000	0.000000	0.000000	0.000000	0.000000	0.000000	0.000000	0.000000	0.000000	0.000000	0.000000	0.000000	0.000000	0.000000	0.000000
社会保険・社会福祉	0.000000	0.000000	0.000000	0.000000	0.000000	0.000000	0.000000	0.000000	0.000000	0.000000	0.000000	0.000000	0.000000	0.000000	0.000000	0.000000	0.000000	0.000000	0.000000	0.000000	0.000000	0.000000	0.000000	0.000000
介護	0.000000	0.000000	0.000000	0.000000	0.000000	0.000000	0.000000	0.000000	0.000000	0.000000	0.000000	0.000000	0.000000	0.000000	0.000000	0.000000	0.000000	0.000000	0.000000	0.000000	0.000000	0.000000	0.000000	0.000000
その他の非営利団体サービス	0.000000	0.000000	0.000000	0.000000	0.000000	0.000000	0.000000	0.000000	0.000000	0.000000	0.000000	0.000000	0.000000	1.000000	0.000000	1.000000	0.000000	0.000000	1.000000	0.000000	1.000000	0.000000	0.000000	0.000000
物品賃貸サービス	2.000000	0.000000	1.000000	0.000000	0.000000	0.000000	0.000000	2.000000	0.000000	0.000000	0.000000	0.000000	0.000000	2.000000	1.000000	1.000000	0.000000	0.000000	1.000000	0.000000	0.000000	0.000000	0.000000	0.000000
広告	0.000000	0.000000	0.000000	0.000000	0.000000	0.000000	0.000000	0.000000	0.000000	0.000000	0.000000	0.000000	0.000000	0.000000	0.000000	0.000000	0.000000	0.000000	2.000000	0.000000	0.000000	0.000000	0.000000	0.000000
自動車整備・機械修理	1.000000	1.000000	1.000000	1.000000	2.000000	0.000000	0.000000	2.000000	2.000000	2.000000	0.000000	0.000000	2.000000	2.000000	1.000000	2.000000	2.000000	2.000000	2.000000	1.000000	1.000000	0.000000	1.000000	2.000000
その他の対事業所サービス	2.000000	2.000000	1.000000	0.000000	2.000000	0.000000	0.000000	2.000000	1.000000	2.000000	0.000000	0.000000	2.000000	1.000000	2.000000	1.000000	2.000000	2.000000	1.000000	2.000000	2.000000	0.000000	2.000000	2.000000
宿泊業	0.000000	0.000000	0.000000	0.000000	0.000000	0.000000	0.000000	0.000000	0.000000	0.000000	0.000000	0.000000	0.000000	0.000000	0.000000	0.000000	0.000000	0.000000	0.000000	0.000000	0.000000	0.000000	0.000000	0.000000
飲食サービス	2.000000	0.000000	0.000000	0.000000	0.000000	0.000000	0.000000	0.000000	1.000000	2.000000	0.000000	0.000000	0.000000	0.000000	0.000000	0.000000	0.000000	0.000000	0.000000	0.000000	0.000000	0.000000	0.000000	0.000000
洗濯・理容・美容・浴場業	0.000000	0.000000	0.000000	0.000000	0.000000	0.000000	0.000000	0.000000	0.000000	0.000000	0.000000	0.000000	0.000000	0.000000	0.000000	0.000000	0.000000	0.000000	0.000000	0.000000	0.000000	0.000000	0.000000	0.000000
娯楽サービス	0.000000	0.000000	0.000000	0.000000	0.000000	0.000000	0.000000	0.000000	0.000000	0.000000	0.000000	0.000000	0.000000	0.000000	0.000000	0.000000	0.000000	0.000000	3.000000	0.000000	0.000000	0.000000	0.000000	0.000000
その他の対個人サービス	0.000000	0.000000	0.000000	0.000000	0.000000	0.000000	0.000000	0.000000	0.000000	0.000000	0.000000	0.000000	0.000000	0.000000	0.000000	0.000000	0.000000	0.000000	0.000000	0.000000	0.000000	0.000000	0.000000	0.000000
事務用品	0.000000	0.000000	0.000000	0.000000	0.000000	0.000000	0.000000	0.000000	0.000000	0.000000	0.000000	0.000000	1.000000	0.000000	0.000000	0.000000	1.000000	1.000000	1.000000	0.000000	0.000000	0.000000	2.000000	0.000000
分類不明	1.000000	0.000000	1.000000	1.000000	0.000000	0.000000	0.000000	0.000000	0.000000	0.000000	0.000000	0.000000	0.000000	0.000000	0.000000	0.000000	0.000000	0.000000	1.000000	1.000000	0.000000	0.000000	1.000000	2.000000

表 7.2　続き

206 化学繊維	207 医薬品	208 化学最終製品(医薬品を除く。)	211 石油製品	212 石炭製品	221 プラスチック製品	222 ゴム製品	231 なめし革・毛皮・同製品	251 ガラス・ガラス製品	252 セメント・セメント製品	253 陶磁器	259 その他の窯業・土石製品	261 銑鉄・粗鋼	262 鋼材	263 鋳鍛造品	269 その他の鉄鋼製品	271 非鉄金属製錬・精製	272 非鉄金属加工製品	281 建設・建築用金属製品	289 その他の金属製品	291 はん用機械	301 生産用機械	311 業務用機械	321 電子デバイス	329 その他の電子部品	331 産業用電気機器	332 民生用電気機器
0.000000	0.000000	1.000000	0.000000	0.000000	3.000000	1.000000	0.000000	0.000000	0.000000	0.000000	0.000000	0.000000	0.000000	0.000000	0.000000	0.000000	0.000000	0.000000	0.000000	0.000000	0.000000	0.000000	0.000000	0.000000	0.000000	0.000000
0.000000	0.000000	0.000000	0.000000	0.000000	0.000000	0.000000	0.000000	0.000000	0.000000	0.000000	0.000000	0.000000	0.000000	0.000000	0.000000	0.000000	0.000000	0.000000	0.000000	0.000000	0.000000	0.000000	0.000000	0.000000	0.000000	0.000000
0.000000	2.000000	0.000000	0.000000	0.000000	0.000000	0.000000	0.000000	0.000000	0.000000	0.000000	0.000000	0.000000	0.000000	0.000000	0.000000	0.000000	0.000000	0.000000	0.000000	0.000000	0.000000	0.000000	0.000000	0.000000	0.000000	0.000000
0.000000	0.000000	0.000000	0.000000	0.000000	3.000000	0.000000	0.000000	0.000000	0.000000	0.000000	0.000000	0.000000	0.000000	0.000000	0.000000	0.000000	0.000000	0.000000	0.000000	0.000000	0.000000	0.000000	0.000000	0.000000	0.000000	0.000000
0.000000	0.000000	0.000000	0.000000	0.000000	3.000000	0.000000	0.000000	0.000000	0.000000	0.000000	0.000000	0.000000	0.000000	0.000000	0.000000	0.000000	0.000000	0.000000	0.000000	0.000000	0.000000	0.000000	0.000000	0.000000	0.000000	0.000000
0.000000	0.000000	0.000000	0.000000	0.000000	0.000000	0.000000	0.000000	0.000000	0.000000	0.000000	0.000000	0.000000	0.000000	0.000000	0.000000	0.000000	0.000000	0.000000	0.000000	0.000000	0.000000	0.000000	0.000000	0.000000	0.000000	0.000000
0.000000	0.000000	0.000000	0.000000	0.000000	0.000000	0.000000	0.000000	0.000000	0.000000	0.000000	0.000000	0.000000	0.000000	0.000000	0.000000	0.000000	0.000000	0.000000	0.000000	0.000000	0.000000	0.000000	0.000000	0.000000	0.000000	0.000000
0.000000	0.000000	0.000000	0.000000	1.000000	0.000000	0.000000	0.000000	1.000000	1.000000	1.000000	1.000000	0.000000	0.000000	0.000000	0.000000	0.000000	0.000000	0.000000	0.000000	0.000000	0.000000	0.000000	0.000000	0.000000	0.000000	0.000000
0.000000	0.000000	1.000000	0.000000	0.000000	2.000000	0.000000	0.000000	0.000000	0.000000	0.000000	0.000000	0.000000	0.000000	0.000000	0.000000	0.000000	0.000000	0.000000	0.000000	0.000000	0.000000	0.000000	0.000000	0.000000	0.000000	0.000000
0.000000	0.000000	0.000000	0.000000	0.000000	2.000000	0.000000	0.000000	0.000000	0.000000	0.000000	0.000000	0.000000	0.000000	0.000000	0.000000	0.000000	0.000000	0.000000	2.000000	0.000000	0.000000	0.000000	0.000000	0.000000	0.000000	0.000000
0.000000	0.000000	0.000000	0.000000	0.000000	0.000000	0.000000	0.000000	0.000000	0.000000	0.000000	0.000000	0.000000	0.000000	0.000000	0.000000	0.000000	0.000000	0.000000	0.000000	0.000000	0.000000	0.000000	0.000000	0.000000	0.000000	0.000000
0.000000	0.000000	0.000000	0.000000	0.000000	0.000000	0.000000	0.000000	0.000000	0.000000	0.000000	0.000000	0.000000	0.000000	0.000000	0.000000	0.000000	0.000000	0.000000	0.000000	0.000000	0.000000	0.000000	0.000000	0.000000	0.000000	0.000000
1.000000	0.000000	2.000000	0.000000	0.000000	0.000000	1.000000	1.000000	0.000000	0.000000	0.000000	0.000000	0.000000	0.000000	0.000000	0.000000	0.000000	0.000000	0.000000	0.000000	0.000000	0.000000	0.000000	0.000000	0.000000	0.000000	0.000000
2.000000	0.000000	1.000000	0.000000	0.000000	2.000000	0.000000	0.000000	0.000000	0.000000	0.000000	0.000000	0.000000	0.000000	0.000000	0.000000	0.000000	0.000000	0.000000	0.000000	0.000000	0.000000	0.000000	0.000000	0.000000	0.000000	0.000000
0.000000	0.000000	2.000000	0.000000	0.000000	2.000000	0.000000	0.000000	0.000000	0.000000	0.000000	0.000000	0.000000	0.000000	0.000000	0.000000	0.000000	0.000000	0.000000	1.000000	0.000000	0.000000	0.000000	0.000000	0.000000	0.000000	0.000000
0.000000	0.000000	1.000000	0.000000	0.000000	1.000000	0.000000	0.000000	2.000000	0.000000	0.000000	0.000000	0.000000	0.000000	0.000000	2.000000	0.000000	0.000000	0.000000	2.000000	0.000000	0.000000	0.000000	0.000000	0.000000	0.000000	0.000000
0.000000	0.000000	2.000000	0.000000	0.000000	1.000000	0.000000	0.000000	0.000000	0.000000	1.000000	0.000000	0.000000	0.000000	0.000000	0.000000	0.000000	0.000000	0.000000	0.000000	0.000000	0.000000	0.000000	0.000000	0.000000	0.000000	0.000000
0.000000	1.000000	1.000000	0.000000	0.000000	1.000000	0.000000	1.000000	1.000000	0.000000	1.000000	0.000000	0.000000	0.000000	0.000000	0.000000	0.000000	0.000000	0.000000	0.000000	0.000000	0.000000	0.000000	0.000000	0.000000	0.000000	0.000000
0.000000	0.000000	1.000000	0.000000	0.000000	2.000000	0.000000	0.000000	0.000000	0.000000	0.000000	0.000000	0.000000	0.000000	0.000000	0.000000	0.000000	0.000000	0.000000	0.000000	0.000000	0.000000	1.000000	1.000000	0.000000	0.000000	1.000000
0.000000	0.000000	0.000000	0.000000	0.000000	0.000000	0.000000	0.000000	0.000000	0.000000	0.000000	1.000000	0.000000	0.000000	0.000000	0.000000	0.000000	0.000000	0.000000	0.000000	0.000000	0.000000	0.000000	0.000000	0.000000	0.000000	0.000000
2.000000	1.000000	1.000000	0.000000	0.000000	1.000000	1.000000	0.000000	1.000000	0.000000	0.000000	1.000000	0.000000	0.000000	0.000000	0.000000	1.000000	0.000000	0.000000	1.000000	0.000000	0.000000	0.000000	0.000000	0.000000	0.000000	0.000000
0.000000	0.000000	0.000000	0.000000	0.000000	0.000000	0.000000	0.000000	0.000000	0.000000	0.000000	0.000000	0.000000	0.000000	0.000000	0.000000	0.000000	0.000000	0.000000	0.000000	0.000000	0.000000	0.000000	0.000000	0.000000	0.000000	0.000000
1.000000	1.000000	1.000000	0.000000	2.000000	1.000000	1.000000	2.000000	1.000000	0.000000	0.000000	1.000000	0.000000	0.000000	0.000000	0.000000	0.000000	0.000000	0.000000	2.000000	0.000000	0.000000	0.000000	2.000000	0.000000	0.000000	2.000000
1.000000	0.000000	1.000000	0.000000	0.000000	1.000000	0.000000	1.000000	0.000000	0.000000	0.000000	0.000000	0.000000	0.000000	0.000000	0.000000	0.000000	0.000000	0.000000	2.000000	0.000000	0.000000	0.000000	0.000000	0.000000	0.000000	0.000000
0.000000	0.000000	3.000000	0.000000	0.000000	0.000000	0.000000	0.000000	0.000000	0.000000	0.000000	0.000000	0.000000	0.000000	0.000000	0.000000	0.000000	0.000000	0.000000	0.000000	0.000000	0.000000	0.000000	0.000000	0.000000	0.000000	0.000000
0.000000	1.000000	1.000000	0.000000	0.000000	2.000000	0.000000	0.000000	2.000000	0.000000	0.000000	0.000000	0.000000	0.000000	0.000000	0.000000	0.000000	0.000000	0.000000	2.000000	0.000000	0.000000	0.000000	0.000000	0.000000	0.000000	0.000000
1.000000	1.000000	1.000000	0.000000	1.000000	1.000000	1.000000	0.000000	1.000000	0.000000	0.000000	1.000000	0.000000	0.000000	0.000000	0.000000	0.000000	0.000000	0.000000	1.000000	0.000000	0.000000	1.000000	0.000000	0.000000	0.000000	0.000000
0.000000	0.000000	0.000000	0.000000	0.000000	0.000000	0.000000	0.000000	0.000000	0.000000	0.000000	0.000000	0.000000	0.000000	0.000000	0.000000	0.000000	0.000000	0.000000	0.000000	0.000000	0.000000	0.000000	0.000000	0.000000	0.000000	0.000000
0.000000	0.000000	2.000000	0.000000	0.000000	0.000000	0.000000	0.000000	0.000000	0.000000	0.000000	1.000000	0.000000	0.000000	1.000000	0.000000	0.000000	0.000000	0.000000	0.000000	0.000000	0.000000	0.000000	0.000000	0.000000	0.000000	0.000000
0.000000	1.000000	1.000000	0.000000	0.000000	1.000000	1.000000	1.000000	1.000000	0.000000	0.000000	0.000000	0.000000	0.000000	0.000000	0.000000	0.000000	0.000000	0.000000	0.000000	0.000000	1.000000	1.000000	1.000000	1.000000	1.000000	1.000000
0.000000	0.000000	2.000000	0.000000	0.000000	2.000000	1.000000	0.000000	0.000000	0.000000	0.000000	0.000000	0.000000	0.000000	0.000000	0.000000	0.000000	0.000000	0.000000	2.000000	0.000000	0.000000	0.000000	0.000000	0.000000	0.000000	0.000000
0.000000	0.000000	0.000000	0.000000	0.000000	1.000000	0.000000	1.000000	0.000000	0.000000	0.000000	0.000000	0.000000	0.000000	0.000000	0.000000	0.000000	0.000000	0.000000	1.000000	0.000000	0.000000	0.000000	0.000000	0.000000	0.000000	0.000000
0.000000	1.000000	1.000000	0.000000	0.000000	1.000000	0.000000	0.000000	1.000000	0.000000	0.000000	1.000000	0.000000	0.000000	0.000000	0.000000	0.000000	0.000000	0.000000	1.000000	1.000000	0.000000	1.000000	0.000000	1.000000	0.000000	0.000000
0.000000	0.000000	0.000000	0.000000	0.000000	0.000000	0.000000	0.000000	0.000000	1.000000	0.000000	1.000000	0.000000	0.000000	0.000000	0.000000	0.000000	0.000000	0.000000	2.000000	0.000000	0.000000	0.000000	0.000000	0.000000	0.000000	0.000000
0.000000	0.000000	0.000000	0.000000	0.000000	0.000000	0.000000	0.000000	0.000000	0.000000	0.000000	3.000000	0.000000	0.000000	0.000000	0.000000	0.000000	0.000000	0.000000	2.000000	0.000000	0.000000	0.000000	0.000000	0.000000	0.000000	0.000000
0.000000	0.000000	1.000000	0.000000	1.000000	0.000000	0.000000	0.000000	1.000000	1.000000	1.000000	1.000000	0.000000	0.000000	1.000000	0.000000	1.000000	0.000000	0.000000	1.000000	1.000000	1.000000	0.000000	1.000000	0.000000	0.000000	0.000000
0.000000	0.000000	0.000000	0.000000	0.000000	0.000000	0.000000	0.000000	0.000000	0.000000	0.000000	0.000000	0.000000	0.000000	0.000000	0.000000	0.000000	0.000000	0.000000	0.000000	0.000000	0.000000	0.000000	0.000000	0.000000	0.000000	0.000000
0.000000	0.000000	0.000000	0.000000	0.000000	0.000000	0.000000	0.000000	0.000000	0.000000	0.000000	0.000000	0.000000	0.000000	0.000000	0.000000	0.000000	0.000000	0.000000	0.000000	0.000000	0.000000	0.000000	0.000000	0.000000	0.000000	0.000000
0.000000	0.000000	0.000000	0.000000	3.000000	0.000000	0.000000	0.000000	0.000000	0.000000	0.000000	1.000000	0.000000	0.000000	1.000000	0.000000	0.000000	0.000000	1.000000	1.000000	1.000000	1.000000	0.000000	0.000000	0.000000	0.000000	0.000000
0.000000	0.000000	0.000000	0.000000	0.000000	0.000000	0.000000	0.000000	0.000000	0.000000	0.000000	0.000000	0.000000	0.000000	0.000000	0.000000	0.000000	0.000000	1.000000	1.000000	1.000000	1.000000	0.000000	0.000000	0.000000	1.000000	1.000000
0.000000	0.000000	0.000000	0.000000	0.000000	0.000000	0.000000	0.000000	0.000000	0.000000	0.000000	1.000000	0.000000	0.000000	0.000000	0.000000	1.000000	1.000000	0.000000	0.000000	0.000000	0.000000	0.000000	0.000000	0.000000	0.000000	0.000000
0.000000	0.000000	0.000000	0.000000	0.000000	0.000000	0.000000	0.000000	0.000000	0.000000	0.000000	0.000000	0.000000	0.000000	0.000000	0.000000	1.000000	1.000000	1.000000	1.000000	1.000000	0.000000	0.000000	0.000000	1.000000	1.000000	1.000000
0.000000	0.000000	0.000000	0.000000	0.000000	0.000000	0.000000	0.000000	0.000000	0.000000	0.000000	0.000000	0.000000	0.000000	2.000000	2.000000	0.000000	2.000000	1.000000	1.000000	0.000000	0.000000	0.000000	0.000000	0.000000	0.000000	0.000000
0.000000	1.000000	1.000000	0.000000	0.000000	0.000000	1.000000	1.000000	1.000000	1.000000	1.000000	1.000000	0.000000	0.000000	1.000000	2.000000	0.000000	1.000000	1.000000	1.000000	1.000000	1.000000	1.000000	1.000000	1.000000	1.000000	1.000000
0.000000	0.000000	0.000000	0.000000	0.000000	0.000000	0.000000	0.000000	1.000000	0.000000	0.000000	1.000000	0.000000	0.000000	1.000000	3.000000	0.000000	2.000000	0.000000	1.000000	1.000000	1.000000	1.000000	0.000000	0.000000	1.000000	1.000000
0.000000	0.000000	0.000000	0.000000	0.000000	1.000000	0.000000	0.000000	0.000000	0.000000	0.000000	1.000000	0.000000	0.000000	1.000000	1.000000	0.000000	0.000000	0.000000	1.000000	1.000000	1.000000	0.000000	0.000000	1.000000	1.000000	0.000000
0.000000	0.000000	3.000000	0.000000	0.000000	2.000000	0.000000	0.000000	2.000000	0.000000	0.000000	0.000000	0.000000	0.000000	0.000000	0.000000	0.000000	0.000000	0.000000	2.000000	1.000000	0.000000	1.000000	0.000000	2.000000	1.000000	0.000000
0.000000	0.000000	0.000000	0.000000	0.000000	3.000000	0.000000	0.000000	0.000000	0.000000	0.000000	3.000000	0.000000	0.000000	0.000000	0.000000	0.000000	0.000000	0.000000	2.000000	0.000000	0.000000	0.000000	0.000000	1.000000	0.000000	0.000000
0.000000	0.000000	0.000000	0.000000	0.000000	3.000000	0.000000	0.000000	3.000000	0.000000	0.000000	0.000000	0.000000	0.000000	0.000000	0.000000	0.000000	2.000000	0.000000	1.000000	0.000000	1.000000	1.000000	1.000000	1.000000	1.000000	1.000000
0.000000	0.000000	0.000000	0.000000	0.000000	3.000000	0.000000	0.000000	0.000000	0.000000	0.000000	0.000000	0.000000	0.000000	0.000000	3.000000	0.000000	2.000000	0.000000	2.000000	1.000000	1.000000	1.000000	0.000000	1.000000	1.000000	1.000000
0.000000	0.000000	0.000000	0.000000	0.000000	2.000000	0.000000	0.000000	0.000000	0.000000	0.000000	0.000000	0.000000	0.000000	0.000000	3.000000	0.000000	2.000000	0.000000	2.000000	2.000000	0.000000	0.000000	0.000000	2.000000	3.000000	1.000000
0.000000	0.000000	0.000000	0.000000	0.000000	0.000000	0.000000	0.000000	0.000000	0.000000	0.000000	0.000000	0.000000	0.000000	0.000000	0.000000	0.000000	0.000000	0.000000	0.000000	0.000000	0.000000	0.000000	0.000000	0.000000	0.000000	0.000000
0.000000	0.000000	0.000000	0.000000	0.000000	2.000000	0.000000	0.000000	2.000000	0.000000	0.000000	2.000000	0.000000	0.000000	0.000000	2.000000	3.000000	2.000000	0.000000	1.000000	0.000000	0.000000	0.000000	1.000000	1.000000	1.000000	0.000000
0.000000	0.000000	0.000000	0.000000	0.000000	0.000000	0.000000	0.000000	0.000000	0.000000	0.000000	0.000000	0.000000	0.000000	0.000000	0.000000	0.000000	0.000000	0.000000	0.000000	0.000000	0.000000	0.000000	0.000000	0.000000	0.000000	0.000000
0.000000	0.000000	0.000000	0.000000	0.000000	2.000000	0.000000	0.000000	0.000000	0.000000	0.000000	0.000000	0.000000	0.000000	0.000000	0.000000	0.000000	0.000000	0.000000	2.000000	0.000000	0.000000	0.000000	0.000000	2.000000	0.000000	0.000000
0.000000	0.000000	0.000000	0.000000	0.000000	0.000000	0.000000	0.000000	0.000000	0.000000	0.000000	0.000000	0.000000	0.000000	0.000000	0.000000	0.000000	0.000000	0.000000	0.000000	0.000000	0.000000	0.000000	0.000000	0.000000	0.000000	0.000000
0.000000	0.000000	0.000000	0.000000	0.000000	0.000000	0.000000	0.000000	0.000000	0.000000	0.000000	0.000000	0.000000	0.000000	0.000000	0.000000	0.000000	0.000000	0.000000	0.000000	0.000000	0.000000	0.000000	0.000000	0.000000	0.000000	0.000000
0.000000	0.000000	3.000000	0.000000	0.000000	3.000000	3.000000	0.000000	0.000000	0.000000	0.000000	3.000000	0.000000	0.000000	3.000000	3.000000	0.000000	3.000000	0.000000	3.000000	3.000000	0.000000	0.000000	0.000000	3.000000	3.000000	0.000000
0.000000	0.000000	0.000000	0.000000	0.000000	3.000000	0.000000	0.000000	0.000000	0.000000	0.000000	0.000000	0.000000	0.000000	3.000000	3.000000	0.000000	0.000000	0.000000	3.000000	3.000000	0.000000	0.000000	0.000000	0.000000	3.000000	0.000000
0.000000	0.000000	0.000000	0.000000	0.000000	2.000000	0.000000	0.000000	2.000000	0.000000	0.000000	0.000000	0.000000	0.000000	0.000000	0.000000	0.000000	0.000000	0.000000	0.000000	0.000000	0.000000	0.000000	0.000000	0.000000	0.000000	0.000000
0.000000	0.000000	2.000000	0.000000	0.000000	2.000000	0.000000	0.000000	1.000000	0.000000	0.000000	0.000000	0.000000	0.000000	0.000000	0.000000	0.000000	0.000000	0.000000	2.000000	0.000000	0.000000	0.000000	0.000000	0.000000	0.000000	0.000000
0.000000	0.000000	0.000000	0.000000	0.000000	1.000000	0.000000	0.000000	0.000000	0.000000	1.000000	0.000000	0.000000	0.000000	1.000000	0.000000	1.000000	0.000000	0.000000	0.000000	0.000000	0.000000	0.000000	0.000000	0.000000	0.000000	0.000000
0.000000	0.000000	0.000000	0.000000	0.000000	0.000000	0.000000	0.000000	0.000000	0.000000	0.000000	0.000000	0.000000	0.000000	0.000000	0.000000	0.000000	0.000000	0.000000	0.000000	0.000000	0.000000	0.000000	0.000000	0.000000	0.000000	0.000000
1.000000	0.000000	1.000000	0.000000	1.000000	1.000000	1.000000	0.000000	1.000000	1.000000	1.000000	1.000000	0.000000	0.000000	1.000000	1.000000	1.000000	1.000000	1.000000	1.000000	1.000000	0.000000	0.000000	2.000000	1.000000	1.000000	0.000000
0.000000	0.000000	0.000000	0.000000	0.000000	0.000000	0.000000	0.000000	0.000000	0.000000	0.000000	0.000000	0.000000	0.000000	0.000000	0.000000	0.000000	0.000000	0.000000	0.000000	0.000000	0.000000	0.000000	0.000000	0.000000	0.000000	0.000000
0.000000	0.000000	0.000000	0.000000	0.000000	0.000000	0.000000	0.000000	0.000000	0.000000	0.000000	0.000000	0.000000	0.000000	0.000000	0.000000	0.000000	0.000000	0.000000	0.000000	0.000000	0.000000	0.000000	0.000000	0.000000	0.000000	0.000000
1.000000	2.000000	1.000000	0.000000	1.000000	1.000000	1.000000	2.000000	1.000000	1.000000	1.000000	1.000000	0.000000	0.000000	1.000000	1.000000	1.000000	1.000000	1.000000	1.000000	1.000000	1.000000	1.000000	1.000000	1.000000	1.000000	1.000000
0.000000	0.000000	0.000000	0.000000	0.000000	0.000000	0.000000	0.000000	1.000000	0.000000	1.000000	0.000000	0.000000	0.000000	0.000000	0.000000	0.000000	0.000000	0.000000	0.000000	0.000000	0.000000	0.000000	0.000000	0.000000	0.000000	0.000000
0.000000	0.000000	0.000000	0.000000	0.000000	0.000000	0.000000	0.000000	0.000000	0.000000	0.000000	0.000000	0.000000	0.000000	0.000000	0.000000	0.000000	0.000000	0.000000	0.000000	0.000000	0.000000	0.000000	0.000000	0.000000	0.000000	0.000000
0.000000	0.000000	0.000000	0.000000	0.000000	0.000000	0.000000	0.000000	0.000000	0.000000	0.000000	0.000000	0.000000	0.000000	0.000000	0.000000	0.000000	0.000000	0.000000	0.000000	0.000000	0.000000	0.000000	0.000000	0.000000	0.000000	0.000000
1.000000	1.000000	1.000000	0.000000	1.000000	1.000000	1.000000	1.000000	1.000000	1.000000	1.000000	1.000000	0.000000	0.000000	1.000000	1.000000	1.000000	1.000000	1.000000	1.000000	1.000000	1.000000	1.000000	1.000000	1.000000	1.000000	1.000000
2.000000	1.000000	1.000000	0.000000	2.000000	2.000000	2.000000	2.000000	1.000000	1.000000	1.000000	1.000000	0.000000	0.000000	1.000000	1.000000	1.000000	1.000000	1.000000	1.000000	1.000000	1.000000	1.000000	1.000000	2.000000	2.000000	1.000000
0.000000	0.000000	0.000000	0.000000	0.000000	2.000000	0.000000	0.000000	0.000000	2.000000	0.000000	0.000000	0.000000	0.000000	0.000000	0.000000	0.000000	0.000000	1.000000	0.000000	0.000000	0.000000	0.000000	0.000000	0.000000	0.000000	0.000000
0.000000	0.000000	0.000000	0.000000	0.000000	0.000000	0.000000	0.000000	0.000000	0.000000	0.000000	0.000000	0.000000	0.000000	0.000000	0.000000	0.000000	0.000000	0.000000	0.000000	0.000000	0.000000	0.000000	0.000000	0.000000	0.000000	0.000000
0.000000	0.000000	0.000000	0.000000	0.000000	0.000000	0.000000	0.000000	0.000000	0.000000	0.000000	0.000000	0.000000	0.000000	0.000000	0.000000	0.000000	0.000000	0.000000	0.000000	0.000000	0.000000	0.000000	0.000000	0.000000	0.000000	0.000000
0.000000	0.000000	0.000000	0.000000	0.000000	0.000000	0.000000	0.000000	0.000000	0.000000	0.000000	0.000000	0.000000	0.000000	0.000000	0.000000	0.000000	0.000000	0.000000	0.000000	0.000000	0.000000	0.000000	0.000000	0.000000	0.000000	0.000000
1.000000	1.000000	1.000000	0.000000	1.000000	1.000000	1.000000	1.000000	1.000000	1.000000	1.000000	1.000000	0.000000	0.000000	1.000000	1.000000	1.000000	1.000000	1.000000	1.000000	1.000000	1.000000	1.000000	1.000000	1.000000	1.000000	1.000000
1.000000	2.000000	2.000000	0.000000	2.000000	2.000000	2.000000	1.000000	2.000000	1.000000	1.000000	2.000000	0.000000	0.000000	1.000000	1.000000	0.000000	1.000000	1.000000	1.000000	1.000000	1.000000	1.000000	2.000000	2.000000	2.000000	1.000000
0.000000	0.000000	0.000000	0.000000	0.000000	0.000000	0.000000	0.000000	0.000000	0.000000	0.000000	0.000000	0.000000	0.000000	0.000000	0.000000	0.000000	0.000000	0.000000	0.000000	0.000000	0.000000	0.000000	0.000000	0.000000	0.000000	0.000000
0.000000	0.000000	0.000000	0.000000	0.000000	0.000000	0.000000	0.000000	0.000000	0.000000	0.000000	0.000000	0.000000	0.000000	0.000000	0.000000	0.000000	0.000000	0.000000	0.000000	0.000000	0.000000	0.000000	0.000000	0.000000	0.000000	0.000000
0.000000	0.000000	0.000000	0.000000	0.000000	0.000000	0.000000	0.000000	0.000000	0.000000	0.000000	0.000000	0.000000	0.000000	0.000000	0.000000	0.000000	0.000000	0.000000	0.000000	0.000000	0.000000	0.000000	0.000000	0.000000	0.000000	0.000000
0.000000	0.000000	0.000000	0.000000	0.000000	0.000000	0.000000	0.000000	0.000000	0.000000	0.000000	0.000000	0.000000	0.000000	0.000000	0.000000	0.000000	0.000000	0.000000	0.000000	0.000000	0.000000	0.000000	0.000000	0.000000	0.000000	0.000000
0.000000	0.000000	0.000000	0.000000	0.000000	2.000000	0.000000	0.000000	1.000000	2.000000	0.000000	0.000000	0.000000	0.000000	0.000000	0.000000	0.000000	0.000000	0.000000	2.000000	0.000000	0.000000	0.000000	0.000000	0.000000	1.000000	0.000000
0.000000	0.000000	0.000000	0.000000	0.000000	0.000000	0.000000	0.000000	0.000000	0.000000	0.000000	0.000000	0.000000	0.000000	0.000000	0.000000	0.000000	0.000000	0.000000	0.000000	0.000000	0.000000	0.000000	0.000000	0.000000	0.000000	0.000000
0.000000	1.000000	0.000000	0.000000	0.000000	0.000000	0.000000	0.000000	0.000000	0.000000	0.000000	0.000000	0.000000	0.000000	0.000000	0.000000	0.000000	0.000000	0.000000	0.000000	0.000000	0.000000	0.000000	0.000000	0.000000	0.000000	0.000000
0.000000	0.000000	0.000000	0.000000	0.000000	0.000000	0.000000	0.000000	0.000000	0.000000	0.000000	0.000000	0.000000	0.000000	0.000000	0.000000	0.000000	0.000000	0.000000	0.000000	0.000000	0.000000	0.000000	0.000000	0.000000	0.000000	0.000000
2.000000	1.000000	1.000000	0.000000	0.000000	2.000000	1.000000	0.000000	2.000000	1.000000	1.000000	1.000000	0.000000	0.000000	1.000000	0.000000	0.000000	0.000000	1.000000	0.000000	1.000000	1.000000	1.000000	1.000000	1.000000	1.000000	0.000000
0.000000	0.000000	0.000000	0.000000	0.000000	0.000000	0.000000	0.000000	0.000000	0.000000	0.000000	0.000000	0.000000	0.000000	0.000000	0.000000	0.000000	0.000000	0.000000	0.000000	0.000000	0.000000	0.000000	0.000000	0.000000	0.000000	0.000000
0.000000	0.000000	2.000000	0.000000	0.000000	0.000000	0.000000	0.000000	0.000000	0.000000	0.000000	0.000000	0.000000	0.000000	0.000000	0.000000	0.000000	0.000000	0.000000	0.000000	0.000000	0.000000	0.000000	0.000000	0.000000	0.000000	0.000000
0.000000	0.000000	0.000000	0.000000	0.000000	0.000000	0.000000	0.000000	0.000000	0.000000	0.000000	0.000000	0.000000	0.000000	0.000000	0.000000	0.000000	0.000000	0.000000	0.000000	0.000000	0.000000	0.000000	0.000000	0.000000	0.000000	0.000000
0.000000	0.000000	0.000000	0.000000	0.000000	0.000000	0.000000	0.000000	0.000000	0.000000	0.000000	0.000000	0.000000	0.000000	0.000000	0.000000	0.000000	0.000000	0.000000	0.000000	0.000000	0.000000	0.000000	0.000000	0.000000	0.000000	0.000000
1.000000	1.000000	1.000000	0.000000	0.000000	1.000000	1.000000	0.000000	1.000000	0.000000	1.000000	0.000000	0.000000	0.000000	0.000000	0.000000	1.000000	1.000000	0.000000	0.000000	1.000000	1.000000	1.000000	1.000000	1.000000	1.000000	1.000000
0.000000	0.000000	0.000000	0.000000	0.000000	0.000000	0.000000	0.000000	0.000000	0.000000	0.000000	0.000000	0.000000	0.000000	0.000000	0.000000	0.000000	0.000000	0.000000	0.000000	0.000000	0.000000	0.000000	0.000000	0.000000	0.000000	0.000000
0.000000	0.000000	0.000000	0.000000	0.000000	0.000000	0.000000	0.000000	0.000000	0.000000	0.000000	0.000000	0.000000	0.000000	0.000000	0.000000	0.000000	0.000000	0.000000	0.000000	0.000000	0.000000	0.000000	0.000000	0.000000	0.000000	0.000000
0.000000	0.000000	0.000000	0.000000	0.000000	0.000000	0.000000	0.000000	0.000000	0.000000	0.000000	0.000000	0.000000	0.000000	0.000000	0.000000	0.000000	0.000000	0.000000	0.000000	0.000000	0.000000	0.000000	0.000000	0.000000	0.000000	0.000000
0.000000	0.000000	0.000000	0.000000	0.000000	0.000000	0.000000	0.000000	0.000000	0.000000	0.000000	0.000000	0.000000	0.000000	0.000000	0.000000	0.000000	0.000000	0.000000	0.000000	0.000000	0.000000	0.000000	0.000000	0.000000	0.000000	0.000000
0.000000	0.000000	0.000000	0.000000	0.000000	0.000000	0.000000	0.000000	0.000000	0.000000	0.000000	0.000000	0.000000	0.000000	0.000000	0.000000	0.000000	0.000000	0.000000	0.000000	0.000000	0.000000	0.000000	0.000000	0.000000	0.000000	0.000000
0.000000	0.000000	2.000000	0.000000	1.000000	1.000000	1.000000	0.000000	2.000000	2.000000	0.000000	1.000000	0.000000	0.000000	0.000000	0.000000	0.000000	0.000000	0.000000	1.000000	1.000000	1.000000	2.000000	1.000000	1.000000	1.000000	0.000000
0.000000	0.000000	1.000000	0.000000	0.000000	0.000000	0.000000	0.000000	0.000000	0.000000	0.000000	0.000000	0.000000	0.000000	0.000000	0.000000	0.000000	0.000000	0.000000	0.000000	0.000000	0.000000	0.000000	0.000000	0.000000	0.000000	0.000000
2.000000	1.000000	2.000000	0.000000	1.000000	1.000000	1.000000	2.000000	1.000000	1.000000	1.000000	1.000000	0.000000	0.000000	1.000000	2.000000	1.000000	1.000000	1.000000	1.000000	1.000000	1.000000	1.000000	1.000000	1.000000	1.000000	1.000000
2.000000	1.000000	1.000000	0.000000	1.000000	1.000000	1.000000	1.000000	1.000000	1.000000	2.000000	1.000000	0.000000	0.000000	1.000000	2.000000	2.000000	1.000000	1.000000	1.000000	1.000000	1.000000	1.000000	1.000000	1.000000	1.000000	1.000000
0.000000	0.000000	0.000000	0.000000	0.000000	0.000000	0.000000	0.000000	0.000000	0.000000	0.000000	0.000000	0.000000	0.000000	0.000000	0.000000	0.000000	0.000000	0.000000	0.000000	0.000000	0.000000	0.000000	0.000000	0.000000	0.000000	0.000000
0.000000	0.000000	0.000000	0.000000	0.000000	0.000000	0.000000	0.000000	0.000000	0.000000	0.000000	0.000000	0.000000	0.000000	0.000000	0.000000	0.000000	0.000000	0.000000	0.000000	0.000000	0.000000	0.000000	0.000000	0.000000	0.000000	0.000000
0.000000	0.000000	2.000000	0.000000	0.000000	0.000000	0.000000	0.000000	0.000000	0.000000	0.000000	0.000000	0.000000	0.000000	0.000000	0.000000	0.000000	0.000000	0.000000	0.000000	0.000000	0.000000	0.000000	0.000000	0.000000	0.000000	0.000000
0.000000	0.000000	0.000000	0.000000	0.000000	0.000000	0.000000	0.000000	0.000000	0.000000	0.000000	0.000000	0.000000	0.000000	0.000000	0.000000	0.000000	0.000000	0.000000	0.000000	0.000000	0.000000	0.000000	0.000000	0.000000	0.000000	0.000000
0.000000	0.000000	0.000000	0.000000	0.000000	0.000000	0.000000	0.000000	0.000000	0.000000	0.000000	0.000000	0.000000	0.000000	0.000000	0.000000	0.000000	0.000000	0.000000	0.000000	0.000000	0.000000	0.000000	0.000000	0.000000	0.000000	0.000000
0.000000	0.000000	1.000000	0.000000	0.000000	2.000000	0.000000	0.000000	0.000000	0.000000	0.000000	1.000000	0.000000	0.000000	0.000000	0.000000	0.000000	0.000000	0.000000	0.000000	0.000000	0.000000	1.000000	0.000000	1.000000	0.000000	0.000000
0.000000	0.000000	1.000000	0.000000	1.000000	2.000000	1.000000	1.000000	1.000000	1.000000	1.000000	1.000000	0.000000	0.000000	1.000000	1.000000	0.000000	0.000000	0.000000	1.000000	1.000000	1.000000	1.000000	0.000000	0.000000	1.000000	0.000000

表 7.2　続き

333	339	341	342	351	352	353	354	359	391	392	411	412	413	419	461	462	471	481	511	531	551	552	553	571	572	573	574
電子応用装置・電気計測器	その他の電気機械	通信機械・同関連機器	電子計算機・同附属装置	乗用車	その他の自動車	自動車部品・同附属品	船舶・同修理	その他の輸送機械・同修理	その他の製造工業製品	再生資源回収・加工処理	建築	建設補修	公共事業	その他の土木建設	電力	ガス・熱供給	水道	廃棄物処理	商業	金融・保険	不動産仲介及び賃貸	住宅賃貸料	住宅賃貸料(帰属家賃)	鉄道輸送	道路輸送(自家輸送を除く。)	自家輸送	水運
0.000000	0.000000	0.000000	0.000000	0.000000	0.000000	0.000000	0.000000	0.000000	0.000000	0.000000	0.000000	2.000000	0.000000	0.000000	3.000000	0.000000	0.000000	0.000000	2.000000	3.000000	0.000000	0.000000	0.000000	0.000000	2.000000	2.000000	0.000000
0.000000	0.000000	0.000000	0.000000	0.000000	0.000000	0.000000	0.000000	0.000000	0.000000	0.000000	0.000000	0.000000	0.000000	0.000000	3.000000	0.000000	0.000000	0.000000	3.000000	3.000000	0.000000	0.000000	0.000000	0.000000	3.000000	4.000000	0.000000
0.000000	0.000000	0.000000	0.000000	0.000000	0.000000	0.000000	0.000000	0.000000	0.000000	0.000000	0.000000	0.000000	0.000000	0.000000	4.000000	0.000000	0.000000	0.000000	3.000000	4.000000	4.000000	0.000000	0.000000	0.000000	3.000000	3.000000	0.000000
0.000000	0.000000	0.000000	0.000000	0.000000	0.000000	0.000000	0.000000	0.000000	0.000000	0.000000	0.000000	0.000000	0.000000	0.000000	0.000000	0.000000	0.000000	0.000000	2.000000	3.000000	0.000000	0.000000	0.000000	0.000000	3.000000	3.000000	0.000000
0.000000	0.000000	0.000000	0.000000	0.000000	0.000000	0.000000	0.000000	0.000000	0.000000	0.000000	0.000000	0.000000	0.000000	0.000000	3.000000	0.000000	0.000000	0.000000	3.000000	3.000000	0.000000	0.000000	0.000000	0.000000	3.000000	3.000000	0.000000
0.000000	0.000000	0.000000	0.000000	0.000000	0.000000	0.000000	0.000000	0.000000	0.000000	0.000000	0.000000	0.000000	0.000000	0.000000	0.000000	0.000000	0.000000	0.000000	0.000000	0.000000	0.000000	0.000000	0.000000	0.000000	0.000000	0.000000	0.000000
0.000000	0.000000	0.000000	0.000000	0.000000	0.000000	0.000000	0.000000	0.000000	0.000000	0.000000	0.000000	0.000000	0.000000	0.000000	0.000000	0.000000	0.000000	0.000000	0.000000	0.000000	0.000000	0.000000	0.000000	0.000000	0.000000	0.000000	0.000000
0.000000	0.000000	0.000000	0.000000	0.000000	0.000000	3.000000	0.000000	0.000000	0.000000	0.000000	0.000000	2.000000	1.000000	1.000000	2.000000	0.000000	0.000000	0.000000	3.000000	3.000000	3.000000	0.000000	0.000000	0.000000	3.000000	3.000000	0.000000
0.000000	0.000000	0.000000	0.000000	0.000000	0.000000	0.000000	0.000000	0.000000	0.000000	0.000000	0.000000	0.000000	0.000000	0.000000	3.000000	0.000000	0.000000	0.000000	3.000000	3.000000	0.000000	0.000000	0.000000	0.000000	3.000000	3.000000	0.000000
0.000000	0.000000	0.000000	0.000000	0.000000	0.000000	0.000000	0.000000	0.000000	0.000000	0.000000	0.000000	0.000000	0.000000	0.000000	2.000000	0.000000	0.000000	0.000000	1.000000	2.000000	0.000000	0.000000	0.000000	0.000000	2.000000	2.000000	0.000000
0.000000	0.000000	0.000000	0.000000	0.000000	0.000000	0.000000	0.000000	0.000000	0.000000	0.000000	0.000000	0.000000	0.000000	0.000000	0.000000	0.000000	0.000000	0.000000	0.000000	0.000000	0.000000	0.000000	0.000000	0.000000	0.000000	0.000000	0.000000
0.000000	0.000000	0.000000	0.000000	0.000000	0.000000	0.000000	0.000000	0.000000	0.000000	0.000000	0.000000	0.000000	0.000000	0.000000	0.000000	0.000000	0.000000	0.000000	0.000000	0.000000	0.000000	0.000000	0.000000	0.000000	0.000000	0.000000	0.000000
0.000000	0.000000	0.000000	0.000000	0.000000	0.000000	0.000000	0.000000	0.000000	0.000000	0.000000	0.000000	1.000000	0.000000	0.000000	3.000000	0.000000	0.000000	0.000000	2.000000	2.000000	0.000000	0.000000	0.000000	0.000000	2.000000	3.000000	0.000000
0.000000	0.000000	0.000000	0.000000	0.000000	0.000000	0.000000	0.000000	0.000000	1.000000	0.000000	0.000000	1.000000	0.000000	0.000000	2.000000	0.000000	0.000000	0.000000	1.000000	1.000000	1.000000	0.000000	0.000000	0.000000	1.000000	2.000000	0.000000
0.000000	0.000000	0.000000	0.000000	0.000000	0.000000	0.000000	0.000000	0.000000	1.000000	0.000000	1.000000	1.000000	0.000000	0.000000	2.000000	0.000000	0.000000	0.000000	1.000000	2.000000	0.000000	0.000000	0.000000	0.000000	2.000000	2.000000	0.000000
0.000000	0.000000	0.000000	0.000000	0.000000	0.000000	0.000000	0.000000	0.000000	0.000000	0.000000	1.000000	1.000000	0.000000	0.000000	1.000000	0.000000	0.000000	0.000000	1.000000	1.000000	2.000000	0.000000	0.000000	0.000000	1.000000	2.000000	0.000000
0.000000	0.000000	0.000000	0.000000	0.000000	0.000000	0.000000	0.000000	0.000000	0.000000	0.000000	0.000000	1.000000	0.000000	0.000000	3.000000	0.000000	0.000000	0.000000	2.000000	2.000000	0.000000	0.000000	0.000000	0.000000	2.000000	2.000000	0.000000
0.000000	0.000000	0.000000	0.000000	0.000000	0.000000	0.000000	0.000000	0.000000	1.000000	0.000000	0.000000	1.000000	0.000000	0.000000	3.000000	0.000000	0.000000	0.000000	1.000000	1.000000	0.000000	0.000000	0.000000	0.000000	1.000000	2.000000	0.000000
0.000000	0.000000	0.000000	1.000000	0.000000	0.000000	0.000000	0.000000	0.000000	1.000000	0.000000	0.000000	2.000000	0.000000	0.000000	1.000000	0.000000	0.000000	0.000000	1.000000	1.000000	2.000000	0.000000	0.000000	0.000000	1.000000	2.000000	0.000000
0.000000	0.000000	0.000000	0.000000	0.000000	0.000000	0.000000	0.000000	0.000000	0.000000	3.000000	0.000000	0.000000	0.000000	0.000000	2.000000	0.000000	0.000000	0.000000	3.000000	0.000000	0.000000	0.000000	0.000000	0.000000	3.000000	4.000000	0.000000
0.000000	0.000000	0.000000	0.000000	0.000000	0.000000	0.000000	0.000000	0.000000	0.000000	0.000000	0.000000	2.000000	0.000000	0.000000	3.000000	0.000000	0.000000	0.000000	3.000000	3.000000	0.000000	0.000000	0.000000	0.000000	2.000000	3.000000	0.000000
0.000000	0.000000	0.000000	0.000000	0.000000	0.000000	0.000000	0.000000	0.000000	0.000000	0.000000	0.000000	0.000000	0.000000	0.000000	0.000000	0.000000	0.000000	0.000000	0.000000	0.000000	0.000000	0.000000	0.000000	0.000000	0.000000	0.000000	0.000000
0.000000	2.000000	0.000000	0.000000	0.000000	0.000000	2.000000	0.000000	0.000000	2.000000	0.000000	0.000000	2.000000	0.000000	0.000000	3.000000	0.000000	0.000000	0.000000	3.000000	3.000000	0.000000	0.000000	0.000000	0.000000	3.000000	3.000000	0.000000
0.000000	0.000000	0.000000	0.000000	0.000000	0.000000	0.000000	0.000000	0.000000	0.000000	0.000000	0.000000	2.000000	0.000000	0.000000	3.000000	0.000000	0.000000	0.000000	2.000000	2.000000	0.000000	0.000000	0.000000	0.000000	3.000000	3.000000	0.000000
0.000000	0.000000	0.000000	0.000000	0.000000	0.000000	0.000000	0.000000	0.000000	0.000000	0.000000	0.000000	2.000000	0.000000	0.000000	3.000000	0.000000	0.000000	0.000000	2.000000	3.000000	0.000000	0.000000	0.000000	0.000000	2.000000	3.000000	0.000000
0.000000	0.000000	0.000000	0.000000	0.000000	0.000000	0.000000	0.000000	0.000000	0.000000	0.000000	0.000000	0.000000	0.000000	0.000000	2.000000	0.000000	0.000000	0.000000	2.000000	2.000000	0.000000	0.000000	0.000000	0.000000	1.000000	3.000000	0.000000
0.000000	0.000000	0.000000	0.000000	0.000000	0.000000	1.000000	0.000000	0.000000	1.000000	0.000000	0.000000	1.000000	0.000000	0.000000	2.000000	0.000000	0.000000	0.000000	2.000000	2.000000	0.000000	0.000000	0.000000	0.000000	2.000000	2.000000	0.000000
0.000000	0.000000	0.000000	0.000000	0.000000	0.000000	0.000000	0.000000	0.000000	0.000000	0.000000	0.000000	0.000000	0.000000	0.000000	0.000000	0.000000	0.000000	0.000000	0.000000	0.000000	0.000000	0.000000	0.000000	0.000000	0.000000	0.000000	0.000000
0.000000	0.000000	0.000000	0.000000	0.000000	0.000000	0.000000	0.000000	0.000000	0.000000	0.000000	0.000000	2.000000	1.000000	0.000000	1.000000	0.000000	0.000000	0.000000	2.000000	3.000000	0.000000	0.000000	0.000000	0.000000	2.000000	3.000000	0.000000
0.000000	1.000000	0.000000	1.000000	0.000000	0.000000	1.000000	1.000000	1.000000	1.000000	1.000000	1.000000	1.000000	1.000000	1.000000	2.000000	0.000000	0.000000	0.000000	1.000000	1.000000	2.000000	0.000000	0.000000	0.000000	2.000000	2.000000	0.000000
0.000000	0.000000	0.000000	0.000000	0.000000	0.000000	1.000000	0.000000	0.000000	0.000000	0.000000	0.000000	2.000000	0.000000	0.000000	2.000000	0.000000	0.000000	0.000000	2.000000	2.000000	0.000000	0.000000	0.000000	0.000000	1.000000	1.000000	0.000000
0.000000	0.000000	0.000000	0.000000	0.000000	0.000000	0.000000	0.000000	0.000000	0.000000	0.000000	0.000000	0.000000	0.000000	0.000000	2.000000	0.000000	0.000000	0.000000	1.000000	1.000000	0.000000	0.000000	0.000000	0.000000	1.000000	2.000000	0.000000
0.000000	1.000000	0.000000	0.000000	0.000000	0.000000	0.000000	0.000000	1.000000	1.000000	0.000000	0.000000	1.000000	0.000000	0.000000	2.000000	2.000000	0.000000	0.000000	2.000000	2.000000	0.000000	0.000000	0.000000	0.000000	2.000000	2.000000	0.000000
0.000000	0.000000	0.000000	0.000000	0.000000	0.000000	0.000000	0.000000	0.000000	0.000000	0.000000	1.000000	1.000000	1.000000	1.000000	2.000000	0.000000	0.000000	0.000000	2.000000	2.000000	2.000000	0.000000	0.000000	0.000000	2.000000	2.000000	0.000000
0.000000	0.000000	0.000000	0.000000	0.000000	0.000000	0.000000	0.000000	0.000000	0.000000	3.000000	0.000000	1.000000	0.000000	0.000000	3.000000	2.000000	0.000000	0.000000	2.000000	3.000000	0.000000	0.000000	0.000000	0.000000	2.000000	3.000000	0.000000
0.000000	1.000000	0.000000	0.000000	0.000000	0.000000	1.000000	0.000000	0.000000	0.000000	0.000000	1.000000	1.000000	1.000000	1.000000	2.000000	0.000000	0.000000	0.000000	2.000000	2.000000	0.000000	0.000000	0.000000	0.000000	2.000000	2.000000	0.000000
0.000000	0.000000	0.000000	0.000000	0.000000	0.000000	0.000000	0.000000	0.000000	0.000000	0.000000	0.000000	0.000000	0.000000	0.000000	0.000000	0.000000	0.000000	0.000000	0.000000	0.000000	0.000000	0.000000	0.000000	0.000000	0.000000	0.000000	0.000000
0.000000	0.000000	0.000000	0.000000	0.000000	0.000000	0.000000	0.000000	0.000000	0.000000	0.000000	0.000000	0.000000	0.000000	0.000000	0.000000	0.000000	0.000000	0.000000	0.000000	0.000000	0.000000	0.000000	0.000000	0.000000	0.000000	0.000000	0.000000
0.000000	0.000000	0.000000	0.000000	0.000000	0.000000	1.000000	1.000000	0.000000	0.000000	4.000000	0.000000	2.000000	0.000000	0.000000	3.000000	0.000000	0.000000	0.000000	3.000000	3.000000	0.000000	0.000000	0.000000	0.000000	3.000000	3.000000	0.000000
0.000000	1.000000	0.000000	0.000000	0.000000	0.000000	1.000000	1.000000	0.000000	0.000000	0.000000	0.000000	2.000000	0.000000	0.000000	3.000000	0.000000	0.000000	0.000000	3.000000	3.000000	0.000000	0.000000	0.000000	0.000000	3.000000	3.000000	0.000000
0.000000	1.000000	0.000000	0.000000	0.000000	0.000000	0.000000	0.000000	0.000000	0.000000	4.000000	0.000000	2.000000	0.000000	0.000000	3.000000	0.000000	0.000000	0.000000	3.000000	3.000000	0.000000	0.000000	0.000000	0.000000	3.000000	0.000000	0.000000
0.000000	1.000000	0.000000	0.000000	0.000000	0.000000	1.000000	0.000000	0.000000	0.000000	0.000000	0.000000	1.000000	0.000000	0.000000	2.000000	0.000000	0.000000	0.000000	3.000000	3.000000	0.000000	0.000000	0.000000	0.000000	3.000000	3.000000	0.000000
0.000000	0.000000	0.000000	0.000000	0.000000	0.000000	0.000000	0.000000	0.000000	0.000000	0.000000	1.000000	1.000000	1.000000	1.000000	2.000000	0.000000	0.000000	0.000000	2.000000	2.000000	2.000000	0.000000	0.000000	0.000000	2.000000	2.000000	0.000000
0.000000	1.000000	0.000000	1.000000	0.000000	0.000000	1.000000	1.000000	0.000000	1.000000	0.000000	1.000000	1.000000	1.000000	1.000000	2.000000	0.000000	0.000000	0.000000	1.000000	2.000000	0.000000	0.000000	0.000000	0.000000	1.000000	2.000000	0.000000
0.000000	0.000000	0.000000	0.000000	0.000000	0.000000	1.000000	1.000000	0.000000	0.000000	0.000000	0.000000	2.000000	0.000000	0.000000	2.000000	0.000000	0.000000	0.000000	3.000000	3.000000	0.000000	0.000000	0.000000	0.000000	2.000000	2.000000	0.000000
0.000000	0.000000	0.000000	0.000000	0.000000	0.000000	0.000000	0.000000	0.000000	0.000000	0.000000	0.000000	0.000000	0.000000	0.000000	2.000000	0.000000	0.000000	0.000000	3.000000	3.000000	0.000000	0.000000	0.000000	0.000000	2.000000	2.000000	0.000000
0.000000	0.000000	0.000000	0.000000	0.000000	0.000000	0.000000	0.000000	0.000000	0.000000	0.000000	0.000000	0.000000	0.000000	0.000000	2.000000	0.000000	0.000000	0.000000	1.000000	2.000000	0.000000	0.000000	0.000000	0.000000	2.000000	2.000000	0.000000
0.000000	1.000000	0.000000	0.000000	0.000000	0.000000	0.000000	0.000000	0.000000	0.000000	0.000000	0.000000	2.000000	0.000000	0.000000	2.000000	0.000000	0.000000	0.000000	3.000000	3.000000	0.000000	0.000000	0.000000	0.000000	2.000000	2.000000	0.000000
0.000000	1.000000	0.000000	1.000000	0.000000	0.000000	1.000000	0.000000	0.000000	0.000000	0.000000	0.000000	2.000000	0.000000	0.000000	2.000000	0.000000	0.000000	0.000000	3.000000	2.000000	0.000000	0.000000	0.000000	0.000000	2.000000	2.000000	0.000000
0.000000	1.000000	0.000000	0.000000	0.000000	0.000000	1.000000	1.000000	0.000000	0.000000	0.000000	0.000000	1.000000	0.000000	0.000000	2.000000	0.000000	0.000000	0.000000	3.000000	3.000000	0.000000	0.000000	0.000000	0.000000	2.000000	2.000000	0.000000
0.000000	0.000000	0.000000	0.000000	0.000000	0.000000	0.000000	0.000000	0.000000	0.000000	0.000000	0.000000	0.000000	0.000000	0.000000	2.000000	0.000000	0.000000	0.000000	3.000000	3.000000	0.000000	0.000000	0.000000	0.000000	1.000000	2.000000	0.000000
0.000000	0.000000	0.000000	0.000000	0.000000	0.000000	0.000000	0.000000	0.000000	0.000000	0.000000	0.000000	0.000000	0.000000	0.000000	0.000000	0.000000	0.000000	0.000000	0.000000	0.000000	0.000000	0.000000	0.000000	0.000000	0.000000	0.000000	0.000000
0.000000	1.000000	0.000000	0.000000	0.000000	0.000000	0.000000	0.000000	0.000000	0.000000	0.000000	0.000000	1.000000	0.000000	0.000000	2.000000	0.000000	0.000000	0.000000	1.000000	2.000000	0.000000	0.000000	0.000000	0.000000	2.000000	2.000000	0.000000
0.000000	0.000000	0.000000	0.000000	0.000000	0.000000	0.000000	0.000000	0.000000	0.000000	0.000000	0.000000	0.000000	0.000000	0.000000	0.000000	0.000000	0.000000	0.000000	0.000000	0.000000	0.000000	0.000000	0.000000	0.000000	0.000000	0.000000	0.000000
0.000000	0.000000	0.000000	1.000000	0.000000	0.000000	0.000000	0.000000	0.000000	0.000000	0.000000	0.000000	0.000000	0.000000	0.000000	2.000000	0.000000	0.000000	0.000000	3.000000	2.000000	0.000000	0.000000	0.000000	0.000000	2.000000	2.000000	0.000000
0.000000	0.000000	0.000000	0.000000	0.000000	0.000000	0.000000	0.000000	0.000000	0.000000	0.000000	0.000000	0.000000	0.000000	0.000000	0.000000	0.000000	0.000000	0.000000	0.000000	0.000000	0.000000	0.000000	0.000000	0.000000	0.000000	0.000000	0.000000
0.000000	0.000000	0.000000	0.000000	0.000000	0.000000	0.000000	0.000000	0.000000	0.000000	0.000000	0.000000	0.000000	0.000000	0.000000	0.000000	0.000000	0.000000	0.000000	0.000000	0.000000	0.000000	0.000000	0.000000	0.000000	0.000000	0.000000	0.000000
0.000000	0.000000	0.000000	0.000000	0.000000	0.000000	1.000000	0.000000	1.000000	0.000000	0.000000	0.000000	3.000000	0.000000	0.000000	2.000000	0.000000	0.000000	0.000000	3.000000	3.000000	0.000000	0.000000	0.000000	0.000000	2.000000	2.000000	0.000000
0.000000	0.000000	0.000000	0.000000	0.000000	0.000000	0.000000	1.000000	0.000000	0.000000	0.000000	0.000000	0.000000	0.000000	0.000000	3.000000	0.000000	0.000000	0.000000	3.000000	3.000000	0.000000	0.000000	0.000000	0.000000	3.000000	4.000000	0.000000
0.000000	0.000000	0.000000	0.000000	0.000000	0.000000	3.000000	0.000000	1.000000	0.000000	0.000000	0.000000	0.000000	0.000000	0.000000	2.000000	0.000000	0.000000	0.000000	2.000000	2.000000	0.000000	0.000000	0.000000	1.000000	0.000000	0.000000	0.000000
0.000000	0.000000	0.000000	0.000000	0.000000	0.000000	0.000000	0.000000	0.000000	1.000000	0.000000	0.000000	1.000000	0.000000	0.000000	2.000000	0.000000	0.000000	0.000000	2.000000	2.000000	0.000000	0.000000	0.000000	0.000000	2.000000	2.000000	0.000000
0.000000	0.000000	0.000000	0.000000	0.000000	0.000000	0.000000	0.000000	0.000000	0.000000	0.000000	0.000000	0.000000	0.000000	0.000000	1.000000	0.000000	0.000000	0.000000	2.000000	3.000000	0.000000	0.000000	0.000000	0.000000	3.000000	3.000000	0.000000
0.000000	0.000000	0.000000	0.000000	0.000000	0.000000	0.000000	0.000000	0.000000	0.000000	0.000000	0.000000	0.000000	0.000000	0.000000	0.000000	0.000000	0.000000	0.000000	0.000000	0.000000	0.000000	0.000000	0.000000	0.000000	0.000000	0.000000	0.000000
0.000000	1.000000	0.000000	0.000000	0.000000	0.000000	2.000000	0.000000	0.000000	1.000000	0.000000	0.000000	2.000000	0.000000	0.000000	1.000000	1.000000	0.000000	1.000000	1.000000	1.000000	1.000000	1.000000	1.000000	1.000000	1.000000	1.000000	0.000000
0.000000	0.000000	0.000000	0.000000	0.000000	0.000000	0.000000	0.000000	0.000000	0.000000	0.000000	0.000000	0.000000	0.000000	0.000000	0.000000	0.000000	0.000000	0.000000	0.000000	0.000000	0.000000	0.000000	0.000000	0.000000	0.000000	0.000000	0.000000
0.000000	0.000000	0.000000	0.000000	0.000000	0.000000	0.000000	0.000000	0.000000	0.000000	0.000000	0.000000	0.000000	0.000000	0.000000	0.000000	0.000000	0.000000	0.000000	0.000000	0.000000	0.000000	0.000000	0.000000	0.000000	0.000000	0.000000	0.000000
0.000000	1.000000	0.000000	2.000000	0.000000	0.000000	2.000000	1.000000	1.000000	2.000000	1.000000	2.000000	2.000000	2.000000	1.000000	1.000000	1.000000	0.000000	1.000000	1.000000	1.000000	1.000000	1.000000	0.000000	1.000000	1.000000	2.000000	0.000000
0.000000	0.000000	0.000000	0.000000	0.000000	0.000000	0.000000	0.000000	0.000000	0.000000	0.000000	0.000000	1.000000	0.000000	0.000000	1.000000	0.000000	0.000000	0.000000	1.000000	1.000000	1.000000	0.000000	0.000000	0.000000	1.000000	2.000000	0.000000
0.000000	0.000000	0.000000	0.000000	0.000000	0.000000	0.000000	0.000000	0.000000	0.000000	0.000000	0.000000	0.000000	0.000000	0.000000	0.000000	0.000000	0.000000	0.000000	0.000000	0.000000	0.000000	0.000000	0.000000	0.000000	0.000000	0.000000	0.000000
0.000000	0.000000	0.000000	0.000000	0.000000	0.000000	0.000000	0.000000	0.000000	0.000000	0.000000	0.000000	2.000000	0.000000	0.000000	1.000000	0.000000	0.000000	0.000000	1.000000	1.000000	0.000000	0.000000	0.000000	1.000000	1.000000	2.000000	0.000000
0.000000	1.000000	0.000000	1.000000	0.000000	0.000000	1.000000	1.000000	1.000000	1.000000	2.000000	1.000000	1.000000	1.000000	1.000000	2.000000	1.000000	0.000000	1.000000	1.000000	1.000000	2.000000	0.000000	0.000000	2.000000	1.000000	1.000000	0.000000
0.000000	1.000000	0.000000	1.000000	0.000000	0.000000	2.000000	1.000000	1.000000	1.000000	2.000000	1.000000	1.000000	1.000000	1.000000	1.000000	1.000000	0.000000	1.000000	1.000000	1.000000	1.000000	1.000000	1.000000	1.000000	1.000000	1.000000	0.000000
0.000000	0.000000	0.000000	0.000000	0.000000	0.000000	0.000000	0.000000	0.000000	0.000000	0.000000	1.000000	2.000000	0.000000	0.000000	1.000000	1.000000	0.000000	0.000000	1.000000	1.000000	1.000000	1.000000	0.000000	0.000000	1.000000	1.000000	0.000000
0.000000	0.000000	0.000000	0.000000	0.000000	0.000000	0.000000	0.000000	0.000000	0.000000	0.000000	0.000000	0.000000	0.000000	0.000000	0.000000	0.000000	0.000000	0.000000	0.000000	0.000000	0.000000	0.000000	0.000000	0.000000	0.000000	0.000000	0.000000
0.000000	0.000000	0.000000	0.000000	0.000000	0.000000	0.000000	0.000000	0.000000	0.000000	0.000000	0.000000	0.000000	0.000000	0.000000	0.000000	0.000000	0.000000	0.000000	0.000000	0.000000	0.000000	0.000000	0.000000	0.000000	0.000000	0.000000	0.000000
0.000000	0.000000	0.000000	0.000000	0.000000	0.000000	0.000000	0.000000	1.000000	0.000000	0.000000	0.000000	1.000000	0.000000	0.000000	1.000000	0.000000	0.000000	1.000000	1.000000	1.000000	0.000000	0.000000	0.000000	0.000000	0.000000	2.000000	0.000000
0.000000	1.000000	0.000000	1.000000	0.000000	0.000000	1.000000	1.000000	0.000000	1.000000	1.000000	1.000000	1.000000	1.000000	1.000000	1.000000	1.000000	0.000000	1.000000	1.000000	1.000000	2.000000	0.000000	0.000000	0.000000	1.000000	2.000000	0.000000
0.000000	2.000000	0.000000	1.000000	0.000000	0.000000	2.000000	2.000000	0.000000	1.000000	1.000000	1.000000	1.000000	1.000000	1.000000	1.000000	1.000000	0.000000	1.000000	1.000000	1.000000	1.000000	1.000000	0.000000	1.000000	1.000000	2.000000	0.000000
0.000000	0.000000	0.000000	0.000000	0.000000	0.000000	0.000000	0.000000	0.000000	0.000000	0.000000	0.000000	0.000000	0.000000	0.000000	0.000000	0.000000	0.000000	0.000000	0.000000	0.000000	0.000000	0.000000	0.000000	0.000000	0.000000	0.000000	0.000000
0.000000	0.000000	0.000000	0.000000	0.000000	0.000000	0.000000	0.000000	0.000000	0.000000	0.000000	0.000000	0.000000	0.000000	0.000000	0.000000	0.000000	0.000000	0.000000	0.000000	0.000000	0.000000	0.000000	0.000000	0.000000	0.000000	0.000000	0.000000
0.000000	0.000000	0.000000	0.000000	0.000000	0.000000	0.000000	0.000000	0.000000	0.000000	0.000000	0.000000	1.000000	0.000000	0.000000	0.000000	0.000000	0.000000	0.000000	1.000000	1.000000	2.000000	0.000000	0.000000	0.000000	0.000000	1.000000	0.000000
0.000000	0.000000	0.000000	0.000000	0.000000	0.000000	0.000000	0.000000	0.000000	0.000000	1.000000	0.000000	1.000000	0.000000	0.000000	1.000000	1.000000	0.000000	0.000000	1.000000	1.000000	2.000000	0.000000	0.000000	0.000000	0.000000	1.000000	0.000000
0.000000	0.000000	0.000000	0.000000	0.000000	0.000000	0.000000	0.000000	0.000000	2.000000	2.000000	0.000000	2.000000	0.000000	0.000000	2.000000	0.000000	0.000000	2.000000	1.000000	2.000000	2.000000	0.000000	0.000000	1.000000	1.000000	1.000000	0.000000
0.000000	0.000000	0.000000	0.000000	0.000000	0.000000	0.000000	0.000000	0.000000	0.000000	0.000000	0.000000	0.000000	0.000000	0.000000	1.000000	0.000000	0.000000	0.000000	1.000000	1.000000	1.000000	0.000000	0.000000	0.000000	1.000000	2.000000	0.000000
0.000000	0.000000	0.000000	0.000000	0.000000	0.000000	0.000000	0.000000	0.000000	0.000000	0.000000	0.000000	1.000000	0.000000	0.000000	2.000000	0.000000	0.000000	1.000000	1.000000	1.000000	1.000000	0.000000	0.000000	1.000000	1.000000	2.000000	0.000000
0.000000	0.000000	0.000000	0.000000	0.000000	0.000000	0.000000	0.000000	0.000000	0.000000	0.000000	0.000000	2.000000	0.000000	0.000000	2.000000	0.000000	0.000000	0.000000	1.000000	2.000000	2.000000	0.000000	0.000000	0.000000	0.000000	3.000000	0.000000
0.000000	1.000000	0.000000	1.000000	0.000000	0.000000	2.000000	0.000000	0.000000	1.000000	0.000000	0.000000	2.000000	0.000000	0.000000	1.000000	1.000000	0.000000	0.000000	1.000000	1.000000	1.000000	0.000000	0.000000	0.000000	1.000000	2.000000	0.000000
0.000000	0.000000	0.000000	0.000000	0.000000	0.000000	0.000000	0.000000	0.000000	0.000000	0.000000	0.000000	2.000000	0.000000	0.000000	2.000000	0.000000	0.000000	0.000000	1.000000	1.000000	2.000000	0.000000	0.000000	0.000000	1.000000	2.000000	0.000000
0.000000	0.000000	0.000000	0.000000	0.000000	0.000000	0.000000	0.000000	0.000000	0.000000	0.000000	0.000000	0.000000	0.000000	0.000000	2.000000	0.000000	0.000000	0.000000	1.000000	1.000000	1.000000	0.000000	0.000000	0.000000	1.000000	2.000000	0.000000
0.000000	0.000000	0.000000	0.000000	0.000000	0.000000	0.000000	2.000000	0.000000	0.000000	0.000000	0.000000	2.000000	0.000000	0.000000	2.000000	0.000000	0.000000	2.000000	2.000000	2.000000	0.000000	0.000000	0.000000	2.000000	2.000000	3.000000	0.000000
0.000000	0.000000	0.000000	0.000000	0.000000	0.000000	0.000000	0.000000	0.000000	0.000000	0.000000	0.000000	2.000000	0.000000	0.000000	1.000000	0.000000	0.000000	0.000000	1.000000	0.000000	0.000000	0.000000	0.000000	1.000000	0.000000	1.000000	0.000000
0.000000	1.000000	0.000000	1.000000	0.000000	0.000000	1.000000	1.000000	1.000000	1.000000	0.000000	0.000000	2.000000	0.000000	0.000000	1.000000	0.000000	0.000000	0.000000	1.000000	2.000000	2.000000	0.000000	0.000000	0.000000	1.000000	3.000000	0.000000
0.000000	0.000000	0.000000	0.000000	0.000000	0.000000	0.000000	0.000000	0.000000	0.000000	0.000000	0.000000	0.000000	0.000000	0.000000	0.000000	0.000000	0.000000	0.000000	0.000000	0.000000	0.000000	0.000000	0.000000	0.000000	0.000000	0.000000	0.000000
0.000000	0.000000	0.000000	0.000000	0.000000	0.000000	0.000000	0.000000	0.000000	0.000000	0.000000	0.000000	0.000000	0.000000	0.000000	0.000000	0.000000	0.000000	0.000000	0.000000	0.000000	0.000000	0.000000	0.000000	0.000000	0.000000	0.000000	0.000000
0.000000	0.000000	0.000000	0.000000	0.000000	0.000000	0.000000	0.000000	0.000000	0.000000	0.000000	0.000000	0.000000	0.000000	0.000000	0.000000	0.000000	0.000000	0.000000	0.000000	0.000000	0.000000	0.000000	0.000000	0.000000	0.000000	0.000000	0.000000
0.000000	0.000000	0.000000	0.000000	0.000000	0.000000	0.000000	0.000000	0.000000	0.000000	0.000000	0.000000	0.000000	0.000000	0.000000	0.000000	0.000000	0.000000	0.000000	0.000000	0.000000	0.000000	0.000000	0.000000	0.000000	0.000000	0.000000	0.000000
0.000000	0.000000	0.000000	0.000000	0.000000	0.000000	0.000000	0.000000	0.000000	0.000000	0.000000	0.000000	0.000000	0.000000	0.000000	1.000000	0.000000	0.000000	0.000000	1.000000	1.000000	1.000000	0.000000	0.000000	0.000000	1.000000	2.000000	0.000000
0.000000	1.000000	0.000000	0.000000	0.000000	0.000000	2.000000	1.000000	1.000000	1.000000	1.000000	1.000000	1.000000	1.000000	1.000000	1.000000	1.000000	0.000000	1.000000	1.000000	1.000000	2.000000	0.000000	0.000000	0.000000	1.000000	1.000000	0.000000
0.000000	0.000000	0.000000	0.000000	0.000000	0.000000	0.000000	0.000000	0.000000	0.000000	0.000000	0.000000	2.000000	0.000000	0.000000	1.000000	0.000000	0.000000	0.000000	1.000000	1.000000	1.000000	0.000000	0.000000	0.000000	0.000000	2.000000	0.000000
0.000000	2.000000	0.000000	2.000000	0.000000	0.000000	2.000000	2.000000	2.000000	2.000000	2.000000	2.000000	1.000000	2.000000	1.000000	1.000000	2.000000	0.000000	1.000000	2.000000	2.000000	2.000000	0.000000	0.000000	2.000000	1.000000	1.000000	0.000000
0.000000	1.000000	0.000000	1.000000	0.000000	0.000000	2.000000	1.000000	1.000000	1.000000	1.000000	1.000000	1.000000	1.000000	1.000000	1.000000	1.000000	0.000000	1.000000	1.000000	1.000000	1.000000	1.000000	0.000000	1.000000	1.000000	2.000000	0.000000
0.000000	0.000000	0.000000	0.000000	0.000000	0.000000	0.000000	0.000000	0.000000	0.000000	0.000000	0.000000	0.000000	0.000000	0.000000	0.000000	0.000000	0.000000	0.000000	0.000000	0.000000	0.000000	0.000000	0.000000	0.000000	0.000000	0.000000	0.000000
0.000000	0.000000	0.000000	0.000000	0.000000	0.000000	0.000000	0.000000	0.000000	0.000000	0.000000	0.000000	2.000000	0.000000	0.000000	2.000000	0.000000	0.000000	3.000000	2.000000	2.000000	2.000000	0.000000	0.000000	0.000000	2.000000	3.000000	0.000000
0.000000	0.000000	0.000000	0.000000	0.000000	0.000000	0.000000	0.000000	0.000000	0.000000	0.000000	0.000000	0.000000	0.000000	0.000000	1.000000	0.000000	0.000000	1.000000	1.000000	0.000000	1.000000	0.000000	0.000000	0.000000	0.000000	2.000000	0.000000
0.000000	0.000000	0.000000	0.000000	0.000000	0.000000	0.000000	0.000000	0.000000	0.000000	0.000000	0.000000	2.000000	0.000000	0.000000	3.000000	0.000000	0.000000	2.000000	2.000000	2.000000	2.000000	0.000000	0.000000	0.000000	0.000000	3.000000	0.000000
0.000000	0.000000	0.000000	0.000000	0.000000	0.000000	0.000000	0.000000	0.000000	0.000000	0.000000	0.000000	0.000000	0.000000	0.000000	2.000000	0.000000	0.000000	2.000000	1.000000	1.000000	1.000000	0.000000	0.000000	0.000000	1.000000	2.000000	0.000000
0.000000	0.000000	0.000000	0.000000	0.000000	0.000000	0.000000	0.000000	0.000000	1.000000	0.000000	0.000000	0.000000	0.000000	0.000000	2.000000	0.000000	0.000000	0.000000	1.000000	1.000000	1.000000	0.000000	0.000000	0.000000	1.000000	1.000000	0.000000
0.000000	0.000000	0.000000	1.000000	0.000000	0.000000	2.000000	1.000000	1.000000	0.000000	0.000000	1.000000	1.000000	1.000000	1.000000	1.000000	0.000000	0.000000	1.000000	1.000000	1.000000	1.000000	1.000000	0.000000	1.000000	1.000000	2.000000	0.000000

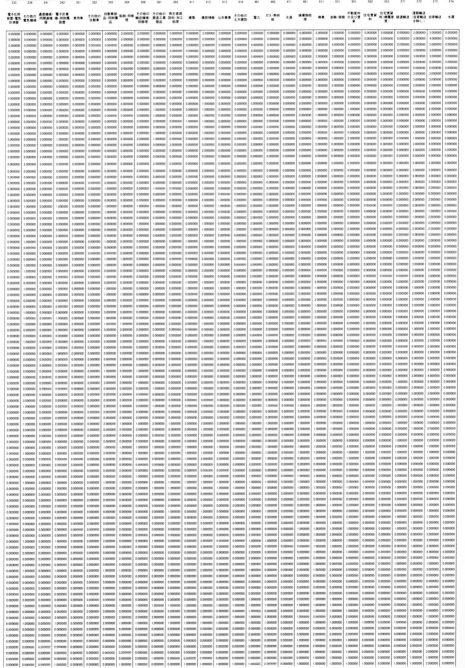

表 7.2　続き

575	576	577	578	579	591	592	593	594	595	611	631	632	641	642	643	644	659	661	662	663	669	671	672	673	674	679	681	691
航空輸送	貨物利用運送	倉庫	運輸附帯サービス	郵便・信書便	通信	放送	情報サービス	インターネット附随サービス	映像・音声・文字情報制作	公務	教育	研究	医療	保健衛生	社会保険・社会福祉	介護	その他の非営利団体サービス	物品賃貸サービス	広告	自動車整備・機械修理	その他の対事業所サービス	宿泊業	飲食サービス	洗濯・理容・美容・浴場業	娯楽サービス	その他の対個人サービス	事務用品	分類不明
.000000	0.000000	0.000000	0.000000	0.000000	0.000000	0.000000	0.000000	0.000000	0.000000	0.000000	0.000000	0.000000	0.000000	0.000000	0.000000	0.000000	0.000000	2.000000	0.000000	2.000000	3.000000	1.000000	1.000000	0.000000	0.000000	0.000000	0.000000	3.000000
.000000	0.000000	0.000000	0.000000	0.000000	0.000000	0.000000	0.000000	0.000000	0.000000	0.000000	0.000000	0.000000	0.000000	0.000000	0.000000	0.000000	0.000000	0.000000	0.000000	3.000000	3.000000	0.000000	0.000000	0.000000	0.000000	0.000000	0.000000	0.000000
.000000	0.000000	0.000000	0.000000	0.000000	0.000000	0.000000	0.000000	0.000000	0.000000	0.000000	0.000000	0.000000	0.000000	0.000000	0.000000	0.000000	0.000000	3.000000	0.000000	3.000000	3.000000	0.000000	0.000000	0.000000	0.000000	0.000000	0.000000	3.000000
.000000	0.000000	0.000000	0.000000	0.000000	0.000000	0.000000	0.000000	0.000000	0.000000	0.000000	0.000000	0.000000	0.000000	0.000000	0.000000	0.000000	0.000000	0.000000	0.000000	3.000000	0.000000	0.000000	0.000000	0.000000	0.000000	0.000000	0.000000	3.000000
.000000	0.000000	0.000000	0.000000	0.000000	0.000000	0.000000	0.000000	0.000000	0.000000	0.000000	0.000000	0.000000	0.000000	0.000000	0.000000	0.000000	0.000000	0.000000	0.000000	3.000000	2.000000	0.000000	0.000000	0.000000	0.000000	0.000000	0.000000	0.000000
.000000	0.000000	0.000000	0.000000	0.000000	0.000000	0.000000	0.000000	0.000000	0.000000	0.000000	0.000000	0.000000	0.000000	0.000000	0.000000	0.000000	0.000000	0.000000	0.000000	0.000000	0.000000	0.000000	0.000000	0.000000	0.000000	0.000000	0.000000	0.000000
.000000	0.000000	0.000000	0.000000	0.000000	0.000000	0.000000	0.000000	0.000000	0.000000	0.000000	0.000000	0.000000	0.000000	0.000000	0.000000	0.000000	0.000000	0.000000	0.000000	0.000000	0.000000	0.000000	0.000000	0.000000	0.000000	0.000000	0.000000	0.000000
.000000	0.000000	0.000000	3.000000	0.000000	0.000000	0.000000	0.000000	0.000000	0.000000	0.000000	0.000000	0.000000	0.000000	0.000000	0.000000	0.000000	0.000000	3.000000	0.000000	2.000000	3.000000	0.000000	0.000000	0.000000	0.000000	0.000000	0.000000	0.000000
.000000	0.000000	0.000000	0.000000	0.000000	0.000000	0.000000	0.000000	0.000000	0.000000	0.000000	0.000000	0.000000	0.000000	0.000000	1.000000	1.000000	0.000000	0.000000	0.000000	2.000000	2.000000	1.000000	1.000000	0.000000	0.000000	0.000000	0.000000	0.000000
.000000	0.000000	0.000000	0.000000	0.000000	0.000000	0.000000	0.000000	0.000000	0.000000	0.000000	0.000000	0.000000	0.000000	0.000000	0.000000	0.000000	0.000000	0.000000	0.000000	2.000000	1.000000	0.000000	1.000000	0.000000	0.000000	0.000000	0.000000	0.000000
.000000	0.000000	0.000000	0.000000	0.000000	0.000000	0.000000	0.000000	0.000000	0.000000	0.000000	0.000000	0.000000	0.000000	0.000000	0.000000	0.000000	0.000000	0.000000	0.000000	0.000000	0.000000	0.000000	0.000000	0.000000	0.000000	0.000000	0.000000	0.000000
.000000	0.000000	0.000000	0.000000	0.000000	0.000000	0.000000	0.000000	0.000000	0.000000	0.000000	0.000000	0.000000	0.000000	0.000000	0.000000	0.000000	0.000000	0.000000	0.000000	0.000000	0.000000	0.000000	0.000000	0.000000	0.000000	0.000000	0.000000	0.000000
.000000	0.000000	0.000000	0.000000	0.000000	0.000000	0.000000	0.000000	0.000000	0.000000	0.000000	0.000000	2.000000	0.000000	0.000000	0.000000	0.000000	0.000000	0.000000	0.000000	2.000000	2.000000	0.000000	0.000000	0.000000	0.000000	0.000000	1.000000	0.000000
.000000	0.000000	0.000000	0.000000	0.000000	0.000000	0.000000	1.000000	0.000000	0.000000	0.000000	0.000000	1.000000	0.000000	0.000000	0.000000	0.000000	1.000000	1.000000	0.000000	1.000000	1.000000	0.000000	0.000000	0.000000	0.000000	0.000000	0.000000	0.000000
.000000	0.000000	0.000000	1.000000	0.000000	0.000000	0.000000	0.000000	0.000000	0.000000	0.000000	0.000000	0.000000	0.000000	0.000000	0.000000	0.000000	0.000000	2.000000	0.000000	2.000000	1.000000	0.000000	0.000000	0.000000	0.000000	0.000000	0.000000	0.000000
.000000	0.000000	0.000000	0.000000	0.000000	0.000000	0.000000	1.000000	0.000000	0.000000	0.000000	0.000000	1.000000	0.000000	0.000000	0.000000	0.000000	1.000000	1.000000	0.000000	2.000000	1.000000	0.000000	0.000000	0.000000	0.000000	0.000000	0.000000	0.000000
.000000	0.000000	0.000000	1.000000	0.000000	0.000000	0.000000	1.000000	0.000000	1.000000	0.000000	0.000000	2.000000	0.000000	0.000000	0.000000	0.000000	0.000000	0.000000	0.000000	3.000000	1.000000	0.000000	0.000000	0.000000	0.000000	0.000000	1.000000	0.000000
.000000	0.000000	1.000000	1.000000	0.000000	0.000000	0.000000	1.000000	0.000000	0.000000	0.000000	0.000000	1.000000	0.000000	0.000000	1.000000	0.000000	0.000000	0.000000	0.000000	2.000000	1.000000	0.000000	0.000000	0.000000	0.000000	0.000000	1.000000	0.000000
.000000	0.000000	0.000000	1.000000	1.000000	1.000000	0.000000	1.000000	1.000000	1.000000	1.000000	0.000000	1.000000	0.000000	0.000000	1.000000	0.000000	1.000000	1.000000	1.000000	2.000000	1.000000	0.000000	0.000000	0.000000	1.000000	0.000000	2.000000	2.000000
.000000	0.000000	0.000000	0.000000	0.000000	0.000000	0.000000	0.000000	0.000000	0.000000	2.000000	0.000000	2.000000	0.000000	0.000000	0.000000	0.000000	0.000000	0.000000	0.000000	3.000000	3.000000	0.000000	0.000000	0.000000	0.000000	0.000000	0.000000	1.000000
.000000	0.000000	0.000000	0.000000	0.000000	0.000000	0.000000	0.000000	0.000000	0.000000	0.000000	0.000000	1.000000	0.000000	0.000000	0.000000	0.000000	3.000000	0.000000	0.000000	2.000000	2.000000	0.000000	0.000000	0.000000	0.000000	0.000000	0.000000	0.000000
.000000	0.000000	0.000000	0.000000	0.000000	0.000000	0.000000	0.000000	0.000000	0.000000	0.000000	0.000000	0.000000	0.000000	0.000000	0.000000	0.000000	0.000000	0.000000	0.000000	0.000000	0.000000	0.000000	0.000000	0.000000	0.000000	0.000000	0.000000	0.000000
.000000	0.000000	0.000000	0.000000	0.000000	0.000000	0.000000	3.000000	0.000000	0.000000	0.000000	0.000000	1.000000	0.000000	0.000000	0.000000	0.000000	0.000000	0.000000	0.000000	2.000000	3.000000	0.000000	0.000000	0.000000	0.000000	0.000000	2.000000	2.000000
.000000	0.000000	0.000000	0.000000	0.000000	0.000000	0.000000	2.000000	0.000000	0.000000	0.000000	0.000000	2.000000	0.000000	0.000000	0.000000	0.000000	0.000000	0.000000	0.000000	2.000000	2.000000	0.000000	0.000000	0.000000	0.000000	0.000000	0.000000	1.000000
.000000	0.000000	0.000000	0.000000	0.000000	0.000000	0.000000	2.000000	0.000000	0.000000	0.000000	0.000000	2.000000	0.000000	0.000000	0.000000	0.000000	0.000000	0.000000	0.000000	3.000000	2.000000	0.000000	0.000000	0.000000	0.000000	0.000000	0.000000	0.000000
.000000	0.000000	0.000000	0.000000	0.000000	2.000000	0.000000	2.000000	0.000000	0.000000	0.000000	0.000000	1.000000	1.000000	0.000000	0.000000	0.000000	0.000000	0.000000	0.000000	2.000000	2.000000	0.000000	0.000000	0.000000	0.000000	0.000000	0.000000	0.000000
.000000	0.000000	0.000000	0.000000	0.000000	0.000000	0.000000	2.000000	0.000000	1.000000	0.000000	0.000000	1.000000	0.000000	0.000000	0.000000	0.000000	0.000000	1.000000	1.000000	1.000000	1.000000	0.000000	0.000000	1.000000	0.000000	0.000000	1.000000	1.000000
.000000	0.000000	0.000000	0.000000	0.000000	0.000000	0.000000	0.000000	0.000000	0.000000	0.000000	0.000000	0.000000	0.000000	0.000000	0.000000	0.000000	0.000000	0.000000	0.000000	0.000000	0.000000	0.000000	0.000000	0.000000	0.000000	0.000000	0.000000	0.000000
.000000	0.000000	0.000000	0.000000	0.000000	0.000000	0.000000	0.000000	0.000000	0.000000	0.000000	0.000000	0.000000	0.000000	0.000000	0.000000	0.000000	0.000000	2.000000	0.000000	3.000000	2.000000	0.000000	0.000000	0.000000	0.000000	0.000000	0.000000	2.000000
.000000	0.000000	0.000000	1.000000	0.000000	0.000000	0.000000	1.000000	0.000000	0.000000	0.000000	0.000000	1.000000	0.000000	0.000000	0.000000	0.000000	0.000000	2.000000	0.000000	1.000000	1.000000	0.000000	0.000000	0.000000	0.000000	0.000000	1.000000	1.000000
.000000	0.000000	0.000000	0.000000	0.000000	0.000000	0.000000	2.000000	0.000000	0.000000	0.000000	0.000000	2.000000	0.000000	0.000000	0.000000	0.000000	0.000000	2.000000	0.000000	1.000000	2.000000	0.000000	0.000000	0.000000	0.000000	0.000000	0.000000	2.000000
.000000	0.000000	0.000000	0.000000	0.000000	0.000000	0.000000	0.000000	0.000000	0.000000	0.000000	0.000000	0.000000	0.000000	0.000000	0.000000	0.000000	0.000000	0.000000	0.000000	2.000000	1.000000	0.000000	0.000000	0.000000	0.000000	0.000000	0.000000	1.000000
.000000	0.000000	0.000000	2.000000	0.000000	0.000000	0.000000	2.000000	0.000000	0.000000	0.000000	0.000000	1.000000	0.000000	0.000000	0.000000	0.000000	0.000000	2.000000	0.000000	1.000000	2.000000	0.000000	0.000000	0.000000	0.000000	0.000000	0.000000	1.000000
.000000	0.000000	0.000000	2.000000	0.000000	0.000000	0.000000	3.000000	0.000000	0.000000	0.000000	0.000000	0.000000	0.000000	0.000000	0.000000	0.000000	0.000000	2.000000	0.000000	3.000000	2.000000	0.000000	0.000000	0.000000	0.000000	0.000000	0.000000	1.000000
.000000	0.000000	0.000000	0.000000	0.000000	0.000000	0.000000	3.000000	0.000000	0.000000	0.000000	0.000000	2.000000	0.000000	0.000000	0.000000	0.000000	0.000000	0.000000	0.000000	2.000000	2.000000	0.000000	0.000000	0.000000	0.000000	0.000000	0.000000	1.000000
.000000	0.000000	0.000000	0.000000	0.000000	0.000000	0.000000	3.000000	0.000000	0.000000	0.000000	0.000000	0.000000	0.000000	0.000000	0.000000	0.000000	0.000000	3.000000	0.000000	2.000000	2.000000	0.000000	0.000000	0.000000	0.000000	0.000000	1.000000	1.000000
.000000	0.000000	0.000000	0.000000	0.000000	0.000000	0.000000	0.000000	0.000000	0.000000	0.000000	0.000000	0.000000	0.000000	0.000000	0.000000	0.000000	0.000000	0.000000	0.000000	0.000000	0.000000	0.000000	0.000000	0.000000	0.000000	0.000000	0.000000	0.000000
.000000	0.000000	0.000000	0.000000	0.000000	0.000000	0.000000	0.000000	0.000000	0.000000	0.000000	0.000000	0.000000	0.000000	0.000000	0.000000	0.000000	0.000000	0.000000	0.000000	0.000000	0.000000	0.000000	0.000000	0.000000	0.000000	0.000000	0.000000	0.000000
.000000	0.000000	0.000000	0.000000	0.000000	0.000000	0.000000	3.000000	0.000000	0.000000	0.000000	0.000000	0.000000	0.000000	0.000000	0.000000	0.000000	0.000000	0.000000	0.000000	2.000000	3.000000	0.000000	0.000000	0.000000	0.000000	0.000000	0.000000	1.000000
.000000	0.000000	0.000000	0.000000	0.000000	0.000000	0.000000	0.000000	0.000000	0.000000	0.000000	0.000000	0.000000	0.000000	0.000000	0.000000	0.000000	0.000000	0.000000	0.000000	2.000000	3.000000	0.000000	0.000000	0.000000	0.000000	0.000000	0.000000	1.000000
.000000	0.000000	0.000000	0.000000	0.000000	0.000000	0.000000	0.000000	0.000000	0.000000	0.000000	0.000000	2.000000	0.000000	0.000000	0.000000	0.000000	0.000000	0.000000	0.000000	2.000000	3.000000	0.000000	0.000000	0.000000	0.000000	0.000000	0.000000	0.000000
.000000	0.000000	0.000000	0.000000	0.000000	0.000000	0.000000	0.000000	0.000000	0.000000	0.000000	0.000000	2.000000	0.000000	0.000000	0.000000	0.000000	0.000000	0.000000	0.000000	2.000000	2.000000	0.000000	0.000000	0.000000	0.000000	0.000000	0.000000	0.000000
.000000	0.000000	0.000000	0.000000	0.000000	0.000000	0.000000	3.000000	0.000000	0.000000	0.000000	0.000000	0.000000	0.000000	0.000000	0.000000	0.000000	0.000000	0.000000	0.000000	2.000000	2.000000	0.000000	0.000000	0.000000	0.000000	0.000000	0.000000	0.000000
.000000	0.000000	0.000000	1.000000	0.000000	0.000000	0.000000	0.000000	0.000000	0.000000	0.000000	0.000000	0.000000	0.000000	0.000000	0.000000	0.000000	0.000000	2.000000	0.000000	2.000000	2.000000	0.000000	0.000000	0.000000	0.000000	0.000000	0.000000	1.000000
.000000	0.000000	0.000000	0.000000	0.000000	0.000000	0.000000	2.000000	0.000000	0.000000	0.000000	0.000000	2.000000	0.000000	0.000000	0.000000	0.000000	0.000000	2.000000	0.000000	1.000000	2.000000	0.000000	0.000000	0.000000	0.000000	0.000000	0.000000	2.000000
.000000	0.000000	0.000000	0.000000	0.000000	0.000000	0.000000	2.000000	0.000000	0.000000	0.000000	0.000000	2.000000	0.000000	0.000000	0.000000	0.000000	0.000000	2.000000	0.000000	1.000000	2.000000	0.000000	0.000000	0.000000	0.000000	0.000000	0.000000	2.000000
.000000	0.000000	0.000000	0.000000	0.000000	0.000000	0.000000	2.000000	0.000000	0.000000	0.000000	0.000000	2.000000	0.000000	0.000000	0.000000	0.000000	0.000000	1.000000	0.000000	1.000000	2.000000	0.000000	0.000000	0.000000	0.000000	0.000000	1.000000	2.000000
.000000	0.000000	0.000000	0.000000	0.000000	0.000000	0.000000	2.000000	0.000000	0.000000	0.000000	0.000000	2.000000	0.000000	0.000000	0.000000	0.000000	0.000000	2.000000	0.000000	1.000000	3.000000	0.000000	0.000000	0.000000	0.000000	0.000000	0.000000	0.000000
.000000	0.000000	0.000000	0.000000	0.000000	0.000000	0.000000	2.000000	0.000000	0.000000	0.000000	0.000000	1.000000	0.000000	0.000000	0.000000	0.000000	0.000000	2.000000	0.000000	1.000000	2.000000	0.000000	0.000000	0.000000	0.000000	0.000000	1.000000	0.000000
.000000	0.000000	0.000000	2.000000	0.000000	0.000000	0.000000	2.000000	0.000000	0.000000	0.000000	0.000000	2.000000	0.000000	0.000000	0.000000	0.000000	0.000000	2.000000	0.000000	1.000000	3.000000	0.000000	0.000000	0.000000	0.000000	0.000000	0.000000	2.000000
.000000	0.000000	0.000000	0.000000	0.000000	0.000000	0.000000	0.000000	0.000000	0.000000	0.000000	0.000000	2.000000	0.000000	0.000000	0.000000	0.000000	0.000000	0.000000	0.000000	1.000000	2.000000	0.000000	0.000000	0.000000	0.000000	0.000000	0.000000	0.000000
.000000	0.000000	0.000000	0.000000	0.000000	0.000000	0.000000	0.000000	0.000000	0.000000	0.000000	0.000000	0.000000	0.000000	0.000000	0.000000	0.000000	0.000000	0.000000	0.000000	0.000000	0.000000	0.000000	0.000000	0.000000	0.000000	0.000000	0.000000	0.000000
.000000	0.000000	0.000000	0.000000	0.000000	0.000000	0.000000	2.000000	0.000000	0.000000	0.000000	0.000000	2.000000	0.000000	0.000000	0.000000	0.000000	0.000000	2.000000	0.000000	1.000000	2.000000	0.000000	0.000000	0.000000	0.000000	0.000000	0.000000	0.000000
.000000	0.000000	0.000000	0.000000	0.000000	0.000000	0.000000	0.000000	0.000000	0.000000	0.000000	0.000000	0.000000	0.000000	0.000000	0.000000	0.000000	0.000000	0.000000	0.000000	0.000000	0.000000	0.000000	0.000000	0.000000	0.000000	0.000000	0.000000	0.000000
.000000	0.000000	0.000000	0.000000	0.000000	0.000000	0.000000	2.000000	0.000000	0.000000	0.000000	0.000000	2.000000	0.000000	0.000000	0.000000	0.000000	0.000000	0.000000	0.000000	1.000000	2.000000	0.000000	0.000000	0.000000	0.000000	0.000000	0.000000	2.000000
.000000	0.000000	0.000000	0.000000	0.000000	0.000000	0.000000	0.000000	0.000000	0.000000	0.000000	0.000000	0.000000	0.000000	0.000000	0.000000	0.000000	0.000000	0.000000	0.000000	0.000000	0.000000	0.000000	0.000000	0.000000	0.000000	0.000000	0.000000	0.000000
.000000	0.000000	0.000000	0.000000	0.000000	0.000000	0.000000	0.000000	0.000000	0.000000	0.000000	0.000000	0.000000	0.000000	0.000000	0.000000	0.000000	0.000000	0.000000	0.000000	0.000000	0.000000	0.000000	0.000000	0.000000	0.000000	0.000000	0.000000	0.000000
.000000	0.000000	0.000000	0.000000	0.000000	0.000000	0.000000	2.000000	0.000000	0.000000	0.000000	0.000000	2.000000	0.000000	0.000000	0.000000	0.000000	0.000000	2.000000	0.000000	1.000000	3.000000	0.000000	0.000000	0.000000	0.000000	0.000000	0.000000	3.000000
.000000	0.000000	0.000000	0.000000	0.000000	0.000000	0.000000	0.000000	0.000000	0.000000	1.000000	0.000000	1.000000	0.000000	0.000000	0.000000	0.000000	0.000000	3.000000	0.000000	3.000000	3.000000	0.000000	0.000000	0.000000	0.000000	0.000000	0.000000	2.000000
.000000	0.000000	0.000000	0.000000	0.000000	0.000000	0.000000	0.000000	0.000000	0.000000	0.000000	0.000000	2.000000	0.000000	0.000000	0.000000	0.000000	0.000000	2.000000	0.000000	1.000000	2.000000	0.000000	0.000000	0.000000	0.000000	0.000000	0.000000	2.000000
.000000	0.000000	0.000000	2.000000	0.000000	0.000000	0.000000	1.000000	0.000000	0.000000	0.000000	0.000000	1.000000	0.000000	0.000000	0.000000	0.000000	0.000000	1.000000	0.000000	1.000000	1.000000	0.000000	0.000000	0.000000	0.000000	0.000000	1.000000	0.000000
.000000	0.000000	2.000000	2.000000	0.000000	0.000000	0.000000	0.000000	0.000000	0.000000	0.000000	0.000000	0.000000	0.000000	0.000000	0.000000	0.000000	0.000000	3.000000	0.000000	2.000000	2.000000	0.000000	0.000000	0.000000	0.000000	0.000000	0.000000	0.000000
.000000	0.000000	0.000000	0.000000	0.000000	0.000000	0.000000	0.000000	0.000000	0.000000	0.000000	0.000000	0.000000	0.000000	0.000000	0.000000	0.000000	0.000000	0.000000	0.000000	0.000000	0.000000	0.000000	0.000000	0.000000	0.000000	0.000000	0.000000	0.000000
.000000	1.000000	1.000000	1.000000	0.000000	1.000000	1.000000	2.000000	1.000000	0.000000	1.000000	1.000000	1.000000	0.000000	0.000000	0.000000	0.000000	0.000000	1.000000	2.000000	2.000000	1.000000	0.000000	0.000000	0.000000	1.000000	0.000000	0.000000	2.000000
.000000	0.000000	0.000000	0.000000	0.000000	0.000000	0.000000	0.000000	0.000000	0.000000	0.000000	0.000000	0.000000	0.000000	0.000000	0.000000	0.000000	0.000000	0.000000	0.000000	0.000000	0.000000	0.000000	0.000000	0.000000	0.000000	0.000000	0.000000	0.000000
.000000	0.000000	0.000000	0.000000	0.000000	0.000000	0.000000	0.000000	0.000000	0.000000	0.000000	0.000000	0.000000	0.000000	0.000000	0.000000	0.000000	0.000000	0.000000	0.000000	0.000000	0.000000	0.000000	0.000000	0.000000	0.000000	0.000000	0.000000	0.000000
.000000	0.000000	1.000000	1.000000	1.000000	1.000000	1.000000	2.000000	2.000000	2.000000	1.000000	1.000000	1.000000	1.000000	0.000000	1.000000	1.000000	2.000000	1.000000	2.000000	2.000000	1.000000	1.000000	1.000000	1.000000	1.000000	1.000000	2.000000	1.000000
.000000	0.000000	2.000000	0.000000	0.000000	0.000000	0.000000	2.000000	0.000000	0.000000	0.000000	0.000000	0.000000	0.000000	0.000000	0.000000	0.000000	0.000000	2.000000	0.000000	1.000000	1.000000	1.000000	0.000000	0.000000	0.000000	0.000000	0.000000	0.000000
.000000	0.000000	0.000000	0.000000	0.000000	0.000000	0.000000	0.000000	0.000000	0.000000	0.000000	0.000000	0.000000	0.000000	0.000000	0.000000	0.000000	0.000000	0.000000	0.000000	0.000000	0.000000	0.000000	0.000000	0.000000	0.000000	0.000000	0.000000	0.000000
.000000	0.000000	0.000000	1.000000	0.000000	1.000000	0.000000	0.000000	0.000000	0.000000	1.000000	0.000000	0.000000	0.000000	0.000000	0.000000	0.000000	0.000000	2.000000	0.000000	1.000000	2.000000	1.000000	1.000000	1.000000	1.000000	1.000000	0.000000	1.000000
.000000	1.000000	1.000000	1.000000	1.000000	2.000000	2.000000	1.000000	2.000000	1.000000	1.000000	1.000000	1.000000	1.000000	0.000000	1.000000	1.000000	1.000000	1.000000	2.000000	1.000000	1.000000	1.000000	1.000000	1.000000	1.000000	1.000000	1.000000	1.000000
.000000	1.000000	1.000000	1.000000	1.000000	1.000000	1.000000	1.000000	2.000000	2.000000	1.000000	0.000000	1.000000	1.000000	0.000000	1.000000	1.000000	1.000000	1.000000	2.000000	1.000000	1.000000	1.000000	1.000000	0.000000	1.000000	1.000000	2.000000	1.000000
.000000	1.000000	1.000000	1.000000	1.000000	1.000000	1.000000	1.000000	1.000000	1.000000	0.000000	0.000000	1.000000	1.000000	0.000000	0.000000	1.000000	1.000000	1.000000	2.000000	2.000000	1.000000	1.000000	1.000000	1.000000	1.000000	1.000000	2.000000	1.000000
.000000	0.000000	0.000000	0.000000	0.000000	0.000000	0.000000	0.000000	0.000000	0.000000	0.000000	0.000000	0.000000	0.000000	0.000000	0.000000	0.000000	0.000000	0.000000	0.000000	0.000000	0.000000	0.000000	0.000000	0.000000	0.000000	0.000000	0.000000	0.000000
.000000	0.000000	0.000000	0.000000	0.000000	0.000000	0.000000	0.000000	0.000000	0.000000	0.000000	0.000000	0.000000	0.000000	0.000000	0.000000	0.000000	0.000000	0.000000	0.000000	0.000000	0.000000	0.000000	0.000000	0.000000	0.000000	0.000000	0.000000	0.000000
.000000	0.000000	0.000000	1.000000	0.000000	1.000000	0.000000	0.000000	0.000000	0.000000	1.000000	1.000000	0.000000	0.000000	0.000000	0.000000	0.000000	0.000000	0.000000	0.000000	2.000000	1.000000	0.000000	0.000000	0.000000	0.000000	0.000000	0.000000	1.000000
.000000	0.000000	0.000000	1.000000	1.000000	1.000000	0.000000	1.000000	1.000000	1.000000	1.000000	0.000000	1.000000	1.000000	0.000000	1.000000	0.000000	1.000000	1.000000	0.000000	1.000000	1.000000	1.000000	1.000000	0.000000	0.000000	1.000000	1.000000	1.000000
.000000	1.000000	1.000000	1.000000	1.000000	1.000000	1.000000	1.000000	1.000000	1.000000	1.000000	1.000000	1.000000	1.000000	0.000000	1.000000	1.000000	1.000000	1.000000	1.000000	1.000000	1.000000	1.000000	2.000000	1.000000	1.000000	1.000000	2.000000	1.000000
.000000	0.000000	0.000000	0.000000	0.000000	0.000000	0.000000	0.000000	0.000000	0.000000	0.000000	0.000000	0.000000	0.000000	0.000000	0.000000	0.000000	0.000000	0.000000	0.000000	0.000000	0.000000	0.000000	0.000000	0.000000	0.000000	0.000000	0.000000	0.000000
.000000	0.000000	0.000000	0.000000	0.000000	0.000000	0.000000	0.000000	0.000000	0.000000	0.000000	0.000000	0.000000	0.000000	0.000000	0.000000	0.000000	0.000000	0.000000	0.000000	0.000000	0.000000	0.000000	0.000000	0.000000	0.000000	0.000000	0.000000	0.000000
.000000	0.000000	0.000000	1.000000	0.000000	0.000000	0.000000	0.000000	0.000000	0.000000	0.000000	0.000000	0.000000	0.000000	0.000000	0.000000	0.000000	0.000000	2.000000	0.000000	1.000000	1.000000	0.000000	0.000000	0.000000	0.000000	0.000000	0.000000	1.000000
.000000	0.000000	0.000000	1.000000	0.000000	0.000000	0.000000	1.000000	0.000000	0.000000	0.000000	0.000000	0.000000	0.000000	0.000000	0.000000	0.000000	0.000000	0.000000	0.000000	1.000000	1.000000	0.000000	0.000000	0.000000	0.000000	0.000000	0.000000	2.000000
.000000	1.000000	1.000000	1.000000	0.000000	0.000000	0.000000	2.000000	0.000000	0.000000	0.000000	0.000000	0.000000	0.000000	0.000000	0.000000	0.000000	0.000000	1.000000	0.000000	2.000000	2.000000	1.000000	0.000000	0.000000	0.000000	0.000000	0.000000	1.000000
.000000	0.000000	0.000000	0.000000	0.000000	1.000000	0.000000	0.000000	0.000000	0.000000	0.000000	0.000000	0.000000	0.000000	0.000000	0.000000	0.000000	0.000000	0.000000	0.000000	0.000000	1.000000	0.000000	0.000000	0.000000	0.000000	0.000000	0.000000	0.000000
.000000	0.000000	0.000000	0.000000	1.000000	1.000000	1.000000	1.000000	1.000000	1.000000	1.000000	1.000000	1.000000	0.000000	0.000000	1.000000	0.000000	1.000000	1.000000	2.000000	1.000000	1.000000	0.000000	1.000000	0.000000	0.000000	0.000000	0.000000	1.000000
.000000	0.000000	0.000000	0.000000	0.000000	2.000000	1.000000	2.000000	0.000000	1.000000	0.000000	0.000000	0.000000	0.000000	0.000000	0.000000	0.000000	0.000000	2.000000	1.000000	2.000000	2.000000	0.000000	0.000000	0.000000	1.000000	0.000000	0.000000	0.000000
.000000	0.000000	1.000000	1.000000	0.000000	1.000000	1.000000	1.000000	1.000000	1.000000	1.000000	0.000000	1.000000	1.000000	0.000000	1.000000	0.000000	1.000000	1.000000	1.000000	2.000000	1.000000	1.000000	0.000000	0.000000	1.000000	1.000000	2.000000	1.000000
.000000	0.000000	0.000000	0.000000	0.000000	1.000000	0.000000	1.000000	1.000000	0.000000	0.000000	2.000000	1.000000	0.000000	0.000000	0.000000	0.000000	0.000000	2.000000	1.000000	1.000000	1.000000	0.000000	0.000000	0.000000	0.000000	0.000000	0.000000	1.000000
.000000	0.000000	0.000000	0.000000	0.000000	1.000000	1.000000	1.000000	0.000000	0.000000	0.000000	0.000000	0.000000	0.000000	0.000000	0.000000	0.000000	0.000000	1.000000	1.000000	2.000000	1.000000	0.000000	0.000000	0.000000	1.000000	0.000000	0.000000	1.000000
.000000	0.000000	0.000000	0.000000	0.000000	2.000000	0.000000	2.000000	0.000000	0.000000	0.000000	0.000000	0.000000	0.000000	0.000000	0.000000	0.000000	0.000000	2.000000	0.000000	2.000000	2.000000	0.000000	0.000000	0.000000	0.000000	0.000000	0.000000	1.000000
.000000	0.000000	0.000000	0.000000	0.000000	1.000000	0.000000	0.000000	1.000000	0.000000	0.000000	0.000000	0.000000	0.000000	0.000000	0.000000	0.000000	0.000000	0.000000	0.000000	2.000000	1.000000	0.000000	0.000000	0.000000	0.000000	0.000000	0.000000	1.000000
.000000	0.000000	0.000000	0.000000	0.000000	1.000000	0.000000	1.000000	1.000000	0.000000	0.000000	0.000000	0.000000	1.000000	0.000000	0.000000	0.000000	0.000000	1.000000	0.000000	2.000000	2.000000	0.000000	0.000000	0.000000	0.000000	0.000000	2.000000	1.000000
.000000	0.000000	0.000000	0.000000	0.000000	0.000000	0.000000	0.000000	0.000000	0.000000	0.000000	0.000000	0.000000	0.000000	0.000000	0.000000	0.000000	0.000000	0.000000	0.000000	0.000000	0.000000	0.000000	0.000000	0.000000	0.000000	0.000000	0.000000	0.000000
.000000	0.000000	0.000000	0.000000	0.000000	0.000000	0.000000	0.000000	0.000000	0.000000	0.000000	0.000000	0.000000	0.000000	0.000000	0.000000	0.000000	0.000000	0.000000	0.000000	0.000000	0.000000	0.000000	0.000000	0.000000	0.000000	0.000000	0.000000	0.000000
.000000	0.000000	0.000000	0.000000	0.000000	0.000000	0.000000	0.000000	0.000000	0.000000	0.000000	0.000000	0.000000	0.000000	0.000000	0.000000	0.000000	0.000000	0.000000	0.000000	0.000000	0.000000	0.000000	0.000000	0.000000	0.000000	0.000000	0.000000	0.000000
.000000	0.000000	0.000000	0.000000	0.000000	0.000000	0.000000	0.000000	0.000000	0.000000	0.000000	0.000000	0.000000	0.000000	0.000000	0.000000	0.000000	0.000000	0.000000	0.000000	0.000000	0.000000	0.000000	0.000000	0.000000	0.000000	0.000000	0.000000	0.000000
.000000	0.000000	0.000000	0.000000	0.000000	1.000000	0.000000	1.000000	0.000000	0.000000	0.000000	0.000000	0.000000	0.000000	0.000000	0.000000	0.000000	0.000000	1.000000	0.000000	1.000000	1.000000	0.000000	0.000000	0.000000	1.000000	0.000000	0.000000	1.000000
.000000	1.000000	0.000000	1.000000	0.000000	1.000000	1.000000	1.000000	1.000000	1.000000	1.000000	0.000000	1.000000	0.000000	0.000000	1.000000	1.000000	1.000000	1.000000	2.000000	1.000000	1.000000	1.000000	0.000000	0.000000	1.000000	0.000000	0.000000	1.000000
.000000	0.000000	0.000000	0.000000	0.000000	1.000000	1.000000	1.000000	1.000000	1.000000	0.000000	0.000000	0.000000	0.000000	0.000000	0.000000	0.000000	0.000000	1.000000	0.000000	1.000000	1.000000	0.000000	0.000000	0.000000	1.000000	0.000000	0.000000	0.000000
.000000	1.000000	1.000000	1.000000	0.000000	2.000000	1.000000	1.000000	2.000000	2.000000	1.000000	1.000000	1.000000	2.000000	0.000000	1.000000	0.000000	1.000000	1.000000	2.000000	1.000000	1.000000	2.000000	2.000000	1.000000	1.000000	2.000000	3.000000	1.000000
.000000	1.000000	1.000000	1.000000	1.000000	1.000000	1.000000	1.000000	1.000000	1.000000	1.000000	1.000000	1.000000	1.000000	0.000000	1.000000	1.000000	1.000000	1.000000	1.000000	1.000000	1.000000	2.000000	1.000000	1.000000	1.000000	1.000000	2.000000	1.000000
.000000	0.000000	0.000000	0.000000	0.000000	0.000000	0.000000	0.000000	0.000000	0.000000	0.000000	0.000000	0.000000	0.000000	0.000000	0.000000	0.000000	0.000000	0.000000	0.000000	0.000000	0.000000	0.000000	0.000000	0.000000	0.000000	0.000000	0.000000	0.000000
.000000	0.000000	0.000000	0.000000	0.000000	2.000000	0.000000	0.000000	0.000000	0.000000	0.000000	0.000000	0.000000	0.000000	0.000000	0.000000	1.000000	0.000000	0.000000	0.000000	2.000000	2.000000	1.000000	1.000000	0.000000	0.000000	0.000000	0.000000	0.000000
.000000	0.000000	0.000000	0.000000	0.000000	0.000000	0.000000	0.000000	0.000000	0.000000	0.000000	0.000000	0.000000	1.000000	0.000000	1.000000	1.000000	0.000000	0.000000	0.000000	2.000000	1.000000	1.000000	0.000000	1.000000	0.000000	0.000000	0.000000	1.000000
.000000	0.000000	0.000000	0.000000	0.000000	0.000000	1.000000	2.000000	0.000000	1.000000	0.000000	0.000000	0.000000	0.000000	0.000000	0.000000	0.000000	2.000000	2.000000	1.000000	3.000000	2.000000	0.000000	0.000000	0.000000	1.000000	0.000000	0.000000	0.000000
.000000	0.000000	0.000000	0.000000	0.000000	0.000000	0.000000	1.000000	0.000000	0.000000	0.000000	0.000000	0.000000	0.000000	0.000000	0.000000	0.000000	0.000000	0.000000	0.000000	1.000000	1.000000	0.000000	0.000000	0.000000	0.000000	1.000000	0.000000	0.000000
.000000	0.000000	0.000000	0.000000	0.000000	0.000000	0.000000	1.000000	0.000000	0.000000	0.000000	0.000000	1.000000	0.000000	0.000000	0.000000	0.000000	0.000000	0.000000	0.000000	1.000000	1.000000	0.000000	0.000000	0.000000	0.000000	0.000000	0.000000	0.000000
.000000	1.000000	1.000000	1.000000	0.000000	1.000000	0.000000	1.000000	1.000000	1.000000	2.000000	1.000000	1.000000	0.000000	0.000000	1.000000	0.000000	1.000000	1.000000	0.000000	1.000000	1.000000	0.000000	0.000000	1.000000	0.000000	0.000000	0.000000	0.000000

出所：筆者作成

表 7.3　F 行列

	耕種農業	畜産	農業サービス	林業	漁業	金属鉱物	石炭・原油・天然ガス	非金属鉱物	食料品	飲料	飼料・有機質肥料（別掲を除く。）	たばこ	繊維工業製品	衣服・その他の繊維既製品	木材・木製品	家具・装備品	パルプ・紙・板紙・加工紙	紙加工品	印刷・製版・製本	化学肥料	無機化学工業製品	石油化学基礎製品	有機化学工業製品（石油化学基礎製品を除く。）	合成樹脂
耕種農業	0.008953	0.012398	0.017518	0.000450	0.000179	0.000000	0.000000	0.000201	0.011406	0.004364	0.000000	0.000000	0.008964	0.003790	0.000148	0.000227	0.002180	0.014961	0.000891	0.007558	0.000972	0.000000	0.002711	0.000526
畜産	0.012398	0.013718	0.020200	0.000053	0.000120	0.000000	0.000000	0.000052	0.013425	0.000579	0.000000	0.000000	0.000476	0.000490	0.000312	0.000101	0.000796	0.005109	0.000522	0.000188	0.000213	0.000000	0.000615	0.000125
農業サービス	0.017518	0.020200	0.000220	0.000028	0.000010	0.000000	0.000000	0.000091	0.000770	0.000160	0.000000	0.000000	0.000694	0.000945	0.000077	0.000170	0.002509	0.017656	0.000887	0.000107	0.000468	0.000000	0.001358	0.000181
林業	0.000450	0.000053	0.000028	0.004353	0.000022	0.000000	0.000000	0.000078	0.003300	0.000006	0.000000	0.000000	0.001032	0.000150	0.002193	0.000169	0.000325	0.001699	0.000333	0.000021	0.000101	0.000000	0.000521	0.000221
漁業	0.000179	0.000120	0.000010	0.000022	0.075362	0.000000	0.000000	0.000022	0.009237	0.000361	0.000000	0.000000	0.001744	0.000571	0.000053	0.000192	0.000264	0.001136	0.000774	0.000012	0.000791	0.000000	0.000729	0.000217
金属鉱物	0.000000	0.000000	0.000000	0.000000	0.000000	0.000000	0.000000	0.000000	0.000000	0.000000	0.000000	0.000000	0.000000	0.000000	0.000000	0.000000	0.000000	0.000000	0.000000	0.000000	0.000000	0.000000	0.000000	0.000000
石炭・原油・天然ガス	0.000000	0.000000	0.000000	0.000000	0.000000	0.000000	0.000000	0.000000	0.000000	0.000000	0.000000	0.000000	0.000000	0.000000	0.000000	0.000000	0.000000	0.000000	0.000000	0.000000	0.000000	0.000000	0.000000	0.000000
非金属鉱物	0.000201	0.000052	0.000091	0.000078	0.000022	0.000000	0.000000	0.001798	0.000081	0.000144	0.000000	0.000000	0.000434	0.000712	0.000330	0.000865	0.001488	0.001239	0.001229	0.000337	0.003290	0.000000	0.001768	0.000504
食料品	0.011406	0.013425	0.000770	0.003300	0.009237	0.000000	0.000000	0.000081	0.166318	0.037029	0.000000	0.000000	0.000448	0.001885	0.000836	0.000427	0.003232	0.008920	0.007248	0.000224	0.001621	0.000000	0.003654	0.000931
飲料	0.004364	0.000579	0.000160	0.000006	0.000361	0.000000	0.000000	0.000144	0.037029	0.019491	0.000000	0.000000	0.000305	0.000397	0.000142	0.000353	0.001869	0.011703	0.002317	0.000126	0.001988	0.000000	0.005673	0.000989
飼料・有機質肥料（別掲を除く。）	0.000000	0.000000	0.000000	0.000000	0.000000	0.000000	0.000000	0.000000	0.000000	0.000000	0.000000	0.000000	0.000000	0.000000	0.000000	0.000000	0.000000	0.000000	0.000000	0.000000	0.000000	0.000000	0.000000	0.000000
たばこ	0.000000	0.000000	0.000000	0.000000	0.000000	0.000000	0.000000	0.000000	0.000000	0.000000	0.000000	0.000000	0.000000	0.000000	0.000000	0.000000	0.000000	0.000000	0.000000	0.000000	0.000000	0.000000	0.000000	0.000000
繊維工業製品	0.008964	0.000476	0.000694	0.001032	0.001744	0.000000	0.000000	0.000434	0.000448	0.000305	0.000000	0.000000	0.247590	0.148721	0.000599	0.004151	0.001841	0.005606	0.001639	0.000336	0.005293	0.000000	0.017194	0.000782
衣服・その他の繊維既製品	0.003790	0.000490	0.000945	0.000150	0.000571	0.000000	0.000000	0.000712	0.001885	0.000397	0.000000	0.000000	0.148721	0.006346	0.000969	0.001327	0.002208	0.004061	0.003706	0.000246	0.001884	0.000000	0.007340	0.000864
木材・木製品	0.000148	0.000312	0.000077	0.002193	0.000053	0.000000	0.000000	0.000330	0.000836	0.000142	0.000000	0.000000	0.000599	0.000969	0.087711	0.028589	0.003118	0.001499	0.001521	0.000084	0.000544	0.000000	0.003311	0.000443
家具・装備品	0.000227	0.000101	0.000170	0.000169	0.000192	0.000000	0.000000	0.000865	0.000427	0.000353	0.000000	0.000000	0.004151	0.001327	0.028589	0.016111	0.005490	0.006666	0.003820	0.000194	0.001172	0.000000	0.004329	0.001615
パルプ・紙・板紙・加工紙	0.002180	0.000796	0.002509	0.000325	0.000264	0.000000	0.000000	0.001488	0.003232	0.001869	0.000000	0.000000	0.001841	0.002208	0.003118	0.005490	0.141180	0.068431	0.031209	0.000295	0.003317	0.000000	0.012390	0.002764
紙加工品	0.014961	0.005109	0.017656	0.001699	0.001136	0.000000	0.000000	0.001239	0.008920	0.011703	0.000000	0.000000	0.005606	0.004061	0.001499	0.006666	0.068431	0.007146	0.010464	0.000421	0.002594	0.000000	0.006464	0.002657
印刷・製版・製本	0.000891	0.000522	0.000887	0.000333	0.000774	0.000000	0.000000	0.001229	0.007248	0.002317	0.000000	0.000000	0.001639	0.003706	0.001521	0.003820	0.031209	0.010464	0.057281	0.000843	0.001899	0.000000	0.004837	0.002323
化学肥料	0.007558	0.000188	0.000107	0.000021	0.000012	0.000000	0.000000	0.000337	0.000224	0.000126	0.000000	0.000000	0.000336	0.000246	0.000084	0.000194	0.000295	0.000421	0.000843	0.070856	0.031467	0.000000	0.003445	0.001556
無機化学工業製品	0.000972	0.000213	0.000468	0.000101	0.000791	0.000000	0.000000	0.003290	0.001621	0.001988	0.000000	0.000000	0.005293	0.001884	0.000544	0.001172	0.003317	0.002594	0.001899	0.031467	0.086605	0.000000	0.030839	0.008566
石油化学基礎製品	0.000000	0.000000	0.000000	0.000000	0.000000	0.000000	0.000000	0.000000	0.000000	0.000000	0.000000	0.000000	0.000000	0.000000	0.000000	0.000000	0.000000	0.000000	0.000000	0.000000	0.000000	0.000000	0.000000	0.000000
有機化学工業製品（石油化学基礎製品を除く。）	0.002711	0.000615	0.001358	0.000521	0.000729	0.000000	0.000000	0.001768	0.003654	0.005673	0.000000	0.000000	0.017194	0.007340	0.003311	0.004329	0.012390	0.006464	0.004837	0.003445	0.030839	0.000000	0.241555	0.269264
合成樹脂	0.000526	0.000125	0.000181	0.000221	0.000217	0.000000	0.000000	0.000504	0.000931	0.000989	0.000000	0.000000	0.000782	0.000864	0.000443	0.001615	0.002764	0.002657	0.002323	0.001556	0.008566	0.000000	0.269264	0.000412
化学繊維	0.000211	0.000019	0.000026	0.000024	0.000043	0.000000	0.000000	0.000314	0.000376	0.000017	0.000000	0.000000	0.015408	0.007259	0.000148	0.000581	0.001103	0.003315	0.002602	0.000653	0.004515	0.000000	0.185798	0.008971
医薬品	0.000848	0.002893	0.006673	0.000012	0.003086	0.000000	0.000000	0.000295	0.003290	0.000027	0.000000	0.000000	0.000282	0.000482	0.000108	0.000734	0.002101	0.009251	0.003506	0.000459	0.007063	0.000000	0.028028	0.000706
化学最終製品（医薬品を除く。）	0.013346	0.001458	0.002842	0.000488	0.000632	0.000000	0.000000	0.003471	0.006427	0.002620	0.000000	0.000000	0.008451	0.005778	0.014256	0.011546	0.006548	0.016107	0.017580	0.002069	0.020627	0.000000	0.077890	0.010668
石油製品	0.000000	0.000000	0.000000	0.000000	0.000000	0.000000	0.000000	0.000000	0.000000	0.000000	0.000000	0.000000	0.000000	0.000000	0.000000	0.000000	0.000000	0.000000	0.000000	0.000000	0.000000	0.000000	0.000000	0.000000
石炭製品	0.000104	0.000054	0.000136	0.000029	0.000122	0.000000	0.000000	0.022762	0.000211	0.000097	0.000000	0.000000	0.000390	0.000498	0.000176	0.000338	0.000775	0.000759	0.001003	0.000292	0.001109	0.000000	0.006098	0.001600
プラスチック製品	0.005595	0.002382	0.003205	0.005200	0.005072	0.000000	0.000000	0.001838	0.009771	0.023653	0.000000	0.000000	0.003079	0.007265	0.004722	0.015379	0.004630	0.017566	0.022770	0.001495	0.008249	0.000000	0.034618	0.025391
ゴム製品	0.013957	0.000545	0.001945	0.000711	0.000936	0.000000	0.000000	0.003438	0.000542	0.000285	0.000000	0.000000	0.008220	0.002251	0.000682	0.001180	0.001635	0.001979	0.001855	0.000972	0.008716	0.000000	0.057023	0.001461
なめし革・毛皮・同製品	0.000438	0.000016	0.000016	0.000033	0.000046	0.000000	0.000000	0.000051	0.000034	0.000005	0.000000	0.000000	0.029404	0.001103	0.000079	0.000211	0.001510	0.006325	0.001666	0.000041	0.000562	0.000000	0.005138	0.004397
ガラス・ガラス製品	0.000368	0.000151	0.000264	0.000391	0.000138	0.000000	0.000000	0.018021	0.000884	0.003318	0.000000	0.000000	0.001740	0.001924	0.001112	0.013737	0.002423	0.006292	0.002655	0.000536	0.005036	0.000000	0.008000	0.001539
セメント・セメント製品	0.000195	0.000078	0.000105	0.000075	0.000059	0.000000	0.000000	0.023374	0.000111	0.000059	0.000000	0.000000	0.000469	0.000770	0.000327	0.000569	0.000760	0.001894	0.001124	0.000205	0.000537	0.000000	0.001163	0.000401
陶磁器	0.000037	0.000006	0.000002	0.000011	0.000003	0.000000	0.000000	0.010613	0.000290	0.000003	0.000000	0.000000	0.000512	0.001075	0.003360	0.001156	0.005225	0.016202	0.001930	0.000026	0.003440	0.000000	0.001113	0.000127
その他の窯業・土石製品	0.002488	0.001048	0.001674	0.000114	0.000097	0.000000	0.000000	0.019508	0.000902	0.000305	0.000000	0.000000	0.001952	0.001054	0.000964	0.001826	0.003270	0.003258	0.001290	0.004256	0.013891	0.000000	0.008229	0.001450
銑鉄・粗鋼	0.000000	0.000000	0.000000	0.000000	0.000000	0.000000	0.000000	0.000000	0.000000	0.000000	0.000000	0.000000	0.000000	0.000000	0.000000	0.000000	0.000000	0.000000	0.000000	0.000000	0.000000	0.000000	0.000000	0.000000
鋼材	0.000000	0.000000	0.000000	0.000000	0.000000	0.000000	0.000000	0.000000	0.000000	0.000000	0.000000	0.000000	0.000000	0.000000	0.000000	0.000000	0.000000	0.000000	0.000000	0.000000	0.000000	0.000000	0.000000	0.000000
鋳鍛造品	0.000089	0.000034	0.000055	0.000046	0.000069	0.000000	0.000000	0.000807	0.000071	0.000187	0.000000	0.000000	0.000260	0.000509	0.000262	0.000857	0.000294	0.000462	0.001575	0.000184	0.000541	0.000000	0.000622	0.000119
その他の鉄鋼製品	0.000197	0.000114	0.000139	0.000111	0.000111	0.000000	0.000000	0.000509	0.000191	0.001358	0.000000	0.000000	0.000241	0.000463	0.000479	0.012348	0.000422	0.000648	0.000660	0.000363	0.000729	0.000000	0.000456	0.000331
非鉄金属製錬・精製	0.000059	0.000019	0.000029	0.000015	0.000017	0.000000	0.000000	0.000917	0.000065	0.000160	0.000000	0.000000	0.000134	0.000122	0.000119	0.000403	0.000182	0.000227	0.000572	0.000344	0.005400	0.000000	0.000681	0.000185
非鉄金属加工製品	0.000101	0.000047	0.000068	0.000051	0.000043	0.000000	0.000000	0.000371	0.000327	0.000476	0.000000	0.000000	0.000300	0.000457	0.000535	0.001675	0.000408	0.000590	0.001946	0.000173	0.000603	0.000000	0.000479	0.000160
建設・建築用金属製品	0.000240	0.000107	0.000137	0.000084	0.000083	0.000000	0.000000	0.000499	0.000125	0.000095	0.000000	0.000000	0.000507	0.000642	0.000587	0.000687	0.000709	0.000793	0.001169	0.000170	0.001447	0.000000	0.001087	0.000552
その他の金属製品	0.001291	0.001080	0.000641	0.000535	0.000472	0.000000	0.000000	0.003216	0.002624	0.026189	0.000000	0.000000	0.001274	0.002759	0.006747	0.021063	0.002600	0.003016	0.002749	0.001138	0.008088	0.000000	0.005906	0.004083
はん用機械	0.000341	0.000129	0.000224	0.000215	0.000100	0.000000	0.000000	0.002081	0.000157	0.000161	0.000000	0.000000	0.000445	0.000681	0.000345	0.003021	0.000611	0.001009	0.001678	0.000256	0.000693	0.000000	0.001130	0.000288
生産用機械	0.000498	0.000208	0.000352	0.000393	0.000140	0.000000	0.000000	0.002274	0.000237	0.000227	0.000000	0.000000	0.000482	0.000669	0.000511	0.000706	0.000681	0.001052	0.001866	0.000401	0.000694	0.000000	0.000999	0.000355
業務用機械	0.000244	0.000093	0.000620	0.000112	0.000057	0.000000	0.000000	0.000668	0.000161	0.000064	0.000000	0.000000	0.000441	0.000629	0.000451	0.000427	0.000952	0.002272	0.005327	0.000191	0.000694	0.000000	0.003164	0.000992
電子デバイス	0.000096	0.000007	0.000005	0.000002	0.000001	0.000000	0.000000	0.000394	0.000042	0.000002	0.000000	0.000000	0.001972	0.001451	0.000125	0.000795	0.001092	0.001311	0.004820	0.000035	0.002677	0.000000	0.004088	0.001071
その他の電子部品	0.000681	0.000330	0.000597	0.000541	0.000210	0.000000	0.000000	0.002585	0.000372	0.000309	0.000000	0.000000	0.000916	0.001592	0.000772	0.001145	0.001832	0.002118	0.003506	0.000671	0.001631	0.000000	0.002348	0.001107
産業用電気機器	0.000324	0.000155	0.000213	0.000200	0.000095	0.000000	0.000000	0.001070	0.000146	0.000093	0.000000	0.000000	0.000509	0.000956	0.000365	0.000690	0.001674	0.002013	0.002235	0.000263	0.000720	0.000000	0.002295	0.001190
民生用電気機器	0.000136	0.000023	0.000035	0.000032	0.000012	0.000000	0.000000	0.000263	0.000054	0.000015	0.000000	0.000000	0.002151	0.001579	0.000198	0.000651	0.001558	0.002970	0.007587	0.000064	0.000538	0.000000	0.004335	0.001600
電子応用装置・電気計測器	0.000000	0.000000	0.000000	0.000000	0.000000	0.000000	0.000000	0.000000	0.000000	0.000000	0.000000	0.000000	0.000000	0.000000	0.000000	0.000000	0.000000	0.000000	0.000000	0.000000	0.000000	0.000000	0.000000	0.000000
その他の電気機械	0.000127	0.000063	0.000067	0.000059	0.000033	0.000000	0.000000	0.000651	0.000085	0.000038	0.000000	0.000000	0.000495	0.000631	0.000212	0.000663	0.000891	0.002069	0.001135	0.000188	0.002304	0.000000	0.004052	0.001835
通信機械・同関連機器	0.000000	0.000000	0.000000	0.000000	0.000000	0.000000	0.000000	0.000000	0.000000	0.000000	0.000000	0.000000	0.000000	0.000000	0.000000	0.000000	0.000000	0.000000	0.000000	0.000000	0.000000	0.000000	0.000000	0.000000
電子計算機・同附属装置	0.000029	0.000006	0.000003	0.000003	0.000001	0.000000	0.000000	0.000100	0.000031	0.000003	0.000000	0.000000	0.000310	0.000686	0.000155	0.001750	0.001153	0.001372	0.004005	0.000017	0.000896	0.000000	0.001465	0.000778
乗用車	0.000000	0.000000	0.000000	0.000000	0.000000	0.000000	0.000000	0.000000	0.000000	0.000000	0.000000	0.000000	0.000000	0.000000	0.000000	0.000000	0.000000	0.000000	0.000000	0.000000	0.000000	0.000000	0.000000	0.000000
その他の自動車	0.000000	0.000000	0.000000	0.000000	0.000000	0.000000	0.000000	0.000000	0.000000	0.000000	0.000000	0.000000	0.000000	0.000000	0.000000	0.000000	0.000000	0.000000	0.000000	0.000000	0.000000	0.000000	0.000000	0.000000
自動車部品・同附属品	0.003584	0.001654	0.002840	0.002826	0.001008	0.000000	0.000000	0.012596	0.001589	0.001219	0.000000	0.000000	0.002264	0.001873	0.002969	0.001549	0.002130	0.001746	0.002220	0.003161	0.003282	0.000000	0.003993	0.002388
船舶・同修理	0.000059	0.000003	0.000003	0.000001	0.001350	0.000000	0.000000	0.000103	0.000024	0.000008	0.000000	0.000000	0.000127	0.000156	0.000046	0.000148	0.000294	0.000378	0.002318	0.000017	0.000166	0.000000	0.000769	0.000240
その他の輸送機械・同修理	0.000088	0.000028	0.000047	0.000038	0.000033	0.000000	0.000000	0.000453	0.000063	0.000034	0.000000	0.000000	0.000359	0.000306	0.000131	0.000305	0.000446	0.000701	0.003097	0.000123	0.000417	0.000000	0.001234	0.000562
その他の製造工業製品	0.001117	0.000060	0.000126	0.000103	0.001281	0.000000	0.000000	0.000904	0.000529	0.000233	0.000000	0.000000	0.003537	0.004457	0.004374	0.002673	0.003641	0.004049	0.004141	0.000137	0.002044	0.000000	0.005375	0.001867
再生資源回収・加工処理	0.000237	0.000032	0.000059	0.000166	0.000051	0.000000	0.000000	0.000054	0.000096	0.000227	0.000000	0.000000	0.000432	0.000619	0.000985	0.000469	0.002819	0.001278	0.002287	0.005234	0.001434	0.000000	0.000726	0.000275
建築	0.000174	0.000002	0.000006	0.000044	0.000001	0.000000	0.000000	0.001428	0.000056	0.000003	0.000000	0.000000	0.000614	0.000998	0.013856	0.004366	0.001410	0.000753	0.001210	0.000013	0.000231	0.000000	0.000985	0.000263
建設補修	0.004199	0.002176	0.002758	0.001370	0.001681	0.000000	0.000000	0.008678	0.001938	0.001617	0.000000	0.000000	0.005564	0.004506	0.005659	0.010086	0.009999	0.005962	0.004193	0.002369	0.006943	0.000000	0.007731	0.009684
公共事業	0.000450	0.000001	0.000014	0.000003	0.000001	0.000000	0.000000	0.007031	0.000024	0.000003	0.000000	0.000000	0.000346	0.000533	0.000381	0.000233	0.000419	0.000918	0.001259	0.000094	0.000299	0.000000	0.000728	0.000208
その他の土木建設	0.000284	0.000001	0.000009	0.000003	0.000001	0.000000	0.000000	0.005757	0.000027	0.000003	0.000000	0.000000	0.000273	0.000512	0.000870	0.000207	0.000251	0.000509	0.000956	0.000046	0.000354	0.000000	0.000765	0.000240
電力	0.007197	0.006520	0.017938	0.003736	0.017590	0.000000	0.000000	0.010212	0.010937	0.008844	0.000000	0.000000	0.019815	0.015291	0.013614	0.011618	0.066872	0.015582	0.014267	0.032950	0.034885	0.000000	0.026381	0.019566
ガス・熱供給	0.000187	0.000120	0.000344	0.000091	0.000168	0.000000	0.000000	0.000322	0.001164	0.000984	0.000000	0.000000	0.002903	0.001383	0.000383	0.001071	0.000741	0.000747	0.003093	0.000211	0.000849	0.000000	0.000969	0.000540
水道	0.000000	0.000000	0.000000	0.000000	0.000000	0.000000	0.000000	0.000000	0.000000	0.000000	0.000000	0.000000	0.000000	0.000000	0.000000	0.000000	0.000000	0.000000	0.000000	0.000000	0.000000	0.000000	0.000000	0.000000
廃棄物処理	0.000339	0.000365	0.000834	0.000143	0.000376	0.000000	0.000000	0.000511	0.000741	0.000290	0.000000	0.000000	0.000726	0.001006	0.000482	0.001367	0.001664	0.001526	0.002760	0.001193	0.003232	0.000000	0.001391	0.000826
商業	0.029293	0.020432	0.019259	0.009679	0.038493	0.000000	0.000000	0.028919	0.045801	0.037656	0.000000	0.000000	0.046403	0.061859	0.040106	0.050709	0.043255	0.054793	0.044475	0.013331	0.029280	0.000000	0.034488	0.039810
金融・保険	0.005226	0.004274	0.007146	0.003964	0.006441	0.000000	0.000000	0.020043	0.005301	0.004878	0.000000	0.000000	0.013731	0.015339	0.008064	0.012141	0.008650	0.008791	0.016841	0.003605	0.006527	0.000000	0.006728	0.007270
不動産仲介及び賃貸	0.002214	0.001566	0.007990	0.001125	0.001640	0.000000	0.000000	0.005299	0.003177	0.002047	0.000000	0.000000	0.002933	0.004516	0.002736	0.004458	0.003274	0.003320	0.004631	0.003631	0.002816	0.000000	0.002982	0.003353
住宅賃貸料	0.000006	0.000000	0.000000	0.000000	0.000000	0.000000	0.000000	0.000030	0.000007	0.000003	0.000000	0.000000	0.000089	0.000115	0.000096	0.000594	0.000200	0.000297	0.000991	0.000003	0.000031	0.000000	0.000133	0.000047
住宅賃貸料（帰属家賃）	0.000004	0.000000	0.000000	0.000000	0.000000	0.000000	0.000000	0.000034	0.000003	0.000000	0.000000	0.000000	0.000056	0.000058	0.000093	0.000296	0.000123	0.000147	0.000728	0.000001	0.000014	0.000000	0.000067	0.000024
鉄道輸送	0.000367	0.000271	0.000450	0.000324	0.000574	0.000000	0.000000	0.001406	0.000666	0.000579	0.000000	0.000000	0.001629	0.001821	0.001059	0.001457	0.001312	0.001820	0.003640	0.000634	0.001104	0.000000	0.001151	0.001501
道路輸送（自家輸送を除く。）	0.005636	0.023619	0.004871	0.008040	0.011347	0.000000	0.000000	0.005729	0.011846	0.010655	0.000000	0.000000	0.007179	0.008560	0.013129	0.013551	0.012125	0.016083	0.010086	0.007095	0.008336	0.000000	0.009967	0.011733
自家輸送	0.032096	0.013243	0.012006	0.019235	0.014887	0.000000	0.000000	0.259443	0.010256	0.007647	0.000000	0.000000	0.013758	0.012859	0.019771	0.010663	0.008117	0.008355	0.010420	0.004850	0.008428	0.000000	0.007974	0.005687
水運	0.000000	0.000000	0.000000	0.000000	0.000000	0.000000	0.000000	0.000000	0.000000	0.000000	0.000000	0.000000	0.000000	0.000000	0.000000	0.000000	0.000000	0.000000	0.000000	0.000000	0.000000	0.000000	0.000000	0.000000
航空輸送	0.000000	0.000000	0.000000	0.000000	0.000000	0.000000	0.000000	0.000000	0.000000	0.000000	0.000000	0.000000	0.000000	0.000000	0.000000	0.000000	0.000000	0.000000	0.000000	0.000000	0.000000	0.000000	0.000000	0.000000
貨物利用運送	0.000141	0.000422	0.000072	0.000025	0.000091	0.000000	0.000000	0.000108	0.000200	0.000192	0.000000	0.000000	0.001241	0.000368	0.000351	0.000475	0.001791	0.001578	0.003207	0.000045	0.000143	0.000000	0.000455	0.000263
倉庫	0.000576	0.001805	0.000415	0.000183	0.000609	0.000000	0.000000	0.000373	0.001165	0.001001	0.000000	0.000000	0.001187	0.001232	0.000952	0.001829	0.003259	0.004276	0.002281	0.000265	0.001104	0.000000	0.000903	0.001032
運輸附帯サービス	0.003875	0.002203	0.001631	0.002408	0.002212	0.000000	0.000000	0.028642	0.001969	0.001758	0.000000	0.000000	0.002760	0.002938	0.006405	0.003158	0.007191	0.009773	0.005266	0.001599	0.002443	0.000000	0.002537	0.001627
郵便・信書便	0.000178	0.000169	0.000258	0.000164	0.000140	0.000000	0.000000	0.000410	0.000251	0.000197	0.000000	0.000000	0.000552	0.001224	0.000297	0.000583	0.000729	0.001018	0.003940	0.000239	0.000329	0.000000	0.000368	0.000367
通信	0.001185	0.000752	0.001886	0.000752	0.001463	0.000000	0.000000	0.001920	0.001654	0.001057	0.000000	0.000000	0.001974	0.002650	0.001682	0.003223	0.002105	0.002432	0.006813	0.003295	0.001521	0.000000	0.001485	0.001578
放送	0.000128	0.000052	0.000112	0.000043	0.000066	0.000000	0.000000	0.000187	0.000380	0.000523	0.000000	0.000000	0.000383	0.000629	0.000292	0.000965	0.000915	0.001044	0.002927	0.000080	0.000260	0.000000	0.000363	0.000161
情報サービス	0.001942	0.002061	0.002705	0.000694	0.001851	0.000000	0.000000	0.003453	0.003275	0.003107	0.000000	0.000000	0.003511	0.004671	0.003254	0.006363	0.006204	0.004336	0.008181	0.001970	0.003658	0.000000	0.005227	0.005926
インターネット附随サービス	0.000323	0.000206	0.000317	0.000129	0.000279	0.000000	0.000000	0.000478	0.000613	0.000454	0.000000	0.000000	0.000721	0.001236	0.000601	0.002269	0.001533	0.001421	0.007352	0.000447	0.000554	0.000000	0.000703	0.000560
映像・音声・文字情報制作	0.000086	0.000043	0.000158	0.000038	0.000031	0.000000	0.000000	0.000130	0.000238	0.000145	0.000000	0.000000	0.000533	0.000807	0.000227	0.000860	0.021699	0.001319	0.048531	0.000428	0.000443	0.000000	0.001577	0.000291
公務	0.002178	0.000882	0.002343	0.001360	0.000849	0.000000	0.000000	0.000740	0.000750	0.000495	0.000000	0.000000	0.001029	0.001866	0.000842	0.001182	0.001123	0.001362	0.005768	0.021149	0.000620	0.000000	0.001331	0.001003
教育	0.000116	0.000059	0.000318	0.000040	0.000078	0.000000	0.000000	0.000249	0.000281	0.000150	0.000000	0.000000	0.000197	0.000235	0.000249	0.000807	0.001173	0.000811	0.003878	0.000145	0.000327	0.000000	0.000602	0.000641
研究	0.000932	0.000653	0.001113	0.000958	0.000779	0.000000	0.000000	0.001118	0.002216	0.002176	0.000000	0.000000	0.005780	0.004896	0.001504	0.004275	0.004820	0.004634	0.017767	0.005780	0.011303	0.000000	0.014005	0.013897
医療	0.000201	0.000029	0.000007	0.000001	0.000058	0.000000	0.000000	0.000046	0.001227	0.000072	0.000000	0.000000	0.000330	0.000769	0.000079	0.000770	0.000525	0.001751	0.002140	0.000036	0.000819	0.000000	0.003052	0.000140
保健衛生	0.000000	0.000000	0.000000	0.000000	0.000000	0.000000	0.000000	0.000000	0.000000	0.000000	0.000000	0.000000	0.000000	0.000000	0.000000	0.000000	0.000000	0.000000	0.000000	0.000000	0.000000	0.000000	0.000000	0.000000
社会保険・社会福祉	0.001354	0.000206	0.000050	0.000006	0.000520	0.000000	0.000000	0.000030	0.008263	0.000318	0.000000	0.000000	0.000692	0.001808	0.000204	0.002710	0.001376	0.004070	0.005798	0.000028	0.000227	0.000000	0.000640	0.000077
介護	0.000943	0.000172	0.000036	0.000005	0.000449	0.000000	0.000000	0.000021	0.006781	0.000355	0.000000	0.000000	0.000410	0.000926	0.000105	0.001111	0.000939	0.003371	0.001378	0.000019	0.000169	0.000000	0.000468	0.000055
その他の非営利団体サービス	0.000623	0.000183	0.000646	0.000134	0.001052	0.000000	0.000000	0.000998	0.001143	0.000522	0.000000	0.000000	0.002799	0.007476	0.000856	0.005000	0.002844	0.002730	0.020914	0.000678	0.006231	0.000000	0.001413	0.000926
物品賃貸サービス	0.004400	0.003623	0.005026	0.003117	0.002179	0.000000	0.000000	0.024793	0.003752	0.002500	0.000000	0.000000	0.003539	0.005002	0.005668	0.005582	0.003055	0.003446	0.007193	0.001790	0.002666	0.000000	0.002444	0.002607
広告	0.000213	0.000125	0.000288	0.000110	0.000154	0.000000	0.000000	0.000369	0.001028	0.001613	0.000000	0.000000	0.000495	0.000914	0.000426	0.001358	0.002479	0.001358	0.022903	0.000191	0.000731	0.000000	0.000904	0.000432
自動車整備・機械修理	0.016894	0.007798	0.013424	0.013353	0.004755	0.000000	0.000000	0.059183	0.007312	0.005756	0.000000	0.000000	0.008720	0.008006	0.013528	0.006101	0.008819	0.006043	0.007099	0.014887	0.014654	0.000000	0.012398	0.008026
その他の対事業所サービス	0.005067	0.004237	0.009753	0.002484	0.005360	0.000000	0.000000	0.012761	0.014760	0.009055	0.000000	0.000000	0.010323	0.021276	0.010340	0.017518	0.011280	0.012502	0.021226	0.007893	0.010939	0.000000	0.010251	0.012848
宿泊業	0.003976	0.000679	0.000149	0.000038	0.001898	0.000000	0.000000	0.000022	0.027646	0.002909	0.000000	0.000000	0.001141	0.002337	0.000313	0.001243	0.000916	0.002025	0.001601	0.000066	0.000240	0.000000	0.000649	0.000112
飲食サービス	0.005520	0.001437	0.000228	0.000072	0.003155	0.000000	0.000000	0.000026	0.061961	0.007687	0.000000	0.000000	0.000207	0.000396	0.000291	0.001102	0.000625	0.003036	0.001746	0.000121	0.000280	0.000000	0.000622	0.000114
洗濯・理容・美容・浴場業	0.000071	0.000023	0.000199	0.000016	0.000018	0.000000	0.000000	0.000055	0.000163	0.000049	0.000000	0.000000	0.000651	0.001551	0.000171	0.000460	0.000598	0.001192	0.001676	0.000192	0.000691	0.000000	0.001670	0.000164
娯楽サービス	0.000361	0.000007	0.000223	0.000005	0.000014	0.000000	0.000000	0.000061	0.000060	0.000026	0.000000	0.000000	0.001302	0.001028	0.000285	0.001826	0.000789	0.000860	0.006645	0.000127	0.000132	0.000000	0.000541	0.000147
その他の対個人サービス	0.001377	0.000116	0.000534	0.000117	0.000899	0.000000	0.000000	0.000157	0.002573	0.000270	0.000000	0.000000	0.000818	0.001528	0.000330	0.001375	0.000579	0.001459	0.002465	0.000239	0.000244	0.000000	0.000708	0.000185
事務用品	0.000648	0.000431	0.000957	0.000709	0.000350	0.000000	0.000000	0.001538	0.001016	0.000430	0.000000	0.000000	0.010107	0.002316	0.001147	0.001419	0.045320	0.138805	0.004427	0.000394	0.002345	0.000000	0.004914	0.002167
分類不明	0.009252	0.003782	0.010068	0.005844	0.003639	0.000000	0.000000	0.003198	0.002807	0.002249	0.000000	0.000000	0.002654	0.003342	0.003259	0.002804	0.002650	0.003072	0.003948	0.090967	0.002730	0.000000	0.005851	0.004471

表 7.3　続き

化学繊維	医薬品	化学最終製品(医薬品を除く。)	石油製品	石炭製品	プラスチック製品	ゴム製品	なめし革・毛皮・同製品	ガラス・ガラス製品	セメント・セメント製品	陶磁器	その他の窯業・土石製品	銑鉄・粗鋼	鋼材	鋳鍛造品	その他の鉄鋼製品	非鉄金属製錬・精製	非鉄金属加工製品	建設・建築用金属製品	その他の金属製品	はん用機械	生産用機械	業務用機械	電子デバイス	その他の電子部品	産業用電気機器	民生用電気機器
0.000211	0.000848	0.013346	0.000000	0.000104	0.005595	0.013957	0.000438	0.000368	0.000195	0.000037	0.002488	0.000000	0.000000	0.000089	0.000197	0.000059	0.000101	0.000240	0.001291	0.000341	0.000498	0.000244	0.000096	0.000681	0.000324	0.000136
0.000019	0.002893	0.001458	0.000000	0.000054	0.002382	0.000545	0.000016	0.000151	0.000078	0.000006	0.001048	0.000000	0.000000	0.000034	0.000114	0.000019	0.000047	0.000107	0.001080	0.000129	0.000208	0.000093	0.000007	0.000330	0.000155	0.000023
0.000026	0.006673	0.002842	0.000000	0.000136	0.003205	0.001945	0.000016	0.000264	0.000105	0.000002	0.001674	0.000000	0.000000	0.000055	0.000139	0.000029	0.000068	0.000137	0.000641	0.000224	0.000352	0.000620	0.000005	0.000597	0.000213	0.000035
0.000024	0.000012	0.000488	0.000000	0.000029	0.005200	0.000711	0.000033	0.000391	0.000075	0.000011	0.000114	0.000000	0.000000	0.000046	0.000111	0.000015	0.000051	0.000084	0.000535	0.000215	0.000393	0.000112	0.000002	0.000541	0.000200	0.000032
0.000043	0.003086	0.000632	0.000000	0.000122	0.005072	0.000936	0.000046	0.000138	0.000059	0.000003	0.000097	0.000000	0.000000	0.000069	0.000111	0.000017	0.000043	0.000083	0.000472	0.000100	0.000140	0.000057	0.000001	0.000210	0.000095	0.000012
0.000000	0.000000	0.000000	0.000000	0.000000	0.000000	0.000000	0.000000	0.000000	0.000000	0.000000	0.000000	0.000000	0.000000	0.000000	0.000000	0.000000	0.000000	0.000000	0.000000	0.000000	0.000000	0.000000	0.000000	0.000000	0.000000	0.000000
0.000000	0.000000	0.000000	0.000000	0.000000	0.000000	0.000000	0.000000	0.000000	0.000000	0.000000	0.000000	0.000000	0.000000	0.000000	0.000000	0.000000	0.000000	0.000000	0.000000	0.000000	0.000000	0.000000	0.000000	0.000000	0.000000	0.000000
0.000314	0.000295	0.003471	0.000000	0.022762	0.001838	0.003438	0.000051	0.018021	0.023374	0.010613	0.019508	0.000000	0.000000	0.000807	0.000509	0.000917	0.000371	0.000499	0.003216	0.002081	0.002274	0.000668	0.000394	0.002585	0.001070	0.000263
0.000376	0.003290	0.006427	0.000000	0.000211	0.009771	0.000542	0.000034	0.000884	0.000111	0.000290	0.000902	0.000000	0.000000	0.000071	0.000191	0.000065	0.000327	0.000125	0.002624	0.000157	0.000237	0.000161	0.000042	0.000372	0.000146	0.000054
0.000017	0.000027	0.002620	0.000000	0.000097	0.023653	0.000285	0.000005	0.003318	0.000059	0.000003	0.000305	0.000000	0.000000	0.000187	0.001358	0.000160	0.000476	0.000095	0.026189	0.000161	0.000227	0.000064	0.000002	0.000309	0.000093	0.000015
0.000000	0.000000	0.000000	0.000000	0.000000	0.000000	0.000000	0.000000	0.000000	0.000000	0.000000	0.000000	0.000000	0.000000	0.000000	0.000000	0.000000	0.000000	0.000000	0.000000	0.000000	0.000000	0.000000	0.000000	0.000000	0.000000	0.000000
0.000000	0.000000	0.000000	0.000000	0.000000	0.000000	0.000000	0.000000	0.000000	0.000000	0.000000	0.000000	0.000000	0.000000	0.000000	0.000000	0.000000	0.000000	0.000000	0.000000	0.000000	0.000000	0.000000	0.000000	0.000000	0.000000	0.000000
0.015408	0.000282	0.008451	0.000000	0.000390	0.003079	0.008220	0.029404	0.001740	0.000469	0.000512	0.001952	0.000000	0.000000	0.000260	0.000241	0.000134	0.000300	0.000507	0.001274	0.000445	0.000482	0.000441	0.001972	0.000916	0.000509	0.002151
0.007259	0.000482	0.005778	0.000000	0.000498	0.007265	0.002251	0.001103	0.001924	0.000770	0.001075	0.001054	0.000000	0.000000	0.000509	0.000463	0.000122	0.000457	0.000642	0.002759	0.000681	0.000669	0.000629	0.001451	0.001592	0.000956	0.001579
0.000148	0.000108	0.014256	0.000000	0.000176	0.004722	0.000682	0.000079	0.001112	0.000327	0.003360	0.000964	0.000000	0.000000	0.000262	0.000479	0.000119	0.000535	0.000587	0.006747	0.000345	0.000511	0.000451	0.000125	0.000772	0.000365	0.000198
0.000581	0.000734	0.011546	0.000000	0.000338	0.015379	0.001180	0.000211	0.013737	0.000569	0.001156	0.001826	0.000000	0.000000	0.000857	0.012348	0.000403	0.001675	0.000687	0.021063	0.003021	0.000706	0.000427	0.000795	0.001145	0.000690	0.000651
0.001103	0.002101	0.006548	0.000000	0.000775	0.004630	0.001635	0.001510	0.002423	0.000760	0.005225	0.003270	0.000000	0.000000	0.000294	0.000422	0.000182	0.000408	0.000709	0.002600	0.000611	0.000681	0.000952	0.001092	0.001832	0.001674	0.001558
0.003315	0.009251	0.016107	0.000000	0.000759	0.017566	0.001979	0.006325	0.006292	0.001894	0.016202	0.003258	0.000000	0.000000	0.000462	0.000648	0.000227	0.000590	0.000793	0.003016	0.001009	0.001052	0.002272	0.001311	0.002118	0.002013	0.002970
0.002602	0.003506	0.017580	0.000000	0.001003	0.022770	0.001855	0.001666	0.002655	0.001124	0.001930	0.001290	0.000000	0.000000	0.001575	0.000660	0.000572	0.001946	0.001169	0.002749	0.001678	0.001866	0.005327	0.004820	0.003506	0.002235	0.007587
0.000653	0.000459	0.002069	0.000000	0.000292	0.001495	0.000972	0.000041	0.000536	0.000205	0.000026	0.004256	0.000000	0.000000	0.000184	0.000363	0.000344	0.000173	0.000170	0.001138	0.000256	0.000401	0.000191	0.000035	0.000671	0.000263	0.000064
0.004515	0.007063	0.020627	0.000000	0.001109	0.008249	0.008716	0.000562	0.005036	0.000537	0.003440	0.013891	0.000000	0.000000	0.000541	0.000729	0.005400	0.000603	0.001447	0.008088	0.000693	0.000694	0.000694	0.002677	0.001631	0.000720	0.000538
0.000000	0.000000	0.000000	0.000000	0.000000	0.000000	0.000000	0.000000	0.000000	0.000000	0.000000	0.000000	0.000000	0.000000	0.000000	0.000000	0.000000	0.000000	0.000000	0.000000	0.000000	0.000000	0.000000	0.000000	0.000000	0.000000	0.000000
0.185798	0.028028	0.077890	0.000000	0.006098	0.034618	0.057023	0.005138	0.008000	0.001163	0.001113	0.008229	0.000000	0.000000	0.000622	0.000456	0.000681	0.000479	0.001087	0.005906	0.001130	0.000999	0.003164	0.004088	0.002348	0.002295	0.004335
0.008971	0.000706	0.010668	0.000000	0.001600	0.025391	0.001461	0.004397	0.001539	0.000401	0.000127	0.001450	0.000000	0.000000	0.000119	0.000331	0.000185	0.000160	0.000552	0.004083	0.000288	0.000355	0.000992	0.001071	0.001107	0.001190	0.001600
0.000144	0.000035	0.007713	0.000000	0.001364	0.003224	0.000620	0.000578	0.000757	0.000411	0.000030	0.000897	0.000000	0.000000	0.000070	0.000264	0.000106	0.000111	0.000575	0.002561	0.000200	0.000297	0.000131	0.000058	0.000526	0.000207	0.000083
0.000035	0.018598	0.006498	0.000000	0.000223	0.015715	0.000602	0.000018	0.004294	0.000103	0.000014	0.000982	0.000000	0.000000	0.000073	0.000377	0.000131	0.000221	0.000130	0.006021	0.000190	0.000229	0.000084	0.000013	0.000514	0.000120	0.000026
0.007713	0.006498	0.103910	0.000000	0.013961	0.017759	0.006229	0.001153	0.006810	0.003570	0.001231	0.009441	0.000000	0.000000	0.002308	0.000580	0.001043	0.001411	0.003326	0.008333	0.001896	0.002080	0.008022	0.002044	0.002820	0.002404	0.002172
0.000000	0.000000	0.000000	0.000000	0.000000	0.000000	0.000000	0.000000	0.000000	0.000000	0.000000	0.000000	0.000000	0.000000	0.000000	0.000000	0.000000	0.000000	0.000000	0.000000	0.000000	0.000000	0.000000	0.000000	0.000000	0.000000	0.000000
0.001364	0.000223	0.013961	0.000000	0.000272	0.001193	0.001115	0.000096	0.000701	0.000517	0.000230	0.004933	0.000000	0.000000	0.004849	0.000265	0.002408	0.000397	0.000330	0.002058	0.000449	0.000543	0.000225	0.000228	0.000708	0.000336	0.000124
0.003224	0.015715	0.017759	0.000000	0.001193	0.200294	0.023543	0.051944	0.012650	0.001504	0.002008	0.003355	0.000000	0.000000	0.000967	0.000694	0.000708	0.001444	0.002205	0.003329	0.003355	0.004168	0.015815	0.014037	0.008432	0.011111	0.018782
0.000620	0.000602	0.006229	0.000000	0.001115	0.023543	0.025590	0.001017	0.001538	0.001317	0.000415	0.001605	0.000000	0.000000	0.000671	0.001057	0.000392	0.000706	0.001305	0.016462	0.002606	0.002450	0.003440	0.002157	0.000930	0.002471	0.002375
0.000578	0.000018	0.001153	0.000000	0.000096	0.051944	0.001017	0.007519	0.000392	0.000089	0.000019	0.000181	0.000000	0.000000	0.000110	0.000633	0.000097	0.000457	0.000130	0.011413	0.000108	0.000264	0.000096	0.000013	0.000302	0.000082	0.000014
0.000757	0.004294	0.006810	0.000000	0.000701	0.012650	0.001538	0.000392	0.050085	0.000515	0.000232	0.014227	0.000000	0.000000	0.000394	0.000532	0.000469	0.000503	0.000808	0.004011	0.007513	0.000800	0.005860	0.002918	0.006325	0.000848	0.001980
0.000411	0.000103	0.003570	0.000000	0.000517	0.001504	0.001317	0.000089	0.000515	0.086477	0.000184	0.012228	0.000000	0.000000	0.000464	0.002459	0.000237	0.000347	0.000815	0.007997	0.000559	0.000808	0.000230	0.000160	0.000968	0.000412	0.000140
0.000030	0.000014	0.001231	0.000000	0.000230	0.002008	0.000415	0.000019	0.000232	0.000184	0.000043	0.012762	0.000000	0.000000	0.000718	0.000966	0.002107	0.000299	0.000235	0.008028	0.001687	0.001146	0.000111	0.000091	0.000780	0.000203	0.000033
0.000897	0.000982	0.009441	0.000000	0.004933	0.003355	0.001605	0.000181	0.014227	0.012228	0.012762	0.074895	0.000000	0.000000	0.008665	0.001691	0.007527	0.002361	0.002518	0.007847	0.007919	0.005055	0.001250	0.007156	0.002558	0.003450	0.001308
0.000000	0.000000	0.000000	0.000000	0.000000	0.000000	0.000000	0.000000	0.000000	0.000000	0.000000	0.000000	0.000000	0.000000	0.000000	0.000000	0.000000	0.000000	0.000000	0.000000	0.000000	0.000000	0.000000	0.000000	0.000000	0.000000	0.000000
0.000000	0.000000	0.000000	0.000000	0.000000	0.000000	0.000000	0.000000	0.000000	0.000000	0.000000	0.000000	0.000000	0.000000	0.000000	0.000000	0.000000	0.000000	0.000000	0.000000	0.000000	0.000000	0.000000	0.000000	0.000000	0.000000	0.000000
0.000070	0.000073	0.002308	0.000000	0.004849	0.000967	0.000671	0.000110	0.000394	0.000464	0.000718	0.008665	0.000000	0.000000	0.004450	0.000767	0.000227	0.000177	0.004943	0.008833	0.009981	0.011122	0.001990	0.000151	0.000651	0.003822	0.000668
0.000264	0.000377	0.000580	0.000000	0.000265	0.000694	0.001057	0.000633	0.000532	0.002459	0.000966	0.001691	0.000000	0.000000	0.000767	0.000109	0.000088	0.000728	0.050823	0.026529	0.012541	0.010529	0.003498	0.001150	0.003200	0.006148	0.013552
0.000106	0.000131	0.001043	0.000000	0.002408	0.000708	0.000392	0.000097	0.000469	0.000237	0.002107	0.007527	0.000000	0.000000	0.000227	0.000099	0.021378	0.043043	0.001019	0.002827	0.000681	0.000534	0.001005	0.002560	0.002602	0.002131	0.000714
0.000111	0.000221	0.001411	0.000000	0.000397	0.001444	0.000706	0.000457	0.000503	0.000347	0.000299	0.002361	0.000000	0.000000	0.000177	0.000728	0.043043	0.007002	0.009410	0.006463	0.005013	0.002670	0.002948	0.003421	0.007473	0.007610	0.005340
0.000575	0.000130	0.003326	0.000000	0.000330	0.002205	0.001305	0.000130	0.000808	0.000815	0.000235	0.002518	0.000000	0.000000	0.004943	0.050823	0.001019	0.009410	0.008711	0.022957	0.000837	0.000505	0.000229	0.000218	0.000803	0.001056	0.000168
0.002561	0.006021	0.008333	0.000000	0.002058	0.003329	0.016462	0.011413	0.004011	0.007997	0.008028	0.007847	0.000000	0.000000	0.008833	0.026529	0.002827	0.006463	0.022957	0.046863	0.019682	0.016772	0.017821	0.009322	0.019359	0.017466	0.014260
0.000200	0.000190	0.001896	0.000000	0.000449	0.003355	0.002606	0.000108	0.007513	0.000559	0.001687	0.007919	0.000000	0.000000	0.009981	0.012541	0.000681	0.005013	0.000837	0.019682	0.087184	0.014543	0.005935	0.001018	0.003497	0.011195	0.008701
0.000297	0.000229	0.002080	0.000000	0.000543	0.004168	0.002450	0.000264	0.000800	0.000808	0.001146	0.005055	0.000000	0.000000	0.011122	0.010529	0.000534	0.002670	0.000505	0.016772	0.014543	0.109261	0.002368	0.002066	0.007268	0.007949	0.000871
0.000131	0.000084	0.008022	0.000000	0.000225	0.015815	0.003440	0.000096	0.005860	0.000230	0.000111	0.001250	0.000000	0.000000	0.001990	0.003498	0.001005	0.002948	0.000229	0.017821	0.005935	0.002368	0.054891	0.000643	0.037450	0.006294	0.000104
0.000058	0.000013	0.002044	0.000000	0.000228	0.014037	0.002157	0.000013	0.002918	0.000160	0.000091	0.007156	0.000000	0.000000	0.000151	0.001150	0.002560	0.003421	0.000218	0.009322	0.001018	0.002066	0.000643	0.000611	0.114142	0.000500	0.000548
0.000526	0.000514	0.002820	0.000000	0.000708	0.008432	0.000930	0.000302	0.006325	0.000968	0.000780	0.002558	0.000000	0.000000	0.000651	0.003200	0.002602	0.007473	0.000803	0.019359	0.003497	0.007268	0.037450	0.114142	0.294880	0.022197	0.021322
0.000207	0.000120	0.002404	0.000000	0.000336	0.011111	0.002471	0.000082	0.000848	0.000412	0.000203	0.003450	0.000000	0.000000	0.003822	0.006148	0.002131	0.007610	0.001056	0.017466	0.011195	0.007949	0.006294	0.000500	0.022197	0.125803	0.008386
0.000083	0.000026	0.002172	0.000000	0.000124	0.018782	0.002375	0.000014	0.001980	0.000140	0.000033	0.001308	0.000000	0.000000	0.000668	0.013552	0.000714	0.005340	0.000168	0.014260	0.008701	0.000871	0.000104	0.000548	0.021322	0.008386	0.037183
0.000000	0.000000	0.000000	0.000000	0.000000	0.000000	0.000000	0.000000	0.000000	0.000000	0.000000	0.000000	0.000000	0.000000	0.000000	0.000000	0.000000	0.000000	0.000000	0.000000	0.000000	0.000000	0.000000	0.000000	0.000000	0.000000	0.000000
0.000091	0.000053	0.003066	0.000000	0.000202	0.029487	0.001275	0.000042	0.004442	0.000245	0.000064	0.004375	0.000000	0.000000	0.000640	0.004875	0.005104	0.005713	0.000257	0.007079	0.000695	0.000593	0.001229	0.005902	0.008866	0.004234	0.002378
0.000000	0.000000	0.000000	0.000000	0.000000	0.000000	0.000000	0.000000	0.000000	0.000000	0.000000	0.000000	0.000000	0.000000	0.000000	0.000000	0.000000	0.000000	0.000000	0.000000	0.000000	0.000000	0.000000	0.000000	0.000000	0.000000	0.000000
0.000018	0.000017	0.002262	0.000000	0.000070	0.013157	0.000636	0.000004	0.000964	0.000095	0.000042	0.001199	0.000000	0.000000	0.000631	0.001205	0.000622	0.003853	0.000131	0.011328	0.000403	0.000532	0.000065	0.000994	0.084710	0.003367	0.000014
0.000000	0.000000	0.000000	0.000000	0.000000	0.000000	0.000000	0.000000	0.000000	0.000000	0.000000	0.000000	0.000000	0.000000	0.000000	0.000000	0.000000	0.000000	0.000000	0.000000	0.000000	0.000000	0.000000	0.000000	0.000000	0.000000	0.000000
0.000000	0.000000	0.000000	0.000000	0.000000	0.000000	0.000000	0.000000	0.000000	0.000000	0.000000	0.000000	0.000000	0.000000	0.000000	0.000000	0.000000	0.000000	0.000000	0.000000	0.000000	0.000000	0.000000	0.000000	0.000000	0.000000	0.000000
0.002283	0.001431	0.006916	0.000000	0.002903	0.011899	0.005494	0.000960	0.003673	0.003721	0.002055	0.004946	0.000000	0.000000	0.007269	0.011338	0.001686	0.004249	0.001945	0.009384	0.006402	0.002186	0.001934	0.002392	0.006642	0.007620	0.001277
0.000012	0.000041	0.001035	0.000000	0.000248	0.005146	0.002098	0.000004	0.000926	0.000105	0.000002	0.001389	0.000000	0.000000	0.017625	0.017227	0.000334	0.002830	0.000124	0.013437	0.007520	0.001978	0.000369	0.000005	0.001524	0.007247	0.000014
0.000074	0.000102	0.001873	0.000000	0.000164	0.011468	0.001407	0.000058	0.008581	0.000148	0.000065	0.000654	0.000000	0.000000	0.002185	0.002462	0.000230	0.002117	0.000261	0.001862	0.001968	0.000588	0.000326	0.000110	0.000872	0.001381	0.000094
0.001468	0.000217	0.012053	0.000000	0.000192	0.026472	0.002333	0.001933	0.005295	0.000444	0.000600	0.003015	0.000000	0.000000	0.001646	0.001423	0.000961	0.003128	0.001565	0.009184	0.000774	0.000942	0.000419	0.000309	0.003186	0.000597	0.000167
0.001522	0.000167	0.000626	0.000000	0.000225	0.004648	0.001598	0.000296	0.003239	0.001484	0.003995	0.001598	0.000000	0.000000	0.003960	0.000229	0.005006	0.002413	0.000214	0.000706	0.000332	0.000426	0.000283	0.000195	0.000628	0.000335	0.000195
0.000029	0.000017	0.003015	0.000000	0.000238	0.005467	0.000478	0.000003	0.002842	0.012955	0.000019	0.004864	0.000000	0.000000	0.000353	0.002414	0.000186	0.001224	0.015036	0.010317	0.002766	0.000264	0.000165	0.000005	0.000801	0.001028	0.001025
0.012017	0.002509	0.008474	0.000000	0.004281	0.012360	0.004213	0.002229	0.007111	0.028278	0.004784	0.019934	0.000000	0.000000	0.008190	0.006631	0.004458	0.006251	0.028821	0.037974	0.003983	0.003514	0.002731	0.004439	0.007958	0.004697	0.002905
0.000018	0.000018	0.001613	0.000000	0.008083	0.004624	0.001302	0.000004	0.000247	0.029383	0.000001	0.004018	0.000000	0.000000	0.000491	0.001366	0.000103	0.000694	0.007259	0.004862	0.001780	0.000405	0.000150	0.000002	0.000620	0.000787	0.000029
0.000017	0.000019	0.001467	0.000000	0.002960	0.005338	0.001229	0.000005	0.000270	0.016899	0.000004	0.007492	0.000000	0.000000	0.002625	0.002103	0.000294	0.002818	0.016727	0.004179	0.002459	0.000336	0.000131	0.000003	0.000542	0.001767	0.000027
0.051794	0.007242	0.016027	0.000000	0.020141	0.015964	0.014816	0.006635	0.050963	0.033341	0.021741	0.025954	0.000000	0.000000	0.056406	0.006550	0.053940	0.015000	0.010157	0.015003	0.010264	0.009797	0.009439	0.023916	0.022426	0.009250	0.008165
0.000861	0.000727	0.002428	0.000000	0.000458	0.002348	0.001389	0.000539	0.006784	0.000991	0.006327	0.001686	0.000000	0.000000	0.003762	0.000415	0.000191	0.000991	0.001817	0.003393	0.000822	0.000730	0.000833	0.001805	0.001202	0.000885	0.000391
0.000000	0.000000	0.000000	0.000000	0.000000	0.000000	0.000000	0.000000	0.000000	0.000000	0.000000	0.000000	0.000000	0.000000	0.000000	0.000000	0.000000	0.000000	0.000000	0.000000	0.000000	0.000000	0.000000	0.000000	0.000000	0.000000	0.000000
0.001902	0.002932	0.002127	0.000000	0.000556	0.001836	0.002939	0.000250	0.001210	0.001787	0.000514	0.002612	0.000000	0.000000	0.000614	0.000312	0.000486	0.000291	0.000449	0.000927	0.000591	0.000616	0.000554	0.000736	0.001151	0.000522	0.000276
0.030177	0.026142	0.041201	0.000000	0.024346	0.046431	0.039626	0.048279	0.026517	0.025030	0.024967	0.029544	0.000000	0.000000	0.026217	0.047987	0.008338	0.034604	0.040944	0.033866	0.030976	0.028513	0.036879	0.031520	0.029900	0.034825	0.036440
0.007390	0.005910	0.009008	0.000000	0.004675	0.006427	0.005605	0.004689	0.009005	0.010536	0.010189	0.009031	0.000000	0.000000	0.006676	0.004738	0.004499	0.004884	0.010391	0.008127	0.006017	0.006371	0.007072	0.007643	0.006642	0.005266	0.005762
0.003105	0.003855	0.003533	0.000000	0.002650	0.004266	0.003183	0.002629	0.003900	0.004197	0.002835	0.003009	0.000000	0.000000	0.003131	0.002049	0.001294	0.002159	0.004541	0.003117	0.003237	0.002888	0.002908	0.002900	0.002908	0.002977	0.003141
0.000006	0.000016	0.000256	0.000000	0.000029	0.000957	0.000111	0.000002	0.000098	0.000335	0.000000	0.000241	0.000000	0.000000	0.000033	0.000147	0.000015	0.000057	0.000474	0.000900	0.000052	0.000069	0.000034	0.000000	0.000137	0.000065	0.000007
0.000002	0.000001	0.000154	0.000000	0.000005	0.000528	0.000036	0.000001	0.000059	0.000468	0.000000	0.000281	0.000000	0.000000	0.000017	0.000134	0.000010	0.000050	0.000611	0.001047	0.000022	0.000023	0.000009	0.000000	0.000046	0.000046	0.000002
0.001022	0.002083	0.001735	0.000000	0.000892	0.002689	0.001535	0.001111	0.001725	0.001402	0.001162	0.003394	0.000000	0.000000	0.000798	0.000606	0.000437	0.000921	0.002413	0.001949	0.001336	0.001483	0.002041	0.001755	0.001548	0.001214	0.001387
0.011330	0.006969	0.011160	0.000000	0.030314	0.009648	0.008544	0.005323	0.010640	0.018422	0.011592	0.015025	0.000000	0.000000	0.018066	0.012403	0.004923	0.009086	0.010549	0.008640	0.007934	0.007273	0.007608	0.008353	0.008766	0.007606	0.007156
0.007834	0.005129	0.007071	0.000000	0.014621	0.007314	0.011180	0.012983	0.015537	0.028365	0.010708	0.015745	0.000000	0.000000	0.006611	0.006588	0.003532	0.006360	0.012981	0.011841	0.007791	0.008510	0.010191	0.006017	0.007969	0.007241	0.005980
0.000000	0.000000	0.000000	0.000000	0.000000	0.000000	0.000000	0.000000	0.000000	0.000000	0.000000	0.000000	0.000000	0.000000	0.000000	0.000000	0.000000	0.000000	0.000000	0.000000	0.000000	0.000000	0.000000	0.000000	0.000000	0.000000	0.000000
0.000000	0.000000	0.000000	0.000000	0.000000	0.000000	0.000000	0.000000	0.000000	0.000000	0.000000	0.000000	0.000000	0.000000	0.000000	0.000000	0.000000	0.000000	0.000000	0.000000	0.000000	0.000000	0.000000	0.000000	0.000000	0.000000	0.000000
0.000226	0.000116	0.000553	0.000000	0.000477	0.001513	0.000955	0.000036	0.000330	0.000557	0.000190	0.000481	0.000000	0.000000	0.000328	0.000322	0.000072	0.000176	0.000358	0.000692	0.000293	0.000486	0.000263	0.000119	0.000661	0.000230	0.000122
0.000510	0.000513	0.001315	0.000000	0.002170	0.003229	0.001017	0.000698	0.001484	0.001688	0.001434	0.002174	0.000000	0.000000	0.001442	0.001212	0.001076	0.001902	0.001337	0.002815	0.000816	0.000826	0.000671	0.000694	0.000974	0.000808	0.000700
0.001996	0.001416	0.002997	0.000000	0.002701	0.006235	0.002283	0.001922	0.005242	0.004151	0.003330	0.003017	0.000000	0.000000	0.001556	0.001661	0.000678	0.002091	0.002394	0.005938	0.001584	0.001610	0.001947	0.001470	0.001483	0.004119	0.001275
0.000443	0.000973	0.000537	0.000000	0.000312	0.000794	0.000479	0.000205	0.000355	0.000385	0.000312	0.000348	0.000000	0.000000	0.000252	0.000187	0.000196	0.000260	0.000474	0.000586	0.000337	0.000384	0.000384	0.000284	0.000516	0.000330	0.000261
0.001693	0.007985	0.002357	0.000000	0.001860	0.002552	0.001993	0.001987	0.001870	0.001905	0.001615	0.001859	0.000000	0.000000	0.001363	0.001213	0.000791	0.001382	0.002489	0.002160	0.001960	0.001985	0.001805	0.001699	0.002358	0.001837	0.001606
0.000225	0.001027	0.001735	0.000000	0.000128	0.001275	0.000567	0.000297	0.000340	0.000586	0.000215	0.000498	0.000000	0.000000	0.000122	0.000274	0.000064	0.000186	0.000794	0.001303	0.000322	0.000372	0.000309	0.000271	0.001924	0.000357	0.000329
0.004784	0.009416	0.006312	0.000000	0.002488	0.008252	0.005090	0.001999	0.004535	0.004225	0.005876	0.005458	0.000000	0.000000	0.004254	0.003082	0.002663	0.003204	0.003949	0.003868	0.004390	0.005453	0.004451	0.006701	0.007767	0.008303	0.003134
0.000387	0.001611	0.001612	0.000000	0.000405	0.001814	0.000962	0.000497	0.001725	0.000911	0.000452	0.000656	0.000000	0.000000	0.000517	0.000532	0.000210	0.000411	0.000953	0.001369	0.000867	0.000689	0.001037	0.001240	0.002884	0.000785	0.000472
0.000129	0.000261	0.004947	0.000000	0.000160	0.003719	0.000481	0.000231	0.000266	0.000191	0.000137	0.000308	0.000000	0.000000	0.000089	0.000163	0.000084	0.000202	0.000233	0.000900	0.000226	0.000278	0.000430	0.000161	0.002488	0.000250	0.000218
0.000855	0.000673	0.001483	0.000000	0.002423	0.001812	0.001814	0.001780	0.002226	0.001575	0.001479	0.001400	0.000000	0.000000	0.001295	0.000921	0.000784	0.000599	0.000841	0.003294	0.001738	0.001581	0.002490	0.000442	0.002050	0.001204	0.000833
0.000208	0.000405	0.000749	0.000000	0.000178	0.000722	0.000719	0.000105	0.000511	0.000599	0.001011	0.001104	0.000000	0.000000	0.000512	0.000161	0.000106	0.000314	0.000865	0.000886	0.000663	0.000623	0.000480	0.001228	0.001958	0.000992	0.001682
0.012263	0.042709	0.016822	0.000000	0.001958	0.013196	0.008323	0.003222	0.009244	0.003692	0.005700	0.003927	0.000000	0.000000	0.002726	0.000983	0.004511	0.006111	0.003242	0.003148	0.006649	0.006366	0.015042	0.019574	0.024758	0.017228	0.011901
0.000015	0.046144	0.001711	0.000000	0.000054	0.002546	0.000481	0.000003	0.000646	0.000083	0.000001	0.000195	0.000000	0.000000	0.000029	0.000120	0.000041	0.000256	0.000118	0.001103	0.000102	0.000113	0.002375	0.000003	0.000388	0.000091	0.000009
0.000000	0.000000	0.000000	0.000000	0.000000	0.000000	0.000000	0.000000	0.000000	0.000000	0.000000	0.000000	0.000000	0.000000	0.000000	0.000000	0.000000	0.000000	0.000000	0.000000	0.000000	0.000000	0.000000	0.000000	0.000000	0.000000	0.000000
0.000033	0.002520	0.001841	0.000000	0.000083	0.001272	0.000556	0.000005	0.000311	0.000122	0.000005	0.000151	0.000000	0.000000	0.000036	0.000171	0.000020	0.000078	0.000171	0.000938	0.000118	0.000153	0.000724	0.000001	0.000393	0.000103	0.000014
0.000018	0.000990	0.001509	0.000000	0.000055	0.000885	0.000479	0.000003	0.000233	0.000082	0.000003	0.000112	0.000000	0.000000	0.000023	0.000099	0.000017	0.000081	0.000117	0.000687	0.000077	0.000102	0.000594	0.000001	0.000304	0.000070	0.000009
0.001279	0.002056	0.002734	0.000000	0.000913	0.003286	0.002195	0.000290	0.001278	0.001435	0.000845	0.000660	0.000000	0.000000	0.000815	0.000756	0.000303	0.000529	0.000800	0.002386	0.001737	0.001646	0.001166	0.000893	0.001173	0.000826	0.000358
0.003551	0.001917	0.004569	0.000000	0.011293	0.004532	0.006151	0.002167	0.004037	0.005912	0.002716	0.006279	0.000000	0.000000	0.003523	0.002549	0.001829	0.002638	0.003018	0.003970	0.004971	0.006543	0.004305	0.007555	0.006618	0.008508	0.003760
0.000637	0.003196	0.005582	0.000000	0.000258	0.003769	0.000790	0.000863	0.000494	0.000478	0.000606	0.000525	0.000000	0.000000	0.000234	0.000248	0.000121	0.000255	0.000549	0.000846	0.000563	0.000556	0.000588	0.000801	0.001210	0.000621	0.000894
0.010742	0.006727	0.011122	0.000000	0.013138	0.014716	0.026711	0.004511	0.020967	0.017335	0.009705	0.016820	0.000000	0.000000	0.011247	0.005429	0.005444	0.008432	0.008890	0.012558	0.015285	0.019358	0.011381	0.011134	0.028050	0.014505	0.007126
0.014157	0.018334	0.018069	0.000000	0.011077	0.018881	0.016541	0.021413	0.025927	0.031398	0.011208	0.020169	0.000000	0.000000	0.012724	0.006108	0.005436	0.010130	0.012847	0.014283	0.018909	0.013992	0.016699	0.020753	0.024438	0.018989	0.014924
0.000044	0.000076	0.001752	0.000000	0.000125	0.002304	0.000724	0.000017	0.000562	0.000125	0.000005	0.000188	0.000000	0.000000	0.000042	0.000157	0.000026	0.000140	0.000177	0.001352	0.000148	0.000216	0.000102	0.000001	0.000394	0.000129	0.000019
0.000013	0.000080	0.001405	0.000000	0.000240	0.002295	0.000280	0.000006	0.000373	0.000082	0.000009	0.000187	0.000000	0.000000	0.000044	0.000183	0.000027	0.000120	0.000115	0.002304	0.000099	0.000143	0.000073	0.000002	0.000260	0.000085	0.000014
0.000047	0.000090	0.008836	0.000000	0.000123	0.002060	0.000440	0.000044	0.000252	0.000126	0.000030	0.000195	0.000000	0.000000	0.000072	0.000186	0.000047	0.000146	0.000177	0.001887	0.000160	0.000223	0.000123	0.000102	0.000433	0.000150	0.000075
0.000049	0.000071	0.001417	0.000000	0.000119	0.003038	0.000943	0.000029	0.000485	0.000161	0.000014	0.000502	0.000000	0.000000	0.000043	0.000155	0.000022	0.000068	0.000228	0.000728	0.000172	0.000237	0.000852	0.000017	0.000463	0.000158	0.000066
0.000114	0.000215	0.003274	0.000000	0.000186	0.001258	0.000524	0.000113	0.000290	0.000231	0.000115	0.000596	0.000000	0.000000	0.000130	0.000288	0.000077	0.000189	0.000267	0.002538	0.000252	0.000302	0.000316	0.000179	0.000534	0.000265	0.000160
0.000827	0.000920	0.009717	0.000000	0.000557	0.024171	0.003441	0.001671	0.001580	0.000861	0.000935	0.004188	0.000000	0.000000	0.000492	0.000805	0.000377	0.001023	0.000724	0.002684	0.000871	0.000972	0.006141	0.000853	0.020513	0.001259	0.000993
0.003718	0.003116	0.005032	0.000000	0.010314	0.006159	0.005693	0.007654	0.009731	0.006283	0.006361	0.006355	0.000000	0.000000	0.006054	0.004139	0.003533	0.002706	0.002292	0.005469	0.006570	0.006004	0.004352	0.001886	0.002762	0.004691	0.002808

表 7.3　続き

電子応用装置・電気計測器	その他の電気機械	通信機械・同関連機器	電子計算機・同附属装置	乗用車	その他の自動車	自動車部品・同附属品	船舶・同修理	その他の輸送機械・同修理	その他の製造工業製品	再生資源回収・加工処理	建築	建設補修	公共事業	その他の土木建設	電力	ガス・熱供給	水道	廃棄物処理	商業	金融・保険	不動産仲介及び賃貸	住宅賃貸料	住宅賃貸料（帰属家賃）	鉄道輸送	道路輸送（自家輸送を除く。）	自家輸送	水運
0.000000	0.000127	0.000000	0.000029	0.000000	0.000000	0.003584	0.000059	0.000088	0.001117	0.000237	0.000174	0.004199	0.000450	0.000284	0.007197	0.000187	0.000000	0.000339	0.029293	0.005226	0.002214	0.000006	0.000004	0.000367	0.005636	0.032096	0.000000
0.000000	0.000063	0.000000	0.000006	0.000000	0.000000	0.001654	0.000003	0.000028	0.000060	0.000032	0.000002	0.002176	0.000001	0.000001	0.006520	0.000120	0.000000	0.000365	0.020432	0.004274	0.001566	0.000000	0.000000	0.000271	0.023619	0.013243	0.000000
0.000000	0.000067	0.000000	0.000003	0.000000	0.000000	0.002840	0.000003	0.000047	0.000126	0.000059	0.000006	0.002758	0.000014	0.000009	0.017938	0.000344	0.000000	0.000834	0.019259	0.007146	0.007990	0.000000	0.000000	0.000450	0.004871	0.012006	0.000000
0.000000	0.000059	0.000000	0.000003	0.000000	0.000000	0.002826	0.000001	0.000038	0.000103	0.000166	0.000044	0.001370	0.000003	0.000003	0.003736	0.000091	0.000000	0.000143	0.009679	0.003964	0.001125	0.000000	0.000000	0.000324	0.008040	0.019235	0.000000
0.000000	0.000033	0.000000	0.000001	0.000000	0.000000	0.001008	0.001350	0.000033	0.001281	0.000051	0.000001	0.001681	0.000001	0.000001	0.017590	0.000168	0.000000	0.000376	0.038493	0.006441	0.001640	0.000000	0.000000	0.000574	0.011347	0.014887	0.000000
0.000000	0.000000	0.000000	0.000000	0.000000	0.000000	0.000000	0.000000	0.000000	0.000000	0.000000	0.000000	0.000000	0.000000	0.000000	0.000000	0.000000	0.000000	0.000000	0.000000	0.000000	0.000000	0.000000	0.000000	0.000000	0.000000	0.000000	0.000000
0.000000	0.000000	0.000000	0.000000	0.000000	0.000000	0.000000	0.000000	0.000000	0.000000	0.000000	0.000000	0.000000	0.000000	0.000000	0.000000	0.000000	0.000000	0.000000	0.000000	0.000000	0.000000	0.000000	0.000000	0.000000	0.000000	0.000000	0.000000
0.000000	0.000651	0.000000	0.000100	0.000000	0.000000	0.012596	0.000103	0.000453	0.000904	0.000054	0.001428	0.008678	0.007031	0.005757	0.010212	0.000322	0.000000	0.000511	0.028919	0.020043	0.005299	0.000030	0.000034	0.001406	0.005729	0.259443	0.000000
0.000000	0.000085	0.000000	0.000031	0.000000	0.000000	0.001589	0.000024	0.000063	0.000529	0.000096	0.000056	0.001938	0.000024	0.000027	0.010937	0.001164	0.000000	0.000741	0.045801	0.005301	0.003177	0.000007	0.000003	0.000666	0.011846	0.010256	0.000000
0.000000	0.000038	0.000000	0.000003	0.000000	0.000000	0.001219	0.000008	0.000034	0.000233	0.000227	0.000003	0.001617	0.000003	0.000003	0.008844	0.000984	0.000000	0.000290	0.037656	0.004878	0.002047	0.000003	0.000000	0.000579	0.010655	0.007647	0.000000
0.000000	0.000000	0.000000	0.000000	0.000000	0.000000	0.000000	0.000000	0.000000	0.000000	0.000000	0.000000	0.000000	0.000000	0.000000	0.000000	0.000000	0.000000	0.000000	0.000000	0.000000	0.000000	0.000000	0.000000	0.000000	0.000000	0.000000	0.000000
0.000000	0.000000	0.000000	0.000000	0.000000	0.000000	0.000000	0.000000	0.000000	0.000000	0.000000	0.000000	0.000000	0.000000	0.000000	0.000000	0.000000	0.000000	0.000000	0.000000	0.000000	0.000000	0.000000	0.000000	0.000000	0.000000	0.000000	0.000000
0.000000	0.000495	0.000000	0.000310	0.000000	0.000000	0.002264	0.000127	0.000359	0.003537	0.000432	0.000614	0.005564	0.000346	0.000273	0.019815	0.002903	0.000000	0.000726	0.046403	0.013731	0.002933	0.000089	0.000056	0.001629	0.007179	0.013758	0.000000
0.000000	0.000631	0.000000	0.000686	0.000000	0.000000	0.001873	0.000156	0.000306	0.004457	0.000619	0.000998	0.004506	0.000533	0.000512	0.015291	0.001383	0.000000	0.001006	0.061859	0.015339	0.004516	0.000115	0.000058	0.001821	0.008560	0.012859	0.000000
0.000000	0.000212	0.000000	0.000155	0.000000	0.000000	0.002969	0.000046	0.000131	0.004374	0.000985	0.013856	0.005659	0.000381	0.000870	0.013614	0.000383	0.000000	0.000482	0.040106	0.008064	0.002736	0.000096	0.000093	0.001059	0.013129	0.019771	0.000000
0.000000	0.000663	0.000000	0.001750	0.000000	0.000000	0.001549	0.000148	0.000305	0.002673	0.000469	0.004366	0.010086	0.000233	0.000207	0.011618	0.001071	0.000000	0.001367	0.050709	0.012141	0.004458	0.000594	0.000296	0.001457	0.013551	0.010663	0.000000
0.000000	0.000891	0.000000	0.001153	0.000000	0.000000	0.002130	0.000294	0.000446	0.003641	0.002819	0.001410	0.009999	0.000419	0.000251	0.066872	0.000741	0.000000	0.001664	0.043255	0.008650	0.003274	0.000200	0.000123	0.001312	0.012125	0.008117	0.000000
0.000000	0.002069	0.000000	0.001372	0.000000	0.000000	0.001746	0.000378	0.000701	0.004049	0.001278	0.000753	0.005962	0.000918	0.000509	0.015582	0.000747	0.000000	0.001526	0.054793	0.008791	0.003320	0.000297	0.000147	0.001820	0.016083	0.008355	0.000000
0.000000	0.001135	0.000000	0.004005	0.000000	0.000000	0.002220	0.002318	0.003097	0.004141	0.002287	0.001210	0.004193	0.001259	0.000956	0.014267	0.003093	0.000000	0.002760	0.044475	0.016841	0.004631	0.000991	0.000728	0.003640	0.010086	0.010420	0.000000
0.000000	0.000188	0.000000	0.000017	0.000000	0.000000	0.003161	0.000017	0.000123	0.000137	0.005234	0.000013	0.002369	0.000094	0.000046	0.032950	0.000211	0.000000	0.001193	0.013331	0.003605	0.003631	0.000003	0.000001	0.000634	0.007095	0.004850	0.000000
0.000000	0.002304	0.000000	0.000896	0.000000	0.000000	0.003282	0.000166	0.000417	0.002044	0.001434	0.000231	0.006943	0.000299	0.000354	0.034885	0.000849	0.000000	0.003232	0.029280	0.006527	0.002816	0.000031	0.000014	0.001104	0.008336	0.008428	0.000000
0.000000	0.000000	0.000000	0.000000	0.000000	0.000000	0.000000	0.000000	0.000000	0.000000	0.000000	0.000000	0.000000	0.000000	0.000000	0.000000	0.000000	0.000000	0.000000	0.000000	0.000000	0.000000	0.000000	0.000000	0.000000	0.000000	0.000000	0.000000
0.000000	0.004052	0.000000	0.001465	0.000000	0.000000	0.003993	0.000769	0.001234	0.005375	0.000726	0.000985	0.007731	0.000728	0.000765	0.026381	0.000969	0.000000	0.001391	0.034488	0.006728	0.002982	0.000133	0.000067	0.001151	0.009967	0.007974	0.000000
0.000000	0.001835	0.000000	0.000778	0.000000	0.000000	0.002388	0.000240	0.000562	0.001867	0.000275	0.000263	0.009684	0.000208	0.000240	0.019566	0.000540	0.000000	0.000826	0.039810	0.007270	0.003353	0.000047	0.000024	0.001501	0.011733	0.005687	0.000000
0.000000	0.000091	0.000000	0.000018	0.000000	0.000000	0.002283	0.000012	0.000074	0.001468	0.001522	0.000029	0.012017	0.000018	0.000017	0.051794	0.000861	0.000000	0.001902	0.030177	0.007390	0.003105	0.000006	0.000002	0.001022	0.011330	0.007834	0.000000
0.000000	0.000053	0.000000	0.000017	0.000000	0.000000	0.001431	0.000041	0.000102	0.000217	0.000167	0.000017	0.002509	0.000018	0.000019	0.007242	0.000727	0.000000	0.002932	0.026142	0.005910	0.003855	0.000016	0.000001	0.002083	0.006969	0.005129	0.000000
0.000000	0.003066	0.000000	0.002262	0.000000	0.000000	0.006916	0.001035	0.001873	0.012053	0.000626	0.003015	0.008474	0.001613	0.001467	0.016027	0.002428	0.000000	0.002127	0.041201	0.009008	0.003533	0.000256	0.000154	0.001735	0.011160	0.007071	0.000000
0.000000	0.000000	0.000000	0.000000	0.000000	0.000000	0.000000	0.000000	0.000000	0.000000	0.000000	0.000000	0.000000	0.000000	0.000000	0.000000	0.000000	0.000000	0.000000	0.000000	0.000000	0.000000	0.000000	0.000000	0.000000	0.000000	0.000000	0.000000
0.000000	0.000202	0.000000	0.000070	0.000000	0.000000	0.002903	0.000248	0.000164	0.000192	0.000225	0.000238	0.004281	0.008083	0.002960	0.020141	0.000458	0.000000	0.000556	0.024346	0.004675	0.002650	0.000029	0.000005	0.000892	0.030314	0.014621	0.000000
0.000000	0.029487	0.000000	0.013157	0.000000	0.000000	0.011899	0.005146	0.011468	0.026472	0.004648	0.005467	0.012360	0.004624	0.005338	0.015964	0.002348	0.000000	0.001836	0.046431	0.006427	0.004266	0.000957	0.000528	0.002689	0.009648	0.007314	0.000000
0.000000	0.001275	0.000000	0.000636	0.000000	0.000000	0.005494	0.002098	0.001407	0.002333	0.001598	0.000478	0.004213	0.001302	0.001229	0.014816	0.001389	0.000000	0.002939	0.039626	0.005605	0.003183	0.000111	0.000036	0.001535	0.008544	0.011180	0.000000
0.000000	0.000042	0.000000	0.000004	0.000000	0.000000	0.000960	0.000004	0.000058	0.001933	0.000296	0.000003	0.002229	0.000004	0.000005	0.006635	0.000539	0.000000	0.000250	0.048279	0.004689	0.002629	0.000002	0.000001	0.001111	0.005323	0.012983	0.000000
0.000000	0.004442	0.000000	0.000964	0.000000	0.000000	0.003673	0.000926	0.008581	0.005295	0.003239	0.002842	0.007111	0.000247	0.000270	0.050963	0.006784	0.000000	0.001210	0.026517	0.009005	0.003900	0.000098	0.000059	0.001725	0.010640	0.015537	0.000000
0.000000	0.000245	0.000000	0.000095	0.000000	0.000000	0.003721	0.000105	0.000148	0.000444	0.001484	0.012955	0.028278	0.029383	0.016899	0.033341	0.000991	0.000000	0.001787	0.025030	0.010536	0.004197	0.000335	0.000468	0.001402	0.018422	0.028365	0.000000
0.000000	0.000064	0.000000	0.000042	0.000000	0.000000	0.002055	0.000002	0.000065	0.000600	0.003995	0.000019	0.004784	0.000001	0.000004	0.021741	0.006327	0.000000	0.000514	0.024967	0.010189	0.002835	0.000000	0.000000	0.001162	0.011592	0.010708	0.000000
0.000000	0.004375	0.000000	0.001199	0.000000	0.000000	0.004946	0.001389	0.000654	0.003015	0.001598	0.004864	0.019934	0.004018	0.007492	0.025954	0.001686	0.000000	0.002612	0.029544	0.009031	0.003009	0.000241	0.000281	0.003394	0.015025	0.015745	0.000000
0.000000	0.000000	0.000000	0.000000	0.000000	0.000000	0.000000	0.000000	0.000000	0.000000	0.000000	0.000000	0.000000	0.000000	0.000000	0.000000	0.000000	0.000000	0.000000	0.000000	0.000000	0.000000	0.000000	0.000000	0.000000	0.000000	0.000000	0.000000
0.000000	0.000000	0.000000	0.000000	0.000000	0.000000	0.000000	0.000000	0.000000	0.000000	0.000000	0.000000	0.000000	0.000000	0.000000	0.000000	0.000000	0.000000	0.000000	0.000000	0.000000	0.000000	0.000000	0.000000	0.000000	0.000000	0.000000	0.000000
0.000000	0.000640	0.000000	0.000631	0.000000	0.000000	0.007269	0.017625	0.002185	0.001646	0.003960	0.000353	0.008190	0.000491	0.002625	0.056406	0.003762	0.000000	0.000614	0.026217	0.006676	0.003131	0.000033	0.000017	0.000798	0.018066	0.006611	0.000000
0.000000	0.004875	0.000000	0.001205	0.000000	0.000000	0.011338	0.017227	0.002462	0.001423	0.000229	0.002414	0.006631	0.001366	0.002103	0.006550	0.000415	0.000000	0.000312	0.047987	0.004738	0.002049	0.000147	0.000134	0.000606	0.012403	0.006588	0.000000
0.000000	0.005104	0.000000	0.000622	0.000000	0.000000	0.001686	0.000334	0.000230	0.000961	0.005006	0.000186	0.004458	0.000103	0.000294	0.053940	0.000191	0.000000	0.000486	0.008338	0.004499	0.001294	0.000015	0.000010	0.000437	0.004923	0.003532	0.000000
0.000000	0.005713	0.000000	0.003853	0.000000	0.000000	0.004249	0.002830	0.002117	0.003128	0.002413	0.001224	0.006251	0.000694	0.002818	0.015000	0.000991	0.000000	0.000291	0.034604	0.004884	0.002159	0.000057	0.000050	0.000921	0.009086	0.006360	0.000000
0.000000	0.000257	0.000000	0.000131	0.000000	0.000000	0.001945	0.000124	0.000261	0.001565	0.000214	0.015036	0.028821	0.007259	0.016727	0.010157	0.001817	0.000000	0.000449	0.040944	0.010391	0.004541	0.000474	0.000611	0.002413	0.010549	0.012981	0.000000
0.000000	0.007079	0.000000	0.011328	0.000000	0.000000	0.009384	0.013437	0.001862	0.009184	0.000706	0.010317	0.037974	0.004862	0.004179	0.015003	0.003393	0.000000	0.000927	0.033866	0.008127	0.003117	0.000900	0.001047	0.001949	0.008640	0.011841	0.000000
0.000000	0.000695	0.000000	0.000403	0.000000	0.000000	0.006402	0.007520	0.001968	0.000774	0.000332	0.002766	0.003983	0.001780	0.002459	0.010264	0.000822	0.000000	0.000591	0.030976	0.006017	0.003237	0.000052	0.000022	0.001336	0.007934	0.007791	0.000000
0.000000	0.000593	0.000000	0.000532	0.000000	0.000000	0.002186	0.001978	0.000588	0.000942	0.000426	0.000264	0.003514	0.000405	0.000336	0.009797	0.000730	0.000000	0.000616	0.028513	0.006371	0.002888	0.000069	0.000023	0.001483	0.007273	0.008510	0.000000
0.000000	0.001229	0.000000	0.000065	0.000000	0.000000	0.001934	0.000369	0.000326	0.000419	0.000283	0.000165	0.002731	0.000150	0.000131	0.009439	0.000833	0.000000	0.000554	0.036879	0.007072	0.002908	0.000034	0.000009	0.002041	0.007608	0.010191	0.000000
0.000000	0.005902	0.000000	0.000994	0.000000	0.000000	0.002392	0.000005	0.000110	0.000309	0.000195	0.000005	0.004439	0.000002	0.000003	0.023916	0.001805	0.000000	0.000736	0.031520	0.007643	0.002900	0.000000	0.000000	0.001755	0.008353	0.006017	0.000000
0.000000	0.008866	0.000000	0.084710	0.000000	0.000000	0.006642	0.001524	0.000872	0.003186	0.000628	0.000801	0.007958	0.000620	0.000542	0.022426	0.001202	0.000000	0.001151	0.029900	0.006642	0.002908	0.000137	0.000046	0.001548	0.008766	0.007969	0.000000
0.000000	0.004234	0.000000	0.003367	0.000000	0.000000	0.007620	0.007247	0.001381	0.000597	0.000335	0.001028	0.004697	0.000787	0.001767	0.009250	0.000885	0.000000	0.000522	0.034825	0.005266	0.002977	0.000065	0.000046	0.001214	0.007606	0.007241	0.000000
0.000000	0.002378	0.000000	0.000014	0.000000	0.000000	0.001277	0.000014	0.000094	0.000167	0.000195	0.001025	0.002905	0.000029	0.000027	0.008165	0.000391	0.000000	0.000276	0.036440	0.005762	0.003141	0.000007	0.000002	0.001387	0.007156	0.005980	0.000000
0.000000	0.000000	0.000000	0.000000	0.000000	0.000000	0.000000	0.000000	0.000000	0.000000	0.000000	0.000000	0.000000	0.000000	0.000000	0.000000	0.000000	0.000000	0.000000	0.000000	0.000000	0.000000	0.000000	0.000000	0.000000	0.000000	0.000000	0.000000
0.000000	0.022878	0.000000	0.000958	0.000000	0.000000	0.002189	0.000469	0.000826	0.001058	0.000347	0.001341	0.005057	0.000380	0.000455	0.009865	0.001191	0.000000	0.000729	0.032979	0.006293	0.003468	0.000042	0.000027	0.000944	0.007118	0.005230	0.000000
0.000000	0.000000	0.000000	0.000000	0.000000	0.000000	0.000000	0.000000	0.000000	0.000000	0.000000	0.000000	0.000000	0.000000	0.000000	0.000000	0.000000	0.000000	0.000000	0.000000	0.000000	0.000000	0.000000	0.000000	0.000000	0.000000	0.000000	0.000000
0.000000	0.000958	0.000000	0.008581	0.000000	0.000000	0.001172	0.000001	0.000063	0.000159	0.000119	0.000001	0.002526	0.000002	0.000002	0.006753	0.000324	0.000000	0.000265	0.023684	0.005939	0.002858	0.000000	0.000000	0.001288	0.005626	0.006129	0.000000
0.000000	0.000000	0.000000	0.000000	0.000000	0.000000	0.000000	0.000000	0.000000	0.000000	0.000000	0.000000	0.000000	0.000000	0.000000	0.000000	0.000000	0.000000	0.000000	0.000000	0.000000	0.000000	0.000000	0.000000	0.000000	0.000000	0.000000	0.000000
0.000000	0.000000	0.000000	0.000000	0.000000	0.000000	0.000000	0.000000	0.000000	0.000000	0.000000	0.000000	0.000000	0.000000	0.000000	0.000000	0.000000	0.000000	0.000000	0.000000	0.000000	0.000000	0.000000	0.000000	0.000000	0.000000	0.000000	0.000000
0.000000	0.002189	0.000000	0.001172	0.000000	0.000000	0.421599	0.001028	0.008175	0.002347	0.002612	0.001716	0.004403	0.002538	0.002300	0.013162	0.002763	0.000000	0.003228	0.036587	0.004742	0.002508	0.000536	0.000157	0.001536	0.010869	0.026961	0.000000
0.000000	0.000469	0.000000	0.000001	0.000000	0.000000	0.001028	0.029300	0.000043	0.000090	0.000208	0.000001	0.002138	0.000001	0.000001	0.012188	0.001055	0.000000	0.000405	0.021469	0.008546	0.002992	0.000001	0.000000	0.000423	0.004628	0.004623	0.000000
0.000000	0.000826	0.000000	0.000063	0.000000	0.000000	0.008175	0.000043	0.178768	0.000172	0.000217	0.000056	0.002270	0.000070	0.000053	0.009609	0.001640	0.000000	0.000504	0.016033	0.007178	0.001718	0.000029	0.000014	0.019947	0.003775	0.002947	0.000000
0.000000	0.001058	0.000000	0.000159	0.000000	0.000000	0.002347	0.000090	0.000172	0.014640	0.000332	0.000307	0.004252	0.000479	0.000432	0.007840	0.000692	0.000000	0.000557	0.047635	0.014634	0.003350	0.000076	0.000038	0.001472	0.009283	0.030866	0.000000
0.000000	0.000347	0.000000	0.000119	0.000000	0.000000	0.002612	0.000208	0.000217	0.000332	0.000068	0.000137	0.001906	0.000131	0.000137	0.017003	0.003530	0.000000	0.000545	0.006616	0.005582	0.003048	0.000014	0.000007	0.001101	0.177483	0.008858	0.000000
0.000000	0.001341	0.000000	0.000001	0.000000	0.000000	0.001716	0.000001	0.000056	0.000307	0.000137	0.000000	0.002131	0.000000	0.000000	0.006345	0.000538	0.000000	0.000431	0.035983	0.009842	0.004756	0.000000	0.000000	0.000964	0.011541	0.019610	0.000000
0.000000	0.005057	0.000000	0.002526	0.000000	0.000000	0.004403	0.002138	0.002270	0.004252	0.001906	0.002131	0.005733	0.002232	0.001864	0.029650	0.020827	0.000000	0.004041	0.047241	0.010581	0.010703	0.009539	0.013053	0.012742	0.014168	0.028739	0.000000
0.000000	0.000380	0.000000	0.000002	0.000000	0.000000	0.002538	0.000001	0.000070	0.000479	0.000131	0.000000	0.002232	0.000000	0.000000	0.005689	0.000408	0.000000	0.001791	0.027719	0.013919	0.002930	0.000000	0.000000	0.001195	0.012584	0.023143	0.000000
0.000000	0.000455	0.000000	0.000002	0.000000	0.000000	0.002300	0.000001	0.000053	0.000432	0.000137	0.000000	0.001864	0.000000	0.000000	0.006117	0.000373	0.000000	0.001998	0.025141	0.012099	0.002807	0.000000	0.000000	0.000785	0.013073	0.015704	0.000000
0.000000	0.009865	0.000000	0.006753	0.000000	0.000000	0.013162	0.012188	0.009609	0.007840	0.017003	0.006345	0.029650	0.005689	0.006117	0.133641	0.008672	0.000000	0.025662	0.017473	0.018415	0.018035	0.004016	0.000430	0.020617	0.006790	0.009804	0.000000
0.000000	0.001191	0.000000	0.000324	0.000000	0.000000	0.002763	0.001055	0.001640	0.000692	0.003530	0.000538	0.020827	0.000408	0.000373	0.008672	0.003624	0.000000	0.001734	0.011788	0.004882	0.005582	0.000122	0.000037	0.000666	0.014845	0.005718	0.000000
0.000000	0.000000	0.000000	0.000000	0.000000	0.000000	0.000000	0.000000	0.000000	0.000000	0.000000	0.000000	0.000000	0.000000	0.000000	0.000000	0.000000	0.000000	0.000000	0.000000	0.000000	0.000000	0.000000	0.000000	0.000000	0.000000	0.000000	0.000000
0.000000	0.000729	0.000000	0.000265	0.000000	0.000000	0.003228	0.000405	0.000504	0.000557	0.000545	0.000431	0.004041	0.001791	0.001998	0.025662	0.001734	0.000000	0.000599	0.010797	0.007626	0.002331	0.000235	0.000097	0.011057	0.011558	0.019094	0.000000
0.000000	0.032979	0.000000	0.023684	0.000000	0.000000	0.036587	0.021469	0.016033	0.047635	0.006616	0.035983	0.047241	0.027719	0.025141	0.017473	0.011788	0.000000	0.010797	0.023019	0.017338	0.015261	0.003667	0.001877	0.006801	0.010741	0.076960	0.000000
0.000000	0.006293	0.000000	0.005939	0.000000	0.000000	0.004742	0.008546	0.007178	0.014634	0.005582	0.009842	0.010581	0.013919	0.012099	0.018415	0.004882	0.000000	0.007626	0.017338	0.067197	0.046998	0.035841	0.037295	0.029877	0.012226	0.032814	0.000000
0.000000	0.003468	0.000000	0.002858	0.000000	0.000000	0.002508	0.002992	0.001718	0.003350	0.003048	0.004756	0.010703	0.002930	0.002807	0.018035	0.005582	0.000000	0.002331	0.015261	0.046998	0.031230	0.026020	0.001429	0.002969	0.006498	0.013178	0.000000
0.000000	0.000042	0.000000	0.000000	0.000000	0.000000	0.000536	0.000001	0.000029	0.000076	0.000014	0.000000	0.009539	0.000000	0.000000	0.004016	0.000122	0.000000	0.000235	0.003667	0.035841	0.026020	0.000000	0.000000	0.000447	0.001608	0.004341	0.000000
0.000000	0.000027	0.000000	0.000000	0.000000	0.000000	0.000157	0.000000	0.000014	0.000038	0.000007	0.000000	0.013053	0.000000	0.000000	0.000430	0.000037	0.000000	0.000097	0.001877	0.037295	0.001429	0.000000	0.000000	0.000315	0.000714	0.001519	0.000000
0.000000	0.000944	0.000000	0.001288	0.000000	0.000000	0.001536	0.000423	0.019947	0.001472	0.001101	0.000964	0.012742	0.001195	0.000785	0.020617	0.000666	0.000000	0.011057	0.006801	0.029877	0.002969	0.000447	0.000315	0.001444	0.002937	0.004703	0.000000
0.000000	0.007118	0.000000	0.005626	0.000000	0.000000	0.010869	0.004628	0.003775	0.009283	0.177483	0.011541	0.014168	0.012584	0.013073	0.006790	0.014845	0.000000	0.011558	0.010741	0.012226	0.006498	0.001608	0.000714	0.002937	0.004936	0.006886	0.000000
0.000000	0.005230	0.000000	0.006129	0.000000	0.000000	0.026961	0.004623	0.002947	0.030866	0.008858	0.019610	0.028739	0.023143	0.015704	0.009804	0.005718	0.000000	0.019094	0.076960	0.032814	0.013178	0.004341	0.001519	0.004703	0.006886	0.011184	0.000000
0.000000	0.000000	0.000000	0.000000	0.000000	0.000000	0.000000	0.000000	0.000000	0.000000	0.000000	0.000000	0.000000	0.000000	0.000000	0.000000	0.000000	0.000000	0.000000	0.000000	0.000000	0.000000	0.000000	0.000000	0.000000	0.000000	0.000000	0.000000
0.000000	0.000000	0.000000	0.000000	0.000000	0.000000	0.000000	0.000000	0.000000	0.000000	0.000000	0.000000	0.000000	0.000000	0.000000	0.000000	0.000000	0.000000	0.000000	0.000000	0.000000	0.000000	0.000000	0.000000	0.000000	0.000000	0.000000	0.000000
0.000000	0.000176	0.000000	0.000038	0.000000	0.000000	0.002303	0.000038	0.000171	0.000276	0.000271	0.000169	0.004413	0.000191	0.000190	0.003842	0.000624	0.000000	0.001692	0.006301	0.013041	0.034039	0.000020	0.000008	0.003160	0.001885	0.003983	0.000000
0.000000	0.001051	0.000000	0.000187	0.000000	0.000000	0.002164	0.000196	0.000354	0.000815	0.008898	0.000545	0.011327	0.000628	0.000640	0.029131	0.006336	0.000000	0.000979	0.007871	0.007005	0.028020	0.000130	0.000029	0.000941	0.002565	0.004582	0.000000
0.000000	0.002127	0.000000	0.001819	0.000000	0.000000	0.003079	0.001021	0.000921	0.004539	0.005908	0.002734	0.012436	0.003102	0.002314	0.007856	0.001456	0.000000	0.004695	0.016976	0.009422	0.013566	0.000631	0.000206	0.011788	0.017942	0.060838	0.000000
0.000000	0.000243	0.000000	0.000239	0.000000	0.000000	0.000742	0.000200	0.000245	0.000499	0.000517	0.000357	0.001830	0.000477	0.000432	0.003936	0.001484	0.000000	0.000994	0.005260	0.005376	0.005795	0.000630	0.000254	0.001336	0.027658	0.006116	0.000000
0.000000	0.001443	0.000000	0.001534	0.000000	0.000000	0.002302	0.001499	0.001162	0.002454	0.001095	0.001661	0.011894	0.003548	0.003084	0.008806	0.001554	0.000000	0.004989	0.012645	0.013249	0.008352	0.003224	0.000694	0.003946	0.005556	0.009207	0.000000
0.000000	0.000425	0.000000	0.000184	0.000000	0.000000	0.001971	0.000097	0.000214	0.000871	0.000106	0.000186	0.014364	0.000160	0.000150	0.006044	0.000622	0.000000	0.003099	0.007141	0.006346	0.008307	0.000416	0.000066	0.002227	0.003343	0.008639	0.000000
0.000000	0.005775	0.000000	0.018120	0.000000	0.000000	0.005467	0.002604	0.002964	0.005116	0.002058	0.003045	0.004391	0.003636	0.003596	0.011188	0.004389	0.000000	0.002867	0.020088	0.025510	0.021765	0.003364	0.001568	0.003032	0.005847	0.015971	0.000000
0.000000	0.000616	0.000000	0.000674	0.000000	0.000000	0.002380	0.000320	0.000381	0.001243	0.000380	0.000534	0.007662	0.000550	0.000380	0.006366	0.000772	0.000000	0.001743	0.010285	0.010216	0.044309	0.001192	0.000152	0.002358	0.005818	0.007598	0.000000
0.000000	0.000315	0.000000	0.000201	0.000000	0.000000	0.001374	0.000104	0.000182	0.001202	0.000234	0.000122	0.003106	0.000142	0.000109	0.006867	0.000380	0.000000	0.000703	0.027015	0.005204	0.008634	0.000091	0.000021	0.001536	0.010167	0.011528	0.000000
0.000000	0.000904	0.000000	0.001373	0.000000	0.000000	0.002634	0.006086	0.002721	0.000911	0.000759	0.002028	0.010705	0.001699	0.001862	0.006528	0.001248	0.000000	0.012072	0.010364	0.023985	0.002903	0.002422	0.000113	0.005094	0.006082	0.011680	0.000000
0.000000	0.000954	0.000000	0.000581	0.000000	0.000000	0.001074	0.000754	0.000192	0.000816	0.000141	0.000305	0.005411	0.000274	0.000235	0.011621	0.001175	0.000000	0.002323	0.005993	0.001963	0.001307	0.000103	0.000033	0.004491	0.002311	0.007993	0.000000
0.000000	0.006147	0.000000	0.018765	0.000000	0.000000	0.012796	0.007869	0.007579	0.012383	0.001481	0.001093	0.005251	0.001268	0.001297	0.008408	0.003605	0.000000	0.001628	0.018856	0.005617	0.009781	0.000259	0.000071	0.003547	0.005767	0.008143	0.000000
0.000000	0.000044	0.000000	0.000001	0.000000	0.000000	0.000841	0.000001	0.000050	0.000138	0.000034	0.000000	0.002478	0.000000	0.000000	0.005385	0.000704	0.000000	0.001424	0.027311	0.005333	0.009618	0.000000	0.000000	0.001096	0.004910	0.005970	0.000000
0.000000	0.000000	0.000000	0.000000	0.000000	0.000000	0.000000	0.000000	0.000000	0.000000	0.000000	0.000000	0.000000	0.000000	0.000000	0.000000	0.000000	0.000000	0.000000	0.000000	0.000000	0.000000	0.000000	0.000000	0.000000	0.000000	0.000000	0.000000
0.000000	0.000040	0.000000	0.000001	0.000000	0.000000	0.001224	0.000002	0.000039	0.000583	0.000036	0.000000	0.003516	0.000000	0.000000	0.010658	0.001501	0.000000	0.001743	0.020212	0.004562	0.003431	0.000000	0.000000	0.000653	0.004363	0.007876	0.000000
0.000000	0.000029	0.000000	0.000001	0.000000	0.000000	0.000813	0.000001	0.000033	0.000452	0.000026	0.000000	0.002411	0.000000	0.000000	0.006384	0.001246	0.000000	0.001678	0.013130	0.005220	0.004657	0.000000	0.000000	0.000631	0.002596	0.007358	0.000000
0.000000	0.000645	0.000000	0.001048	0.000000	0.000000	0.001938	0.000289	0.000594	0.001524	0.001267	0.000609	0.003682	0.000951	0.000896	0.004610	0.002727	0.000000	0.001432	0.022760	0.035881	0.009818	0.000803	0.000149	0.002744	0.007856	0.010782	0.000000
0.000000	0.004340	0.000000	0.002567	0.000000	0.000000	0.014462	0.006200	0.010719	0.006845	0.019223	0.008758	0.008888	0.016964	0.022842	0.007249	0.003952	0.000000	0.004450	0.016980	0.031201	0.007162	0.001746	0.000523	0.003229	0.005836	0.056307	0.000000
0.000000	0.000543	0.000000	0.000486	0.000000	0.000000	0.001738	0.000263	0.000400	0.001506	0.000250	0.000404	0.005631	0.000322	0.000260	0.005892	0.001009	0.000000	0.001330	0.010330	0.007371	0.006337	0.001136	0.000173	0.001899	0.003774	0.012834	0.000000
0.000000	0.007145	0.000000	0.005611	0.000000	0.000000	0.112602	0.004855	0.005544	0.010595	0.011302	0.008098	0.013790	0.011987	0.010865	0.029036	0.004889	0.000000	0.014634	0.042204	0.011393	0.006438	0.002533	0.000739	0.004601	0.023762	0.115395	0.000000
0.000000	0.016540	0.000000	0.024049	0.000000	0.000000	0.012637	0.011636	0.017214	0.015716	0.014419	0.040023	0.018471	0.055193	0.018911	0.028049	0.014905	0.000000	0.016318	0.037519	0.042353	0.049273	0.025680	0.003854	0.016871	0.013547	0.022595	0.000000
0.000000	0.000089	0.000000	0.000001	0.000000	0.000000	0.001717	0.000005	0.000052	0.000354	0.000067	0.000000	0.003689	0.000000	0.000000	0.017649	0.004722	0.000000	0.016087	0.034681	0.012517	0.007311	0.000000	0.000000	0.000925	0.006012	0.021255	0.000000
0.000000	0.000051	0.000000	0.000003	0.000000	0.000000	0.001104	0.000017	0.000055	0.000323	0.000077	0.000003	0.002346	0.000003	0.000003	0.010854	0.003809	0.000000	0.005510	0.053506	0.005346	0.006141	0.000004	0.000000	0.001123	0.008994	0.006158	0.000000
0.000000	0.000093	0.000000	0.000033	0.000000	0.000000	0.001461	0.000055	0.000067	0.000643	0.000075	0.000035	0.003008	0.000069	0.000048	0.012539	0.001757	0.000000	0.004104	0.016608	0.003742	0.011380	0.000041	0.000006	0.002179	0.002447	0.009490	0.000000
0.000000	0.000219	0.000000	0.000014	0.000000	0.000000	0.001809	0.000015	0.000060	0.001096	0.000051	0.000013	0.004634	0.000012	0.000011	0.015688	0.000405	0.000000	0.003971	0.012841	0.007287	0.004388	0.000022	0.000003	0.000910	0.002701	0.018323	0.000000
0.000000	0.000188	0.000000	0.000123	0.000000	0.000000	0.001359	0.000075	0.000183	0.001087	0.000131	0.000180	0.003688	0.000235	0.000223	0.013091	0.001394	0.000000	0.004269	0.016243	0.005105	0.010798	0.000354	0.000161	0.001164	0.009527	0.018163	0.000000
0.000000	0.001026	0.000000	0.000717	0.000000	0.000000	0.001534	0.000294	0.000759	0.020039	0.000861	0.000709	0.003377	0.001693	0.000519	0.011729	0.000777	0.000000	0.002439	0.115651	0.008168	0.004937	0.000521	0.000171	0.002328	0.026718	0.010237	0.000000
0.000000	0.003709	0.000000	0.005897	0.000000	0.000000	0.005112	0.025477	0.005056	0.002719	0.003216	0.008717	0.012711	0.007305	0.008005	0.012040	0.002195	0.000000	0.006185	0.016649	0.014110	0.019918	0.010411	0.000487	0.012827	0.028194	0.020935	0.000000

表 7.3　続き

空輸送	貨物利用運送	倉庫	運輸附帯サービス	郵便・信書便	通信	放送	情報サービス	インターネット附随サービス	映像・音声・文字情報制作	公務	教育	研究	医療	保健衛生	社会保険・社会福祉	介護	その他の非営利団体サービス	物品賃貸サービス	広告	自動車整備・機械修理	その他の対事業所サービス	宿泊業	飲食サービス	洗濯・理容・美容・浴場業	娯楽サービス	その他の対個人サービス	事務用品	分類不明
000000	0.000141	0.000576	0.003875	0.000178	0.001185	0.000128	0.001942	0.000323	0.000086	0.002178	0.000116	0.000932	0.000201	0.000000	0.001354	0.000943	0.000623	0.004400	0.000213	0.016894	0.005067	0.003976	0.005520	0.000071	0.000361	0.001377	0.000648	0.009252
000000	0.000422	0.001805	0.002203	0.000169	0.000752	0.000052	0.002061	0.000206	0.000043	0.000882	0.000059	0.000653	0.000029	0.000000	0.000206	0.000172	0.000183	0.003623	0.000125	0.007798	0.004237	0.000679	0.001437	0.000023	0.000007	0.000116	0.000431	0.003782
000000	0.000072	0.000415	0.001631	0.000258	0.001886	0.000112	0.002705	0.000317	0.000158	0.002343	0.000318	0.001113	0.000007	0.000000	0.000050	0.000036	0.000646	0.005026	0.000288	0.013424	0.009753	0.000149	0.000228	0.000199	0.000223	0.000534	0.000957	0.010068
000000	0.000025	0.000183	0.002408	0.000164	0.000752	0.000043	0.000694	0.000129	0.000038	0.001360	0.000040	0.000958	0.000001	0.000000	0.000006	0.000005	0.000134	0.003117	0.000110	0.013353	0.002484	0.000038	0.000072	0.000016	0.000005	0.000117	0.000709	0.005844
000000	0.000091	0.000609	0.002212	0.000140	0.001463	0.000066	0.001851	0.000279	0.000031	0.000849	0.000078	0.000779	0.000058	0.000000	0.000520	0.000449	0.001052	0.002179	0.000154	0.004755	0.005360	0.001898	0.003155	0.000018	0.000014	0.000899	0.000350	0.003639
000000	0.000000	0.000000	0.000000	0.000000	0.000000	0.000000	0.000000	0.000000	0.000000	0.000000	0.000000	0.000000	0.000000	0.000000	0.000000	0.000000	0.000000	0.000000	0.000000	0.000000	0.000000	0.000000	0.000000	0.000000	0.000000	0.000000	0.000000	0.000000
000000	0.000000	0.000000	0.000000	0.000000	0.000000	0.000000	0.000000	0.000000	0.000000	0.000000	0.000000	0.000000	0.000000	0.000000	0.000000	0.000000	0.000000	0.000000	0.000000	0.000000	0.000000	0.000000	0.000000	0.000000	0.000000	0.000000	0.000000	0.000000
000000	0.000108	0.000373	0.028642	0.000410	0.001920	0.000187	0.003453	0.000478	0.000130	0.000740	0.000249	0.001118	0.000046	0.000000	0.000030	0.000021	0.000998	0.024793	0.000369	0.059183	0.012761	0.000022	0.000026	0.000055	0.000061	0.000157	0.001538	0.003198
000000	0.000200	0.001165	0.001969	0.000251	0.001654	0.000380	0.003275	0.000613	0.000238	0.000750	0.000281	0.002216	0.001227	0.000000	0.008263	0.006781	0.001143	0.003752	0.001028	0.007312	0.014760	0.027646	0.061961	0.000163	0.000060	0.002573	0.001016	0.002807
000000	0.000192	0.001001	0.001758	0.000197	0.001057	0.000523	0.003107	0.000454	0.000145	0.000495	0.000150	0.002176	0.000072	0.000000	0.000318	0.000355	0.000522	0.002500	0.001613	0.005756	0.009055	0.002909	0.007687	0.000049	0.000026	0.000270	0.000430	0.002249
000000	0.000000	0.000000	0.000000	0.000000	0.000000	0.000000	0.000000	0.000000	0.000000	0.000000	0.000000	0.000000	0.000000	0.000000	0.000000	0.000000	0.000000	0.000000	0.000000	0.000000	0.000000	0.000000	0.000000	0.000000	0.000000	0.000000	0.000000	0.000000
000000	0.000000	0.000000	0.000000	0.000000	0.000000	0.000000	0.000000	0.000000	0.000000	0.000000	0.000000	0.000000	0.000000	0.000000	0.000000	0.000000	0.000000	0.000000	0.000000	0.000000	0.000000	0.000000	0.000000	0.000000	0.000000	0.000000	0.000000	0.000000
000000	0.001241	0.001187	0.002760	0.000552	0.001974	0.000383	0.003511	0.000721	0.000533	0.001029	0.000197	0.005780	0.000330	0.000000	0.000692	0.000410	0.002799	0.003539	0.000495	0.008720	0.010323	0.001141	0.000207	0.000651	0.001302	0.000818	0.010107	0.002654
000000	0.000368	0.001232	0.002938	0.001224	0.002650	0.000629	0.004671	0.001236	0.000807	0.001866	0.000235	0.004896	0.000769	0.000000	0.001808	0.000926	0.007476	0.005002	0.000914	0.008006	0.021276	0.002337	0.000396	0.001551	0.001028	0.001528	0.002316	0.003342
000000	0.000351	0.000952	0.006405	0.000297	0.001682	0.000292	0.003254	0.000601	0.000227	0.000842	0.000249	0.001504	0.000079	0.000000	0.000204	0.000105	0.000856	0.005668	0.000426	0.013528	0.010340	0.000313	0.000291	0.000171	0.000285	0.000330	0.001147	0.003259
000000	0.000475	0.001829	0.003158	0.000583	0.003223	0.000965	0.006363	0.002269	0.000860	0.001182	0.000807	0.004275	0.000770	0.000000	0.002710	0.001111	0.005000	0.005582	0.001358	0.006101	0.017518	0.001243	0.001102	0.000460	0.001826	0.001375	0.001419	0.002804
000000	0.001791	0.003259	0.007191	0.000729	0.002105	0.000915	0.006204	0.001533	0.021699	0.001123	0.001173	0.004820	0.000525	0.000000	0.001376	0.000939	0.002844	0.003055	0.002479	0.008819	0.011280	0.000916	0.000625	0.000598	0.000789	0.000579	0.045320	0.002650
000000	0.001578	0.004276	0.009773	0.001018	0.002432	0.001044	0.004336	0.001421	0.001319	0.001362	0.000811	0.004634	0.001751	0.000000	0.004070	0.003371	0.002730	0.003446	0.001358	0.006043	0.012502	0.002025	0.003036	0.001192	0.000860	0.001459	0.138805	0.003072
000000	0.003207	0.002281	0.005266	0.003940	0.006813	0.002927	0.008181	0.007352	0.048531	0.005768	0.003878	0.017767	0.002140	0.000000	0.005798	0.001378	0.020914	0.007193	0.022903	0.007099	0.021226	0.001601	0.001746	0.001676	0.006645	0.002465	0.004427	0.003948
000000	0.000045	0.000265	0.001599	0.000239	0.003295	0.000080	0.001970	0.000447	0.000428	0.021149	0.000145	0.005780	0.000036	0.000000	0.000028	0.000019	0.000678	0.001790	0.000191	0.014887	0.007893	0.000066	0.000121	0.000192	0.000127	0.000239	0.000394	0.090967
000000	0.000143	0.001104	0.002443	0.000329	0.001521	0.000260	0.003658	0.000554	0.000443	0.000620	0.000327	0.011303	0.000819	0.000000	0.000227	0.000169	0.006231	0.002666	0.000731	0.014654	0.010939	0.000240	0.000280	0.000691	0.000132	0.000244	0.002345	0.002730
000000	0.000000	0.000000	0.000000	0.000000	0.000000	0.000000	0.000000	0.000000	0.000000	0.000000	0.000000	0.000000	0.000000	0.000000	0.000000	0.000000	0.000000	0.000000	0.000000	0.000000	0.000000	0.000000	0.000000	0.000000	0.000000	0.000000	0.000000	0.000000
000000	0.000455	0.000903	0.002537	0.000368	0.001485	0.000363	0.005227	0.000703	0.001577	0.001331	0.000602	0.014005	0.003052	0.000000	0.000640	0.000468	0.001413	0.002444	0.000904	0.012398	0.010251	0.000649	0.000622	0.001670	0.000541	0.000708	0.004914	0.005851
000000	0.000263	0.001032	0.001627	0.000367	0.001578	0.000161	0.005926	0.000560	0.000291	0.001003	0.000641	0.013897	0.000140	0.000000	0.000077	0.000055	0.000926	0.002607	0.000432	0.008026	0.012848	0.000112	0.000114	0.000164	0.000147	0.000185	0.002167	0.004471
000000	0.000226	0.000510	0.001996	0.000443	0.001693	0.000225	0.004784	0.000387	0.000129	0.000855	0.000208	0.012263	0.000015	0.000000	0.000033	0.000018	0.001279	0.003551	0.000637	0.010742	0.014157	0.000044	0.000013	0.000047	0.000049	0.000114	0.000827	0.003718
000000	0.000116	0.000513	0.001416	0.000973	0.007985	0.001027	0.009416	0.001611	0.000261	0.000673	0.000405	0.042709	0.046144	0.000000	0.002520	0.000990	0.002056	0.001917	0.003196	0.006727	0.018334	0.000076	0.000080	0.000090	0.000071	0.000215	0.000920	0.003116
000000	0.000553	0.001315	0.002997	0.000537	0.002357	0.001735	0.006312	0.001612	0.004947	0.001483	0.000749	0.016822	0.001711	0.000000	0.001841	0.001509	0.002734	0.004569	0.005582	0.011122	0.018069	0.001752	0.001405	0.008836	0.001417	0.003274	0.009717	0.005032
000000	0.000000	0.000000	0.000000	0.000000	0.000000	0.000000	0.000000	0.000000	0.000000	0.000000	0.000000	0.000000	0.000000	0.000000	0.000000	0.000000	0.000000	0.000000	0.000000	0.000000	0.000000	0.000000	0.000000	0.000000	0.000000	0.000000	0.000000	0.000000
000000	0.000477	0.002170	0.002701	0.000312	0.001860	0.000128	0.002488	0.000405	0.000160	0.002423	0.000178	0.001958	0.000054	0.000000	0.000083	0.000055	0.000913	0.011293	0.000258	0.013138	0.011077	0.000125	0.000240	0.000123	0.000119	0.000186	0.000557	0.010314
000000	0.001513	0.003229	0.006235	0.000794	0.002552	0.001275	0.008252	0.001814	0.003719	0.001812	0.000722	0.013196	0.002546	0.000000	0.001272	0.000885	0.003286	0.004532	0.003769	0.014716	0.018881	0.002304	0.002295	0.002060	0.003038	0.001258	0.024171	0.006159
000000	0.000955	0.001017	0.002283	0.000479	0.001993	0.000567	0.005090	0.000962	0.000481	0.001814	0.000719	0.008323	0.000481	0.000000	0.000556	0.000479	0.002195	0.006151	0.000790	0.026711	0.016541	0.000724	0.000280	0.000440	0.000943	0.000524	0.003441	0.005693
000000	0.000036	0.000698	0.001922	0.000205	0.001987	0.000297	0.001999	0.000497	0.000231	0.001780	0.000105	0.003222	0.000003	0.000000	0.000005	0.000003	0.000290	0.002167	0.000863	0.004511	0.021413	0.000017	0.000006	0.000044	0.000029	0.000113	0.001671	0.007654
000000	0.000330	0.001484	0.005242	0.000355	0.001870	0.000340	0.004535	0.001725	0.000266	0.002226	0.000511	0.009244	0.000646	0.000000	0.000311	0.000233	0.001278	0.004037	0.000494	0.020967	0.025927	0.000562	0.000373	0.000252	0.000485	0.000290	0.001580	0.009731
000000	0.000557	0.001688	0.004151	0.000385	0.001905	0.000586	0.004225	0.000911	0.000191	0.001575	0.000599	0.003692	0.000083	0.000000	0.000122	0.000082	0.001435	0.005912	0.000478	0.017335	0.031398	0.000125	0.000082	0.000126	0.000161	0.000231	0.000861	0.006283
000000	0.000190	0.001434	0.003330	0.000312	0.001615	0.000215	0.005876	0.000452	0.000137	0.001479	0.001011	0.005700	0.000001	0.000000	0.000005	0.000003	0.000845	0.002716	0.000606	0.009705	0.011208	0.000005	0.000009	0.000030	0.000014	0.000115	0.000935	0.006361
000000	0.000481	0.002174	0.003017	0.000348	0.001859	0.000498	0.005458	0.000656	0.000308	0.001400	0.001104	0.003927	0.000195	0.000000	0.000151	0.000112	0.000660	0.006279	0.000525	0.016820	0.020169	0.000188	0.000187	0.000195	0.000502	0.000596	0.004188	0.006355
000000	0.000000	0.000000	0.000000	0.000000	0.000000	0.000000	0.000000	0.000000	0.000000	0.000000	0.000000	0.000000	0.000000	0.000000	0.000000	0.000000	0.000000	0.000000	0.000000	0.000000	0.000000	0.000000	0.000000	0.000000	0.000000	0.000000	0.000000	0.000000
000000	0.000000	0.000000	0.000000	0.000000	0.000000	0.000000	0.000000	0.000000	0.000000	0.000000	0.000000	0.000000	0.000000	0.000000	0.000000	0.000000	0.000000	0.000000	0.000000	0.000000	0.000000	0.000000	0.000000	0.000000	0.000000	0.000000	0.000000	0.000000
000000	0.000328	0.001442	0.001556	0.000252	0.001363	0.000122	0.004254	0.000517	0.000089	0.001295	0.000512	0.002726	0.000029	0.000000	0.000036	0.000023	0.000815	0.003523	0.000234	0.011247	0.012724	0.000042	0.000044	0.000072	0.000043	0.000130	0.000492	0.006054
000000	0.000322	0.001212	0.001661	0.000187	0.001213	0.000274	0.003082	0.000532	0.000163	0.000921	0.000161	0.000983	0.000120	0.000000	0.000171	0.000099	0.000756	0.002549	0.000248	0.005429	0.006108	0.000157	0.000183	0.000186	0.000155	0.000288	0.000805	0.004139
000000	0.000072	0.001076	0.000678	0.000196	0.000791	0.000064	0.002663	0.000210	0.000084	0.000784	0.000106	0.004511	0.000041	0.000000	0.000020	0.000017	0.000303	0.001829	0.000121	0.005444	0.005436	0.000026	0.000027	0.000047	0.000022	0.000077	0.000377	0.003533
000000	0.000176	0.001902	0.002091	0.000260	0.001382	0.000186	0.003204	0.000411	0.000202	0.000599	0.000314	0.006111	0.000256	0.000000	0.000078	0.000081	0.000529	0.002638	0.000255	0.008432	0.010130	0.000140	0.000120	0.000146	0.000068	0.000189	0.001023	0.002706
000000	0.000358	0.001337	0.002394	0.000474	0.002489	0.000794	0.003949	0.000953	0.000233	0.000841	0.000865	0.003242	0.000118	0.000000	0.000171	0.000117	0.000800	0.003018	0.000549	0.008890	0.012847	0.000177	0.000115	0.000177	0.000228	0.000267	0.000724	0.002292
000000	0.000692	0.002815	0.005938	0.000586	0.002160	0.001303	0.003868	0.001369	0.000900	0.003294	0.000686	0.003148	0.001103	0.000000	0.000938	0.000687	0.002386	0.003970	0.000846	0.012558	0.014283	0.001352	0.002304	0.001887	0.000728	0.002538	0.002684	0.005469
000000	0.000293	0.000816	0.001584	0.000337	0.001960	0.000322	0.004390	0.000867	0.000226	0.001738	0.000663	0.006649	0.000102	0.000000	0.000118	0.000077	0.001737	0.004971	0.000563	0.015285	0.018909	0.000148	0.000099	0.000160	0.000172	0.000252	0.000871	0.006570
000000	0.000486	0.000826	0.001610	0.000384	0.001985	0.000372	0.005453	0.000689	0.000278	0.001581	0.000623	0.006366	0.000113	0.000000	0.000153	0.000102	0.001646	0.006543	0.000556	0.019358	0.013992	0.000216	0.000143	0.000223	0.000237	0.000302	0.000972	0.006004
000000	0.000263	0.000671	0.001947	0.000384	0.001805	0.000309	0.004451	0.001037	0.000430	0.002490	0.000480	0.015042	0.002375	0.000000	0.000724	0.000594	0.001166	0.004305	0.000588	0.011381	0.016699	0.000102	0.000073	0.000123	0.000852	0.000316	0.006141	0.004352
000000	0.000119	0.000694	0.001470	0.000284	0.001699	0.000271	0.006701	0.001240	0.000161	0.000442	0.001228	0.019574	0.000003	0.000000	0.000001	0.000001	0.000893	0.007555	0.000801	0.011134	0.020753	0.000001	0.000002	0.000102	0.000017	0.000179	0.000853	0.001886
000000	0.000661	0.000974	0.001483	0.000516	0.002358	0.001924	0.007767	0.002884	0.002488	0.002050	0.001958	0.024758	0.000388	0.000000	0.000393	0.000304	0.001173	0.006618	0.001210	0.028050	0.024438	0.000394	0.000260	0.000433	0.000463	0.000534	0.020513	0.002762
000000	0.000230	0.000808	0.004119	0.000330	0.001837	0.000357	0.008303	0.000785	0.000250	0.001204	0.000992	0.017228	0.000091	0.000000	0.000103	0.000070	0.000826	0.008508	0.000621	0.014505	0.018989	0.000129	0.000085	0.000150	0.000158	0.000265	0.001259	0.004691
000000	0.000122	0.000700	0.001275	0.000261	0.001606	0.000329	0.003134	0.000472	0.000218	0.000833	0.001682	0.011901	0.000009	0.000000	0.000014	0.000009	0.000358	0.003760	0.000894	0.007126	0.014924	0.000019	0.000014	0.000075	0.000066	0.000160	0.000993	0.002808
000000	0.000000	0.000000	0.000000	0.000000	0.000000	0.000000	0.000000	0.000000	0.000000	0.000000	0.000000	0.000000	0.000000	0.000000	0.000000	0.000000	0.000000	0.000000	0.000000	0.000000	0.000000	0.000000	0.000000	0.000000	0.000000	0.000000	0.000000	0.000000
000000	0.000176	0.001051	0.002127	0.000243	0.001443	0.000425	0.005775	0.000616	0.000315	0.000904	0.000954	0.006147	0.000044	0.000000	0.000040	0.000029	0.000645	0.004340	0.000543	0.007145	0.016540	0.000089	0.000051	0.000093	0.000219	0.000188	0.001026	0.003709
000000	0.000000	0.000000	0.000000	0.000000	0.000000	0.000000	0.000000	0.000000	0.000000	0.000000	0.000000	0.000000	0.000000	0.000000	0.000000	0.000000	0.000000	0.000000	0.000000	0.000000	0.000000	0.000000	0.000000	0.000000	0.000000	0.000000	0.000000	0.000000
000000	0.000038	0.000187	0.001819	0.000239	0.001534	0.000184	0.018120	0.000674	0.000201	0.001373	0.000581	0.018765	0.000001	0.000000	0.000001	0.000001	0.001048	0.002567	0.000486	0.005611	0.024049	0.000001	0.000003	0.000033	0.000014	0.000123	0.000717	0.005897
000000	0.000000	0.000000	0.000000	0.000000	0.000000	0.000000	0.000000	0.000000	0.000000	0.000000	0.000000	0.000000	0.000000	0.000000	0.000000	0.000000	0.000000	0.000000	0.000000	0.000000	0.000000	0.000000	0.000000	0.000000	0.000000	0.000000	0.000000	0.000000
000000	0.000000	0.000000	0.000000	0.000000	0.000000	0.000000	0.000000	0.000000	0.000000	0.000000	0.000000	0.000000	0.000000	0.000000	0.000000	0.000000	0.000000	0.000000	0.000000	0.000000	0.000000	0.000000	0.000000	0.000000	0.000000	0.000000	0.000000	0.000000
000000	0.002303	0.002164	0.003079	0.000742	0.002302	0.001971	0.005467	0.002380	0.001374	0.002634	0.001074	0.012796	0.000841	0.000000	0.001224	0.000813	0.001938	0.014462	0.001738	0.112602	0.012637	0.001717	0.001104	0.001461	0.001809	0.001359	0.001534	0.005112
000000	0.000038	0.000196	0.001021	0.000200	0.001499	0.000097	0.002604	0.000320	0.000104	0.006086	0.000754	0.007869	0.000000	0.000000	0.000002	0.000001	0.000289	0.006200	0.000263	0.004855	0.011636	0.000005	0.000017	0.000055	0.000015	0.000075	0.000294	0.025477
000000	0.000171	0.000354	0.000921	0.000245	0.001162	0.000214	0.002964	0.000381	0.000182	0.002721	0.000192	0.007579	0.000050	0.000000	0.000039	0.000033	0.000594	0.010719	0.000400	0.005544	0.017214	0.000052	0.000055	0.000067	0.000060	0.000183	0.000759	0.005056
000000	0.000276	0.000815	0.004539	0.000499	0.002454	0.000871	0.005116	0.001243	0.001202	0.000911	0.000816	0.012383	0.000138	0.000000	0.000583	0.000452	0.001524	0.006845	0.001506	0.010595	0.015716	0.000354	0.000323	0.000643	0.001096	0.001067	0.020039	0.002719
000000	0.000271	0.008898	0.005908	0.000517	0.001095	0.000106	0.002058	0.000380	0.000234	0.000759	0.000141	0.001481	0.000034	0.000000	0.000036	0.000026	0.001267	0.019223	0.000250	0.011302	0.014419	0.000067	0.000077	0.000075	0.000051	0.000131	0.000861	0.003216
000000	0.000169	0.000545	0.002734	0.000357	0.001661	0.000186	0.003045	0.000534	0.000122	0.002028	0.000305	0.001093	0.000000	0.000000	0.000000	0.000000	0.000609	0.008758	0.000404	0.008098	0.040023	0.000000	0.000003	0.000035	0.000013	0.000180	0.000709	0.008717
000000	0.004413	0.011327	0.012436	0.001830	0.011894	0.014364	0.004391	0.007662	0.003106	0.010705	0.005411	0.005251	0.002478	0.000000	0.003516	0.002411	0.003682	0.008888	0.005631	0.013790	0.018471	0.003689	0.002346	0.003008	0.004634	0.003688	0.003377	0.012711
000000	0.000191	0.000628	0.003102	0.000477	0.003548	0.000160	0.003636	0.000550	0.000142	0.001699	0.000274	0.001268	0.000000	0.000000	0.000000	0.000000	0.000951	0.016964	0.000322	0.011987	0.055193	0.000000	0.000003	0.000069	0.000012	0.000235	0.001693	0.007305
000000	0.000190	0.000640	0.002314	0.000432	0.003084	0.000150	0.003596	0.000380	0.000109	0.001862	0.000235	0.001297	0.000000	0.000000	0.000000	0.000000	0.000896	0.022842	0.000260	0.010865	0.018911	0.000000	0.000003	0.000048	0.000011	0.000223	0.000519	0.008005
000000	0.003842	0.029131	0.007856	0.003936	0.008806	0.006044	0.011188	0.006366	0.006867	0.006528	0.011621	0.008408	0.005385	0.000000	0.010658	0.006384	0.004610	0.007249	0.005892	0.029036	0.028049	0.017649	0.010854	0.012539	0.015688	0.013091	0.011729	0.012040
000000	0.000624	0.006336	0.001456	0.001484	0.001554	0.000622	0.004389	0.000772	0.000380	0.001248	0.001175	0.003605	0.000704	0.000000	0.001501	0.001246	0.002727	0.003952	0.001009	0.004889	0.014905	0.004722	0.003809	0.001757	0.000405	0.001394	0.000777	0.002195
000000	0.000000	0.000000	0.000000	0.000000	0.000000	0.000000	0.000000	0.000000	0.000000	0.000000	0.000000	0.000000	0.000000	0.000000	0.000000	0.000000	0.000000	0.000000	0.000000	0.000000	0.000000	0.000000	0.000000	0.000000	0.000000	0.000000	0.000000	0.000000
000000	0.001692	0.000979	0.004695	0.000994	0.004989	0.003099	0.002867	0.001743	0.000703	0.012072	0.002323	0.001628	0.001424	0.000000	0.001743	0.001678	0.001432	0.004450	0.001330	0.014634	0.016318	0.016087	0.005510	0.004104	0.003971	0.004269	0.002439	0.006185
000000	0.006301	0.007871	0.016976	0.005260	0.012645	0.007141	0.020088	0.010285	0.027015	0.010364	0.005993	0.018856	0.027311	0.000000	0.020212	0.013130	0.022760	0.016980	0.010330	0.042204	0.037519	0.034681	0.053506	0.016608	0.012841	0.016243	0.115651	0.016649
000000	0.013041	0.007005	0.009422	0.005376	0.013249	0.006346	0.025510	0.010216	0.005204	0.023985	0.001963	0.005617	0.005333	0.000000	0.004562	0.005220	0.035881	0.031201	0.007371	0.011393	0.042353	0.012517	0.005346	0.003742	0.007287	0.005105	0.008168	0.014110
000000	0.034039	0.028020	0.013566	0.005795	0.008352	0.008307	0.021765	0.044309	0.008634	0.002903	0.001307	0.009781	0.009618	0.000000	0.003431	0.004657	0.009818	0.007162	0.006337	0.006438	0.049273	0.007311	0.006141	0.011380	0.004388	0.010798	0.004937	0.019918
000000	0.000020	0.000130	0.000631	0.000630	0.003224	0.000416	0.003364	0.001192	0.000091	0.002422	0.000103	0.000259	0.000000	0.000000	0.000000	0.000000	0.000803	0.001746	0.001136	0.002533	0.025680	0.000000	0.000004	0.000041	0.000022	0.000354	0.000521	0.010411
000000	0.000008	0.000029	0.000206	0.000254	0.000694	0.000066	0.001568	0.000152	0.000021	0.000113	0.000033	0.000071	0.000000	0.000000	0.000000	0.000000	0.000149	0.000523	0.000173	0.000739	0.003854	0.000000	0.000000	0.000006	0.000003	0.000161	0.000171	0.000487
000000	0.003160	0.000941	0.011788	0.001336	0.003946	0.002227	0.003032	0.002358	0.001536	0.005094	0.004491	0.003547	0.001096	0.000000	0.000653	0.000631	0.002744	0.003229	0.001899	0.004601	0.016871	0.000925	0.001123	0.002179	0.000910	0.001164	0.002328	0.012827
000000	0.001885	0.002565	0.017942	0.027658	0.005556	0.003343	0.005847	0.005818	0.010167	0.006082	0.002311	0.005767	0.004910	0.000000	0.004363	0.002596	0.007856	0.005836	0.003774	0.023762	0.013547	0.006012	0.008994	0.002447	0.002701	0.009527	0.026718	0.028194
000000	0.003983	0.004582	0.060838	0.006116	0.009207	0.008639	0.015971	0.007598	0.011528	0.011680	0.007993	0.008143	0.005970	0.000000	0.007876	0.007358	0.010782	0.056307	0.012834	0.115395	0.022595	0.021255	0.006158	0.009490	0.018323	0.018163	0.010237	0.020935
000000	0.000000	0.000000	0.000000	0.000000	0.000000	0.000000	0.000000	0.000000	0.000000	0.000000	0.000000	0.000000	0.000000	0.000000	0.000000	0.000000	0.000000	0.000000	0.000000	0.000000	0.000000	0.000000	0.000000	0.000000	0.000000	0.000000	0.000000	0.000000
000000	0.000000	0.000000	0.000000	0.000000	0.000000	0.000000	0.000000	0.000000	0.000000	0.000000	0.000000	0.000000	0.000000	0.000000	0.000000	0.000000	0.000000	0.000000	0.000000	0.000000	0.000000	0.000000	0.000000	0.000000	0.000000	0.000000	0.000000	0.000000
000000	0.000764	0.000088	0.017861	0.001619	0.002574	0.000186	0.003832	0.000769	0.000410	0.001211	0.000125	0.000911	0.000085	0.000000	0.000040	0.000032	0.000844	0.005517	0.000587	0.010358	0.024233	0.000093	0.000157	0.000049	0.000038	0.000242	0.003706	0.005188
000000	0.000088	0.000177	0.005383	0.000591	0.002594	0.000299	0.007292	0.001042	0.001001	0.003202	0.000471	0.001532	0.000251	0.000000	0.000287	0.000182	0.003155	0.003667	0.000496	0.007713	0.056260	0.000505	0.000800	0.000171	0.000155	0.000356	0.003045	0.008908
000000	0.017861	0.005383	0.006338	0.001825	0.003543	0.001500	0.010530	0.001795	0.003010	0.002835	0.001243	0.001719	0.000982	0.000000	0.001157	0.001017	0.002749	0.006205	0.002290	0.008075	0.054506	0.024945	0.002859	0.001265	0.003753	0.002542	0.003377	0.012581
000000	0.001619	0.000591	0.001825	0.000121	0.005609	0.001599	0.002227	0.003209	0.003216	0.002090	0.000759	0.002738	0.000380	0.000000	0.002054	0.000336	0.002897	0.001516	0.000994	0.003081	0.005756	0.000688	0.000738	0.000655	0.000547	0.001100	0.002130	0.001415
000000	0.002574	0.002594	0.003543	0.005609	0.141128	0.019299	0.022256	0.068313	0.008005	0.005194	0.005056	0.011678	0.002480	0.000000	0.005002	0.001061	0.008654	0.008688	0.012251	0.008061	0.054844	0.003501	0.004645	0.003110	0.002097	0.002411	0.003772	0.022429
000000	0.000186	0.000299	0.001500	0.001599	0.019299	0.028573	0.005955	0.002407	0.007455	0.000626	0.001283	0.001312	0.000283	0.000000	0.000250	0.000295	0.002737	0.009390	0.157847	0.008998	0.052501	0.000756	0.003409	0.003394	0.017606	0.001892	0.001946	0.002382
000000	0.003832	0.007292	0.010530	0.002227	0.022256	0.005955	0.027041	0.043647	0.012126	0.008679	0.003590	0.015856	0.005443	0.000000	0.006330	0.001496	0.015584	0.013101	0.009448	0.016698	0.077366	0.006704	0.003009	0.001410	0.006426	0.004406	0.004436	0.008823
000000	0.000769	0.001042	0.001795	0.003209	0.068313	0.002407	0.043647	0.102471	0.002712	0.002341	0.006142	0.007549	0.000465	0.000000	0.000649	0.000213	0.001366	0.029632	0.022777	0.010413	0.085734	0.000542	0.000554	0.000741	0.000723	0.000752	0.002513	0.009133
000000	0.000410	0.001001	0.003010	0.003216	0.008005	0.007455	0.012126	0.002712	0.003406	0.001257	0.000971	0.002863	0.000163	0.000000	0.000410	0.000104	0.002352	0.005419	0.012079	0.006260	0.024875	0.000229	0.000184	0.000371	0.007863	0.002096	0.001735	0.004208
000000	0.001211	0.003202	0.002835	0.002090	0.005194	0.000626	0.008679	0.002341	0.001257	0.000636	0.001358	0.001219	0.000451	0.000000	0.001540	0.000682	0.000973	0.007272	0.000836	0.011662	0.030971	0.000475	0.000516	0.000790	0.000316	0.000556	0.002555	0.118019
000000	0.000125	0.000471	0.001243	0.000759	0.005056	0.001283	0.003590	0.006142	0.000971	0.001358	0.000122	0.000418	0.000209	0.000000	0.000217	0.000083	0.000505	0.001983	0.002390	0.003989	0.014618	0.000313	0.000299	0.000817	0.000308	0.000568	0.001194	0.005568
000000	0.000911	0.001532	0.001719	0.002738	0.011678	0.001312	0.015856	0.007549	0.002863	0.001219	0.000418	0.003674	0.005094	0.000000	0.000691	0.000379	0.002476	0.005419	0.001536	0.014139	0.042379	0.000537	0.000552	0.000532	0.000452	0.001311	0.007284	0.009239
000000	0.000085	0.000251	0.000982	0.000380	0.002480	0.000283	0.005443	0.000465	0.000163	0.000451	0.000209	0.005094	0.029867	0.000000	0.000000	0.000371	0.001058	0.003911	0.000538	0.003971	0.024776	0.000000	0.003243	0.005542	0.000015	0.000243	0.000991	0.001940
000000	0.000000	0.000000	0.000000	0.000000	0.000000	0.000000	0.000000	0.000000	0.000000	0.000000	0.000000	0.000000	0.000000	0.000000	0.000000	0.000000	0.000000	0.000000	0.000000	0.000000	0.000000	0.000000	0.000000	0.000000	0.000000	0.000000	0.000000	0.000000
000000	0.000040	0.000287	0.001157	0.002054	0.005002	0.000250	0.006330	0.000649	0.000410	0.001540	0.000217	0.000691	0.000000	0.000000	0.000000	0.000000	0.000227	0.004895	0.000278	0.005781	0.020963	0.000000	0.003612	0.006224	0.000019	0.000172	0.002234	0.006621
000000	0.000032	0.000182	0.001017	0.000336	0.001061	0.000295	0.001496	0.000213	0.000104	0.000682	0.000083	0.000379	0.000371	0.000000	0.000000	0.000000	0.000356	0.007621	0.000226	0.003838	0.013254	0.000000	0.011138	0.006045	0.000014	0.000168	0.002872	0.002933
000000	0.000844	0.003155	0.002749	0.002897	0.008654	0.002737	0.015584	0.001366	0.002352	0.000973	0.000505	0.002476	0.001058	0.000000	0.000227	0.000356	0.000638	0.004932	0.002740	0.008923	0.036867	0.001041	0.000900	0.000856	0.005811	0.002369	0.003363	0.004303
000000	0.005517	0.003667	0.006205	0.001516	0.008688	0.009390	0.013101	0.029632	0.005419	0.007272	0.001983	0.005419	0.003911	0.000000	0.004895	0.007621	0.004932	0.005707	0.006600	0.059318	0.035691	0.006335	0.002310	0.002667	0.004172	0.003901	0.003578	0.009389
000000	0.000587	0.000496	0.002290	0.000994	0.012251	0.157847	0.009448	0.022777	0.012079	0.000836	0.002390	0.001536	0.000538	0.000000	0.000278	0.000226	0.002740	0.006600	0.001528	0.007137	0.048673	0.000484	0.000984	0.001443	0.007523	0.002205	0.001774	0.002736
000000	0.010358	0.007713	0.008075	0.003081	0.008061	0.008998	0.016698	0.010413	0.006260	0.011662	0.003989	0.014139	0.003971	0.000000	0.005781	0.003838	0.008923	0.059318	0.007137	0.015866	0.020971	0.008103	0.005211	0.006741	0.008520	0.006165	0.006319	0.021140
000000	0.024233	0.056260	0.054506	0.005756	0.054844	0.052501	0.077366	0.085734	0.024875	0.030971	0.014618	0.042379	0.024776	0.000000	0.020963	0.013254	0.036867	0.035691	0.048673	0.020971	0.104777	0.014368	0.013397	0.013750	0.013857	0.014471	0.013159	0.032886
000000	0.000093	0.000505	0.024945	0.000688	0.003501	0.000756	0.006704	0.000542	0.000229	0.000475	0.000313	0.000537	0.000000	0.000000	0.000000	0.000000	0.001041	0.006335	0.000484	0.008103	0.014368	0.000000	0.005631	0.004510	0.000854	0.001059	0.001650	0.002040
000000	0.000157	0.000800	0.002859	0.000738	0.004645	0.003409	0.003009	0.000554	0.000184	0.000516	0.000299	0.000552	0.003243	0.000000	0.003612	0.011138	0.000900	0.002310	0.000984	0.005211	0.013397	0.005631	0.006174	0.001703	0.000174	0.000288	0.000884	0.002390
000000	0.000049	0.000171	0.001265	0.000655	0.003110	0.003394	0.001410	0.000741	0.000371	0.000790	0.000817	0.000532	0.005542	0.000000	0.006224	0.006045	0.000856	0.002667	0.001443	0.006741	0.013750	0.004510	0.001703	0.020236	0.000153	0.001025	0.002273	0.003946
000000	0.000038	0.000155	0.003753	0.000547	0.002097	0.017606	0.006426	0.000723	0.007863	0.000316	0.000308	0.000452	0.000015	0.000000	0.000019	0.000014	0.005811	0.004172	0.007523	0.008520	0.013857	0.000854	0.000174	0.000153	0.004170	0.001640	0.001242	0.001493
000000	0.000242	0.000356	0.002542	0.001100	0.002411	0.001892	0.004406	0.000752	0.002096	0.000556	0.000568	0.001311	0.000243	0.000000	0.000172	0.000168	0.002369	0.003901	0.002205	0.006165	0.014471	0.001059	0.000288	0.001025	0.001640	0.007995	0.001865	0.001731
000000	0.003706	0.003045	0.003377	0.002130	0.003772	0.001946	0.004436	0.002513	0.001735	0.002555	0.001194	0.007284	0.000991	0.000000	0.002234	0.002872	0.003363	0.003578	0.001774	0.006319	0.013159	0.001650	0.000884	0.002273	0.001242	0.001865	0.001343	0.003225
000000	0.005188	0.008908	0.012581	0.001415	0.022429	0.002382	0.008823	0.009133	0.004208	0.118019	0.005568	0.009239	0.001940	0.000000	0.006621	0.002933	0.004303	0.009389	0.002736	0.021140	0.032886	0.002040	0.002390	0.003946	0.001493	0.001731	0.003225	0.002926

出所：筆者作成

5. 結論

本章では、平均波及長を地域産業集積の指標として位置づけ、平成 23 年大垣市産業連関表を用いて、大垣市における地域産業集積の計測を行った。以下に本章における結論を提示する。

第１に、化学肥料、有機化学工業製品(石油化学基礎製品を除く)、化学最終製品(医薬品を除く)、ガラス・ガラス製品、その他の電子部品の 5 産業は、産業間の経済的距離の観点から、後方連関、前方連関ともに直接波及(平均波及長ラウンド 1)の産業だけではなく、ラウンド 2、ラウンド 3 の産業に見られる産業の迂回度も高い点を挙げることができる。

第2に、繊維工業製品、印刷・製版・製本、電子計算機・同付属装置、情報サービス、インターネット付随サービスの５産業は、産業間の経済的距離の観点から、後方連関、前方連関ともに、直接波及の産業が中心的であり、ラウンド 2、ラウンド 3 の産業に見られる産業の迂回度は限定的である点を指摘することができる。

今後の課題として、地域産業集積に関して、産業間の経済的近接性を示す指標についてさらに検討する必要性を挙げることができる。

第8章

日本の地域経済における生産ショック・インフラショックの地域間インパクト

1．はじめに

2011 年の東日本大震災のような大規模自然災害は、短期的のみならず長期的な社会経済的な減少的効果をもたらす。短期においては、経済におけるすべての経済主体(企業、家計、中央政府・地方政府等)が、災害発生前の経済状況にできるだけ近い状況に復旧しようとするという行動は適切であるように思われる。この状況を叙述するために、2005 年の日本の地域間産業連関表を用いて分析を行う(Okuyama, et al., 1999, Okuyama & Chang 2004; Okuyama and Rose, 2019)。

本章の目的は、2005 年の日本の地域間産業連関表により、自然災害一般に関する生産ショックとインフラショックの経済インパクトを研究することである(Oosterhaven, J. and M.C. Bouwmeester,2016; Oosterhaven and Többen, 2017; Oosterhaven, 2017, Oosterhaven, 2022)。

本章の基本的着想は、仮説的抽出法により大規模災害後に生じる短期的経済変動パターンを把握することである。仮説的抽出法は、仮に当該経済からある産業（あるいは地域）が「抽出」されたとした場合に、当該経済の総産出が仮説的にどれほど減少するであろうかということを評価する方法である。当該産業を抽出することにより、その産業による他地域からの購入(すなわち、後方連関)、およびその産業から他地域への販売（すなわち、前方連関）が、消去される、あるいは地域購入および地域販売から他地域および外国との移輸出入に仮設的に転換される (Schultz, 1977; see also Paelinck et al., 1965, Strassert, 1968)。

倉田他(2013)は、東日本大震災の岩手県沿岸地域の震度曝露量の推計に対して、岩手県産業連関表を用いて仮説的抽出法を適用した。山崎・曽根(2014)は、『中部圏地域間産業連関表(2005年版)』に依拠して、産業のサプライチェーンを明示的に考慮した「応用一般均衡モデル」(Computable General Equilibrium Model)を作成したうえで、岐阜県、静岡県、愛知県、三重県の4県が、想定される「南海トラフ巨大地震」に相当する巨大地震動の被害を受けた場合の、各県の産業の影響(および経済被害)について計量的に分析を行った。

本章では、2005 年の日本の地域間産業連関表により、災害発生前の地域経済と災害発生後の地域経済の比較を行う目的で、仮説的地域抽出アプローチが用いられる(Oosterhaven, J. and M.C. Bouwmeester,2016;; Dietzenbacher, et al.,1993,and Sonis and Oosterhaven,1996)。

第 2 節において、仮説的地域抽出モデルを提示する。第 3 節は、ベースシナリオ(災害発生前経済)としての 2005 年の日本の地域経済に対する一連の仮説的ショックの結果を比較する。第4節において、本章における結論と政策的含意を示す。

2．仮説的地域抽出法

R地域n部門モデルにおいて、総産出は以下のようになる。

$$x = [I - A]^{-1}f. \qquad (8\text{-}1)$$

x: 完全なR地域n部門の総産出、A: 完全なR地域n部門の交易係数、f: 完全なR地域n部門の最終需要。

上述したモデルは良く知られたレオンチェフ・モデルである。

Dietzenbacher et al. (1993)において、仮説的抽出法が地域の連関を測るために適用されうるということが示された。地域間産業連関表の枠組みにおいて、ある特定部門の代わりに、ある特定地域全体を仮説的に抽出した(Dietzenbacher and Van der Linden, 1997, 237)。

仮説的地域抽出アプローチの目的は、仮に当該経済からある地域が「抽出」されたとした場合に、R 地域 n 部門経済の総産出が仮説的にどれほど減少するであろうかということを評価することである。はじめに、これは地域間交易係数行列 **A** から地域 r における n 個の行と列を消去する(ゼロに置き換える)ことによって計算される。

自然災害の生産減少による財・サービスの取引の減少額が他地域における他の産業部門に中間財の取引のパーセンテージで配分されており、自然災害による生産減少を被った地域の地域購入額および地域販売額から災害による被害を被っていない他地域における移輸出入に仮説的に変換される[1]。

$$\overline{\mathrm{A}}^{(r)}=\begin{bmatrix}(a_{11}+\widehat{a_{11}})\cdots & 0 & \cdots(a_{1n}+\widehat{a_{1n}})\\ 0 & \cdots \quad \ddots & \cdots \quad 0\\ (a_{n1}+\widehat{a_{n1}}) & 0 & (a_{nn}+\widehat{a_{nn}})\end{bmatrix}, \qquad (8\text{-}2)$$

ここで $\widehat{a_{ij}}=\mathrm{z}_{ij}/\sum_1^n \mathrm{x}_j$は、r 番目の地域から他地域へ配分された交易係数である。

地域 r の生産活動が存在しない(R-1)n x (R-1)n 部門について$\overline{\mathrm{A}}^{(r)}$、および対応する減少した最終需要ベクトルについて$\bar{\mathrm{f}}^{(\mathrm{r})}$を用いて、「減少した」地域経済における総産出は、以下のように描くことができる。

$$\bar{\mathrm{x}}^{(\mathrm{r})}=\left[\mathrm{I}-\overline{\mathrm{A}}^{(r)}\right]^{-1}\bar{\mathrm{f}}^{(\mathrm{r})}. \qquad (8\text{-}3)$$

$$\bar{\mathrm{f}}^{(\mathrm{r})}=\begin{bmatrix}\hat{\mathrm{f}}^1\\ \vdots\\ 0\\ \vdots\\ \hat{\mathrm{f}}^n\end{bmatrix} \qquad (8\text{-}4)$$

$\bar{\mathrm{f}}^{(\mathrm{r})}$: r 番目の地域から他の地域へ配分された最終需要の列ベクトル。

$$\widehat{\mathrm{f}^{\mathrm{n}}}=\mathrm{f}^{\mathrm{n}}*(\mathrm{f}^{\mathrm{n}^{post}}/\mathrm{f}^{\mathrm{n}^{pre}}) \qquad (8\text{-}5)$$

f^{n}:n 部門の最終需要、$\mathrm{f}^{\mathrm{n}^{post}}$：災害発生後のケースにおける n 部門の最終需要、
$\mathrm{f}^{\mathrm{n}^{pre}}$：災害発生前のケースにおける n 部門の最終需要。

R 個のすべての地域を持つ経済の生産額と r 番目の地域が削減された経済の生産額

の間の差は、以下のように表現される。

$$x - \bar{x}^{(r)} = \{[I - A]^{-1} f\} - \left\{\left[I - \bar{A}^{(r)}\right]^{-1} \bar{f}^{(r)}\right\} \quad (8\text{-}6)$$

$T^r = i'x - i'\bar{x}^{(r)}$ は、もし地域 r が消失した場合における経済の変化の集計的測度である(Miller and Blair, 2009, 563; Dietzenbacher and van der Linden, 1997 参照)。100×総経済活動のパーセンテージの推計を総産出で割った標準化比率は、$\overline{T_j^r} = 100 * \left[i'x - i'\bar{x}^{(r)}\right]/i'x$ である(Miller and Blair 2009, 563 参照)。

災害発生前の経済構造を表すベース・シナリオが 2005 年の日本の地域間産業連関表と同一であると想定する。 我々は、以下の 2 つのシナリオについてシミュレーションを行う。

1) 地域 r のすべての産出をゼロにする生産ショック

このシナリオは日本の 9 地域について適用される。現実には、大規模災害による生産ショックは一部の産業の生産能力を部分的に消失させるに過ぎない。しかしながら、我々のモデルの妥当性を検証するために、極端なシナリオを用いることはより現実的な、あまり極端ではないシナリオよりもより明らかな結果が導かれるであろう(Oosterhaven, J. and M.C. Bouwmeester,2016)。

2) 地域 r から地域 s までのすべての輸送をゼロにするインフラ・ショック

日本の 9 地域について、地域 r の中で災害が発生した場合に途絶される地域間関係 rs の組み合わせを定義する。

実際には、インフラ・ショックの極端な 9 つのケースが以下のように想定される：北海道=>東北、東北=> 北海道, 東北=>中部、関東=>近畿, 中部=>中国、近畿=>四国、中国=> 九州, 九州 => 沖縄, および 沖縄 =>九州である。

我々がすべての 81 通りから仮説的インフラ・ショックの上述した 9 通りのリンクを選択する理由は、端点のケースが逆方向の組み合わせであること(すなわち、北海道⇒東北、東北⇒北海道、九州⇒沖縄、および沖縄⇒九州)、および他のケースが、代表的なケースとして、2 つの開放リンクとそれに囲まれた地域によって構成されているからである。

3. 日本の地域間産業連関表を用いたシミュレーション結果

我々はまず、災害が起こる以前の短期均衡(ベース・シナリオ)を論じる。

2005 年の日本の地域間産業連関表において、災害発生前の日本経済を以下のように要約することができる。

地域の付加価値から地域最終需要を差し引いた差額がプラスの地域は、関東、中部、近畿、および中国地域である。さらに、地域の付加価値から地域最終需要を差し引いた差額がマイナスの地域は、北海道、東北、四国、九州、そして沖縄地域である。

3.1　自然災害による生産減少による生産ショックのシナリオ

北海道から沖縄までの 9 地域それぞれについて、完全な生産停止を伴う災害発生後の短期均衡は、以下のような特徴を有する。

例えば、北海道に対する生産ショックにおいて、東北から沖縄までの災害の被害を被っていない 8 地域の経済は、北海道における生産の損失を補うために減少しない。

同様に、他の 8 地域(東北、関東、中部、近畿、中国、四国、九州、沖縄)に対する生産ショックにおいても、北海道に対する生産ショックのケースと同様に、災害の被害を被っていない地域の経済は減少しない。

表 8.1(a) 災害発生前のベース・シナリオと生産ショックによる 9 地域シナリオ

単位:百万円

	Base Scenario	PS1	PS2	PS3	PS4	PS5	PS6	PS7	PS8	PS9
Hokkaido, Industry 1	2,057,649	0	2,179,982	3,745,741	2,399,536	2,496,213	2,210,254	2,121,682	2,249,483	2,070,137
Hokkaido, Industry 2	9,267,436	0	9,744,508	16,003,255	10,645,405	11,066,122	9,933,182	9,540,158	10,131,842	9,326,119
Hokkaido, Industry 3	22,599,482	0	24,128,308	39,898,591	26,326,745	27,293,979	24,388,739	23,299,323	24,819,490	22,743,492
Tohoku, Industry 1	1,965,247	2,006,607	0	3,440,185	2,285,557	2,375,133	2,107,731	2,025,151	2,146,997	1,977,683
Tohoku, Industry 2	21,405,693	22,011,774	0	34,163,127	24,207,898	25,301,569	22,894,730	21,993,786	23,398,328	21,541,264
Tohoku, Industry 3	33,896,536	35,095,008	0	58,894,487	39,554,934	41,027,975	36,622,709	34,958,404	37,222,836	34,110,263
Kanto, Industry 1	3,264,477	3,337,533	3,432,444	0	3,781,200	3,938,052	3,499,666	3,359,711	3,562,511	3,283,782
Kanto, Industry 2	144,613,121	149,354,701	151,512,753	0	162,426,274	170,373,242	153,954,683	148,393,765	157,240,746	145,500,511
Kanto, Industry 3	260,766,594	270,899,158	278,220,916	0	304,638,086	315,375,253	281,624,561	268,806,192	286,085,515	262,352,347
Chubu, Industry 1	1,021,470	1,049,882	1,087,594	1,841,354	0	1,219,493	1,093,238	1,050,164	1,115,704	1,027,510
Chubu, Industry 2	66,453,180	68,820,199	70,725,881	112,096,126	0	76,931,482	70,456,002	68,182,162	72,284,315	66,865,695
Chubu, Industry 3	56,026,796	58,220,646	59,979,045	100,207,436	0	67,178,573	60,408,673	57,718,825	61,428,776	56,369,687
Kinki, Industry 1	803,850	824,075	854,915	1,472,381	925,433	0	847,721	822,704	871,104	808,780
Kinki, Industry 2	59,041,020	61,121,672	62,775,121	102,238,271	65,279,653	0	61,699,945	60,238,477	63,762,214	59,403,914
Kinki, Industry 3	92,423,660	96,109,809	99,007,382	168,385,623	107,215,034	0	99,420,564	95,112,148	101,203,576	92,893,382
Chugoku, Industry 1	754,816	775,566	806,213	1,385,818	881,123	899,292	0	771,116	804,184	759,486
Chugoku, Industry 2	30,974,143	32,157,283	33,035,548	54,909,244	34,967,794	35,654,870	0	31,558,384	33,110,836	31,165,633
Chugoku, Industry 3	30,104,638	31,314,159	32,267,996	53,876,479	35,117,466	35,951,932	0	30,884,933	32,766,530	30,295,873
Shikoku, Industry 1	723,470	746,080	770,095	1,314,662	839,347	850,723	739,891	0	783,649	727,928
Shikoku, Industry 2	10,000,025	10,377,563	10,665,211	17,335,795	11,334,743	11,286,462	10,303,981	0	10,748,930	10,062,724
Shikoku, Industry 3	14,941,187	15,547,255	16,003,998	26,566,263	17,393,914	17,712,969	15,921,880	0	16,311,558	15,035,783
Kyushu, Industry 1	2,458,404	2,523,143	2,628,748	4,528,621	2,871,189	2,954,707	2,553,405	2,526,403	0	2,469,954
Kyushu, Industry 2	27,307,402	28,339,600	29,086,379	47,234,336	30,615,370	31,892,226	28,407,417	27,900,374	0	27,451,110
Kyushu, Industry 3	49,556,179	51,566,806	53,110,836	88,854,143	57,787,292	59,499,279	52,912,866	50,989,850	0	49,850,317
Okinawa, Industry 1	105,192	109,051	112,301	192,807	122,411	126,847	112,163	108,286	106,022	0
Okinawa, Industry 2	1,226,708	1,279,273	1,309,704	2,185,542	1,412,610	1,453,963	1,308,819	1,261,009	1,287,697	0
Okinawa, Industry 3	4,434,999	4,611,532	4,753,496	7,923,077	5,154,420	5,333,020	4,770,555	4,571,359	4,810,530	0
Total Output	948,193,374	948,193,374	948,193,374	948,193,374	948,193,374	948,193,374	948,193,374	948,193,374	948,193,374	948,193,374
Foreign Import industry 1	2,241,409	2,341,354	2,261,979	3,205,609	2,363,369	2,524,806	2,341,597	2,273,196	2,326,791	2,251,433
Foreign Import industry 2	59,241,524	61,454,947	61,564,744	82,055,949	60,013,384	66,102,611	58,749,151	59,776,620	63,308,989	59,435,889
Foreign Import industry 3	10,848,378	11,242,467	11,299,690	18,674,708	11,638,958	13,241,553	11,337,503	11,061,030	11,943,687	10,997,776
Total Foreign Import	72,331,311	75,038,769	75,126,412	103,936,266	74,015,711	81,868,971	72,428,252	73,110,846	77,579,467	72,685,098
Total foeign Export	73,597,052	76,284,546	75,594,486	85,948,208	68,122,485	75,911,379	72,727,622	74,115,772	73,168,616	74,050,464
Net Foreign Export	1,265,741	1,245,777	468,073	-17,988,059	-5,893,226	-5,957,593	299,370	1,004,926	-4,410,851	1,365,366
Total Value Added	491,522,273	492,103,826	494,881,035	523,261,720	512,019,107	502,068,932	500,894,547	493,727,266	494,218,776	491,430,890
Total Regional Final Demand	490,256,531	490,858,049	494,412,962	541,249,779	517,912,332	508,026,524	500,595,177	492,722,340	498,629,627	490,065,524
Net Saving	1,265,742	1,245,778	468,073	-17,988,059	-5,893,226	-5,957,593	299,370	1,004,926	-4,410,851	1,365,366

出所：筆者作成

$T^r = \mathrm{i'x} - \mathrm{i'\bar{x}^{(r)}}$ はもし仮に地域 r が消失した場合におけるその経済の変化(総産出の増加あるいは減少)を示す、『重要度』ないしはトータル・リンケージの集計的測度である。標準化比率は、$\overline{T_j^r} = 100 * \left[\mathrm{i'x} - \mathrm{i'\bar{x}^{(r)}}\right]/\mathrm{i'x}$ である。

PS_n: 地域 n(n=1,…,9)、つまり北海道から沖縄までの 9 地域各々に対する生産ショック・シナリオ

表8.1 (b) 生産ショックの9シナリオの総産出の変化率

単位:％

	PS1	PS2	PS3	PS4	PS5	PS6	PS7	PS8	PS9
Hokkaido, Industry 1	-100.00	5.95	82.04	16.62	21.31	7.42	3.11	9.32	0.61
Hokkaido, Industry 2	-100.00	5.15	72.68	14.87	19.41	7.18	2.94	9.33	0.63
Hokkaido, Industry 3	-100.00	6.76	76.55	16.49	20.77	7.92	3.10	9.82	0.64
Tohoku, Industry 1	2.21	-100.00	75.05	16.81	20.86	7.25	3.05	9.25	0.63
Tohoku, Industry 2	2.83	-100.00	59.60	13.09	18.20	6.96	2.75	9.03	0.63
Tohoku, Industry 3	3.54	-100.00	74.04	16.69	21.04	8.04	3.13	9.81	0.63
Kanto, Industry 1	2.24	5.15	-100.00	15.83	20.63	7.20	2.92	9.13	0.59
Kanto, Industry 2	3.28	4.77	-100.00	12.32	17.81	6.46	2.61	8.73	0.61
Kanto, Industry 3	3.89	6.69	-100.00	16.82	20.94	8.00	3.08	9.71	0.61
Chubu, Industry 1	2.78	6.47	80.27	-100.00	19.39	7.03	2.81	9.23	0.59
Chubu, Industry 2	3.56	6.43	68.68	-100.00	15.77	6.02	2.60	8.77	0.62
Chubu, Industry 3	3.92	7.05	78.86	-100.00	19.90	7.82	3.02	9.64	0.61
Kinki, Industry 1	2.52	6.35	83.17	15.13	-100.00	5.46	2.35	8.37	0.61
Kinki, Industry 2	3.52	6.32	73.16	10.57	-100.00	4.50	2.03	8.00	0.61
Kinki, Industry 3	3.99	7.12	82.19	16.00	-100.00	7.57	2.91	9.50	0.62
Chugoku, Industry 1	2.75	6.81	83.60	16.73	19.14	-100.00	2.16	6.54	0.62
Chugoku, Industry 2	3.82	6.66	75.34	12.89	15.11	-100.00	1.89	6.90	0.62
Chugoku, Industry 3	4.02	7.19	78.96	16.65	19.42	-100.00	2.59	8.84	0.64
Shikoku, Industry 1	3.13	6.44	81.72	16.02	17.59	2.27	-100.00	8.32	0.62
Shikoku, Industry 2	3.78	6.65	73.36	13.35	12.86	3.04	-100.00	7.49	0.63
Shikoku, Industry 3	4.06	7.11	77.81	16.42	18.55	6.56	-100.00	9.17	0.63
Kyushu, Industry 1	2.63	6.93	84.21	16.79	20.19	3.86	2.77	-100.00	0.47
Kyushu, Industry 2	3.78	6.51	72.97	12.11	16.79	4.03	2.17	-100.00	0.53
Kyushu, Industry 3	4.06	7.17	79.30	16.61	20.06	6.77	2.89	-100.00	0.59
Okinawa, Industry 1	3.67	6.76	83.29	16.37	20.59	6.63	2.94	0.79	-100.00
Okinawa, Industry 2	3.80	6.28	78.16	15.15	18.53	6.69	2.80	4.97	-100.00
Okinawa, Industry 3	3.98	7.18	78.65	16.22	20.25	7.57	3.07	8.47	-100.00
Foreign Import industry 1	4.46	0.92	43.02	5.44	12.64	4.47	1.42	3.81	0.45
Foreign Import industry 2	3.74	3.92	38.51	1.30	11.58	-0.83	0.90	6.87	0.33
Foreign Import industry 3	3.63	4.16	72.14	7.29	22.06	4.51	1.96	10.10	1.38
Total Foreign Import	3.65	2.71	16.78	-7.44	3.14	-1.18	0.70	-0.58	0.62
Total Value Added	0.12	0.68	6.46	4.17	2.15	1.91	0.45	0.55	-0.02
Total Regional Final Demand	0.12	0.85	10.40	5.64	3.62	2.11	0.50	1.71	-0.04

出所：筆者作成

特に、極端なケース、関東、中部、および近畿において、これらの3つの地域に対して災害の被害を受けていない他の8地域の経済の生産額は他の生産ショックのケースよりも極端に増加する。なぜならば、これら3つの地域の経済活動の大きさが巨大であるからである。

災害の被害を受けていない地域における地域輸入率は外生的である。さらに、災害の被害を受けていない地域の地域付加価値率もまた外生的である。

最終需要の輸入率は、災害発生前と災害発生後の経済を比較して、地域最終需要の変化率に比例的に変化すると想定されている。

3.2 自然災害の発生によるインフラ・ショックのシナリオ

インフラ・ショックの極端な9つのケースが以下のように想定される。

北海道=>東北、東北=> 北海道, 東北=>中部、関東=>近畿, 中部=>中国、近畿=>四国、中国=> 九州, 九州 => 沖縄, および 沖縄 =>九州である。

我々がすべての81通りから仮説的インフラ・ショックの上述した9通りのリンクを選択する理由は、端点のケースが逆方向の組み合わせであること(すなわち、北海道⇒東北、東北⇒北海道、九州⇒沖縄、および沖縄⇒九州)、および他のケースが、代表的なケースとして、2つの開放リンクとそれに囲まれた地域によって構成されているからである。他方において、仮説的な地域間リンクの上述した9つのシナリオはモデルに対して検証される。現実には、インフラショックは我々が仮定するようには全体としては決して生じないであろう。しかしながら、より明示的な結果を導くために、上述の9通りの地域間リンクのケースを選択した。

表 8.2 (a) 災害発生前のベース・シナリオとインフラ・ショックの仮説的 9 ケース

単位:百万円

	Base Scenario	R1=>R2	R2=>R1	R2=>R4	R3=>R5	R4=>R6	R5=>R7	R6=>R8	R8=>R9	R9=>R8
Hokkaido, Industry 1	2,057,649	2,058,760	2,029,637	2,092,562	2,091,727	2,074,443	2,064,849	2,060,428	2,057,934	2,057,785
Hokkaido, Industry 2	9,267,436	9,272,442	9,072,466	9,424,680	9,420,919	9,343,074	9,299,864	9,279,952	9,268,721	9,268,049
Hokkaido, Industry 3	22,599,482	22,611,689	22,464,269	22,982,935	22,973,764	22,783,933	22,678,561	22,630,004	22,602,616	22,600,976
Tohoku, Industry 1	1,965,247	1,929,468	1,966,017	1,998,592	1,997,795	1,981,287	1,972,124	1,967,901	1,965,520	1,965,377
Tohoku, Industry 2	21,405,693	21,144,507	21,414,079	21,768,890	21,760,204	21,580,401	21,480,595	21,434,603	21,408,661	21,407,108
Tohoku, Industry 3	33,896,536	33,712,259	33,909,816	34,471,670	34,457,915	34,173,191	34,015,146	33,942,316	33,901,236	33,898,777
Kanto, Industry 1	3,264,477	3,266,240	3,265,756	3,248,672	3,318,542	3,291,121	3,275,900	3,268,886	3,264,930	3,264,693
Kanto, Industry 2	144,613,121	144,691,235	144,669,778	143,400,779	147,008,137	145,793,416	145,119,146	144,808,432	144,633,173	144,622,680
Kanto, Industry 3	260,766,594	260,907,450	260,868,758	263,325,003	265,085,291	262,894,904	261,679,060	261,118,779	260,802,752	260,783,830
Chubu, Industry 1	1,021,470	1,022,022	1,021,870	989,806	989,411	1,029,807	1,025,044	1,022,849	1,021,612	1,021,538
Chubu, Industry 2	66,453,180	66,489,075	66,479,215	60,256,417	60,232,374	66,995,554	66,685,711	66,542,930	66,462,395	66,457,573
Chubu, Industry 3	56,026,796	56,057,059	56,048,746	53,865,743	53,844,249	56,484,072	56,222,843	56,102,464	56,034,565	56,030,499
Kinki, Industry 1	803,850	804,284	804,165	817,489	798,147	791,552	806,663	804,936	803,961	803,903
Kinki, Industry 2	59,041,020	59,072,912	59,064,151	60,042,788	56,300,960	55,835,748	59,247,614	59,120,759	59,049,207	59,044,923
Kinki, Industry 3	92,423,660	92,473,584	92,459,870	93,991,843	92,468,466	91,704,403	92,747,066	92,548,485	92,436,476	92,429,769
Chugoku, Industry 1	754,816	755,224	755,112	767,623	767,317	741,437	738,008	755,835	754,921	754,866
Chugoku, Industry 2	30,974,143	30,990,874	30,986,278	31,499,691	31,487,123	29,396,302	29,260,349	31,015,976	30,978,438	30,976,190
Chugoku, Industry 3	30,104,638	30,120,899	30,116,432	30,615,433	30,603,217	29,641,220	29,504,134	30,145,297	30,108,812	30,106,628
Shikoku, Industry 1	723,470	723,861	723,753	735,745	735,452	729,375	685,517	684,050	723,570	723,518
Shikoku, Industry 2	10,000,025	10,005,427	10,003,943	10,169,699	10,165,641	10,081,643	9,546,754	9,526,314	10,001,412	10,000,686
Shikoku, Industry 3	14,941,187	14,949,258	14,947,041	15,194,699	15,188,636	15,063,133	14,751,801	14,720,216	14,943,259	14,942,175
Kyushu, Industry 1	2,458,404	2,459,732	2,459,367	2,500,117	2,499,119	2,478,469	2,467,006	2,448,847	2,458,745	2,454,261
Kyushu, Industry 2	27,307,402	27,322,152	27,318,101	27,770,736	27,759,655	27,530,278	27,402,955	27,043,880	27,311,188	27,276,699
Kyushu, Industry 3	49,556,179	49,582,948	49,575,595	50,397,015	50,376,906	49,960,644	49,729,585	49,424,547	49,563,051	49,533,593
Okinawa, Industry 1	105,192	105,249	105,233	106,977	106,934	106,051	105,560	105,334	96,315	105,199
Okinawa, Industry 2	1,226,708	1,227,371	1,227,189	1,247,522	1,247,024	1,236,720	1,231,000	1,228,365	1,169,802	1,226,789
Okinawa, Industry 3	4,434,999	4,437,395	4,436,737	4,510,249	4,508,449	4,471,196	4,450,518	4,440,989	4,370,103	4,435,292
Total Output	948,193,374	948,193,374	948,193,374	948,193,374	948,193,374	948,193,374	948,193,374	948,193,374	948,193,374	948,193,374
Foreign Import industry 1	2,241,409	2,241,293	2,242,624	2,264,378	2,265,251	2,252,296	2,246,273	2,242,894	2,241,439	2,241,543
Foreign Import industry 2	59,241,524	59,257,344	59,256,654	59,720,639	59,770,760	59,566,064	59,350,700	59,292,916	59,243,452	59,244,991
Foreign Import industry 3	10,848,378	10,847,429	10,846,720	10,849,674	10,823,081	10,858,309	10,833,390	10,846,032	10,848,685	10,848,149
Total Foreign Import	72,331,311	72,346,066	72,345,999	72,834,692	72,859,092	72,676,668	72,430,363	72,381,842	72,333,575	72,334,683
Total foeign Export	73,597,052	73,589,903	73,714,457	71,426,167	75,520,428	75,852,322	74,123,334	73,924,725	73,664,398	73,593,183
Net Foreign Export	1,265,741	1,243,838	1,368,458	-1,408,525	2,661,337	3,175,654	1,692,970	1,542,883	1,330,822	1,258,500
Total Value Added	491,522,273	491,787,774	491,714,843	499,862,093	499,662,640	495,533,952	493,242,191	492,186,111	491,590,428	491,554,762
Total Regional Final Demand	490,256,531	490,543,937	490,346,385	501,270,618	497,001,303	492,358,298	491,549,220	490,643,227	490,259,606	490,296,262
Net Saving	1,265,742	1,243,837	1,368,458	-1,408,525	2,661,337	3,175,654	1,692,971	1,542,883	1,330,822	1,258,500

出所：筆者作成

北海道⇒東北のリンクに対する仮説的なインフラ・ショックの場合に、災害の被害を受けていない東北⇒北海道、および他のすべての仮説的なリンクは、北海道⇒東北のインフラの損失を補償するために、経済取引は減少しない。さらに、他の仮説的なインフラ・ショックのシナリオ(東北 => 中部、関東=> 近畿、中部=> 中国、近畿=> 四国、中国=> 九州、九州=> 沖縄および沖縄=> 九州)においても、災害の被害を受けていない地域の経済取引は減少しない。

表 8.2 (b) インフラショックの 9 シナリオの総産出の変化率

単位:%

	R1=>R2	R2=>R1	R2=>R4	R3=>R5	R4=>R6	R5=>R7	R6=>R8	R8=>R9	R9=>R8
Hokkaido, Industry 1	0.05	-1.36	1.70	1.66	0.82	0.35	0.14	0.01	0.01
Hokkaido, Industry 2	0.05	-2.10	1.70	1.66	0.82	0.35	0.14	0.01	0.01
Hokkaido, Industry 3	0.05	-0.60	1.70	1.66	0.82	0.35	0.14	0.01	0.01
Tohoku, Industry 1	-1.82	0.04	1.70	1.66	0.82	0.35	0.14	0.01	0.01
Tohoku, Industry 2	-1.22	0.04	1.70	1.66	0.82	0.35	0.14	0.01	0.01
Tohoku, Industry 3	-0.54	0.04	1.70	1.66	0.82	0.35	0.14	0.01	0.01
Kanto, Industry 1	0.05	0.04	-0.48	1.66	0.82	0.35	0.14	0.01	0.01
Kanto, Industry 2	0.05	0.04	-0.84	1.66	0.82	0.35	0.14	0.01	0.01
Kanto, Industry 3	0.05	0.04	0.98	1.66	0.82	0.35	0.14	0.01	0.01
Chubu, Industry 1	0.05	0.04	-3.10	-3.14	0.82	0.35	0.14	0.01	0.01
Chubu, Industry 2	0.05	0.04	-9.33	-9.36	0.82	0.35	0.14	0.01	0.01
Chubu, Industry 3	0.05	0.04	-3.86	-3.90	0.82	0.35	0.14	0.01	0.01
Kinki, Industry 1	0.05	0.04	1.70	-0.71	-1.53	0.35	0.14	0.01	0.01
Kinki, Industry 2	0.05	0.04	1.70	-4.64	-5.43	0.35	0.14	0.01	0.01
Kinki, Industry 3	0.05	0.04	1.70	0.05	-0.78	0.35	0.14	0.01	0.01
Chugoku, Industry 1	0.05	0.04	1.70	1.66	-1.77	-2.23	0.14	0.01	0.01
Chugoku, Industry 2	0.05	0.04	1.70	1.66	-5.09	-5.53	0.14	0.01	0.01
Chugoku, Industry 3	0.05	0.04	1.70	1.66	-1.54	-1.99	0.14	0.01	0.01
Shikoku, Industry 1	0.05	0.04	1.70	1.66	0.82	-5.25	-5.45	0.01	0.01
Shikoku, Industry 2	0.05	0.04	1.70	1.66	0.82	-4.53	-4.74	0.01	0.01
Shikoku, Industry 3	0.05	0.04	1.70	1.66	0.82	-1.27	-1.48	0.01	0.01
Kyushu, Industry 1	0.05	0.04	1.70	1.66	0.82	0.35	-0.39	0.01	-0.17
Kyushu, Industry 2	0.05	0.04	1.70	1.66	0.82	0.35	-0.97	0.01	-0.11
Kyushu, Industry 3	0.05	0.04	1.70	1.66	0.82	0.35	-0.27	0.01	-0.05
Okinawa, Industry 1	0.05	0.04	1.70	1.66	0.82	0.35	0.14	-8.44	0.01
Okinawa, Industry 2	0.05	0.04	1.70	1.66	0.82	0.35	0.14	-4.64	0.01
Okinawa, Industry 3	0.05	0.04	1.70	1.66	0.82	0.35	0.14	-1.46	0.01
Foreign Import industry 1	-0.01	0.05	1.02	1.06	0.49	0.22	0.07	0.00	0.01
Foreign Import industry 2	0.03	0.03	0.81	0.89	0.55	0.18	0.09	0.00	0.01
Foreign Import industry 3	-0.01	-0.02	0.01	-0.23	0.09	-0.14	-0.02	0.00	0.00
Total Foreign Import	-0.01	0.16	-2.95	2.61	3.06	0.72	0.45	0.09	-0.01
Total Value Added	0.05	0.04	1.70	1.66	0.82	0.35	0.14	0.01	0.01
Total Regional Final Demand	0.06	0.02	2.25	1.38	0.43	0.26	0.08	0.00	0.01

出所：筆者作成

最終需要の輸入率は、災害発生前と災害発生後の経済を比較して、地域最終需要の変化率に比例的に変化すると想定されている。さらに、災害の被害を受けていない地域の輸出額は増加を示す。

４．結論と政策的含意

我々は自然災害による仮説的なショックである生産ショックとインフラ・ショックによるインパクトを計測することにより、仮説的地域抽出アプローチを検証した。

9 地域それぞれにおける生産ショックにおいて、災害の被害を被っていない地域の経済は被災地域の経済の落ち込みを補償するために減少しない。さらに、他の８地域に対する生産ショックにおいても、災害の被害を被っていない地域の経済は被災地域の経済の落ち込みを補償するために減少しない。災害の被害を受けていない地域における地域輸入率は外生的である。さらに，災害の被害を受けていない地域の地域付加価値率もまた外生的である。最終需要の輸入率は，災害発生前と災害発生後の経済を比較して，地域最終需要の変化率に比例的に変化すると想定されている。

9 通りのインフラ・ショックによって被害を被ったリンクにおいて、最終需要の輸入率は，災害発生前と災害発生後の経済を比較して，地域最終需要の変化率に比例的に変化すると想定されている。さらに、災害の被害を受けていない地域の輸出額は増加を示す。

政策的含意として次のことに言及することができる。すなわち、大規模災害発生後の復興経済政策は、被災地域における経済活動の復興に対して、深刻な影響を及ぼすであろう(Schnell & Weinstein, 2012)。さらに、大規模自然災害、たとえば地震や津波は、製造業などの基幹産業に災害発生後の経済状況の深刻な落ち込みをもたらすであろう。災害発生によるサプライチェーンの途絶と災害発生後におけるその再編成の動きは、地域産業構造に深刻な影響をもたらす(Leckcivilize, 2012)。

そのような深刻な状況から回復するために、経済におけるすべての経済主体(企業,家計，中央政府・地方政府等)が、災害発生前の経済状況にできるだけ速やかに復旧・復興しようとするという行動は適切であり、我々がとりうるすべての政策手段を動員しなければならない。

[注]

1) 地域抽出モデルに関して，Dietzenbacher, et al.(1993), 玉村・内田・岡本(2003)を参照。

付　録

図 A1. 日本の地域間産業連関表における地域区分

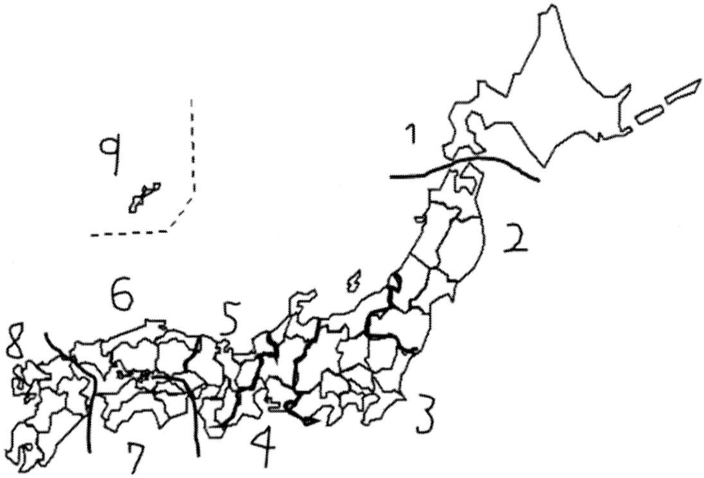

出所：筆者作成

R1. 北海道

R2. 東北(青森，岩手，宮城，秋田，山形，福島)

R3. 関東 (茨城，栃木，群馬，埼玉，千葉，東京，神奈川，新潟，山梨，長野，静岡)

R4. 中部(富山，石川，岐阜，愛知，三重)

R5. 近畿 (福井,滋賀,京都,大阪,兵庫,奈良,和歌山)

R6. 中国(鳥取,島根,岡山,広島,山口)

R7. 四国(徳島,香川,愛媛,高知)

R8. 九州(福岡,佐賀,長崎,熊本,大分,宮崎,鹿児島)

R9. 沖縄

表における記号の意味は以下のとおりである。

R_n,I_i: 地域 n(n=1,…,9), 産業 i(i=1,..,3)

m_n:産業 n における輸入額

e: 輸出額

m: 輸入額

e-m：貿易収支(純輸出)

v：地域付加価値合計

v-f: 純貯蓄（あるいは外国からの純借入）

表 A1. 地域間産業連関表の産業部門（12 部門表を 3 部門に集約）

	産業
I1	農林漁業
I2	鉱業, 飲食料品，金属製品，機械，その他の製造業, 建設業
I3	公益事業, 商業, 運輸, 金融・保険・不動産業, 情報・通信, サービス業

出所：筆者作成

表 A2. 2005 年地域間産業連関表

単位: 百万円

	R1, I1	R1, I2	R1, I3	R2, I1	R2, I2	R2, I3	R3, I1	R3, I2	R3, I3	R4, I1	R4, I2	R4, I3
R1, I1	246222	631922	42724	17027	43105	4400	41790	211208	33057	8570	28034	2802
R1, I2	199878	1168402	799660	14868	132825	102912	12363	740784	326419	3510	251793	54473
R1, I3	206368	1417626	4307894	4926	96672	95166	6021	268484	321922	1418	100372	72971
R2, I1	11329	53937	5167	210168	617645	55570	23838	259503	57016	3418	33491	2974
R2, I2	10260	96852	24087	198435	2425627	1272579	29057	2540297	801501	3331	417844	111756
R2, I3	7218	47734	64756	174150	2846595	5808276	17112	805075	976452	2531	179449	91419
R3, I1	7288	24249	5457	5451	72833	11974	214459	1323250	276092	4075	54087	22863
R3, I2	36729	479342	643184	78049	1847180	914920	425208	33354572	14338729	19267	4669228	820210
R3, I3	33731	304943	861488	63350	1427944	1786697	383697	25185907	65282045	24837	2478780	2216689
R4, I1	1563	8852	698	504	2715	1854	2706	66808	25807	83433	472681	80698
R4, I2	15508	189014	211549	10241	739667	240401	40049	5989291	1544615	134659	18666140	3419270
R4, I3	4795	37933	51438	6935	125210	95594	13725	753420	739060	76562	6788647	9402821
R5, I1	760	1916	1293	1730	6861	658	2479	12787	4598	1482	28421	5751
R5, I2	8957	159808	171091	11842	517950	178354	25660	4223405	1690210	12980	2580154	490985
R5, I3	6545	55910	106262	9307	189425	165115	15825	1046810	1159973	9714	938544	591863
R6, I1	1148	1194	396	684	7777	1416	3899	24546	11299	754	4426	1670
R6, I2	14305	84621	69264	15614	217781	50693	21778	2101206	430531	8395	1200031	160853
R6, I3	1511	10507	12174	2922	41876	31392	7626	344003	306282	2956	198066	90120
R7, I1	1361	1173	618	1261	18315	2819	1665	15408	11003	1538	36526	12289
R7, I2	1850	26668	34834	2156	75531	36163	7308	803982	381564	1968	326193	86521
R7, I3	652	4777	10416	1495	21986	18017	3323	149407	172123	1412	90514	56491
R8, I1	5737	17446	2256	4504	23398	5034	4660	119686	41325	2164	17806	4036
R8, I2	6395	28338	32740	7032	132099	44341	14695	1260053	383834	2667	557997	107579
R8, I3	2268	18703	20460	3552	51539	36936	9224	408557	484404	3223	220129	118230
R9, I1	45	478	391	27	359	229	292	6085	3386	104	832	550
R9, I2	693	195	128	117	501	2199	1081	16011	8343	348	6010	1356
R9, I3	63	510	1465	115	1845	2805	401	24506	86602	104	9866	17049
m1	28508	73096	4946	34418	101065	9101	63151	389590	81300	28831	162038	25346
m2	81004	934315	437944	64397	1792290	720924	106469	13120395	4205645	37329	5593950	1245128
m3	2908	20479	40623	2600	38223	54464	12670	835618	1606380	3144	250332	227944
VA	1112050	3366499	14584079	1017370	7288853	22145534	1752246	48212467	164975080	536747	20100798	36484088
Total Input	2057649	9267436	22599482	1965247	21405693	33896536	3264477	144613121	260766594	1021470	66453180	56026796

表 A2. 2005 年地域間産業連関表(続き)

単位: 百万円

R5, I1	R5, I2	R5, I3	R6, I1	R6, I2	R6,I3	R7,I1	R7,I2	R7,I3	R8,I1	R8,I2	R8,I3	R9,I1	R9,I2	R9,I3
9798	92812	6062	8717	13373	748	5033	5468	395	30666	29039	2191	355	476	181
1885	167094	62200	617	46140	13283	1554	18104	6102	3461	46851	21115	19	1981	3639
988	99344	82175	876	41026	26471	586	13150	8063	1855	24154	24551	120	1806	3733
3962	114447	7966	1301	10091	2815	2139	8295	2201	1858	18760	4139	290	9559	305
2732	361856	173083	1917	156676	34389	3212	40809	26655	5879	164655	75777	249	1925	7123
1513	141847	99494	1280	62210	36605	1415	25138	17904	4172	53991	47647	138	1907	3639
2790	49051	22896	2559	8357	2354	1641	8014	1671	5068	22267	2397	205	1782	1818
9732	3070459	1164568	6252	1315051	469585	9050	398617	220403	22786	1506247	932413	1277	32306	104966
13066	1881030	2231953	13498	944287	1154999	17883	430146	676880	36839	812051	1655390	1797	37400	140284
1353	39918	12844	451	7131	613	1995	5356	1680	1442	3854	905	101	95	145
12222	3045546	875809	3991	1082351	187181	5041	295456	120043	11474	1181153	382606	862	22644	49786
5131	571836	573013	3723	217737	122937	4326	82737	62344	9551	148098	145520	375	5501	12021
45681	331995	68695	1166	7974	1306	578	5464	1139	1393	9904	859	39	179	176
65950	10294042	4315885	10703	1290654	323819	15832	537936	210395	21748	872329	492097	885	28709	44944
34587	8910169	19370363	7512	517196	378259	11344	226630	244103	18923	343916	405104	533	8788	28570
1934	35301	14477	48783	261215	26350	4137	21588	2913	7387	27986	4429	55	56	133
16214	1742778	378207	82231	7116117	1352727	31797	381114	150750	80582	875600	506373	1214	13480	21310
3018	296582	237902	57904	3358216	5053306	4409	83858	87162	12926	175801	191956	365	4765	8996
1377	36879	20662	2314	40952	11034	53863	157695	22824	1187	4345	1356	48	102	268
4552	549884	214995	3641	262181	100350	56885	928852	453169	8124	250777	155078	256	5009	7716
1548	143753	119983	2425	122673	96814	61847	1193741	2428548	3549	44876	41859	68	948	1965
4507	86199	32573	3496	49021	18228	2321	7082	1379	224883	949871	99221	667	6760	3915
5418	770360	241275	16379	609904	141675	5975	166780	70425	333269	4295738	1811838	7619	41077	38334
2684	268002	224638	4485	240002	182260	3370	62701	53278	240486	3740554	9273588	664	9232	23253
94	1126	826	17	245	127	132	467	174	779	7039	413	5465	34182	6768
56	5765	2790	106	5011	163	5	224	47	2700	15712	6972	12270	150725	174538
112	11539	23602	82	3312	2949	78	1204	1700	826	9755	18475	11569	184115	944628
22251	161680	33179	14422	77185	7790	11518	33655	4880	38227	161432	18867	815	5086	1007
23002	4793412	1615976	28382	4048416	603453	25954	1357968	294958	96788	2281812	850431	2622	136976	64447
2650	276611	405331	1842	84493	95562	1370	22522	29360	6357	82414	140296	441	5558	17890
453043	20689701	59790850	424644	8974945	19656487	378180	3479254	9739641	1223219	9146222	32244316	53871	473590	2718500
803850	59041020	92423660	754816	30974143	30104638	723470	10000025	14941187	2458404	27307402	49556179	105192	1226708	4434999

表 A2. 2005 年地域間産業連関表(続き)

単位: 百万円

Regional Final Demand									e	Total output
y1	y2	y3	y4	y5	y6	y7	y8	y9		
242530	17003	194519	14723	32172	2846	688	31317	457	5218	2057649
4068141	119078	377858	98026	125601	23174	10576	45734	1607	195711	9267436
13720302	149395	765259	190729	214481	74510	19225	59221	4859	172764	22599482
18843	183586	166174	13001	25765	7567	5686	11797	897	9747	1965247
208127	6001844	2277950	336674	395950	131964	69317	206405	11271	2727427	21405693
209331	18566913	2055395	321069	317233	115214	52352	145247	6757	587356	33896536
20467	32497	851250	86719	84006	8653	5182	7368	3889	9499	3264477
1084288	2050977	44621395	2759021	3210092	1126637	542192	1962827	133812	20231550	144613121
1026216	2734464	126851287	4323392	3516512	1556279	792843	1752388	145100	7970504	260766594
1352	6028	30329	128192	17712	1302	3548	1618	141	5045	1021470
224323	340953	3276009	9276391	1300319	351219	182719	584223	42259	12399096	66453180
147635	257330	2326231	27988451	1627641	344372	161634	354291	18362	2741861	56026796
5160	2479	16570	15144	205545	4965	3813	2705	346	2449	803850
391213	488412	3634181	1478808	13570050	800538	454716	1059326	73620	8492831	59041020
221621	355667	2535570	1950019	47370450	883776	513359	749381	32872	2967654	92423660
2267	5595	34226	7713	43492	119227	9478	12571	311	3983	754816
152377	162086	1234277	419926	844135	5161951	253460	724739	30141	4865485	30974143
31770	86353	803272	305206	650205	15795051	207767	452859	7604	1137951	30104638
2397	8509	36328	32868	70661	31938	69346	3859	553	8130	723470
30179	59083	385313	132352	304939	158904	2511302	173715	8506	1449526	10000025
17607	50599	375017	166982	353173	240693	8473864	114721	3061	350259	14941187
8699	21710	142313	14594	116709	63274	5308	325217	6580	15885	2458404
83017	177470	973726	465831	701297	376791	146203	7445473	77110	5726647	27307402
60281	108831	1170315	422845	601273	552587	129878	29379546	30158	1394045	49556179
806	1024	7426	2422	2957	571	606	1220	15021	2508	105192
1044	1278	12958	2673	4822	1422	542	4055	763689	20159	1226708
4490	6778	170877	43994	61987	10733	4986	43743	2624370	103762	4434999
45752	33797	251651	83715	101621	46129	18392	66702	2278	0	2241409
649593	933651	6782156	1318786	2448748	709068	455698	1336522	42915	0	59241524
138374	214016	3500580	681014	1144481	295866	115224	451011	39731	0	10848378
0	0	0	0	0	0	0	0	0	0	491522273
22818200	33177405	205860411	53081283	79464027	28997222	15219902	47509802	4128278	73597052	

出所：筆者作成

終 章

本書は、マクロ経済モデルによる資本主義経済の分析とともに、産業連関分析により地域経済の分析を行ったものである。

各章の内容としては、乗数モデル、2国間の国際貿易の理論モデル、マクロ経済モデルによるインフレ目標政策の分析、開放マクロ経済モデルによるインフレ目標政策と安定化政策、小地域産業連関表による地域経済構造の分析、Average Propagation Length による産業間の経済的距離の分析、自然災害による生産ショック・インフラショックの経済的インパクト分析である。

第I部は、マクロ経済モデルによる分析を行い、開放経済、財政政策、金融政策の効果に分析を拡張する。

第 1 章では、ケインズとカレツキの乗数分析をレオンチェフのモデルに統合した宮澤モデルをサーベイし、その構造的側面を考察し、拡張されたモデルにより実証分析を行った。

実証分析として、総務省統計局『平成 17 年産業連関表』を用い、産業連関・消費内生化モデルを適用することにより、東日本大震災後のリゾート産業の消費自粛の経済的インパクトを分析した。リゾート産業の家計消費需要の外生的変化は、2.25 兆円の減少である。経済波及効果は 6.02 兆円の減少である。

第 2 章では、Lorentz（1987）を拡張し、2 国間の国際貿易を考慮した動学的マクロモデルを、4 次元の Hopf 分岐定理を適用することによって展開した。

(i)国際貿易を伴う財・サービス市場の超過需要を表す動学方程式、および(ii)貨幣市場の超過需要を表す動学方程式の 2 次元の動学方程式体系を展開し、2 次元×2 国の 4 次元の動学方程式体系を分析した。

第 3 章では、インフレ目標政策に関する主流派の見解を Setterfield(2006)により紹介し、ポスト・ケインズ派マクロモデルにおけるインフレ目標政策の検討を行ったうえで、Lima and Setterfield(2008)の基本モデルを拡張した。

Lima and Setterfield(2008)による基本モデルを検討した。ポスト・ケインズ派の代替的なモデルにおいても、インフレ目標政策は経済の基礎構造と十分に両立可能であるということを示すことができた。しかし、Setterfield(2006), Lima and Setterfield(2008)によれば、ポスト・ケインズ派の代替的モデルとインフレ目標政策が両立可能であるのは、(1)実質所得を決定する際における総需要の役割および(2)インフレ過程における名目所得の分配に対する対立的請求権の重要性についての明瞭な認識が存在する場合に限られるであろう。このことは、貨幣経済における経済成長と所得分配、有効需要の原理の重要性を示すものと考えられる。

第4章では、Drumond and Porcile(2012), Drumond and De Jesus(2016)に従い、ポスト・ケインズ派マクロ経済モデルの枠組みにおいて、開放経済における中央銀行のインフレ目標政策による経済安定化の役割について考察した。

本章における結論としては以下の3点を挙げることができる。

第1に、二重指令貨幣レジーム($\beta>0, \gamma>0$)では、金融当局は2つの目的、すなわちインフレーションと雇用に関わっており、ヤコビ行列のトレースが負であり、行列式が正であるので、動学体系は安定である中期目標に収束する。

第2に、単一指令雇用レジーム($\beta>0, \gamma=0$)では、金融当局はインフレ目標に関与せず、能力利用率にのみコミットし、能力利用率を通じて雇用に焦点を当てる。3次元の動学体系の安定性は、Routh-Hurwitzの判定条件から不安定である。

第3に、単一指令インフレ目標レジーム($\beta=0, \gamma>0$)では、中央銀行が能力利用率にコミットせずに、目標インフレ率にのみコミットし、なおかつ中央銀行は目標インフレ率と期待インフレ率を同一視する。3次元の動学体系の安定性は、Routh-Hurwitzの判定条件から安定性条件を満たすことがわかる。

第5章では、本章は、主流派マクロモデルであるニューコンセンサス・マクロ経済モデルに銀行、金融仲介機関を導入したファイナンシャル・アクセラレーター・

モデルに関して分析を行い、主流派マクロ経済学のNCMモデルについて、ポスト・ケインズ派の立場から批判的に検討した。

第2節では、ニューコンセンサス・マクロモデルのベンチマーク・4モデルについて検討した。主流派マクロモデルであるニューコンセンサス・モデルにおいて、インフレ目標政策が説明されている。第 3 節では、ファイナンシャル・アクセラレーター・モデルのベンチマーク・モデルについて検討した。第 4 節では、増幅されたファイナンシャル・アクセラレーター・モデルについて検討した。2007 年－2008 年の金融危機、そして NCM ベンチマーク・モデルがそれを説明することに失敗した結果として、主流派マクロ経済学を修正するための多くの試みがなされてきた。不安定なリスクプレミア、見返り担保制約、開放経済における通貨リスクプレミア、そしてMinsky-Fisher型のメカニズムは長く確立されたNCMモデルを改善するために用いられた最も革新的な金融的摩擦である。これらのモデルの厳しい制限は、それらのモデルが、金融不安定性が現代資本主義経済の正常な機能の内生的な副産物であるという可能性を決して認めないということである。

第Ⅱ部では、地域産業連関分析の手法により地域経済を分析した。

第6章では、平成 27 年(2015 年)大垣市産業連関表の作成と地域経済構造の分析を行ってきた。

第1に、平成 27 年における大垣市経済の総供給は、1 兆 5743 億円である。そのうち、市内生産額は、1 兆 2286 億円であり、総供給の 78.0%を占めている。内訳は、財の生産が 5465 億円、サービスの生産が 6821 億円であり、財の生産が 44.5%を占めている。総供給の残りの 22.0%が他地域から移輸入されており、その額は 3457 億円となっている。

第 2 に、平成 27 年(2015 年)大垣市産業連関表における産業別の影響力係数－感応度係数分析から、他産業への影響力が大きい産業は、自動車部品・同付属品、その他の鉱業、パルプ・紙・板紙・加工紙、自動車整備・機械修理、非鉄金属精錬・精製、紙加工品などである。他産業からの感応度が大きい産業は、商業、電力、その他の対事業所サービス、プラスチック製品、道路輸送などである。

第 3 に、各産業部門間には原材料などの需要と供給を通じて、密接な相互依存関係が形成されている。中間需要率と中間投入率の組合せにより、第Ⅰ領域：中間投入型中間財生産産業（中間需要率≧0.5、中間投入率≧0.5）、第Ⅱ領域：中間投入型最終需要財生産産業(中間需要率≦0.5、中間投入率≧0.5)、第Ⅲ領域：その他の最終需要財生産産業(中間需要率≦0.5、中間投入率≦0.5)、第Ⅳ領域：その他の中間財生産産業（中間需要率≧0.5、中間投入率≦0.5）である。

第 7 章では、平均波及長を地域産業集積の指標として位置づけ、平成 23 年大垣市産業連関表を用いて、大垣市における地域産業集積の計測を行った。

第 1 に、化学肥料、有機化学工業製品(石油化学基礎製品を除く)、化学最終製品(医薬品を除く)、ガラス・ガラス製品、その他の電子部品の 5 産業は、産業間の経済的距離の観点から、後方連関、前方連関ともに直接波及(平均波及長ラウンド 1)の産業だけではなく、ラウンド 2、ラウンド 3 の産業に見られる産業の迂回度も高い点を挙げることができる。

第 2 に、繊維工業製品、印刷・製版・製本、電子計算機・同付属装置、情報サービス、インターネット付随サービスの 5 産業は、産業間の経済的距離の観点から、後方連関、前方連関ともに、直接波及の産業が中心的であり、ラウンド 2、ラウンド 3 の産業に見られる産業の迂回度は限定的である点を指摘することができる。

第 8 章では、自然災害による仮説的なショックである生産ショックとインフラ・ショックによるインパクトを計測することにより、仮説的地域抽出アプローチを検証した。

9 地域それぞれにおける生産ショックにおいて、災害の被害を被っていない地域の経済は被災地域の経済の落ち込みを補償するために減少しない。さらに、他の 8 地域に対する生産ショックにおいても、災害の被害を被っていない地域の経済は被災地域の経済の落ち込みを補償するために減少しない。

9 通りのインフラ・ショックによって被害を被ったリンクにおいて、最終需要の輸入率は，災害発生前と災害発生後の経済を比較して，地域最終需要の変化率に比例的に変化すると想定されている。さらに、災害の被害を受けていない地域の輸出額は増加を示す。

政策的含意として次のことに言及することができる。すなわち、大規模災害発生後の復興経済政策は、被災地域における経済活動の復興に対して、深刻な影響を及ぼすであろう。

さらに、大規模自然災害、たとえば地震や津波は、製造業などの基幹産業に災害発生後の経済状況の深刻な落ち込みをもたらすであろう。災害発生によるサプライチェーンの途絶と災害発生後におけるその再編成の動きは、地域産業構造に深刻な影響をもたらす。

そのような深刻な状況から回復するために、経済におけるすべての経済主体(企業,家計，中央政府・地方政府等)が、災害発生前の経済状況にできるだけ速やかに復旧・復興しようとするという行動は適切であり、我々がとりうるすべての政策手段を動員しなければならない。

初出出典一覧

第1章　「ケインズ、カレツキ、レオンチェフによる乗数分析の一般化―宮澤モデルの構造的側面―」『地域学研究』第42巻第3号，2012年12月.

第2章　「2国間の国際貿易を伴う景気循環モデルに関する研究ノート：4次元のHopf分岐定理の適用」『岐阜経済大学論集』第49巻第2・3号，2016年3月.

第3章　「ポスト・ケインズ派におけるインフレ目標政策の検討―インフレによって増幅されたマクロモデル―」『岐阜経済大学論集』第52巻第1号，2018年8月.

第4章　「開放マクロ経済モデルによる財政・金融政策の相互性」『岐阜協立大学論集』第57巻第1号,2023年8月.

「開放マクロ経済モデルにおけるインフレ目標と安定化政策」『岐阜協立大学論集』第53巻第3号,2020年3月.

第5章　「NCMモデルにおける金融仲介機関の役割―ポスト・ケインズ派における批判的検討―」『岐阜協立大学論集』第56巻第1号,2022年7月29日.

第6章　「平成27年大垣市産業連関表による地域経済構造の分析」『岐阜協立大学論集』　第54巻第3号,2021年3月31日.

第8章　「日本の地域経済における生産ショック・インフラショックの地域間インパクト：仮説的地域抽出アプローチ」『岐阜経済大学論集』第51巻第1号,2017年8月.

参考文献

[第 1 章]

伊藤秀和(2005)「産業連関分析・消費内生化モデルの一考察：Miyazawa モデルを基に」『商学論究』53 巻第 3 号，98-124 頁

総務省統計局(2005)『平成 17 年産業連関表』

細江宣裕 (2011),「レジャー消費自粛の経済効果—産業連関モデルによる分析」, *GRIPS Discussion Paper* 11-04.

Hewings, G.J.D., Sonis, M. Madden, M., and Kimura, Y. (ed.) (1999), *Understanding and Interpreting Economic Structure*, Springer.

Ihara, T. (1999), "Diagnosis and Therapy of Interregional Feedback Effects," in Chapter 5 of Hewings, G.J.D., Sonis, M., Madden, M., and Kimura, Y. (ed.) (1999), *Understanding and Interpreting Economic Structure*, Springer, pp.91–111.

Kalecki, M. (1971), *Selected essays on the dynamics of the capitalist economy 1933-1970,* Cambridge University Press.

Keynes, J.M. (1936), *The general Theory of Employment, Interest and Money*, Macmillan.(塩野谷祐一訳『雇用・利子および貨幣の一般理論』東洋経済新報社、1995 年)

Miller, R.E. and Blair, P.D. (2009), *Input-Output Analysis: Foundations and Extensions, Second Edition*, Cambridge University Press.

Miyazawa, K. (1976), *Input-Output Analysis and the Structure of Income Distribution*, Springer-Verlag.

Trigg, A. B. (1999), "An Interindustry Analysis of the Relationship Between Marx and Keynes," in Chapter 7 of Hewings, G.J.D., Sonis, M. Madden, M. and Kimura, Y. (ed.) (1999), *Understanding and Interpreting Economic Structure*, Springer, pp.145–153.

[第2章]

浅田統一郎 (1997),『成長と循環のマクロ動学』,日本経済評論社.

Asada, T. and Yoshida, H. (2003), "Coefficient criterion for Four-dimensional Hopf bifurcations: A complete mathematical characterization and applications to economic dynamics," *Chaos, Solitons and Fractals*, Vol. 18: 525-536.

Davidson, P. (2006) "Can, or Should, a Central Bank Inflation Target?" *Journal of Post Keynesian Economics*, Vol.28, No.4:689-703.

Dos Santos, A. L. M. (2011-12) "Inflation targeting in a Post Keynesian economy," *Journal of Post Keynesian Economics*, Vol.34, No. 2 :295-318

Franke, R. and Asada, T. (1994) "A Keynes-Goodwin model of the business cycle," *Journal of Economic Behavior and Organization*, Vol. 24: 273-295.

Gandolfo, G, (2009) *Economic Dynamics*, 4th edition, Springer.

Kaldor, N. (1940) "A Model of the Trade Cycle." *Economic Journal*, Vol. 50: 78-92.

Kaldor, N. (1955-56) "Alternative Theories of Distribution," *Review of Economic Studies*, Vol.23, 94-100.

Lima, G.T. and Setterfield, M. (2008), "Inflation Targeting and Macroeconomic Stability in a Post Keynesian Economy," *Journal of Post Keynesian Economics*, Vol. 30, No.3: 435-461.

Lorentz, H-W. (1987) "International Trade and the Possible Occurrence of Chaos," *Economic Letters*, Vol.23: 135-138.

——(1993) *Nonlinear Dynamical Economics and Chaotic Motion*, Springer.

Minsky, H.P. (1975), *John Maynard Keynes*, Columbia University Press.

——(1982), Can 'it' Happen Again ?, M.E. Sharpe.

——(1986), *Stabilizing an Unstable Economy*, Columbia University Press.

Nagatani, K. (1981), *Economic Dynamics*, Cambridge University Press.

Nozaki, M. (1999) "Money, Government and Adaptive Expectation in Business Cycle Theory," *Journal of Policy Studies (Sougou Seisaku Kenkyu)*, Vol.1, No.1 : 91-99.

Palley, T. (1994) "Debt, aggregate demand, and the business cycle: an analysis in the spirit of Kaldor and Minsky," *Journal of Post Keynesian Economics*, Vol. 16, No.3:371-390

—(1997), "Endogenous Money and the Business Cycle," *Journal of Economics*, Vol.65, No.2 : 133-149.

Sasakura, K. (1994) "On the Dynamic Behavior of Schinasi's Business Cycle Model," *Journal of Macroeconomics*, Vol. 16 : 423-444.

Setterfield, M. (2006), "Is Inflation Targeting Compatible with Post Keynesian Economics?" *Journal of Post Keynesian Economics*, Vol.28, No.4:653-671.

Schinasi, G.J. (1981) "A Nonlinear Dynamic Model of Short Run Fluctuations," Review of Economic Studies, Vol.48: 649-656.

Schinasi, G.J. (1982), "Fluctuations in a Dynamic, Intermediate-run IS-LM Model: Applications of Poincare-Bendixson Theorem," *Journal of Economic Theory*, Vol. 28: 369-375.

Torre, V. (1977) "Existence of Limit Cycles and Control in Complete Keynesian Systems by Theory of Bifurcations," *Econometrica*, Vol.45 :1457-1466.

Yoshida, H. and Asada, T. (2007) "Dynamic Analysis of policy-lag in a Keynes-Goodwin model: Stability, instability, cycles and chaos," *Journal of Economic Behavior and Organization*, Vol.62: 441-469.

[第3章]

Bernanke, B. S. and M. Woodford (ed.) (2003) *The Inflation-Targeting Debate*, The University of Chicago Press, Chicago and London.Ble

Blecker, R.A. and M. Setterfield (2019) *Heterodox Economics: Models of Demand, Distribution and Growth*, Edward Elgar.

Branch, W.A. and B. McGough (2009) "A New Keynesian model with heterogeneous expectations," *Journal of Economic Dynamics and Control*, Vol.33, pp. 1036-51.

—(2010) "Dynamic predictor selection in a new Keynesian model with heterogeneous expectations," *Journal of Economic Dynamics and Control*, Vol.34, pp. 1492-1508.

Chiarella, C., P. Flaschel,R. Franke, R. Araujo, M. Charpe, C. R. Proano, and A. Szczutkouski(2021) *Unbalanced Growth from a Balanced Perspective*, Edward Elgar.

Kriesler, P. and M. Lavoie (2007) "The New Consensus on Monetary Policy and its Post-

Keynesian Critique," *Review of Political Economy*, Vol. 19, No. 3, pp. 387-404, July 2007.

Lima, G. T. and M. Setterfield (2008) "Inflation targeting and macroeconomic stability in a Post Keynesian economy," *Journal of Post Keynesian Economics*, Spring 2008, Vol. 30, No. 3, pp.435-461.

——(2010) "Pricing Behaviour and the Cost-Push Channel of Monetary Policy," *Review of Political Economy*, Vol. 22, No.1, pp.19-40, January 2010.

——(2014)"The Cost Channel of Monetary Transmission and Stabilization Policy in a Post Keynesian Macrodynamic Model," *Review of Political Economy*, Vol.26, No.2, pp.258-281.

Lima, G.T., M. Setterfield and J.J.da Silveira (2014) "Inflation Targeting and Macroeconomic Stability with Heterogeneous Inflation Expectations," *Journal of Post Keynesian Economics*, Winter 2014-15, Vol.37, No.2, pp.255-279.

Rogers, C. (1989) *Money, interest and capital: A study in the foundations of monetary theory*, Cambridge University Press(貨幣的経済理論研究会訳『貨幣・利子および資本－貨幣的経済理論入門－』日本経済評論社，2004年).

Romer, D.(2000) "Keynesian Macroeconomics Without the LM Curve," *Journal of Economic Perspectives*, Spring 2000, Vol.14, No.2, pp.149-169.

Setterfield, M. (2006) "Is inflation targeting compatible with Post Keynesian economics?," *Journal of Post Keynesian Economics*, Summer 2006, Vol.28, No.4, pp.653-671.

鍋島直樹(2017)『ポスト・ケインズ派経済学：マクロ経済学の革新を求めて』名古屋大学出版会

[第4章]

Arestis, P. (2019) "Critique of the New Consensus Macroeconomics and a Proposal for a More Keynesian Macroeconomic Model," in P. Arestis and M. Sawyer(ed.), *Frontiers of Heterodox Macroeconomics*, Palgrave Macmillan,

Arestis, P. (2021) "Macro-Economic and Financial Policies for Sustainability and Resilience," in P. Arestis and M. Sawyer(ed.), *Economic Policies for Sustainability and Resilience*, Palgrave Macmillan, 1-44.

Arestis, P. and Sawyer, M. (2003) "Reinventing Fiscal Policy," *Journal of Post Keynesian Economics*, Vol.26, No.1, 3-25.

Arestis, P. and Sawyer, M.(2008)"A critical reconsideration of the foundations of monetary policy in the new consensus macroeconomics framework,"Cambridge Journal of Economics, Vol. 32, 761-779.

Dos Santos, A. L. M. (2011) "Inflation Targeting in a Post Keynesian economy," *Journal of Post Keynesian Economics*, Vol. 34, No. 2, 295-318.

Drumond, C.E. and C.S. De Jesus(2016)"Monetary and Fiscal policy interactions in a Post Keynesian open-economy model,"*Journal of Post Keynesian Economics*, Vol. 39, No. 2, 172-186.

Drumond, C.E. and G. Porcile(2012) "Inflation Targeting in a Developing Economy: Policy Rules, Growth and Stability," *Journal of Post Keynesian Economics*, Vol. 35, No. 1, 137-162.

Fontana, G. and M. V. Passarella (2018) "The Role of Commercial Banks and Financial Intermediaries in the New Consensus Macroeconomics (NCM) : A Preliminary and Critical Appraisal of Old and New Models," in P. Arestis (ed.) Alternative Approaches in Macroeconomics: Essays in Honor of John McCombie, Palgrave Macmillan, 77-103.

Kriesler, P. and M. Lavoie (2007) "The New Consensus on Monetary Policy and its Post-Keynesian Critique," *Review of Political Economy*, Vol. 19, No. 3, 387-404.

Lima, G. T. and G. Porcile(2013) "Economic growth and income distribution with heterogeneous preferences on the real exchange rate", *Journal of Post Keynesian Economics*, Vol. 35, No. 4, 651-674.

Lima, G. T. and M. Setterfield (2008) "Inflation targeting and macroeconomic stability in a Post Keynesian economy," *Journal of Post Keynesian Economics*, Vol. 30, No. 3, 435-461.

Lima, G. T. and M. Setterfield (2010) "Pricing Behaviour and the Cost-Push Channel of Monetary Policy," *Review of Political Economy*, Vol. 22, No. 1, 19-40.

Lima, G. T. and M. Setterfield (2014) "The Cost Channel of Monetary Transmission and Stabilization Policy in a Post Keynesian Macrodynamic Model," *Review of Political Economy*, Vol. 26, No. 2, 258-281.

Saratchand, C. and S.Datta(2021) "Endogenously heterogenerous inflation expectations and monetary policy," *Journal of Post Keynesian Economics*, Vol. 44, No. 4, 569-603.

Setterfield, M. (2006) "Is inflation targeting compatible with Post Keynesian economics ?," *Journal of Post Keynesian Economics*, Vol. 28, No. 4, 653-671.

Vera, L. (2014) "The Simple Post-Keynesian Monetary Policy Model: An Open Economy Approach," *Review of Political Economy*, Vol. 26, No. 4, 1-23.

Yoshida, H. and Asada, T. (2007) "Dynamic Analysis of Policy Lag in a Keynes-Goodwin Model: Stability, instability, Cycles and Chaos," *Journal of Economic Behavior and Organization*, Vol. 62,441-469.

浅田統一郎(2022)「変動相場制下の開放経済における財政金融協調安定化政策について―動学的ケインズ・モデルによる分析―」『中央大学経済研究所年報』第 54 号，183-204

鍋島直樹(2017)『ポスト・ケインズ派経済学：マクロ経済学の革新を求めて』名古屋大学出版会

[第5章]

Arestis, P.(2009)"The New Consensus in Macroeconomics: A Critical Appraisal", in edited by G. Fontana and M. Setterfield, *Macroeconomic Theory and Macroeconomic Padagogy*, Palgrave Macmillan, pp.100-117.

Arestis, P.(2018)"A Coherent Approach to Macroeconomic Theory and Economic Policies,"in edited by P. Arestis, *Alternative Approaches in Macroeconomics*, Palgrave Macmillan, pp. 127-154.

Arestis, P.(2019)"Critique of the New Consensus Macroeconomics and a Proposal for a More Keynesian Macroeconomic Model,"in edited by P. Arestis and M. Sawyer, *Frontiers of Heterodox Macroeconomics*, Palgrave Macmillan, pp.1-44.

Arestis, P. and Sawyer, M.(2003)"Reinventing Fiscal Policy,"*Journal of Post Keynesian Economics*, Vol. 26, No. 1, 3-25.

Bernanke, B.S. and Gertler,M.(1989)"Agency Cost, net worth and Business fluctuations,"

American Economic Review, Vol.79, No.1, pp.14-31.

Bernanke, B. S., Gertler, M. and Gilchrist, S.(1996),"Financial Accelerrator and flight to quality," *Review of Economics and Statistics*, Vol.78, No.1, pp.1-15.

Borio, C.(2006), *Monetary and Prudential policies at a crossroads ? New challenges in a new century*, BIS Working papers, no. 216.

Borio, C., Furfine, C., and Lowe, P.(2001) *Procyclicality of financial system and financial stability: Issues and policy options*, BIS working papers , no.1.

Christiano, L., Motto, R., Rostagno, M.(2013) *Risk shocks*, NBER working paper series, no. 18682.

Dafermos, Y.(2018)"Debt cycles, instability and fiscal rules: Godley-Minsky synthesis," *Cambridge Journal of Economics*, Vol. 42, 1277-1313.

De Grauwe, P.(2010)"The scientific foundation of dynamic stochastic general equilibrium (DSGE) models," *Public Choice*, Vol. 144, pp.413-443.

De Grauwe, P.(2011)" Animal spirits and monetary policy," *Economic Theory*, Vol. 47, pp.423-457.

Dos Santos, A.L.M.(2011)"Inflation Targeting in a Post Keynesian Economy," *Journal of Post Keynesian Economics*, Winter 2011-2012, Vol.34, No. 2, pp. 295-318.

Dos Santos, C.H.(2006)"Keynesian Theorising during hard times: Stock-flow consistent models as an unexplored 'frontier'of Keynesian macroeconomics," *Cambridge Journal of Economics*, Vol.30, No. 4, 541-565.

Fisher, I.(1933)"The Debt-deflation theory of the great depressions," *Econometrica*, Vol. 1, No. 4, pp.333-357.

Fontana, G. and Passarella, M.V.(2018)"The Role of Commercial Banks Financial Intermediaries in the New Consensus Macroeconomics(NCM): A Preliminary and Critical Appraisal of Old and New Models,"in edited by

P. Arestis, *Alternative Approaches in Macroeconomics*, Palgrave Macmillan, pp. 77-103.

Lavoie, P.(2004)"The New Consensus on Monetary Policy seen from a Post Keynesian Perspective," in M. Lavoie and M. Seccareccia(eds.), *Central Banking in the Modern World:*

Alternative Perspectives, Chaltenton: Edward Elgar, pp.15-34.

Lavoie, P.(2009)"Taming the New Consensus : Hysteresis and Some Other Post Keynesian Amendments," in edited by G. Fontana and M. Setterfield, *Macroeconomic Theory and Macroeconomic Padagogy*, Palgrave Macmillan, pp.191-213.

Lima, G.T. and M. Setterfield(2008)"Inflation targeting and macroeconomic stability in a Post Keynesian economy," *Journal of Post Keynesian Economics*, Spring 2008, Vol. 30, No. 3, pp.435-461.

Setterfield, M.(2006)"Is inflation targeting compatible with Post Keynesian economics ?," *Journal of Post Keynesian Economics*, Summer 2006, Vol. 28, No. 4,pp.653-671.

Minsky, H. P.(1986)*Stabilizing an unstable economy*, New Haven: Yale University Press.

Springler, E.(2019)"Inflation: Failures of Inflation Targeting-A European Perspective," in edited by P. Arestis and M. Sawyer, *Frontiers of Heterodox Macroeconomics*, Palgrave Macmillan, pp. 173-221.

[第6章]

朝日幸代(2004)「平成7年名古屋市産業連関表作成の試み」『産業連関』12(1)：16—24

石川良文(2005)「地域産業連関分析における地域間交易推計のための Nonsurvey 手法の評価」『南山経済研究』(南山大学経済学会)19(3)：369—382

佐々木純一郎・石原慎士・野崎道哉(2009)［新版］『地域ブランドと地域経済：ブランド構築から地域産業連関分析まで』同文館

今西英俊(2004)「深川市産業連関表の作成手法の研究」『産業連関』12(3)：38—49

大久保優子・石塚孔信(2009)「鹿児島市産業連関表の作成と地域経済分析」『経済学論集』（鹿児島大学）73：1—39

栗山規矩・小柴徹修・佐々木覚亮(2008)「平成12年石巻市産業連関表の作成とその産業構造の特徴」『石巻専修大学　研究紀要』19：41—57

下山朗(2018)「小地域産業連関表作成におけるサーベイ・アプローチの有用性と課題：釧路市産業連関表作成の過程から」『産研論集』45：23—34

土居英二・浅利一郎・中野親徳編著(1996)『はじめよう　地域産業連関分析』,日本評論社

土居英二・浅利一郎・中野親徳編著(2019)『はじめよう　地域産業連関分析』[改訂版]基礎編，日本評論社

土居英二・浅利一郎・中野親徳編著(2020)『はじめよう　地域産業連関分析』[改訂版]事例分析編，日本評論社

寺崎友芳(2018)「ノンサーベイ法による小地域産業連関表の作成と誤差の測定－宮津市産業連関表を用いた生産波及効果の事例－」『京都産業大学経済学レビュー』No.5(平成30年3月)：1—39

中澤純治(2002)「市町村地域産業連関表の作成と問題点」『政策科学』(立命館大学政策科学会)9(2)：113-125

中野諭・西村一彦(2007)「地域産業連関表の分割における多地域間交易の推定」『産業連関』15(3)：44-53

西畑宏治(2020)「地方自治体における EBPM の組織への定着に向けた課題の考察」『日本評価研究』20(2)：65-76

日吉拓也・河上哲・土井正幸(2004)「ノンサーベイ・アプローチによるつくば市産業連関表の作成と応用」『産業連関』12(1)：3-15

Flegg, A.T., L. J. Mastronardi and C. A. Romero (2016) “Evaluating the FLQ and AFLQ formulae for estimating regional input coefficients: empirical evidence for the province of Córdoba, Argentina”, *Economic Systems Research* 28(1): 21-37

Flegg, A.T. and T. Tohmo (2013a) “Regional Input–Output Tables and the FLQ Formula: A Case Study of Finland”, *Regional Studies* 47：703–721

Flegg, A.T. and T. Tohmo (2013b) “A Comment on Tobias Kronenberg's ‘Construction of Regional Input–Output Tables Using Nonsurvey Methods: The Role of Cross-Hauling’”. *International Regional Science Review* 36：235–257.

Flegg, A.T. and T. Tohmo(2016) “Estimating Regional Input Coefficients and Multipliers: The Use of FLQ is Not a Gamble”, *Regional Studies* 50(2): 310–325

Flegg, A.T. and T. Tohmo (2018) “The Regionalization of National Input-Output Tables: A Review of the Performance of Two Key Non-Survey Methods,” in K. Mukhopadhyay (ed.), Applications of the Input-Output Framework, Springer, 2018, 347-386.

Flegg A. T., Webber C. D. and Elliott M. V. (1995) "On the appropriate use of location quotients in generating regional input–output tables", *Regional Studies* 29 : 547–561.

Flegg A. T. and Webber C. D. (1997) On the appropriate use of location quotients in generating regional input–output tables: reply, *Regional Studies* 31 : 795-805.

Flegg A. T. and Webber C. D. (2000) Regional size, regional specialization and the FLQ formula, *Regional Studies* 34 : 563–569.

T. Kronenberg(2009) "Construction of Regional Input-Output Tables Using Nonsurvey Methods: The Role of Cross-Hauling", *International Regional Science Review* 32(1): 40-64

J. Kowalewski (2015) "Regionalization of National Input-Output Tables: Empirical Evidence on the Use of the FLQ Formula," *Regional Studies* 49(2): 240-250

Miller, R.E. and P.D. Blair (2009) Input-Output Analysis: Foundations and Extensions, Second Edition, Cambridge University Press.

Többen, J. and T. H. Kronenberg (2015) "Construction of Multi-Regional Input-Output Tables using the CHARM Method", *Economic Systems Research* 27(4):487-507.

[第7章]

Brachert, M., H-U. Brautzsch and M. Titze(2016)"Mapping potentials for input-output-based innovation flows in industrial clusters－an application to Germany," *Economic Systems Research*, Vol.28, No. 4, pp.450-466.

Chen, Q.(2014) "The Average Propagation Length: An Extended Analysis", Paper of the 22nd International Input-Output Conference, Lisbon, 2014.

Dietzenbacher, E., Romero, I. and Bosma, N.(2005),"Using Average Propagation Lengths to Identify Production Chains in the Andalusian Economy," *Estudios de Economia Aplicada*,Vol.23, No.2,pp.405-422.

Dietzenbacher, E.and Romero, I.(2007), "Production Chains in an Interregional Framework: Identification by means of Average Propagation Lengths," *International Regional Science Review*, Vol.30, No. 4, pp.362-383.

Lopes, J.C., J.Dias and J.F. Amaral(2012),"Assessing economic complexity as interindustry connectedness in nine OECD countries," *International Review of Applied Economics*, Vol. 26, No. 6, pp.811-827.

Oosterhaven, J. (1988) On the plausibility of the supply-driven input-output model. *Journal of Regional Science* 28, No. 2, 203-17.

Titze, M., M. Brachert and A. Kubis(2011), "The Identification of Regional Industrial Clusters Using Qualitative Input-Output Analysis(QIOA)," *Regional Studies*, Vol.45, No. 1, pp.89-102.

猪俣哲史(2008)「産業間の「距離」を計る：アジア国際産業連関表を用いた平均波及世代数の計測」『産業連関』第 16 巻第 1 号，46-55 頁

岡本信弘(2015)「中国の地域間分業と地域の『位置』」『中国経済研究』第 12 巻第 2 号，1-17 頁

野崎道哉(2016)「大垣市産業連関表の作成と地域経済分析」『岐阜経済大学論集』第 50 巻第 1 号,45-63 頁

野崎道哉(2018)「小地域産業連関表の作成と地域産業構造―平成 23 年大垣市産業連関表による分析」『岐阜経済大学論集』第 51 巻第 3 号，37-48 頁

野崎道哉・奥田隆明・紀村真一郎(2014)「中部圏における観光関連産業クラスター：平均波及長による産業連関分析」『地域学研究』第 44 巻第 2 号，205-221 頁

山田光男(2018)「2011 年中部圏地域間産業連関表の作成」『産業連関』第 25 巻第 1 号,56-73 頁

[第 8 章]

浅利一郎・土居英二(2016)『地域間産業連関分析の理論と実際』日本評論社

稲田義久，入江啓彰，島章弘，戸泉巧 (2011),「東日本大震災による被害のマクロ経済に対する影響―地震・津波・原発の複合的被害」*KISER REPORT* No.6.
http://www.apir.or.jp/ja/research/files/2013/03/174.pdf

経済産業省(2010)『2005 年地域間産業連関表』, 経済産業省

倉田和巳・山崎雅人・仲条仁・曽根好徳(2013)「工業統計メッシュデータを用いた東北地方太平洋沖地震における経済活動の震度曝露量推定」，第 47 回土木計画学研究発表会

報告論文，2013年6月.

玉村千治・内田陽子・岡本信広(2003)，「アジア諸国の生産・需要構造と貿易自由化―アジア国際産業連関分析ー」，『アジア経済』，第44巻5・6号:128-148.

山崎雅人・曽根好徳(2014)「『中部圏応用一般均衡モデル』による巨大地震の経済被害評価－『中部圏地域間産業連関表(2005 年版)』に準拠してー」『中部圏研究』188 号：80-95.

Bon, R. (1988) Supply-Side Multiregional Input-Output Models. *Journal of Regional Science*, 28/1: 41-50.

Bouwmeester, M. C. and J. Oosterhaven (2017) Economic impacts of natural gas flow disruptions between Russia and the EU, *Energy Policy*, 106: 288-297.

Dietzenbacher, E. and R. E. Miller.(2015) "Reflections on the Inoperability Input-Output Model," *Economic Systems Research*, 27(4): 478–486.

Dietzenbacher, E., J.A. van der Linden & A.E. Steenge (1993) The Regional Extraction Method: EC Input–Output Comparisons, *Economic Systems Research* 5/2: 185-206.

Dietzenbacher, E. & J.A. van der Linden (1997) Sectoral and Spatial Linkages in the EC Production Structure, Journal of Regional Science, 28/2: 235-57.

Faturay, F., Y-Y. Sun, E. Dietzenbacher, A. Malik, A. Geschke and M. Lenzen(2020) Using virtual lavoratories for disaster analysis: a case study of Taiwan, *Economic Systems Research*, 32(1):58-83.

Koks, E.E. and M. Thissen(2016) A Multiregional Impact Assessment Model for Disaster Analysis, *Economic Systems Research*, 28, 429-449.

Leckcivilize, A. (2012) The Impact of Supply Chain Disruptions: Evidence from the Japanese Thunami, *JOB Market Paper*, December 2012.

Miller, R.E. & P. D. Blair (2009) *Input-Output Analysis: Foundations and Extensions*, Second Edition, Cambridge University Press.

Miller, R.E. & P. D. Blair (2022) *Input-Output Analysis: Foundations and Extensions*, Third Edition, Cambridge University Press.

Okuyama, Y. and S. E. Chang (ed.) (2004) *Modeling the Spatial and Economic Effencts of*

Disasters, New York, Springer.

Okuyama, Y. and A. Rose(ed.) (2019) *Advances in Spatial and Economic Modeling of Disaster Impacts*, Springer.

Okuyama,Y., Sonis, M. and Hewings, G.J.D.(1999) Economic Impacts of an Unscheduled, Disruptive Event: A Miyazawa Multiplier Analysis, in *Understanding and Interpreting Economic Structure*, G.J.D. Hewings, M.Sonis, M.Madden and Y.Kimura(edited), Springer-Verlag.

Oosterhaven, J. (1988) On the plausibility of the supply-driven input-output model. *Journal of Regional Science* 28/2: 203-17.

Oosterhaven, J. (1996) Leontief versus Ghoshian Price and Quantity Models. *Southern Economic Journal* 62/3: 750-9

Oosterhaven, J. (2017) On the limited usability of the inoperability IO model, *Economic Systems Research*, 29:3, 452-461

Oosterhaven, J. (2022) *Rethinking Input-Output Analysis: A Spatial Perspective*, Second Edition, Springer.

Oosterhaven, J. and M.C. Bouwmeester (2016) A New Approach to Modeling the Impact of Disruptive Events, *Journal of Regional Science*, Vol.56, No.4:583-595.

Oosterhaven, J. and J. Többen (2017) Wider economic impacts of heavy flooding in Germany: a non-linear programming approach, *Spatial Economic Analysis*, 12:4,404-428

Paelinck, J., J. de Caevel, and D. J. (1965) 'Analyse Quantitative de Certaines Phénomènes du Développment Régional Polarisé: Essai de Simulation Statique d'itérarires de Propogation'. In: Problèmes de Conversion Éconmique: Analyses Théoretiques et Études Appliquées. M.-Th. Génin, Paris: 341–387.

Rasmussen, P. N. (1956) *Studies in Inter-Sectoral Relations*. North-Holland, Amsterdam.

Schnell, M. K. & D. E. Weinstein (2012) Evaluating Economic Response to Japanese Earthquake, *RIETI Policy Discussion Paper Series* 12-P-003, February 2012.

Schultz, S. (1977) Approaches to identifying key sectors empirically by means of input-output analysis. *Journal of Development Studies* 14: 77–96.

Sonis, M. & J. Oosterhaven (1996) Input-Output Cross Analysis: A Theoretical Account. *Environment and Planning A*, 28, 1507-1517.

Steenge, A.E. and M. Bockarjova (2007) Thinking about Imbalances in Post-catastrophe Economies: An Input-Output based Proposition, *Economic Systems Research*, 19:2, 205-223.

Strassert, G. (1968) Zur bestimmung strategischer sektoren mit hilfe von input-output modellen. *Jahrbücher für Nationalökonomie und Statistik* 182: 211–215.

The Bank of Tokyo−Mitsubishi UFJ LTD. , Economic Research Office (2011), The Economic Impacts of the Great East Japan Earthquake: A Supply-Side Analysis, *Economic Review* 6/3.

あとがき

本書は、マクロ経済モデルによる資本主義経済の分析とともに、産業連関分析により地域経済の分析を行ったものである。

各章の内容は、乗数モデル、2国間の国際貿易の理論モデル、マクロ経済モデルによるインフレ目標政策の分析、開放マクロ経済モデルによるインフレ目標政策と安定化政策、小地域産業連関表による地域経済構造の分析、Average Propagation Length による産業間の経済的距離の分析、自然災害による生産ショック・インフラショックの経済的インパクト分析である。

第1章では、ケインズとカレツキの乗数分析をレオンチェフのモデルに統合した宮澤モデルをサーベイし、その動学的・構造的側面を考察した。第2章では、Lorentz (1987) による分析を拡張し、国際貿易を伴う Kaldor-Lorentz 型景気循環モデルについて4次元の Hopf 分岐定理の適用を行った。第3章では、インフレ目標政策に関する主流派の見解を Setterfield(2006)により紹介し、ポスト・ケインズ派マクロモデルにおけるインフレ目標政策の検討を行ったうえで Lima and Setterfield(2008)の基本モデルを拡張した。第4章では、開放経済におけるインフレ目標政策による経済安定化の役割を分析した。第5章では、主流派マクロモデルであるニューコンセンサス・マクロ経済モデルについて,ポスト・ケインズ派の立場から批判的に検討した。第6章では、ノン・サーベイ法である LQ 法を利用して,平成 27 年大垣市産業連関表を作成し,大垣市における地域経済構造を分析した。第7章では、平均波及長を地域産業集積の指標として位置づけ、平成 23 年大垣市産業連関表を用いて、大垣市における地域産業集積の計測を行った。第8章では、仮説的抽出法により大規模災害後に生じる短期的経済変動パターンを分析した。

本書に収録された論文の多くは、日本地域学会、進化経済学会、ポスト・ケインズ派経済学研究会、計量分析研究会、環太平洋産業連関分析学会、経済思想研究会などの学会・研究会等で発表し、初出一覧の雑誌に掲載されたものである。ご助言をいただだいた諸先生方に御礼を申し上げる。

佐々木純一郎先生(弘前大学大学院地域社会研究科教授)は、筆者の弘前大学大学院地域社会研究科博士後期課程における指導教授であり、地域経済に関してご指導を戴いている。

浅田統一郎先生(中央大学経済学部教授)は、筆者の博士論文審査の副査として理論経済学の観点からご指導を戴いた。

緒方俊雄先生(中央大学名誉教授)は中央大学経済学部、中央大学大学院経済学研究科博士課程後期課で理論経済学について指導教授としてご指導を戴いた。故笹原昭五先生(中央大学名誉教授)には、筆者が中央大学大学院経済学研究科博士課程前期課程在籍時代に指導教授として理論経済学についてご指導を戴いた。

井原健雄先生(香川大学名誉教授)には、筆者が財団法人中部産業活性化センター、公益財団法人中部圏社会経済研究所の研究員として在籍していた時代以来、産業連関分析に関してご指導を戴いた。土居英二先生(静岡大学名誉教授)、浅利一郎先生(静岡大学名誉教授)には、筆者が弘前大学大学院地域社会研究科在籍時代以来、地域産業連関分析についてご指導を戴いた。

現在の勤務校である岐阜協立大学の諸先生方、大学事務局には日常の教育研究活動に際して大変お世話になっており、ここに御礼を申し上げる。

筆者を励まし続けてくれている兄一裕とその家族に感謝する。最後になったが、筆者の人生を支え続けてくれた亡き父母(父信男、母富子)に本書を捧げる。

2023年6月

野崎　道哉

索 引

【著者紹介】
野崎　道哉（のざき　みちや）
1968年岩手県生まれ。中央大学大学院経済学研究科博士課程後期課程修業年限終了退学。
弘前大学より博士(学術）取得。岩手県立大学総合政策学部講師、公益財団法人中部圏社会経済研究所研究員、岐阜経済大学経済学部准教授等を経て、岐阜協立大学経済学部教授。
専門　マクロ経済学、地域経済分析

主著：『景気循環と経済政策－金融不安定性の数理経済分析－』信山社、2000年。
『地域経済と産業振興：岩手モデルの実証的研究』日本経済評論社、2009年。

【新版】『地域ブランドと地域経済－ブランド構築から地域産業連関分析まで－』
(共著）同文館、2011年。訳書は、C.ロジャーズ著『貨幣・利子および資本－貨幣的経済理論入門』（共訳）日本経済評論社、2004年。

マクロ経済学と地域経済分析

2023年11月1日　　初版発行

著　者　　野崎　道哉

発行所　株式会社　三恵社
〒462-0056 愛知県名古屋市北区中丸町2-24-1
TEL 052 (915) 5211
FAX 052 (915) 5019
URL http://www.sankeisha.com

乱丁・落丁の場合はお取替えいたします。
ISBN978-4-86693-842-4